吉林大学哲学社会科学银龄著述资助计划

潘 石 ◎ 著

潘石文集
第一卷
马克思主义政治经济学基本理论研究

中国社会科学出版社

图书在版编目（CIP）数据

潘石文集：1—5卷 / 潘石著. —— 北京：中国社会科学出版社，2024.7
ISBN 978-7-5227-3457-6

Ⅰ. ①潘… Ⅱ. ①潘… Ⅲ. ①经济—文集 Ⅳ. ①F0-53

中国国家版本馆 CIP 数据核字(2024)第 079503 号

出 版 人	赵剑英
责任编辑	黄　晗
责任校对	党旺旺
责任印制	王　超

出　　版	中国社会科学出版社
社　　址	北京鼓楼西大街甲 158 号
邮　　编	100720
网　　址	http：//www.csspw.cn
发 行 部	010 - 84083685
门 市 部	010 - 84029450
经　　销	新华书店及其他书店
印　　刷	北京明恒达印务有限公司
装　　订	廊坊市广阳区广增装订厂
版　　次	2024 年 7 月第 1 版
印　　次	2024 年 7 月第 1 次印刷
开　　本	710×1000　1/16
印　　张	116.75
字　　数	1682 千字
定　　价	598.00 元（全五卷）

凡购买中国社会科学出版社图书，如有质量问题请与本社营销中心联系调换
电话：010 - 84083683
版权所有　侵权必究

潘 石，1944年4月出生于黑龙江省五常市，1964年8月考入吉林大学经济系政治经济学专业，1969年8月毕业后留校任教。1987年、1990年因教学科研成果优异分别破格晋升副教授、教授；1992年起享受国务院政府特殊津贴，并获宝钢优秀教师奖；1993年被国务院学位委员会审批为博士生导师；1998年被评为吉林省有突出贡献中青年专家。曾长期担任吉林大学经济研究所所长、教授、博士生导师，兼任中国民营经济研究会理事、吉林省工商业联合会执委、吉林省政治经济学会副理事长、长春市社会科学界联合会副主席。

主要从事政治经济学、社会主义经济理论与实践研究、《资本论》研究、制度经济学研究等课程教学工作，培养硕士研究生70余名、博士研究生59名。

科研方向为社会主义经济理论与实践研究。主持国家社科基金项目2项、教育部哲学社会科学研究重大课题2项、教育部博士点基金项目2项、省级课题十余项。在《经济研究》《中国社会科学》《管理世界》《世界经济》《财贸经济》等刊物上发表论文300余篇，多篇被《新华文摘》《社会科学文摘》《经济学文摘》及中国人民大学复印报刊资料转载；出版著作（含独著、合著）十余部。获全国高等学校首届人文社会科学研究优秀成果奖二等奖一项，获吉林省人民政府设立的优秀论文一等奖七项、优秀著作二等奖一项。

自述：我的学术生涯及成就

一　成长经历

我原名潘学才，现名为潘石，1944年4月20日出生于黑龙江省五常县长山乡富合村八家子屯一个农民家庭。祖上从河北逃荒到此，以种地为生。父辈一共兄弟五人，父亲排行老四，俗称"潘四老爷子"。母亲宋氏，十七岁嫁到潘家，是接替其姐姐与父亲结婚的。其姐姐在潘家生育一儿一女；母亲共生育八个儿女，其中四男四女，四女不幸先后病逝，四男均存活下来并健康成长。在男孩中，我也排行老四，因三个哥哥名字中都有"学"字，故给我起名"潘学财"，大概是希望我通过学习而发财。上中学后，我知道念书发不了财，就将"财"改为"才"，意思是念书增加才能而成才。

我生性顽皮，年少时常到河沟里抓鱼，到麻泡子洗澡，到林子里捉鸟，还爬到树上掏鸟窝，有时还和同龄玩伴争吵、打架。因为这些，没少挨父亲打。因为我聪明、肯干活儿，五六岁就常上山拣柴火，在院子里堆成一个大大的柴火垛，所以父亲非常喜欢我，常常当着乡亲的面夸耀说："这儿子，像我！"

1952年，我8岁，上了小学。学校离家三里地。记得上学那天，母亲为我找了一个包袱皮，将书本和一支木纹铅笔包起来，我系在腰间便朝学校跑去。跑到半路，书和铅笔都丢了，只好原路返回寻找。等找回书和铅笔，上学已经迟到了。我爱读书，喜欢背课文，更喜欢背诵诗歌。对于算术，我也十分喜欢，特别愿意做练习题，每每遇到难解之题，就求助于数学课代表。整个小学六年，我翔一样。

当我回到家告知母亲时，我的心一下子从天上掉到了地上。母亲心口疼的病又犯了，比以往都严重。她说："儿呀，妈妈没钱看病，更没钱供你上大学啦！"父亲得知我考上大学，乐得合不上嘴，逢人便讲："我儿子考上大学啦！考上吉林大学啦！听说在长春呀！"但得知入学报到费用要三十元钱，他也犯了难："上哪儿弄钱去呢？老婆子看病都借了十多元啦！咋办呀？让你大哥帮着想想办法吧！"

我大哥是生产队队长，当时在山河屯镇医院住院。第二天，我便跑了三十多里路，到山河屯镇医院见大哥。大哥听说我考上吉林大学，特别高兴："咱老潘家终于出了个人才！"他一口答应从生产队借三十元钱给我，等年终生产队结算时再扣款。

回到家，我仔细看了看通知书上写的录取专业，是政治经济学。当时，我真的不知道政治经济学专业是学什么的，毕业以后能干什么。有人说："是搞政治的吧？"也有人说："可能是学会计、打算盘的吧？"还有人说："毕业能当大官吧？这回老潘家该发达了！"大家七嘴八舌，胡猜一顿，我心里想：不管学什么，先上学再说。

1964年8月26日，我到拉林中学办理了各种手续，于次日登上去哈尔滨的列车，由哈尔滨转乘火车到达长春。一出长春火车站便看到了吉林大学新生接待站，由学长、学姐带我们乘上吉林大学新生接待车。到达吉林大学后，我在文科楼前七舍接待站办理了登记报到手续，然后到经济系宿舍休息，等待大学生活的开始。

为期一周的入学教育，是要同学们树立正确的专业观：为了做一个合格的社会主义事业接班人，要热爱专业，认真学好专业知识，掌握真本领，以便毕业后为社会主义建设事业服务。通过入学教育我才知道，吉林大学经济系政治经济学专业是学习与研究马克思主义政治经济理论的，除了学习政治经济学资本主义部分和社会主义部分的教科书，还要花一年半时间研读《资本论》1—3卷，学习外国经济思想史，也要学习一些部门经济学（工业经济、商业经济、农业经济等）。这些对我而言都是新领域、新知识。我原本是喜欢文学与诗歌的，第一志愿是吉林大学的中文系，想通过学习成为一名作家或记者，没想到被经济系录取，这下子作家梦和记者梦都泡汤了。说实在的，短短一周的入学教育并没有扭转我的专业梦想，直到走入政治经济学资本主义部分的课堂，我仍然在构思小说与诗歌。不久以后，学校领导传达教育部指示，将我们经济系作为半工半读试点，搬到长春郊区的吉林大学农场，每周休息一天，三天上课，三天劳动。

当时，由"老八级"讲师王乃恒老师讲授政治经济学资本主义部分。王老师讲得真好，既生动又深刻，观点鲜明、论据充分，把枯燥抽象的政治经济学术语变成通俗的道理表达出来，让学生易于接受。我想，王老师真是太有学问啦，做一个这样的人也不差呀！我当作家与诗人的梦想开始有些动摇了。期末考试采取开卷笔试，可以事先准备一些文献资料，现场答题时可参考。我笔试的题目是"论帝国主义是战争的总根源"，由于我对列宁的"帝国主义论"有较多阅读，又事先准备了一些参考资料，所以写起来得心应手。由于试卷立论正确、观点鲜明、论据充分、说理透彻、文笔流畅，老师给了个5分（优秀），并在考试总结会上表扬了我。这给了我巨大的鼓舞，让我对政治经济学理论有了几分喜欢。

1965年下半年，我们又转到前郭尔罗斯蒙古族自治县域内一个废弃的劳动农场—白沙坨子农场，进行半工半读。白沙坨子是个一望无际的大草原，风沙很大。经过新中国成立以来的建设和改造，已成为一个盛产牛羊、稻米飘香的地方。我们经济系二、三年级的同学于1965年8月底新学期一开学便来到这个地方，住进了农场的一排空房子里。此时，半工半读采取了新方式：先是集中劳动搞秋收——割水稻、割苇子；天冷时节便集中上课——学习政治经济学社会主义部分、农业经济、中国经济史和会计学等。

依稀记得，割稻子真是太累了，同学们你追我赶，争当劳动标兵。中午饭吃在地头上，伙食真不错，红烧肉每人一碗，大馒头可劲造，记得我当时吃了 8 个，有几个力气大的男生竟吃了 12 个。日落西山，我们排着队，唱着歌，每人都背几大捆苇子，走五六里路返回农场宿舍。真是累极了，我一头倒在土炕上。可一听同学喊："快起来吃晚饭，晚 8 点还有课，上政治经济学社会主义部分！"我便立刻又打起精神。

政治经济学社会主义部分由"老九级讲师"王书相老师主讲，课堂就在大会议室，给每人发一本他自编的讲义，提纲挈领地讲了一章的主要内容及主要观点，出了几道讨论题，让大家围绕论题准备，下一节开始集中讨论。哪承想，晚九点多，不少同学都伏在桌子上睡着了。王老师笑了，他知道同学们太累了，索性叫大家回去休息。

师生同吃同住同劳动，每每忆起当年这一幕，我都不禁热泪盈眶。可以不夸张地说，它一直是在学习、教学与科研上推动我奋力前行的重要力量。

这半年学习高度紧张，劳动又特别累，但同学们十分乐观，精神状态十分好。轮到上体育课，体育教研室新来的老师把全班同学召集起来，一起跑五六里路，来到一条河沟前，喊了一声："立定！"大家停住，他下命令："男同学脱衣服下河捞鱼，女同学在岸上负责接鱼！"男同学跳进河沟将两端堵上，然后用力将水搅浑，结果不少鲫鱼都呛得沉在脚窝里，或浮上水面呼吸，特别好捉，扔得岸上四处蹦跳，女同学一会儿就拣了两大水桶。晚上在食堂，我们吃上了丰盛的红焖鲫鱼。

1966 年上半年，根据学校的安排，我们的半工半读地点又转移到吉林省伊通县的吉林大学吉红屯农场。这时，吉林大学经、法、哲三个系的一、二年级同学都集中在吉红屯农场搞半工半读。

不久以后，"文化大革命"开始，我一反感二害怕，所以大多数时间躲在吉林大学图书馆里，翻阅各种书籍。在这段时间，我有机会阅读了许多马克思主义哲学书籍，包括列宁的《哲学笔记》《唯批》及黑格尔的《小逻辑》等，不仅开阔了视野，拓宽了知识面，更重要的是学会了运用唯物辩证方法来观察与研究现实经济问题。

临毕业前一个学期，我回到系里同全班同学一起到舒兰县（现舒兰市）吉舒煤矿接受再教育，住在矿区宿舍。当时下矿接受再教育的大学生共有500多人，有北大、清华的，还有我们吉大的，有学核物理、航天、机械，也有我们这些学经济与管理的，还有学医的、学制药的，可谓五行八桌、三教九流。女生不让下井，可是我们班有不少女生硬是坚持下井，结果坚持了几天就不行了。男生必须下井挖煤。穿上矿工服，戴上矿灯，足蹬长筒水靴，下到地下300米，煤层只有一米厚，到工作面干活直不起身，只能弓着腰，斜着身子把放炮崩下的煤块用铁锹铲到"流子上"，不停转动的"流子"把煤送到地下煤库，然后再用缆车运送到地面煤场。我刚一下到"掌子面"，就被噼里啪啦掉下的几个煤块把我手砸得生疼，然后就听到支撑煤层的柱子嘎吱嘎吱直响，真是恐怖、吓人。我立刻被工人师傅拉了一把，让我靠近他坐在一个大木柱子下面，他说："别乱动，有危险，我不叫你，就不要出来干活！"我吓得够呛，只得遵从师傅之命令。下井时每人发一个大大的面包，我心里挺乐，觉得可饱餐一顿。哪承想一个星期下来，再也不愿吃这个大面包了。因为吃下它后，满口从胃里往上返酸水，太难受了。收工返回地面除了坐缆车，还要爬一个几百阶的大斜坡，体力再好，干八个小时活儿，最后也爬不动了。等爬到地面，几乎要瘫倒在地。此时，我真正体会到了煤矿工人的不容易。虽然工资比一般工人高，但整天在地下不见阳光，满身满脸煤灰，真是"黑了自己，照亮了别人"，煤炭工人伟大！这是通过下矿接受再教育永远不能忘却的记忆！

1970年7月初，毕业分配，我有幸留校，先是负责革委会工作；后被调到经济系担任教学秘书，负责全系具体教学任务的安排及管理工作，还兼做全系教职工的电影票购买与分送工作；再后来，又被派往吉林省大安县（现大安市）参加省里组织的农村基本路线教育工作。

从基教队回来已是1977年了。春节过后，我向系领导强烈要求,去教研室从事教学工作。系领导小组组长不同意,还想让我做教学秘书。当时,王乃恒老师正担任系里主管教学业务的副组长,他坚决支持我上教学岗位。他对系领导小组组长说:"咱得兑现承诺;当时留小潘,是按教学人员留的,应该让他上教研室,人尽其才,物尽其用嘛!"知我者,王老师也!他的一个坚持,改变了我的命运,开启了我的政治经济学教学与研究生涯。

然而,道路并不平坦。一进政治经济学教研室,我就遇到一个难题。由于我读大学期间恰逢"文化大革命",专业知识学习不足,所以不能马上上课,当时有两个选择:一是即刻去进修,二是外调走人。有几个与我同时留校的同学,选择到东北师范大学举办的"政治经济学培训班"去进修。我却选择校内进修,请王乃恒老师讲授《资本论》,时间为一年;另外,自修外语(学校当时举办外语培训班),每天晚7点到10点在外语楼补习外语;同时,自己选修了马克思主义政治经济学史以及西方经济学等课程。

经过几年的狂补和自修,我终于走上讲台,并且很快成为主讲教师,甚至在全校文科教学检查评比中获得90多分的好成绩。

1977年,恢复高考后的第一届新生进校。教研室要求,青年教师主讲专业课必须从系外到系内,即主讲政治经济学要先到中文、法律、哲学、历史等系去讲一轮,然后才有资格回到经济系本科上专业课。1978年,我承担了历史系1978级历史专业及1977级考古专业的政治经济学课程讲授。

1979年,我正式转入经济系担任世经专业1982级专业课政治经济学主讲教师。这一年年底,我晋升为讲师,获得"文化大革命"后第一批晋升的教师职称。我非常高兴,因为那时凭这个职称本本可以领31斤细粮,供应豆油也比常人多了一倍,两个小孩可以改善伙食了。紧接着,我又担任政治经济学和国民经济管理两个专业1983级甲、乙两个班的政治经济学社会主义部分的主讲,并带领他们到吉林省农安县某公社进行社会经济调查,同学们分组住进了十几个村屯的农民家,实行边劳动边调研,最终每人写一份调研报告作为考核。这不仅增加了学生的社会知识,增进了同劳动人民的感情，还使书本知识同社会实践相结合，使马克思主义政治经济学理论不再仅仅停留在书本上，而是在社会实践中得以应用与发展。据我所知，当下中国的经济学理论教学很少有到工厂、农村进行实地教学与研究，应该改变。不结合实际，从书本到书本，从概念到概念，原理讲了一大堆，不知道中国现实经济如何运行的，其中显现哪些问题，如何应对与解决，怎么能培养出理论结合实际的优秀学生呢？

在教学活动中，我一直坚持以科学研究促进与提高教学水平，即所谓教学科研"两轮驱动""比翼双飞"。把教学中提出的问题，通过科学研究加以阐释，将创新性观点引入课堂教学，既给学生以新鲜感，又能把学生带到现实理论研究的前沿，学生反应非常好。

在此期间，我发表了一系列高质量论文，如《社会主义政治经济学应加强量的研究》（《经济学动态》1980年第7期）、《对生产资料生产优先增长规律的实证》（《经济学动态》1981年第8期）、《关于社会生产两大部类的平衡发展问题——学习马克思〈资本论〉第二卷的体会》（《社会科学战线》1982年第2期）、《评"重工业自我循环"说》（《思想战线》1982年第8期）、《试论经济规律的质和量》（《思想战线》1984年第4期）等。特别是发表于《社会科学战线》1987年第4期的《生产资料所有制新探二题》一文，被《新华文摘》1988年第1期全文转载，并获吉林大学人文社会科学优秀论文奖，在经济学界引起较大反响；关于生产资料生产优先增长实证的文章观点，被新华出版社《出版争鸣集》列为一派观点；在《世界经济》1986年第4期发表的《论资本主义经济政治发展不平衡规律及其在战后作用的新特点》，获得吉林省优秀论文一等奖。这些引起了学校领导的特别关注。1987年年底，我被破格晋升为副教授。

我任副教授以后，接连在国家级刊物上发表文章。在《世界经济》1989年第5期发表《苏联"劳动力短缺"问题剖析》、1987年第7期发表《英国产业革命起始年代辨析》；在《经济研究》1990年第8期发表《论两种社会必要劳动时间的关系——兼与胡寄窗等同志商榷》；在《光明日报》1989年4月8日发表《人口因素不是通货膨胀的原因》；在《经济学动态》1988年第6期发表《苏联的劳动力流动制度及其对劳动力流动的限制》；在《经济学家》创刊号发表《对"国家调节市场，市场引导企业"新机制的若干理论考察》；在《社会科学战线》1989年第2期发表《对"所有权与经营权相对分离"说的反思及深化改革之我见》；1978—1990年，在《吉林大学社会科学学报》连发五篇论文。基于以上成果，1990年我被学校破格晋升为教授。

1992年，由学校推荐，我荣获宝钢优秀教师奖，并由学校组织申报政治经济学博士研究生指导教师；1992年被国务院学位委员会批准为博士生导师，从1993年开始正式招收博士研究生。

1987—1992年，我先后担任资本主义政治经济学教研室主任与社会主义政治经济学教研室主任；1992—2000年，担任吉林大学经济研究所所长。

社会兼职有中国民（私）营经济研究会理事、吉林省政治经济学会副理事长、吉林省工商业联合会执委、长春市社会科学界联合会副主席、长春市政协（第七、第八届）委员。

按照学校规定，我于2014年4月退休；又被经济学院续聘两年，于2016年完全退休。

二　主要研究领域和成就

1990年晋升教授后，我就基本上离开了本科生教学岗位，主要从事硕士研究生与博士研究生的教学与学位论文的指导工作；还主要从事科学研究工作，承担国家级及省市各级各类重大课题研究。

我为研究生开设的课程主要有八门：一是马克思主义著作选读（硕士）与精读（博士）；二是社会主义经济理论与实践研究；三是西方经济学名著选读（硕士）与精读（博士）；四是马克思主义学说史；五是中国市场经济研究；六是毛泽东经济思想研究；七是

邓小平经济思想研究；八是习近平新时代中国特色社会主义思想研究。课堂上采取讨论会方式，由一位研究生做专题发言，大家讨论，老师做总结报告。通过这种学习方式，把研究生带到学术前沿，引导学生参与学术争鸣，发表创新观点。许多学生通过学习，为撰写学位论文奠定了理论基础，还有不少博士研究生在学术刊物上发表了相关研究论文。

我的科学研究是在提高硕士、博士研究生教学水平基础上展开的，主攻方向是马克思主义政治经济学基本理论和社会主义经济理论与实践研究。从20世纪80年代到21世纪20年代，共有四十多年的时间。所谓四十年的学术生涯，四十年的艰苦探索，难说硕果累累，但还算有些许成就吧！

（一）力图在马克思主义政治经济学基本理论上有突破性创新

1. 旗帜鲜明地坚持马克思主义

"只有在坚持马克思主义的基础上，才能更好地发展马克思主义"。早在1991年，我针对当时的一股反马克思主义思潮，旗帜鲜明地指出："马克思主义是我们社会主义国家的'国魂'，也是我们社会主义国家'立国安民'的'精神支柱'。放弃了马克思主义就等于失去了'国魂'和'精神支柱'。"[①] 我坚决反对把马克思主义贬低为一个"学派"，视为"传统理论"，并加以否定与反对的行为与做法；主张在坚持马克思主义基本原理基础上大胆创新，用适应于新的历史任务的新公式、新结论去代替个别过时的旧公式和旧结论。

2. 坚持马克思主义政治经济学指导地位的一元化

在《论中国马克思主义政治经济学指导地位的一元化问题》（《经济学动态》2006年第12期）一文中，针对改革开放与社会主义现代化建设的理论指导"二元论"，即认为西方经济学与马克思主义政治经济学同为改革开放和社会主义现代化的理论指导，我认

---

① 潘石：《社会主义经济理论探索》，吉林大学出版社1992年版。

为是不对的。中国的改革开放与社会主义现代化建设的理论指导只能是一元化的，即必须以马克思主义政治经济学为指导。首先，马克思主义政治经济学与西方经济学是两种对立的思想理论体系；其次，两种经济学的对立是由它们的研究对象、研究目的及立场的根本不同所决定的；最后，两种不同的理论指导必然导致两种不同的后果。以西方经济学为指导，必然导致私有化和资本主义。只有坚持以马克思主义政治经济学为指导，才能取得改革开放与社会主义现代化建设的成功和胜利。我还结合中国实际，创造性地提出了坚持马克思主义政治经济学指导地位一元化的新举措，那就是进行学术、意识形态和政治三个层次的定位，采取不同的指导方式。

3. 创造性地概括出21世纪中国政治经济学的"四化"问题

首先，中国政治经济学的"本土化"及"西化"问题，亦即马克思主义政治经济学的"中国化"问题及所谓的"西方化"问题。我坚定地主张，马克思主义政治经济学必须"中国化"，在实践中创新发展，才会有强大的生命力；而必须坚决反对"西化"。所谓"西化"模式，是使马克思主义政治经济学蜕变为西方经济学。其次，中国政治经济学的"数学化"及"模糊化"问题。我于1980年在《经济学动态》第9期发表的第一篇学术论文就明确提出"政治经济学应加强量的研究"，反对把政治经济学搞成干巴巴的质的规定，但绝不能"数学化"。"数学化"是马克思主义政治经济学现代化的一个误区。再次，中国政治经济学的"规范化"与"实证化"问题。我认为："马克思主义政治经济学侧重于生产关系的本质及其运动规律的分析，因而它主要采用规范化的研究方法。但这绝不意味着它否定和排斥实证分析的方法。"马克思的《资本论》就是规范分析和实证分析相结合的典范。只是实证化或只是规范化都是不可取的。最后，关于中国政治经济学的"阶级化"与"超阶级化"问题。政治经济学是党性和阶级性很强的科学，我认为不能搞"阶级化""以阶级斗争为纲"，但是也不能走上另一个极端，将它搞成"无阶级"或"超阶级"的东西。"超阶级"的政治经济学是不存在的。

4. 坚定主张马克思主义政治经济学现代化

毛泽东指出："马克思主义一定要向前发展，要随着实践的发展而发展，不能停滞不前。停止了，老是那么那一套，它就没有生命力了。"① 要想适应新时代发展的要求，马克思主义政治经济学必须现代化。倘若停留在"传统"与"古典"意义上，那就不可能对当代资本主义经济发展的新现象、新问题做出科学解释与判断，更不可能认识与揭示当代资本主义经济运行与发展的内在本质与规律；同时也不能对社会主义经济发展现象与规律做出科学阐释与说明，更不可能对我国社会主义现代化建设实践起到指导及推动作用，那就会成为"无用之学"。所以，现代化已成为 21 世纪马克思主义政治经济学发展的根本出路和大趋势。

5. 坚持主张马克思主义政治经济学大众化

毛泽东曾明确指出："关于辩证法，需要作广泛的宣传。我说辩证法应该从哲学家的圈子走到广大人民群众中间去。"② 同样，马克思主义政治经济学也要从经济学家的讲堂上解放出来，让它为广大人民群众所掌握，变成广大人民群众进行改革开放与社会主义现代化建设的强大武器。我批判了把政治经济学"玄学化""功利化"与"庸俗化"的倾向，主张培养造就一大批马克思主义经济学家，尤其要造就一大批青年马克思主义经济学家。这对中国今后长期坚持马克思主义指导地位与社会主义方向，具有战略意义。

6. 大力主张 21 世纪中国政治经济学要改革与创新

我在《论 21 世纪中国政治经济学的革新与发展》(《社会科学战线》2002 年第 6 期) 一文中提出，应在充分认识传统政治经济学弊端基础上，开展形而上学革命，开展中国政治经济学从范畴到体系的全方位革命。第一，随着中国经济社会的转型，中国的经济学范畴也必须进行根本性改革与创新，正如恩格斯所说："一门科

---

① 《毛泽东文集》第七卷，人民出版社 1999 年版，第 281 页。
② 《毛泽东文集》第七卷，人民出版社 1999 年版，第 332 页。

学提出的每一种新见解，都包含着这门科学的术语的革命。"① 这是政治经济学改革与发展的起点与基础。第二，政治经济学对象要更新。政治经济学不能再孤立地研究生产关系，而应在生产力与生产关系、经济基础与上层建筑之间的矛盾运动中研究生产关系的运动规律。第三，社会主义政治经济学逻辑主线要转换。由"公有制——根本利益一致"转变为"利益差异——矛盾运动"，从表层描述转为内在深层分析，避免理论的呆滞与僵化，从而增强社会主义政治经济学的活力。第四，结构体系创新。首先要打破"三大块"结构，实现形式、内容、逻辑与历史的有机结合和统一；其次要从"计划均衡"转变为"市场均衡"，构建同社会主义市场经济要求相适应的社会主义政治经济学新体系。第五，政治经济学方法创新。改变单一且排斥西方经济学实证的研究方法，充分借鉴西方经济学的"证伪主义"、博弈分析、构建数学模型以及科学统计方法等。总之，要结合中国改革开放实际，走出一条中国政治经济学改革与发展的新路。

7. 大胆概括出邓小平经济理论体系的核心是强国富民

理论界对邓小平经济理论体系的核心有各种不同的分析和概括，有的人认为是"公有制主体论"，有的人认为是"共同富裕论"，还有的人认为是"社会主义本质论"。我在《经济纵横》1998年第12期发文指出："把中国建设成为一个社会主义现代化强国，使全体人民生活富裕起来，即强国富民是邓小平经济理论体系的核心。"正如邓小平所讲："坚持社会主义的发展方向，就要肯定社会主义的根本任务是发展生产力，逐步摆脱贫穷，使国家富强起来，使人民生活得到改善。没有贫穷的社会主义。社会主义的特点不是穷，而是富，但这种富是人民共同富裕。"② 坚持在共产党领导下采取的一切发展战略及措施，都是为了实现"强国富民"这个根本目标的。

---

① 《马克思恩格斯全集》第二十三卷，人民出版社1972年版，第34页。
② 《邓小平文选》第三卷，人民出版社1993年版，第264页。

8. 专文论述习近平对马克思主义政治经济学理论的重大创新与贡献

一是市场在资源配置中"起决定性作用"：对政府与市场关系理论的新突破；二是经济发展新常态：对中国经济发展全局大逻辑的新判断；三是经济发展新理念：指引中国经济健康可持续发展的灯塔；四是对外开放新战略：打造人类命运共同体；五是精准扶贫：对反贫困理论的传承与创新。以上五个方面的创新，表明习近平把马克思主义政治经济学理论现代化、中国化提高到一个崭新的境界与水平，对中国改革开放与社会主义现代化建设起到了巨大的指导与推动作用。

（二）对马克思主义政治经济学的若干基本理论进行再认识与创新

1. 依据对马克思的人性理论的科学认识，创造性地主张"经济社会发展定要符合人类本性"

我批判了亚当·斯密的"经济人"只是"利己"，主张人性的两面性，即"利他利己"。商品经济的本质要求"经济人"只有很好地"利他"，才能"利己"。其实，"人的自由全面发展"是马克思人性理论的核心及最高目标。科学发展观的主旨就是实现人的自然属性与社会属性的全面统一与和谐，在"利己"与"利他"的统一中全面发展。我从"人类困境"及中国改革开放实践中得出结论："经济社会发展一定要符合人类本性，但切不可过分迷恋于GDP增长，盲目追求非理性发展""一切发展要以人为本，切不可为发展而发展""一切要以人性的完整完美为本，坚持人的自然性与社会性的统一，坚持人的利己性与利他性的统一"。[①]

2. 对马克思主义私有制理论结合当代实践进行创新与发展

我在这方面发表的成果较多，主要有《马克思主义经典作家论

---

① 潘石：《经济社会可持续发展定要符合人类本性——从马克思人性理论说起》，《社会科学战线》2009年第8期。

私有制》(《吉林大学社会科学学报》1997年第5期)、《科学对待私有制与剥削》(《当代经济研究》2005年第6期)、《马克思、恩格斯：科学对待私有制》(《社会科学探索》1998年第1期)、《马克思私有资本原始积累理论对中国的适用性分析》[《税务经济》(长春税务学院学报) 2003年]及《所有制问题新论》(《社会科学战线》1995年第3期)，等等。总括起来，我认为，马克思主义的私有制理论不仅没有"过时"或"失效"，而且在社会主义社会要结合实际予以创新发展。所谓"社会主义消灭私有制与剥削"，并非社会主义一建立就立刻将其消灭。消灭私有制与剥削都要以生产力高度发展为条件，并且是一个渐进的历史过程。中国目前仍然处于社会主义初级阶段，私有制经济仍要长期存在与发展。实践已经证明，超越生产力发展水平，强行取消私有制经济，必然会受到惩罚。

3. 对政治经济学资本主义部分若干基本经济范畴进行创新性再认识

我在政治经济学资本主义部分教学实践中，深深感到有必要对"剩余价值""相对人口过剩""经济危机""社会主义人口论"等经济范畴与基本理论进行再认识与新思考，撰写出《对马克思主义政治经济学关于资本主义若干经济范畴的重新认识》(《吉林大学社会科学学报》1989年第2期增刊)、《辩证地看待"相对过剩人口"范畴》(《教学与研究》1990年第6期)两篇论文，引起学生的热烈讨论和学术界的关注。

(1) 关于"剩余价值"范畴

我认为，马克思从来没有认为"剩余价值范畴"只为资本主义所特有。"特有论"来自苏联教科书，斯大林是"特有论"的制造者。实际上，"剩余价值"范畴具有两重性，即特殊性与一般性。以往，我们只见其特殊性，不见一般性。恩格斯讲过，剩余劳动是一切社会的政治的和智力的继续发展的基础。因此，我们就有理由认为，在社会主义商品经济条件下，剩余劳动及其所形成的剩余价值，就是一切时代的政治和智力发展的基础。在社会主义制度下，生产资料为劳动者共同所有，工人剩余劳动所创造的剩余价值归劳动者共同所有，不存在谁剥削谁的关系，所以，这时的剩余价值范畴不体现剥削关系。

（2）关于"相对人口过剩"范畴

权威的《政治经济学辞典》对此解释为"超过资本对劳动力的要求而形成的相对多余的劳动人口，通常指资本主义社会中的失业和半失业人口"，并认定为"资本主义制度下所特有的一种社会现象"。我认为，"相对过剩人口"就是失业。社会主义社会也会存在失业，失业并非资本主义社会特有的范畴。将它说成"待业"，没有说服力，也不利于理论的彻底性，更不利于问题的解决。

（3）关于"经济危机"范畴

传统观点认为：经济危机的实质和表现特征就是生产过剩，是资本主义制度特有的产物。这把"经济危机"范畴的含义理解得过于狭窄。实际上，经济危机是发达商品经济条件下社会总供给和总需求严重失衡的两种极端表现，即不仅表现为生产过剩，而且表现为生产不足。资本主义制度是造成经济危机的根源，但造成经济危机的具体原因则是多方面的。社会主义制度并不能自动实现与保证无经济危机。但社会主义社会经济危机的发生除了生产力和技术方面的原因，与经济体制和经济政策失误不无关系。

（4）关于列宁讲的"社会主义入口论"

列宁在《帝国主义论》中指出："国家垄断资本主义是社会主义的最完备的物质准备，是社会主义的入口，是历史阶梯上的一级，从这一级就上升到叫做社会主义的那一级，没有任何中间级。"[①] 这就是经济学界熟知的著名的"社会主义入口论"。从生产力角度看列宁的论断无可厚非，但从生产关系角度看显然有些绝对化、凝固化。实际上，资本主义生产关系的社会化形式不会也没有到国家垄断资本主义为止，它随着生产力的发展而不断变化，如今已出现国际垄断资本主义和社会垄断资本主义。从国家垄断资本主义到社会主义还有很长的路要走，还有许多阶梯，并非"没有任何

[①] 《列宁选集》第三卷，人民出版社1972年版，第547页。

中间级"。之所以如此，是因为如今之时代与列宁所处之时代大不相同，我们"不应该抱住昨天的理论不放"，而要根据新时代的新实践，概括与创造出新理论。

4. 结合中国实际，概括出贯彻马克思主义按劳分配理论的根本原则，提出收入分配公平的标准

首先，我在《论毛泽东同志关于贯彻按劳分配的两个重要原则》一文中指出，毛泽东同志把马克思主义的按劳分配理论创造性地同中国实际结合起来，明确提出贯彻按劳分配的两个重要原则：一是社会主义社会劳动者的报酬要"大体平均，略有差别"；二是"政治工作同必要的按劳分配要结合"。这两个原则是毛泽东同志对马克思主义按劳分配理论的重大贡献。"大体平均"不是平均主义。毛泽东同志是坚决反对平均主义的。"略有差别"就是要反对收入差距过大、过分悬殊。但要承认差别，没有差别就不能体现劳动者劳动能力与支出的差别，不利于调动劳动者的劳动积极性，更不利于社会生产力的发展。而收入差距过大，则必然产生两极分化。科学地贯彻按劳分配才能防止两极分化，实现共同富裕。同时，政治工作不能脱离物质利益，一定要同按劳分配相结合。列宁讲："必须把国民经济的一切大部门建立在同个人物质利益的结合上面。……由于不善于实行这个原则，我们每走一步都吃到苦头。"[①]按劳分配不是按证分配，也不是按资格分配，要按劳动者付出的有效劳动大小、质量好坏及贡献大小来进行收入分配。所以，政治工作不能搞"空头政治"。其次，我特别强调，按劳分配是公平的社会主义分配原则。个人收入分配不公不是由按劳分配原则造成的。所谓收入分配公平，是一种经济公平，与社会公平、政治公平、法律公平不同。衡量个人收入分配公平的尺度与标准是客观的，而非主观的。有的同志认为"机会均等"等同于公平，说什么"现代意义上的公平概念的本质是指机会均等"，我认为"机会均等只是实现个人收入分配公平的条件"，而其本身并非"衡量尺度"。衡

---

① 《列宁选集》第四卷，人民出版社 1995 年版，第 582 页。

量收入分配公平的尺度是多元化的，在不同经济领域，其尺度是不一样的。在公有制经济领域，按劳分配是衡量个人收入分配公平的尺度；而在私有制经济领域，按资分配则是公平的尺度。衡量全社会收入分配是否公平的统一尺度则是亚当斯公式，即（甲收入/甲投入）≈（乙收入/乙投入）≈（丙收入/丙投入）。有的同志将这个搞成等式，实际上是不科学的。

（三）对当代中国改革开放与现代化建设中面临的重大理论问题进行研究，提出有创新见解的观点与建议

1. 实现社会主义经济的全面振兴，打好物质基础是第一位的，但打好物质基础必须和打好经济基础有机结合起来

早在1983年，我在《论打好基础与经济振兴学习党的十二大报告第二部分的体会》一文中就明确提出："要实现我国社会主义经济的新的振兴，必须把打好物质技术基础和打好经济基础二者有机地结合起来，统一起来，决不搞单打一。"但我认为，"打好物质技术基础是第一位的"。因为物质技术基础是实现经济振兴，乃至社会发展的决定性条件。正如列宁所说："自然界中一切现象都有物质原因作基础，同样，人类社会的发展也是由物质力量即生产力的发展所决定的。"[①] 为了打好物质技术基础与经济基础，我提出五项建议：一是要厉行节约，反对浪费，把全部经济工作转到以提高经济效益为中心的轨道上；二是要集中力量进行各方面的经济结构调整，使之合理化；三是有计划有重点地进行企业技术改造；四是集中资金，有计划地进行重点建设，尤其要大力进行能源交通及基础设施的建设；五是加强人才培养，组织力量对一系列重大科技项目进行"攻关"，为后十年经济振兴扫除科技障碍。在20世纪80年代初，能发表以上鲜明观点，当属珍贵。

2. 调整生产结构，使之合理化，促进国民经济实现良性循环

针对中国20世纪80年代初出现的农、轻、重三者比例关系严

---

① 《列宁选集》第一卷，人民出版社1972年版，第88页。

重失调的状况，我发表《试论我国生产结构的合理化》(《吉林大学社会科学学报》1982年第3期) 一文，强调指出："为了使我国国民经济进入良性循环，推进社会主义现代化建设，探索我国生产结构的合理化问题，是具有重大现实意义的。"我创造性地提出生产结构合理化的三条标准：第一，农、轻、重三者在社会生产中所占比重及构成比例适当是生产结构合理化的基础；第二，有利于实现社会主义生产目的是社会主义生产结构合理化的根本标志；第三，经济效益高低是衡量生产结构合理与否的一个重要尺度。要将三者综合起来判断生产结构是否合理。合理化是一个相对概念，并且是发展变化的，不能将其凝固化。为了把中国重工业过重、轻工业过轻，农、轻、重比例失衡状态调整过来，我提出以下建议：第一，破除对生产资料生产优先增长规律的绝对化，在国民经济调整时期把消费资料生产放在优先地位；第二，调整重工业的发展方向和内部结构，尽可能使之为消费资料生产快速发展服务；第三，调整生产的投资结构，适当加大农业和轻工业的投资比重；第四，切实改变产需脱节之状况，使生产结构适应于需求结构；第五，最根本的是调整生产关系和改革生产经营管理体制。上述观点及建议，在20世纪80年代初，还是颇有见地的。

3. 对传统的社会主义生产目的的表述提出疑问

传统的社会主义生产目的的表述是"用在高度技术基础上使社会主义生产不断增长和不断完善的办法，来保证最大限度地满足整个社会经常增长的物质和文化的需要"①，这是斯大林的表述。他更为明确地讲："社会主义生产的目的不是利润，而是人及其需要，即满足人的物质和文化的需要。"② 把"利润"看成与社会主义生产目的根本对立的方面，将它排除于生产目的的范畴，是值得质疑与商榷的。1980年，我在《关于社会主义生产目的传统观点的商榷》中指出："社会主义生产既然是在生产资料公有制基础上进行

---

① 《斯大林文集》，人民出版社1985年版，第628页。
② 《斯大林文集》，人民出版社1985年版，第659页。

的商品生产,那么,它的目的必然就是使用价值与价值的统一。从实物形态上看,社会主义生产的目的是物质财富本身即使用价值;但从价值形式上看,社会主义生产的目的则是价值,当然包括社会主义利润。"我认为,斯大林把利润排斥在社会主义生产目的内涵之外,是明显违背列宁的论述的。列宁指出:"利润也是满足'社会'需要的。应该说:在这种条件下,剩余产品不归私有者阶级,而归全体劳动者,而且只归他们。"[①] 我还强调指出,社会主义生产目的包括利润,但利润绝不是社会主义生产的唯一目的与动机。

4. 对中国服务经济发展水平的新审视与对策思考

我与博士研究生李相合共同撰写了《中国服务经济发展水平的审视与政策思考》[《内蒙古大学学报》(哲学社会科学版)2008年第5期] 一文,在其博士学位论文的基础上,用实证的方法侧重研究了中国服务经济发展的现状,与日本、美国、德国等发达国家进行比较分析,得出结论:"中国与美国相比,2000年以后的平均比重为41.7%,较美国低4.7个百分点,而就业比重,中国2005年统计数据为31.4%,调整为35.8%;美国在1859年时,该比重仅为24.9%,中国调整后的数据高于美国10.9个百分点,即使用统计年鉴的数据与之相比较,也高出6.5个百分点。因此,就服务经济产值比重和就业比重进行综合分析,笔者认为中国的服务经济与当年的美国相比并不落后。""与日本相比,目前中国人均GDP相当于日本19世纪末20世纪初的水平或者是战后初期的水平",从1885—1920年及1945—1950年两个时期看,"日本服务经济产出比重大体上在40%,与中国目前服务经济产出比重基本一致"。通过比较分析,我认为"中国服务经济发展落后的观点是站不住脚的""中国的服务经济发展水平基本上符合社会发展规律,并不像许多学者所说的那样落后"。我认为,目前中国服务经济的主要特征与表现就是服务经济内部各行业"宜长不长,宜短不短",服务经济

[①] 列宁:《对布哈林〈过渡时期的经济〉一书的评论》,人民出版社1976年版,第40页。

发展与社会需求不协调，区域布点不合理，行业垄断与过度竞争同在，导致服务产品过剩与短缺并存。因此，重点要调整与优化内部结构，提质升级，而不要盲目、片面地扩张，笼统地加快发展。

5. 中国人口结构调整及人口制度创新为基本经济—社会制度问题

人口众多是中国最大的国情，人口结构失衡是当今中国面临的最大的经济社会问题。2021年，第七次全国人口普查结果引起了我的高度关注。经过认真思考与缜密研究，撰写出了《中国人口结构失衡及其调整战略——基于第七次全国人口普查数据的分析》及《论中国人口制度跃升为基本经济—社会制度的若干理论与对策》两篇重磅文章。

先说中国人口结构的失衡及其调整问题。我分析了中国人口结构失衡的主要特征与表现。首先，人口总量偏多，这是中国人口结构失衡的主要特征。其次，人口结构失衡主要表现在三方面。一是男女性别结构严重失衡。男性人口比女性人口多3490万人，给社会带来一系列问题及负面影响。二是年龄结构失衡。0—14岁人口占17.95%，15—59岁人口占63.35%，60岁以上人口占18.7%，明显表现为人口出生率下降，老年人口骤增，老龄化社会态势加重，将会对中国经济社会可持续发展带来一系列严峻挑战。三是城乡人口比重失衡。第七次全国人口普查数据显示，现城镇人口为9亿多人，占总人口的63.89%；现居住在乡村的人口为5亿多人，占总人口的36.11%。与2010年第六次全国人口普查数据相比，城镇人口增长2.3亿多人，农村人口减少1.6亿多人，城镇人口比重上升14.21个百分点。这一方面损伤了农业基础，另一方面超越了城市发展的承载能力。四是区域人口结构失衡。国土面积广大的中、西部人口只占53%多一点，而大部分人口分布于东部地区，明显表现出"东部高度集聚，中部塌陷，西部稀疏"的特征，这也是东、中、西部经济发展差距的表现。我认为，造成中国人口结构失衡的原因是多方面的，既同对马克思人口理论及马尔萨斯人口理论认识的偏误有关，又同人口政策的失误及负面效应有关；既同"重男轻女""男尊女卑"等传统社会观念及习俗有关,又同对人类自身生产的有效监督缺失密切相关。其中,人口政策的偏误与人类自身生产的有效监控缺失,则是两个根本性原因。我提出调整中国人口结构失衡的对策:一是从理论与实践上,充分认识调整中国人口结构的极端重要性。二是努力掌握与运用社会主义人口规律,加强对人口生产及再生产的有意识、有计划管控。三是改变单向城市化模式,实现城乡双向社会发展。四是缩小区域经济发展水平与收入差距,促进区域间人口合理流动与迁徙。我还特别强调:走共同富裕之路,是促进与保障区域人口合理化的根本途径。五是完善人口政策,建立科学的人口制度。政策和策略是党的生命。好的人口政策,生命力大无边。但制度优于政策,从根本上说,解决中国人口结构失衡问题,实现人口结构合理化,要靠科学合理的人口制度。制度治国,则国长治久安矣!

再说将中国人口制度跃升为基本经济—社会制度的问题。我在理论界首次大胆提出将中国人口制度作为基本经济—社会制度来建设的主张。我撰写的《论中国人口制度跃升为基本经济—社会制度的若干理论与对策》(《当代经济研究》2022年第2期)一文指出,中国至今已有三个基本经济制度,即公有制为主体,多种所有制经济共同发展;按劳分配为主体,多种分配方式并存;社会主义市场经济体制。人口制度不仅应是基本的经济制度,而且应成为一项基本社会制度。把人口制度上升为基本经济—社会制度,首先必须搞清其确立的理论基础与客观依据,否则就会"基础不牢,地动山摇";客观依据不充分,就难以生存。我认为,首先要以马克思主义人口理论作为指导和基础,同时,以马尔萨斯人口理论为借鉴及一个重要理论支点;其次要以社会主义人口规律为客观依据,按照社会主义人口规律的要求来构建一个科学合理的社会主义人口制度。我还论证了中国人口制度跃升为基本经济—社会制度的必要性,主要有四点:第一,是完善社会主义基本制度体系的客观需要;第二,是完善国家治理体系,提升国家治理能力与水平,实现国家治理体系能力现代化的迫切需要;第三,是贯彻落实人民至上、生命至上，构筑人类健康命运共同体的实际战略需要；第四，为实现中国第二个百年奋斗目标，让国家长治久安，自立自强于世界民族之林提供可靠保障。为此，我提出以下对策建议：第一，大力推行户籍制度改革，废除旧的户籍制度；第二，建立人口优生优育的长效激励与约束机制；第三，强力扭转人口结构失衡，使人口生产与再生产进入良性循环；第四，施行"抓两头带中间"产业振兴战略，使人口生产与再生产的各种需求不断满足并日益升级，实现人的全面发展；第五，建立有效的人口迁徙调控机制，实现人口有序流动；第六，要建立与完善城乡人口双向流动与迁徙、互相融合发展的制度；第七，在外来人口管理上，建立"双扩"与"双严"并举的人口管控机制。上述对策最终为了实现一个根本目标，即达到毛泽东倡导的"人类能够自己控制自己"，做到"完全有计划地生育"。

6. 对如何控制社会总需求问题发表独立见解

这是社会主义市场经济发展中所要始终面对的问题。控制社会总需求就是为了保持社会总需求与社会总供给的基本平衡，以使国民经济健康可持续发展。然而，国民经济在运行中往往会出现两种失衡状态：一是总供给小于总需求，出现"总需求膨胀"；二是总供给大于总需求，出现"生产过剩"。对于一般情况，要看其失衡的程度。要是都达到相当严重的失衡程度，就会表现为两种危机状态：一是经济严重短缺，"社会总需求膨胀危机"；二是生产过剩危机。这两种危机都是资本主义再生产周期震荡的表现。在社会主义制度下，也出现过社会总供给小于社会总需求的状况，表现为供给不足。但匈牙利经济学家科尔内概括的社会主义经济的本质特征是错误的。社会总供给严重大于社会总需求，发生生产过剩危机，则是资本主义经济所固有的痼疾。社会主义国家由于依靠优越的社会主义制度作用及国家有效调控，一般不会发生生产过剩危机，不会出现1929—1933年那样的"社会大瘟疫"。即使出现社会总供给大于社会总需求的状况，也往往是结构性的轻度的"生产过剩"，而不会发生全社会的"生产过剩危机"。中国曾出现的结构性产能过剩,但通过深化改革、采取"去产能,去库存"、扩大对外出口等一系列措施,保持了社会总供给与社会总需求的基本平衡。早在20世纪80年代,我就提出:"在我国社会主义条件下,供求矛盾的主要方面在于供给方面,而不在于需求方面,因此我们的主要力量不应放在压缩社会需求尤其是人们的消费需求上,而应当把主要力量放在发展社会主义生产,增加社会总供给上。只有这样,才能切实地保持社会总供给与总需求之间的相对平衡。"①

(四) 对通货膨胀与通货紧缩理论及财政金融改革的探索

1. 关于我国 20 世纪 80 年代末 90 年代初通货膨胀的成因问题

首先,我对所谓"人口膨胀"是当时中国通货膨胀生成原因的说法进行了批评,在《光明日报》(1989年4月8日)上发表《人口因素不是通货膨胀原因》一文中明确指出:第一,人口膨胀和通货膨胀是两种不同的社会经济现象。人口膨胀是人口再生产中人口增长速度过快而导致人口总量过度增长。通货膨胀是由于货币发行量过多,大大超过流通的实际需要量而导致的货币贬值和物价总水平上涨。二者的发生领域、发生机理是不同的。第二,从因果关系上看,人口膨胀并不必定导致通货膨胀,通货膨胀也并不必定造成人口膨胀。第三,从实际上看,有些发达资本主义国家人口下降,不存在人口膨胀,但仍发生通货膨胀。比较典型的是西德。它在1973—1979年平均每年减少15.6万人,但1973—1975年物价水平上涨6.9%。这说明通货膨胀、物价上涨同人口膨胀没有内在的联系。其次,针对学术界一部分人认为中国当时通货膨胀的成因在于企业的论点,我明确指出,"我国通货膨胀的起因不在企业。"起因企业论者"主要是认为通货膨胀起因于企业成本膨胀,是由于企业成本不断上升造成的。中国不仅不存在工资膨胀,而且实际上工资增长缓慢;生产资料价格上涨不是由企业首先发动起来的,有"官

---

① 潘石:《我国社会总供给与总需求失衡的原因及其对策》,《吉林社会科学》1986年第11期。

倒""私倒"哄抬物价的因素。成本膨胀顶多起了一个推波助澜的作用，并不能成为通货膨胀的原因。

2. 关于通货膨胀的效应问题

通货膨胀在一定条件下是有积极效应的，那就是在经济较低迷时，用通货膨胀的办法可以在一定程度上刺激经济增长。但我认为，无论在何种情况下，严重的通货膨胀（或超过两位数的物价上涨率），其负效应都是会超过正效应的，不仅不会推动经济增长，还会带来一系列社会问题，甚至引发社会动乱。我在专著《通货控制论》（吉林大学出版社2001年版）及多篇论文中一以贯之地讲述这个问题，还专文《论通货膨胀的负效应》（《党校科研信息》1995年第15期），强调指出其九大负效应：第一，使市场价格信号失真，对社会资源配置起误导作用；第二，使既定计划、合同难以实现，扰乱社会经济正常运行秩序；第三，破坏正常的债权债务关系，使净债务人占便宜，净债权人受损失，易引发债务危机；第四，加剧国民收入在各地区之间的不合理分配，使贫富的地区收入差距拉大，扩大与加深地区之间的利益矛盾和冲突；第五，使整个国家的个人收入分配扭曲化，产生明显的收入分配不公，使工薪阶层及离退休人员实际收入下降；第六，加剧经济"过热"，助长经济"泡沫"，带来的后果是"高速"、低效；第七，助长各种非法寻租与投机活动，滋生社会腐败，为少数人暴富提供条件；第八，恶化外商投资环境，不利于对外开放进一步发展与扩大；第九，持久的恶性通货膨胀会导致国家金融体系崩溃。如此全面论述通货膨胀负效应，还是不多见的。

3. 关于通货膨胀预期与通货膨胀加速的关系问题

将预期引入通货膨胀理论研究，是对现代通货膨胀理论的一大贡献。预期作为一种主观心理要素，已成为客观通货膨胀的"助推剂"与"加速器"。我认为，遏制通货膨胀必须稳定和消除通货膨胀预期。为此，我强调以下两点看法：第一，稳定人们（或社会）的通胀预期是稳定市场物价水平的重要条件。具体说，在生产领域要稳定投资者的心态，从短期投资行为转向长期投资行为；在流通领域要稳定经营者的营销理念与心态，不散布并防止各种虚假信息，阻止各种诈骗活动及哄抬物价行为；在分配领域要稳定人们的收入心理预期，避免收入差距过大造成人们收入心理失衡，保证中低收入人群的收入合理增长是稳定人们收入心理预期的根本保证；在消费领域要稳定人们的消费支出结构，以拉动生产的增长。第二，将劳动者工资收入指数化、法制化是稳定并消除人们（或社会）通货膨胀预期的根本之策。从机制上防止通货膨胀的根本途径是使劳动者的收入增长率同通货膨胀率同步，即实行工资指数化，使劳动者的工资收入同市场物价指数挂钩，以维护劳动者的实际工资收入不下降。不仅如此，还必须将这种指数化纳入法律体系及法治轨道，即法制化。

4. "工资—物价螺旋上升"的机理与效应问题

这是我敏锐观察到的一个新问题。在西方发达国家的通货膨胀中普遍存在"工资—物价螺旋上升"的现象，它是由英国经济学家凯恩斯首先发现的，其基本内涵是，"虽然工资和其他成本会追赶物价上升，但物价会始终不断地提前20%。不论工资提高多少，花费工资的行动始终把物价在前面推进许多"，其实质是收入再分配过程。通货膨胀缺口是"工资—物价螺旋上升"机理的核心与关键。通胀缺口使工资上升，从而推动物价上升，而物价上升又推动工资上升，工资上升再推动物价上升，从而形成工资—物价的螺旋上升。我认为工资—物价螺旋上升的经济社会效应有四种：一是加剧通货膨胀，产生通货膨胀螺旋；二是加大收入分配差距与攀比，促进收入攀比型通货膨胀产生与发展；三是使社会中低收入阶层蒙受巨大利益损失，加速社会两极分化，加剧社会各阶层之间的利益矛盾，甚至酿成社会震荡与动乱；四是放任"盗窃"（即通胀意义的窃取）合法化，会玷污政府形象，不利于社会稳定与可持续发展。我结合中国的实际情况，提出了有效的对策。[①]

[①] 潘石：《"工资—物价螺旋上升"之机理、效应及对策》，《学术月刊》2011年第12期。

与上述问题相关，我颇具创见地提出通货膨胀螺旋范畴。我在《通货膨胀螺旋的特征、生成机制及应对策略》一文中指出："所谓通货膨胀螺旋即是指通货膨胀产生或推动物价水平呈现螺旋状持续上升的态势，它是在通货膨胀业已形成的基础上发生的。只要存在通货膨胀缺口，就会产生通货膨胀螺旋。"中国并不是每次通货膨胀都产生通货膨胀螺旋。其明显的特征一是CPI上升动力及弹性大，二是具有明显的投机性与欺诈性，三是具有鲜明的结构性特征。我结合中国实际，剖析了通货膨胀螺旋的生成机理，提出了相应的治理对策。

5. 对通货紧缩问题发表自己的独立见解

20世纪90年代中后期，中国经济运行中又出现了少有的通货紧缩现象。我紧追现实理论前沿热点，发表一系列论文，提出自己的独立见解。在《中国通货紧缩：定义与成因分析》(《吉林大学社会科学学报》2000年第2期) 一文中，针对理论界对通货紧缩的不同定义，提出独立的"四要素说"。文中讲："概括起来讲，通货紧缩就是由于货币供应量过少，远远不能满足市场商品流通的正常需要，从而引起货币升值，市场物价总水平持续下跌的一种现象。所以，我对通货紧缩的定义是'四要素说'，即：货币供应量、社会需求、货币币值、物价水平。对通货紧缩进行科学定义，无论如何不能抛开这四个要素。这四个要素是紧密联系、不可分割的，只有统一和结合起来，才能科学地界定通货紧缩范畴的真正含义。"对于通货紧缩发生的原因，理论界也有很大争议。我认为，中国在20世纪90年代末出现通货紧缩绝非偶然，而是有其经济社会原因的。20世纪末中国通货紧缩的发生是多种因素综合作用的结果。其中，体制方面的原因及政策方面的原因是根本性原因。

我撰文对通货紧缩与经济周期波动的关系进行了开创性研究。任何一种经济形态，其发展运动都必然存在着不同形式的波动。周期波动一般是指经济运行发展过程中交替出现上升（扩张）—高涨（繁荣）—下降（收缩）—低潮（衰退）的周而复始现象。中国改革开放前的5个经济周期中仅发生通货膨胀,并未发生通货紧缩。我指出,"通货紧缩是与经济收缩相伴的",通货紧缩会使经济收缩期拉长,较难实现下一个经济周期的经济扩张,同时通货紧缩给中国经济周期波动增加了新内容,增加了国家熨平经济周期波动的难度。从中国经济运行的周期看,通货紧缩不会伴随周期波动周而复始地发生。国家要掌握宏观调控的节奏和力度,保证通货的适度供应量,使之与市场的实际需求量相适应,既避免通货膨胀又避免通货紧缩。

6. 对通货膨胀与通货紧缩的"可容忍区间"及"交替性"进行富有创见的界定与分析

无论是通货膨胀还是通货紧缩,在客观上都存在一个社会承受力所容许的"可容忍区间",认识与把握这个"区间",对国家决策层的调控能力与水平提出了更高的要求。我从理论与实践的结合上界定"物价总水平在-3—0%运行"可视为通货紧缩的"可容忍区间",但并非可以永远在这个"区间"运行下去。如果超过两年时间,就会使经济运行中的总量矛盾、结构性矛盾及各种利益冲突积累起来,激化起来,乃至演变为更为严重的通货紧缩。由于通货膨胀与通货紧缩二者具有"非对称性",所以通货膨胀的"可容忍区间"要比通货紧缩的"可容忍区间"高一些,我界定为不能超过两位数,在8%左右。至于二者的"交替换位",并非一种不能避免的规律,也并不是每个国家都必然发生的,但不能彻底地否认其存在的客观可能性。问题是中国经济运行中,二者"交替换位"的可能性在加大,因此要加强有效宏观调控力度,控制通货紧缩"换位"严重通货膨胀。

7. 研究与借鉴西方通货紧缩理论

他山之石,可以攻玉。研究与借鉴西方通货紧缩理论,是为了给国内遏制通货紧缩提供可以借鉴的经验与教训。我在《西方通货紧缩理论评析》(《当代经济研究》2000年第2期)一文中,首先认为凯恩斯不仅是通货膨胀理论大师,也是通货紧缩理论大师。他建立在"三大心理规律"基础上的"有效需求不足"理论,在一定程度上科学地揭示了资本主义大危机中通货紧缩的根本原因，即工人大量失业，社会有效需求不足。从经济运行层面，其理论对我国应对通货紧缩还是有"重要借鉴价值及应用价值"的。其次，文中评介了费雪的"债务—通货紧缩"理论。费雪同凯恩斯一样，把货币币值的变化视作通货膨胀与通货紧缩的一个决定性原因。从货币供求矛盾分析，货币供应当局的货币供应量减少，企业投资预期不好，资本边际效率下降，银企之间、企业之间形成无法解开之债务链条，从而形成通货紧缩。从经济运行层面看，费雪的理论是有可取之处的。但其主要问题是从根本上否定了资本主义基本矛盾对通货紧缩产生的决定性作用。再次，我评介了萨缪尔森、布坎南、瓦格纳等人的"滞—缩"理论。这是第二次世界大战后出现的一种与"滞—胀"理论相对应的新理论。20世纪70年代以后，由于资本主义国家普遍采取国家干预政策，运用通货膨胀刺激经济的办法，结果造成经济停滞与通货膨胀交织并存的局面，即所谓"滞—胀"。"滞—缩"理论的代表人物萨缪尔森、布坎南、瓦格纳等都是反凯恩斯主义者。他们认为，GNP（国民生产总值）和P（物价水平）的下降完全是由M（货币量）的下降所引起的。GNP和P的下降又会进一步迫使和促进M的收缩，如此循环往复，必然造成经济衰退、停滞和通货紧缩并存。最后，克鲁格曼主张用"有管理的通货膨胀"来"治理通货紧缩"。实际上，这种办法不仅不会抑制通货紧缩，反而会恶化经济结构，使通货膨胀难以达到适度，也就是"管不住"，必然再走恶性通货膨胀的老路。总之，中国治理通货紧缩时，可以借鉴西方通货紧缩理论中关于控制好货币量、解决好债务链条、注意由"缩"变"胀"等问题，但切不可照搬照抄西方国家治理通货紧缩的理论。

8. 控制通货紧缩的财政扩张政策要同货币政策有机结合

我在《控制通货紧缩的财政政策分析》（《当代经济研究》2001年第4期）一文中明确提出，"控制通货紧缩，必须推行扩张性财政政策"，"如果没有这两年连续实施强有力的扩张性财政政策那就不会有1998年的7.8%的增长率和1999年的7.1%的增长率",并指出:"目前我国的扩张性财政政策仍有拓展空间。"第一,扩大教育投资,提高投资效率;第二,建立和完善社会保障体系,稳定全民良好的消费预期;第三,增加农民收入,启动和发育农村市场;第四,加大对信息产业、高新技术产业的投资,促进我国知识经济的发展。我对扩张性财政政策是否产生"挤出效应"作了客观分析,提出扩张性财政政策要同有效的货币政策结合起来。为此,我撰文《论扩张性财政政策与货币政策的结合》(《石河子大学学报》2001年第1期),强调:财政政策与货币政策的协调配合是实现宏观调控目标的必然要求。当经济运行与发展中出现通货膨胀时,应对的政策应是"双紧"政策——紧缩的财政政策和紧缩的货币政策,不能"一松一紧"。"一松一紧"意味着逆向作用及相互矛盾。当经济运行与发展中出现通货紧缩时,应对的政策应是"双松"政策或"双扩"政策——扩张的财政政策和货币政策。"双松"或"双扩"意味着同向同时结合,不能"一松一紧"。文章还强调:扩大投资必须伴以扩大消费,银行降息必须与财政减税相配合,只是银行降息,而没有财政减税与之相匹配,就会把银行降息的作用冲减掉,失去货币政策刺激经济发展的作用效果。

9. 分析我国税收负担状况,并构建出我国宏观税负理论模型

我运用大量官方文献资料证明,税费改革应把重点放在大力削减收费上。我从中国经济体制转轨后目标财政模式——双元财政模式角度出发,推导出中国宏观税负理论模型:

$$税负 = A \pm b \quad (b < A,\ 税负 < M)$$

运用《中国统计年鉴》《中国财政年鉴》等数据对该理论模型进行实证性检验与分析,得出自己独创性结论:"中国社会主义市场经济条件下的合理的宏观税负基本水平为 GDP 的 19%。"[①] 这项研究成果还是颇有见地的。

[①] 潘石:《中国宏观税负理论模型及其实证分析》,《吉林工业大学学报》1999年第1期。

10. 创造性提出中国结构性税制改革的根本原则

我于《学术月刊》2010年第4期发表重要文章《中国结构性减税的五大原则》，认为，实行结构性减税是中国应对世界经济危机、深化税制改革的正确选择。结构性减税并不是全面减税，也不是单一减税，其实质是对税制进行结构性调整，在调整中实现税负水平的逐步下降。维持税负总量或总水平不变的观点与主张，不应成为中国税制改革和税收政策的基本取向。我提出：中国结构性减税改革应遵循以下五大基本原则，即做到"五个结合"：一是要与结构性增税相结合；二是要与大幅度减费相结合；三是要与加大信贷供给相结合；四是要与加大民生投资相结合；五是要与提高居民可支配收入相结合。总之，结构性减税并非简单地减税降费，其实质是调整社会利益矛盾关系，保证经济社会可持续健康与和谐发展。

11. 对中国商业银行风险管理进行创新性研究与探索

商业银行之投行业在发展中面临多种风险，主要有道德风险、市场风险、政策风险、关联风险及操作风险。为了完善投行业务风险管理，我在《我国商业银行投资银行业务现状、风险与对策》（《河南金融管理干部学院学报》2008年第4期）一文中提出以下对策建议：第一，设立防火墙制度；第二，加强人力资源建设；第三，完善风险内控体系；第四，优化外部监管操作。这里关键是建立完善的风险内控体系。近年来，世界金融机构兴起一种新的风险资本管理模式，即经济资本管理，引发了世界金融业风险管理的深刻变革。我紧紧追踪世界金融革命浪潮，撰写《经济资本及其管理：中国商业银行风险管理革命》（《社会科学研究》2010年第6期）一文，对经济资本进行了研究与探索。所谓经济资本也称风险资本，是银行根据风险计算的、银行需要持有的最终资本量，用来抵御银行承担非预期损失所需的资本。它和账面资本、监管资本之间既有区别又有联系。账面资本对应着资产负债表上的净资产，是一种实际存在的资本，代表着股东权益；监管资本是法律意义上的资本，是符合监管当局要求的资本，用来防范银行未来损失；而经济资本则是银行从风险角度计量的银行应该保有的资本,其确定标准是银行实际应承担的风险量。可见,经济资本是与银行损失密切相关的。银行就是在经营风险,通过对风险的掌控和经营来获利,这就不可避免地要面对风险可能带来的损失,这种损失往往是未被预期的,所以必须有足够数量的经济资本用作"风险储备金"。这是商业银行风险管理的革命性变化。其一,引入经济资本管理是全新的风险管控模式;其二,为操作风险分配经济资本将推动新资本协议实施;其三,全面推行经济资本管理必然引发商业银行的管理制度革命。

(五) 对市场经济与深化国企改革之管见与新见

1. 建立社会主义市场经济体制的必然性

中国的改革开放是亘古未有的大事业,没有可以仿照与照搬的现成经验,朝什么方向走,怎么改及改什么都并不十分清晰。在"摸着石头过河"的理念支配下,从农业大包干、国企简政放权、放开个体私营经济入手,经济体制改革大步推进。经过十多年的探索,终于在1992年党的十四大报告中明确了中国经济体制改革的方向与目标,即建立社会主义市场经济体制。此决定一颁布,作为一名理论工作者,我必须紧紧跟上。除了应邀为学校党委理论学习中心组作报告,我还积极撰写文章。我在《建立社会主义市场经济体制是必然的选择》(《社会科学探索》1992年第6期)一文中指出:"江泽民同志在党的十四大报告中明确指出:'我国经济体制改革的目标是建立社会主义市场经济体制'。这表明我国将要彻底抛弃传统的计划经济体制模式,建立起符合社会主义市场经济要求的新体制。这个决定是非常正确的、非常及时的,它反映了全体人民的根本愿望和要求,符合社会主义建设发展的规律,是我国14年改革开放进一步发展的必然选择。"

对于什么是市场经济及社会主义市场体制的基本框架,我都从理论上给予了阐释与回答:"我认为市场经济就是社会资源主要由市场来调节和配置的一种经济形式。社会主义市场经济体制就是社会主义国家组织市场经济运行,管理市场经济活动的各种具体制度的总称。"我对其基本框架作了构想:第一,具有独立的市场主体;第二,建立健全的市场体系与规则;第三,建立合理的市场价格形成机制;第四,建立完善的社会保障制度;第五,国家机构要精兵简政,转变职能,建立有效的宏观调控体系。以上"五位一体"构成社会主义市场经济体制的基本架构。当时,人们普遍担心:搞社会主义市场经济会不会导致资本主义?社会可能要出现贫富两极分化。对此,我明确指出:"实行市场经济体制会使我国社会主义制度巩固和发展,人民更快富裕。"并强调两点:一是实行市场经济不会改变我国的社会主义性质和方向;二是实行市场经济不会导致贫富两极分化。① 这些观点,在当时是掷地有声,颇有见识的。

2. 市场经济内涵、特征及运行机制的探究

搞市场经济是一个全新课题,作为经济学家有责任从理论上搞清楚相关的一些重要基本理论问题。我于1993年在《经济学家》第1期发表了《社会主义市场经济的若干理论问题》,做出了独立探究。对于市场经济的内涵,当时社会上有以下几论:一是"经济体制"论;二是"经济运行方式和调节手段"论;三是"资源配置方式"论;四是"商品经济"论。以上几论从不同的视角、不同的侧面来界定市场经济内涵,具有一定的科学性。但我认为,光有这些还不够,还应进一步明确:首先,市场经济是一种具体经济制度,也是一种经济体制;其次,突出市场是社会资源的主要配置者。至于市场经济应该具有哪些特征,该文认为,第一,市场主体必须是独立的商品生产者和经营者,必须具有明晰的产权关系和独立的利益;第二,商品价格要在市场供求关系中形成,并成为社会资源配置的主要机制;第三,市场体系必须健全,市场规则必须规范;第四,必须建立完善的市场体系。社会主义市场经济除了具有

---

① 潘石:《市场经济体制:必然抉择・框架构建・强国富民》,《税务与经济》(长春税务学院学报)1993年第2期。

以上一般市场经济的特征，还必须具有其独特性：一是在所有制结构上以公有制为主体，以全民所有制经济为主导；二是在分配制度上要以按劳分配为主体，允许一部分地区和一部分人依靠勤奋劳动先富起来，先富带后富，最终达到共同富裕；三是社会主义市场经济的本质是解放生产力，发展生产力，最终消灭剥削，它应该而且能够避免两极分化。现在看来，以上观点与看法，还是具有一定远见卓识的。

对于社会主义市场经济采取什么样的机制来运行，我赞同党的十三大提出的"国家调节市场，市场引导企业"新机制。我在1989年《经济学家》创刊号中就对此做了详尽的阐述。首先，因为这个机制模式是一个间接调控模式，符合市场经济体制运作的要求；其次，这个运行机制是一个双向调节循环流程，符合市场经济运行的要求；再次，这个机制突出了市场在经济运行中的枢纽和主轴作用；最后，这个运行机制强调了国家对市场的调控作用，可避免出现资本主义市场经济那样具有严重盲目性和周期性的市场震荡。从根本上说，这个新机制是国家从全社会规模上自觉运用价值规律，组织与管理国民经济的好形式，是保证社会主义市场经济健康可持续发展的长效机制。

3. 对科尔内ⅡB模式与社会主义市场经济体制的比较分析

亚诺什·科尔内是匈牙利著名经济学家，以"短缺经济学"著称于世。由于中国在传统计划经济时代经济发展迟缓，物资十分匮乏，因而也被科尔内称为"短缺经济"。改革开放初期，科尔内的著作及论文被大量引入中国，尤其是他对社会主义经济体制目标模式的研究，在中国引起了巨大的反响。他提出的ⅡB模式，即有宏观调控的市场协调模式，对我国经济体制改革进程及社会主义政治经济学理论的创新发展，尤其对我国社会主义市场经济体制目标模式的建立，都产生了重大的积极影响。正是在这一背景下，我仔细阅读了科尔内的名著《短缺经济学》及有关论文，撰写出《科尔内的ⅡB模式与社会主义市场经济体制》（《社会科学探索》1995年第1期）一文。科尔内亲历了匈牙利的经济体制改革，潜心研究计划与市场的关系，突破传统中央集权的计划经济体制模式，果断提出以市场为整个经济协调的 IIB 模式，并确认它为社会主义市场经济体制的目标模式，为我国的经济体制改革提供了有益的借鉴。

我对科尔内的 IIB 模式做了积极评价，认为他"以市场机制来协调经济运行，是对计划与市场关系的认识上的一次飞跃"。通过对 IIB 模式与中国建立的社会主义市场经济体制目标模式的比较，分析了二者的共同点，尤其指出其重大差异：第一，社会主义市场经济体制这一模式比科尔内 IIB 模式的内涵更为广阔和丰富。IIB 模式还没有明确经济体制改革的目标就是建立社会主义市场经济，而社会主义市场经济体制则是一个宏大的系统工程。第二，科尔内的 IIB 模式中，缺乏对制约企业行为的财产关系即产权这一先决条件的规范性意见。而中国经济体制改革的重要内容就是使产权关系明晰化。所以，中国建立社会主义市场经济体制，绝不是照搬 IIB 模式，它要比科尔内的 IIB 模式更艰巨、更复杂，需要进行更为深刻的革命。

4. 为建设现代企业制度突破难点并规范对策

以公有制为主体的现代企业制度是社会主义市场经济体制的基础，建设现代企业制度是国有企业改革的方向。将传统企业改造成现代企业，是一项十分艰巨的任务，不仅要有科学的理论指导，还要大胆实践操作；不仅要整体推进，更要突破难点。

（1）真正实现政企分开

政企不分是传统企业的一大痼疾。政府对企业干预太多，束缚企业面向市场自主运营，使企业丧失独立自主权与自身利益。建立企业现代制度的第一大难点就是在政企关系上有实质性突破，真正政企分开，各司其职，互不干扰与牵扯，这是企业自主经营的前提，也是市场经济正常运作的基础条件。我认为，政企分开首先要政资分开，即国家的管理职能与作为资产所有者的职能要分开；其次，还必须实现国有资产所有权与经营权的分离。恩格斯讲："与信用制度一起发展的股份企业，一般地说也有一种趋势，就是使这种管理劳动作为一种职能越来越同自有资本或借入资本的占有相分离。"① 股份制条件下的"两权分离"不同于承包制条件下的"两权分离",它是完全的"两权分离",而非"相对分离"。所以,股份制是现代企业制度的典型组织形式和管理制度。规范的股份制是能够真正实现政企职责分开的。

(2) 企业法人财产权的确立与施行

学术界对于"企业法人财产权"争议颇大,有人认为它属于所有权范畴,有人认为它是经营权,还有人认为它是一种"边界不清的产权"。我依据党的十四届三中全会通过的《中共中央关于建立社会主义市场经济体制若干问题的决定》关于"产权关系明晰,企业中的国有资产所有权属于国家"的论述,提出自己的独立见解:"法人财产权是现代企业制度中与出资者所有权相对立的一种权利,它既不是资产的所有权,也不包括具有归属意义的所有权,实际上它是由董事会或法人掌握的公司全部财产的经营权。经理层经营管理的是"别人的资本"。将企业法人财产权界定为企业财产所有权或包括所有权,必然导致两种不良后果:一是对企业国有资产、国家与企业均有所有权、财产归属关系二元化、模糊化;二是直接导致"内部人控制",即企业内部经营者掌握财产实际控制权,经常做出违背所有者(股东)利益的行为或事情。

(3) 建立完善的社会保障制度

市场经济中的激烈竞争及价值规律的作用,必然导致部分企业经营亏损与失败,从而导致大量工人失业。他们"如果得不到有效妥善的安置和重新就业,势必成为社会不安定因素,甚至酿成社会动乱"。这是建立现代企业制度面临的又一大难点。为此,必须建立完善的社会保障制度,建立力量雄厚的社会保险基金,这是保障市场经济正常运行的必要条件。如何建立起完善的规范化的现代企业制度,我提出了四项对策:第一,搞股份制不能追求形式,而要重实效,更不能搞假股份制;第二,切实防止国有资产流失,防止

---

① 《马克思恩格斯选集》第二卷,人民出版社 1995 年版,第 512 页。

借"改制"为名，侵吞国有资产；第三，正确处理"转机"与"建制"的关系，强化企业内部管理，向"转机"要效益，向管理要效益；第四，要正确贯彻以公有制为主体的原则，既反对借股份化搞私有化，又要适当降低公有股在股权结构中的比重。优化股权结构，一直是建设现代企业制度的核心。①

5. 将企业推向市场及企业行为合理化问题研究

实行市场经济，企业必须成为独立的市场主体。而在旧的计划经济体制下，企业是政府机构的附属物，只有把它从政府机构附属物状态下解脱出来，推向市场，让其独立自主地参与市场竞争，才能成为社会主义市场经济的独立主体。把企业推向市场有两大难点：一是理论难点；二是实践难点。我发表《论把企业推向市场的难点及其对策》（《经济纵横》1992年第6期）一文就专门论述了如何突破这两大难点，并提出相应的对策建议。文章认为，把企业推向市场的理论难点有两个。首先是"两权相对分离"论或"两权适度分离"论。"两权相对分离"一直被认为是马克思的思想，并为国家政策所采纳，作为全民所有制实行承包制改革的理论依据。其实，这是个大误解。原因在于，现行的"所有权与经营权的相对分离"与马克思讲的"两权分离"并不相同。马克思讲了两种意义上的"两权分离"：一是法律所有权与经济所有权的分离；二是所有权与经营权的分离，即生产资料所有权与生产资料占有权、支配权、使用权的分离。所以，我认为：要真正把企业推向市场，变成自主经营、自负盈亏的独立商品生产者、经营者，必须突破所谓"两权相对分离"论或"两权适度分离"论，实行以"两权完全分开"论为基础的股份制。其次是"国家两种职能不可分论"，即所谓国家的所有者职能与社会经济管理者职能不可分离或分开的理论。我认为上述两种职能必须分开，并且是可以分开的，二者混淆或互相替代，哪种职能的作用都发挥不好。两种职能分

---

① 潘石：《现代企业制度建设：难点突破与规范对策》，《社会科学探索》1996年第3期。

开，大大有助于企业进入市场，成为独立的市场主体。我认为，把企业推向市场的实践难点有两个。第一是政府机构不推或不愿推。各级政府机构是把企业推向市场的主体，它不推或不愿推，大部分企业不会自动走向市场。因为企业在传统计划经济体制下养成了一种惰性，生活惯了，缺乏自主能力，又害怕市场竞争的惊涛骇浪，不敢"下海"。政府不推的原因在于存在"父爱主义"，又害怕失去对企业的控制而使自己的利益受损。第二是把企业推向市场以后，如何管好企业，对国家来说更难了，生怕失去对企业的控制，会产生混乱。为了把企业更好地推向市场，我提出两点对策建议：首先要进一步解放思想，打消和清除阻碍把企业推向市场的种种疑虑，突破束缚把企业推向市场的各种旧观念、旧理论、旧框框，树立社会主义商品经济新观念。其次要转变企业经营机制，迫使企业自动走向市场。企业内部经营机制的转换，是企业自主进入市场的内在动力。这种动力越足，企业就越会自主走向市场。

企业经济行为合理化，是整个国民经济正常协调运行的基础与条件。我在《企业经济行为合理化与股份制》（"中国社会主义经济理论与实践研究会"入选论文，被收入《计划商品经济与体制改革》一书，四川人民出版社1987年版）一文中分析了企业经济行为不合理的主要表现及原因，指出企业经济行为合理化具有不同的类型与层次，不同类型的企业从不同的角度看，其合理化的标志也不尽相同。我大胆提出企业经济行为合理化的根本标志：第一，必须符合社会主义生产目的的要求；第二，必须符合价值规律的要求；第三，必须符合国民经济按比例发展规律的要求。以上三条相辅相成，统一结合起来，不能只讲一条而不顾其余。实现企业经济行为合理化，需要有两个根本条件：一是实现企业外部条件合理化。首先要财政环境合理，其次要信贷环境合理，最后要价格环境合理。总之，企业必须在一个公平合理的环境中进行自我增殖、自我发展，才能顺利实现经济行为合理化。二是在企业内部建立与健全利益协调机制，实现三大利益（国家利益、集体利益、职工个人利益）代表人格化。我在文中还认为，实行股份制是有助于企业经济行为合理化的一条路径，但它并不能从根本上使我国全民所有制企业经济行为合理化。马克思指出："在创立公司、发行股票和进行股票交易方面再生产出了一整套投机和欺诈活动。"①

6. 论述与阐明股份制是构建独立市场主体的必然选择

建立社会主义市场经济体制，必须构建市场主体，没有独立的市场主体，社会主义市场经济体制便无法运作。这个独立市场主体，必须是产权关系明晰、自主经营、自负盈亏、自我发展、自我约束的符合市场经济要求的企业。实行股份制是把企业构造成市场主体的必然选择。第一，股份制能明确界定企业产权，并把企业推向产权交易市场；第二，股份制优于承包制，它能使政企真正分开，可以使企业真正实现自负盈亏，建立起自我发展、自我约束的新机制。针对国内出现的一些股份制建设中的不规范行为，我强调要在"股份制规范化上下功夫"②。

7. 为搞活国有大中型企业建言献策

国有大中型企业是社会主义经济的重要基础与支柱。它有没有生机与活力，能否健康发展，关系到社会主义公有制经济的主体地位能否得到巩固与发展。我在全国搞活国有大中型企业的学术研讨会上作了《搞活国有大中型企业的若干理论与对策思考》的发言，后刊载于《天津社会科学》1992年第2期。我首先对"搞活"的内涵及其衡量标准提出独到见解，认为："搞活企业，绝不仅仅是使企业维持'生存能力'，能够'活着'，更主要的是使企业具有持续发展的能力和增殖能力，其基本内涵应当包括：一是职工的积极性充分调动起来。二是物质资料得到充分合理的利用。要'物尽其用'，避免不必要的闲置与浪费，最根本的是提高利用率。三是资金流通顺畅，周转时间不断缩短。四是产品在国内外市场具有较强的竞争力，具有较高的市场占有率和产品实现率。五是企业设备不断更新，生产技术不断改进和提高。这是使企业具有'活力'的

---

① 《马克思恩格斯全集》第二十五卷，人民出版社1974年版，第496页。
② 潘石：《股份制与市场主体的构建》，《长白论丛》1993年第1期。

物质基础和技术条件。六是经济效益稳步提高，企业自我积累、自我发展的能力不断增强。"所以我认为搞活企业的内涵是多方面的，搞活企业的标准也是多元化的。衡量企业是否真正"搞活"的指标应是二元的。从根本上讲，使用价值满足了人们的需要，社会主义生产目的最终实现，企业才算真正"搞活"；但在社会主义经济是商品经济的条件下，盈利也是社会主义生产目的所要求的，企业盈利与否也是衡量企业是否搞活的根本标志。大量亏损的企业不能认为是"搞活"的企业。针对当时全民所有制企业5%—10%处于"死"而"不死"的状态，我认为不是搞活的问题，而是应落实破产法，"把它们关掉"；对20%—30%处于"半死不活"状态的企业，要"采取适当的政策和措施全力救治，这些企业多数还是可以'起死回生'的"；搞活国有企业应把主攻方向放在60%—70%的活力不足的企业上，集中力量，重点突破，有针对性地施以搞活方针与政策。这样使该"死"的企业尽快"死"掉，该"活"的企业尽快"活"起来。"死"掉一小批企业，救"活"一大片企业，这是从根本上搞活社会主义经济的需要，符合企业生死的辩证法，也是市场竞争规律作用的必然结果。我还对困扰企业"生死"的"三角债"问题进行客观分析，指出对清理企业"三角债"的期望值不能过高。市场经济中，企业之间发生债务关系属正常现象，不可能清理得一干二净。清理"三角债"工作不可能毕其功于一役，严格来讲，它是治标之计，而非治本之策。为了将大批国有企业搞活，我强调国家政策要"正倾斜"，而非"逆倾斜"。具体做法有五项：一是减税，二是放权，三是增留利，四是取消各种不合理摊派，五是深化改革。六是措并举，尤其要深化改革，在改革深化中"搞活"。上述理论思考与对策建议，在理论界与经济工作部门引起较大反响。故此发言被《天津社会科学》抢先发表。

8. 阐释中国加入WTO后国企改革的新战略

加入WTO是中国经济社会发展的一个重大转折，它标志着中国已实实在在融入世界经济体系，开启世界经济一体化进程。这给中国国有企业改革深化提出新的课题与新的挑战。我在《中国加入

WTO 后深化国有企业改革的若干理论思考》(《经济学动态》2003年第 7 期) 一文中认为，WTO 对中国的影响与冲击，最主要的是对中国传统国有制理论的冲击与挑战。一是"国有制偏好论"。我国由于长期受斯大林理论的影响，形成了一套"左"倾范式的所有制理论，即认为公有制绝对好，尽是优越性；私有制绝对坏，是"万恶之源"。其中包括"国有制偏好论"，即认为国有制是公有制的高级的最优越的形式，其他形式都不如它高级及优越。结果导致实践中盲目追求国有制，大搞集体所有制向国有制"穷过渡"就是证明。中国加入 WTO 后，深化国企改革必须突破"国有制偏好"论，代之以国有制经济与非国有制经济平等，一视同仁。2007 年，我在《税务与经济》（长春税务学院学报）第 6 期发表《"所有制偏好论"：国企改革深化的理论障碍》，指出"公有制偏好论是国企改革深化的理论障碍"，同时指出"'私有制偏好论'：国企改革深化的误区和陷阱"，突出强调"公、私经济平等竞争论：社会主义经济基础的本质要求"。我反对搞"所有制歧视与偏好"，主张让二者在市场中平等竞争，优势互补，缺欠互克，更有利于国民经济充满活力，健康向前发展。二是"主导作用论"。对"国有经济主导作用论"要具体分析。首先，"主导作用"不是人封的，更不能由政府硬性规定；其次，在市场经济中价值规律起主要调节作用，谁遵从它，谁就能在经济中居主导地位，起主导作用，在这一点上，是不分所有制成分的。三是"国有经济控制论"。这是一种对非国有经济"不放心"、担心国民经济失去控制的理论。其理论上的偏颇在于违背了市场经济中地位平等、平等竞争的原则。国家只要正常行使经济管理者的职能就可以了，为什么非要"控制"别的经济成分呢？我在文章中强调，中国加入 WTO 后，国企改革必须做到"理论先于对策"。理论滞后，不研究加入 WTO 后改革深化的新特点，不在理论上先突破、先创新，改革是走不出新路的，更难以取得国企改革的重大突破与成功。我还强调，国企改革若深化，必须先改革政府，转变政府职能，否则国企改革不可能迈开大步伐。"只有攻破了'改政府'这个关键与难点，'改企业'才会更上一层楼，出现新局面"，此为我的铮铮谏言。

我在《论加入 WTO 后中国国有企业改革新战略》(《吉林大学社会科学学报》2005 年第 2 期) 一文中，详尽地分析了加入 WTO 后中国国有企业改革的新特点：第一，改革具有直接世界性；第二，改革具有非常的急迫性；第三，改革具有整体性。所谓"世界性"，即是加入 WTO 后，中国市场世界化，世界市场中国化；所谓"非常的急迫性"，即是不能小步慢走，仍循"渐进式"改革老路，而必须"在经过 3—5 年过渡期与国际经济与贸易规则全面接轨"；所谓"整体性"，就是不能再局限于部分或局部改革，而是要总揽全局，总体推进。依据上述特点，我建议在国有制理论上创新突破：第一，从间接所有到直接所有；第二，从单一垄断到多元竞争；第三，从"全民不全"到真正全民。理论上的创新必将导致实践上国企改革的重大突破。

9. 明确提出并论证中央企业改革发展的目标是创建国际"一流"企业

中央企业是国有经济的核心与精髓，是国民经济的命脉与支柱。它的改革与发展状况直接关系到国家的前途与命运，因此确定其改革发展战略目标极其重要。我经过认真研究，明确提出："中央企业改革发展目标：国际'一流'企业。"我认为，科学确立中央企业改革发展目标应避免三个"陷阱"：一是企业"大而不倒论"；二是"唯产值高论"；三是单一"产品竞争力论"。中央企业经过多轮战略优化与重组，到 2012 年 2 月只剩下 115 家了。到 2011 年年底总资产已达 28 万亿元，同比增长 14.9%；净资产达 10.7 万亿元，同比增长 11.4%。此时，一些人认为，中央企业改革已差不多了。我明确指出："改革完成论"是中央企业改革发展战略目标选择的一大障碍，必须加以破除。我结合国家"十二五"规划，明确提出将中央企业建成国际"一流"企业的战略发展目标，并给出实现此目标的路径与对策：第一，必须打破传统国有制理论的束缚，克服国企改革发展上的"路径依赖"；第二，发展战略上由"内控为主"转向"内竞外争"，抢占国际市场，在国际市场竞争中"唱主角";第三,转变发展方式与调整经济结构"双轮驱动",集约发展与结构优化一并发力;第四,全力提高企业创新能力,创造更多的世界"一流"品牌产品。总之,要使中央企业建成"具有适度规模的世界一流盈利能力与水平的企业,并且是具有不断自主创新为核心支撑的综合国际竞争能力的企业"。

(六) 对中国私营经济进行开创性探索与研究

私营经济是我的一个重点研究领域和方向。20世纪80年中后期,我就关注中国私营经济问题,和著名经济学家关梦觉教授一同申报国家教委博士点基金项目"社会主义初级阶段私营经济研究",获得批准立项。然而,没过多久,关老便于1990年1月26日溘然仙逝,该项目便由我主持完成,成果《当代中国私营经济研究》于1991年11月由山西经济出版社出版,该书获教育部第一届优秀社科成果二等奖。此后,我又主编《中国农村私营经济研究》(吉林大学出版社1995年版),独立完成著作《中国私营资本原始积累》(清华大学出版社2005年版),独立完成著作《嬗变——中国富豪的第一桶金》(清华大学出版社2005年版),该书是私营资本原始积累的典型案例研究;同时,又主持申报吉林大学重点研究项目,与博士研究生共同完成《私营资本积累与东北经济振兴》(清华大学出版社2008年版);此后,又独立完成《中国私营经济经济理论前沿问题研究》(吉林大学出版社2011年版)。因著作不在本文集收录范围之内,故不做详尽介绍。本文集只重点介绍有关研究私营经济方面的论文。此意在表明,中国私营经济的理论与实践研究,是我学术生涯中一个极其重要的部分,可以说硕果累累,在学术界还是有一定影响的。

1. 探讨中国私营经济产生的原因与大环境

该方面的论文,发表较多,择其要者加以介绍。《中国国情与私营经济产生》(《吉林财专学报》1992年第1期)论证了社会主义初级阶段的科学内涵,认为它是生产力落后、商品经济不发达的条件下建设社会主义所必然要经历的特定历史阶段。在这个阶段,虽然大工业有了较大发展，但广大城乡仍存在大量以手工劳动为基础的小工业与小农业，这就是私有制经济（包括个体经济与私营经济）存在的根本物质条件。我深入分析了私营经济产生的客观必然性。首先，分析其产生的必要性。第一，是发展商品经济，实现自然经济半自然经济转变为发达商品经济的客观需要；第二，是改变我国单一经济结构，实现多种经济成分共同发展的需要；第三，是改变以手工劳动为主的状况，实现国家工业化的迫切需要。其次，分析了我国现阶段私营经济产生的现实可能性。第一，个体工商经济的存在与发展，为私营经济的产生提供了重要的经济基础与肥沃的土壤；第二，农村财产关系的变化，财产主体由集体转为农户，为私营经济的产生提供了现实的经济条件；第三，城镇商品经济的搞活与一些政策放宽，也为私营经济提供了有利的生存空间。我还认为，中国私营经济的产生并不是偶然的、孤立的。它是在社会主义初级阶段的历史背景下，在众多错综复杂的社会政治因素的作用下产生的，即在众多"催生因素"的催生下产生的。第一，中国社会安定团结的政治局面，为私营经济的产生提供了宽松的大环境；第二，法律上的承认与保护，是私营经济得以发展的重要条件；第三，经济政策的扶持与鼓励，为私营经济的存在与发展提供了可靠的政策环境；第四，思想观念的转变，社会舆论的支持，也对我国私营经济的产生起了重大促进作用。

2. 科学认识中国私营经济的性质与特点

私营经济到底属于什么性质的经济？它是姓"社"还是姓"资"，学术界争论颇大。我为此写过多篇文章，概括起来说，私营经济与个体经济（个体户）、民营经济在性质上是不同的。私营经济是以雇佣劳动为基础的，而个体户则是以个体劳动为基础的；私营经济存在剥削关系，而个体户一般不存在剥削关系。至于民营经济则是相对于国营经济而言的，是指企业资产由民间经营的，它涵盖的范围较广，集体经营、承包经营、租赁经营都属于民营，国有的资产由民间经营也属于民营。民营属于经营范畴，并非所有制范畴。将个体经济、私营经济加统称为民营经济，从经营方式上讲是可以的，但从所有制上看，从性质上说，是不可以的，因为它混淆了三者的本质属性。同时，也要将中国私营经济同资本主义国家中的私人资本主义经济相区别，因为它们在社会经济结构中所处的地位不同，所起的作用不同，所面临的市场环境不同，竞争关系不同，雇佣劳动者的来源不同，面临的宏观调控者不同，等等，所以也不能将它同资本主义国家的私人资本主义经济等同起来。①

在《我国现阶段私营经济性质剖析》（《中国经济问题》1991年第1期）一文中，我对有关私营经济性质的若干观点进行了评论。第一，"过渡形式论"。持这种观点的人认为，私营经济不是一种独立的经济形式，而是一种由个体经济向社会主义经济或资本主义经济过渡的"中介"形式，所以它的性质是不确定的，也没有必要给它定性。我经过论证认为，私营经济从来不是"中介"形式或过渡形式，而是一种地地道道的独立形式。第二，"两重性质论"或"混合经济论"。我认为，一种独立的经济成分同时具有两种根本不同的性质或属性，不仅理论上自相矛盾，实践中也是不可能的。第三，"国家资本主义论"。持这种观点的同志认为，私营经济是属于国家资本主义性质的一种经济形式，因为它是由社会主义国家严格控制与管理的一种特殊的资本主义经济形式。我认为，中国的私营经济同列宁和毛泽东讲的国家资本主义不同，不像我国过渡时期国家资本主义那样具有社会主义性质或因素，因此，不能将其定性为"国家资本主义"。第四，"社会主义性质论"。持这种观点的同志认为，中国私营经济是一种社会主义性质的经济成分。其主要理由是它沐浴着社会主义公有制经济的"普照之光"，"根本改变了模样与性质"。我认为这是"外因决定论"。"普照之光"再强烈也改变不了其内在的本质属性。首先，从企业的内部雇佣关系看，仍然是资本剥削雇佣劳动的关系，因为雇主要占有雇佣劳动者

---

① 潘石：《中国私营经济性质管窥》，《经济纵横》1990年第6期。

的剩余劳动及其所创造的价值。其次，从企业内部的相互关系上看，劳动者处于被雇主支配与使用的地位，外部的主人翁地位在私营企业内消失了。再次，从企业的收入分配关系上看，收入的支配与分配权完全为私营企业主掌握，雇工只能领取等于或低于劳动力价格的工资，对企业没有任何剩余索取权。最后，从企业的生产经营目的看，私营企业生产什么，生产多少，以及怎样生产，完全受剩余价值规律和价值规律的支配与调节，服从追求最大限度的剩余价值或利润的需要，私营企业奉行的原则是大利大干、小利小干、无利不干。赚钱是其唯一的目的与动机。但是，我认为，必须看到中国的特殊国情又使得它具有同资本主义国家中的私人资本主义经济明显不同的一些特点。第一，它们在社会经济形态中所处的地位不同，在社会经济结构中所起的作用不同；第二，它们所面临的市场环境不同；第三，竞争对手和竞争关系有所不同；第四，雇佣劳动力的来源及其地位不同；第五，它们所面临的宏观调控者不同；第六，它们所面临的政策导向不同；第七，它们所赖以存在的物质技术基础不同；第八，它们最初的资本积累方式不同。通过以上的比较分析，我认为："中国的私营经济不同于资本主义国家中的一般资本主义性质的经济，而是同社会主义公有制经济相联系并受其制约的，由社会主义国家严格控制与管理的一种特殊资本主义经济形式。所以，我们不能简单地把它同资本主义国家的私营经济画等号，既要看到它们二者的共同特征，也要正视它们二者的差别。"我在《关于发展私营经济的几个理论问题探讨》一文中明确指出："我们承认私营经济的资本主义性质，并不妨碍我们大力发展它。在我国社会主义初级阶段，发展一点资本主义，具有客观的必然性，不仅有利于社会生产力发展，有利于综合国力的提高，有利于全体人民生活水平提高，而且还有利于彻底战胜和清除中国遗留下来的封建主义残余和余毒。"硬将它定性为社会主义性质，恰恰是"恐资病"的一种表现。[①]

[①] 冯子标主编：《当今中国经济学八大理论热点》，山西人民出版社1995年版，第85—86页。

3. 正确认识私营经济在我国经济社会中的地位与作用

我在这方面的研究成果较多，只能择其要者加以介绍。首先，在《私营经济：地位·作用·对策》(《社会科学战线》1992年第2期)一文中针对私营经济是辅助经济形式、是社会主义经济有益补充的论点，认为："这种单一'辅助''补充'论并没有全面地概括和反映私营经济在我国现阶段所有制结构中应有的客观地位。"我进行了较全面的评价：第一，它作为一种独立的经济形式，是我国所有制结构中不可缺少的有机组成部分；第二，它同其他经济成分的政治法律地位是相同的、平等的；第三，它还处于社会主义公有制经济竞争对手的地位；第四，它应比个体经济占有更高、更重要的地位。因为它是比个体经济更先进的经济形式。我主张"从战略高度来审视和发挥私营经济的积极作用"：第一，弥补国有经济和集体经济之不足，有利于满足国家建设和人民生活多层次、多方面的需要；第二，扩大就业，减轻国家安排就业的负担和压力；第三，可以把社会上分散、闲置的资金集聚起来，形成较大的生产能力，为国家创造和增加财富；第四，为国家提供更多的税收，增加国家财政收入；第五，开发和利用地方资源优势，发展对外贸易，增加出口创汇。我认为，仅仅注意到并发挥上述作用是不够的，私营经济还有以下重大作用：第一，推动公有制经济的改革，促进公有制经济提高效率；第二，对于改变我国的二元经济结构，实现由落后农业国到现代化工业国的战略转变，具有不可替代的作用。江泽民在新中国成立四十周年的讲话中强调对私营经济的根本方针是"既发挥它们的积极作用，又限制其不利于社会主义经济发展的消极作用"，我提出对私营经济的三方面消极作用进行"限制"：第一，限制私营经济的剥削范围与程度；第二，限制其挖公有制经济墙脚、损害消费者利益的行为；第三，限制和打击它们偷税漏税、滥采乱挖、破坏自然资源与环境等违法行为。我强调，限制不是要把私营经济"搞死"，而是让其更好地为社会主义经济发展服务。

我十分关注农村私营经济的发展及作用，主编了《中国农村私营经济研究》（吉林大学出版社1995年版）一书，还发表了一系列论文阐述私营经济在农村工业化中的重要作用。其中，较有代表性的论文《农村私营经济推动农村工业化》（《中国经济问题》1996年第1期）就详尽地阐明了农村私营经济发展对农村工业化的重大作用：第一，发展私营经济是解决农村剩余劳动力向非农产业转移的主要途径之一；第二，促使农村产业结构得到合理调整，资源得到合理配置；第三，加快了小城镇的建设过程，出现了城市化新趋势；第四，加快了乡镇企业的崛起，增加了农民收入，让农民尝到了农村工业化的甜头。

到1999年，我对私营经济的地位与作用的认识进一步提升。在《个体私营经济对我国经济社会发展的战略意义》（《中国经济快讯》1999年第7期）一文指出：第一，它已经成为中国新的经济增长点，并成为中国四大经济支柱之一；第二，它有利于促进公有制经济改体制、转机制、提高效率；第三，它已经成为并将继续成为中国今后一个相当长历史时期扩大就业的一个主渠道，对中国社会的稳定起着极其重要的作用；第四，对中国资本重组，产业结构调整与优化，也起重大积极作用；第五，对于巩固我国社会主义初级阶段的基本经济制度，具有重大特殊作用。

党的十五大报告指出："非公有制经济是我国社会主义市场经济的重要组成部分。"这个新定性创造性地丰富和发展了马克思主义所有制理论，把个体私营经济从体制外纳入体制内，从社会主义市场经济体系外纳入体系内，将个体私营经济从社会主义市场经济的对应物转化统一体，是一个重大理论突破与贡献。同时，将个体私营经济从拾遗补阙的"补充"、辅助地位上升到平等竞争、共同发展的地位。从此，取消了以往"既鼓励，又限制"的方针，开始贯彻"毫不动摇"地加以支持、鼓励与引导的方针。我在《发展个体私营经济的重大理论创新》（《经济学动态》1998年第10期）一文中全面阐述了上述看法。

4. 探讨私营企业劳资矛盾及其调解机制

20世纪90年代初，我就开始关注这个问题，撰写了《三资、私营企业劳资关系初探》一文。该文首先运用实际资料阐明当时私营企业劳资矛盾的主要表现，其次分析了现阶段劳资矛盾的性质与特点，明确指出："就其性质来讲，肯定是一种非社会主义的相互关系，但又不是纯粹的、典型的资本主义相互关系。它不同于资本主义社会中的劳资矛盾，不是阶级矛盾，可以说是一种特殊类型的人民内部矛盾。"将其特征概括为三点：第一，受社会主义公有制经济的人与人之间相互关系的支配和影响；第二，劳资双方的物质利益关系并非完全根本对立的，还具有一定的一致性；第三，受社会主义国家法律和政策的硬性约束。最后，我提出了正确处理与协调劳资矛盾的基本方略：一是劳资双方在思想上要互相信任，在情感上要加强理解与沟通，促进劳资之间的友好合作；二是建立与健全工会组织，协调与化解劳资之间的矛盾；三是加强劳资关系方面的立法，依据法律制度对劳资关系进行协调及规范。此项研究受到上级领导的重视。随着研究环境的宽松，我公开发表了《私营资本企业劳资矛盾及其调解机制》（《吉林大学社会科学学报》2006年第6期）一文，剖析了私营资本企业劳资矛盾的性质及实质。第一，当代私营资本企业劳资矛盾具有二重性：首先是劳资双方在生产资料与财产上有关系上的不平等性；其次是劳资双方在契约关系中的平等性。第二，当代私营资本企业劳资关系的实质是一种以契约合同联结的利益契约关系，是一种双赢的互利关系。虽然其仍以雇佣劳动为基础，存在占有雇工剩余劳动的状况，但要受到国家法律与政策的限制。劳资双方矛盾产生的原因及表现：一是不签劳动合同，引发劳资矛盾与纠纷；二是缺乏合理的分配制度，随意克扣、拖欠工资，使雇工的收入基本被控制在劳动力价值以下；三是缺乏必要的劳动安全与社会保障制度，致使工伤事故不断增加，雇工的合法权益得不到保障。我针对上述情况提出了调解机制与方略：第一，建立健全党团组织及工会组织；第二，加强劳资关系方面的立法与执法，加大协调及规范的力度；第三，发展和健全劳动仲裁机构，使劳资矛盾的调解工作规范化与制度化；第四，建立劳资双方互信理念，建立正常的"理解与沟通"机制。随着私营经济的发展、理论研究的深入，私营资本企业劳资矛盾调解方面的党团及工会组织建设、调解机制的建设都得到实施与加强，有效地促进了私营经济的健康发展。

5. 建言解决私营企业"挂靠"问题

我在接受《人民日报》记者采访时，向中央领导机关建言："应重视私营企业挂靠问题。"（《人民日报》"情况汇编"1997年7月17日）我列举了私营企业"挂靠"的现象，指出挂靠的原因。我认为"挂靠"对国民经济发展的消极作用愈来愈大。第一，模糊了企业的经济性质。第二，模糊了产权关系；第三，造成国家和地方大量税款流失；第四，助长腐败现象滋生和蔓延。我建议"国家应制定有关政策，尽快解决私营企业挂靠问题，使国民经济得以健康发展"。在《私营企业"挂靠"的成因及对策》（《社会科学探索》1997年第6期）一文中，我提出了四项对策：一是要进一步解决思想理论认识问题，解决"恐资病""惧私症"，树立"私营经济"是发展社会主义市场经济的"生力军"的新意识。理论认识端正了，思想解放了，"挂靠"问题的解决就有了前提与保障。二是要进一步落实有关政策，强化利益诱导作用。国家要用好各种优惠政策，用利益引导私营企业自动从挂靠单位走出来，大大方方追求"阳光下的利润"。三是国家要运用行政手段进行严格的清理整顿。一方面，向私营企业主讲清"挂靠"的危害；另一方面，说服私营企业主从保护自身产权利益出发，主动自觉地同"挂靠"单位脱钩。四是国家要依法进行规范。"挂靠"是一种所有制关系的"假冒"，同"假冒商品"一样，属于违法行为、原本就在打击之列。依法规范，实属保护更多私营企业的合法经营。

6. 用马克思主义经济学的立场、观点与方法分析、研究私营企业主收入的属性问题

对我国私营企业主收入的属性问题一直存在较大争论：一是用西方经济学的立场、观点与方法来研究，认为它不属于"剥削收入"；另一种是用马克思主义经济学的立场、观点与方法来分析与

研究，就顺理成章地认为它具有剥削收入的属性。我在《我国私营企业主收入属性探析——与刘成碧同志讨论与商榷》(《当代经济研究》2008年第5期) 一文中就表明了这种立场与观点。在这篇商榷文章中，我不同意"两个有别"的悖论观点，认为，第一，"内外有别"——外国资本主义私营企业所获取的利润属于剥削收入，而我国私营企业所获利润不属于剥削收入，这种"内外有别"是一种"悖论"；而认为应统一起来，都不属于"剥削收入"，这直接否定了资本主义剥削实际，我认为"更是一种悖论"。第二，"公私有别"——公有制企业所获得的利润不属于剥削收入，而私营企业所获取的利润属于剥削收入，这种有别的"悖论"，我认为根本不是什么悖论，而是符合客观实际的确认与判定。刘成碧同志认为理论"逻辑同一律"要求应统一起来，统统都不属于剥削收入。我认为这是否定客观事物的内在本质差别及不同性质经济成分所带来的收入和利润的本质差别。在分析批评了内外与公私经济之收入都属于无剥削收入观点后，我运用马克思主义的"内因决定论"，分析研究私营企业主收入的客观属性。我依据《矛盾论》关于内因决定了事物性质与本质的观点与方法论认为："私营企业的性质乃至私营企业主的资本所获取的利润是否属于剥削收入，只能由私营企业内部经济关系的特殊性质来决定。"首先，从生产资料所有制关系上，私营企业的生产资料属于私营企业主个人所有，具有私营资本主义产权特征。雇工对企业生产资料只有使用权，没有任何所有权。产权关系的不平等同资本主义所有制关系本质上是相同的。其次，从私营企业内部相互关系上看，私营企业主在生产经营过程中居于统治和支配地位，他凭借资本所有权，对雇工有任何支配权与使用权，甚至可以随意开除雇工。内部劳资关系的不平等，同资本主义企业之雇佣具有相同的特征。最后，从企业分配关系上看，分配大权掌握在私营企业主手中，分配的原则是按资分配。由于雇工不拥有企业资本，无产品与收入分配的决定权，更无剩余索取权。这种不公平的收入分配关系也鲜明地体现出资本主义企业收入分配的特征。企业外部的"普照之光"不会根本改变企业内在本质。我认为："外因是条件，内因是根据。按照这个马克思主义唯物论辩证法原理，完全可以认定：我国私营企业主凭借资本所获取的利润收入具有剥削收入的性质或属性。"当然，社会主义初级阶段存在剥削收入具有一定的客观必然性，是不能否定与取消的。不可否认，私营企业主的收入并非完全是剥削收入，而是多元化的。其一，资本所有权报酬收入。它属于非劳动收入，主要包括股息收入、红利收入、利息收入等，这种非劳动收入并非全等于剥削收入。其二，企业经营管理收入。我根据马克思关于企业管理二重性原理，认为私营企业主执行生产经营管理一般职能所取得的收入，不属于剥削收入，而当其执行特殊的资本职能时，其活动是一种"剥削劳动"，它所带来的收入难免不带有剥削性质。其三，科技劳动收入。私营企业从事的科技活动，不具有剥削活动的性质，其收入不属于剥削收入。其四，风险收入。风险收入自然要包含在私营企业主的"经营收入"范畴内，其收入自然具有劳动收入与"剥削收入"的二重性质。最后，该论文强调：要科学理性地对待剥削。剥削现象在中国当代及以后一个历史时期的存在，具有客观合理性、必然性及进步性，不可否认，不可无视，不能惧之，一定要理性看待、科学对待之。在条件不成熟时过早将其消灭，历史已证明违背生产力决定生产关系的客观发展规律。

7. 从制度经济学视角分析与研究私营企业的制度特征及创新活动

这是我在指导博士研究生写论文时采取的新的研究视角，其成果《中国私营企业制度：特征、影响及创新》刊载于《东北师大学报》（哲学社会科学版）2013年第6期。私营企业从产生到21世纪初，其平均寿命仅为8年，小企业平均寿命仅为2.9年，这引起我们的深思。我经过缜密的分析，认识到"制度也是影响企业成长的关键因素，新制度经济学所强调的制度功能主义和分析方法对中国经济制度改革，特别是对中国私营企业制度的创新具有重要的启示意义"。鉴于此，我试图运用新制度经济学的原理与方法分析了中国私营企业的制度特征。第一，私营企业具有"三缘性"：血缘性、亲缘性、地缘性；第二，私营企业制度的"家族化"。上述企业制度的特征对私营企业的发展产生了"辩证影响"：第一，降低了交易成本；第二，提高了企业管理效率；第三，家族头面人物的威望使企业维持较高的凝聚力；第四，能适应市场变化及时决策，使企业快速发展。不仅如此，私营企业制度对企业成长还会产生负面影响：第一，产权主体过于单一，导致企业管理决策集权化，容易产生决策失误；第二，产权结构过于封闭，不利于产权结构优化，更不利于进行市场交易；第三，组织制度靠家族、血缘、亲缘制度维护，责、权、利关系不清，不能实现企业组织的科学化管理；第四，对当地环境与政府政策的依赖性很强，一旦环境与政府政策发生变化，就表现出无所适从的状态。针对上述状况，我认为中国私营企业可持续成长的根本出路在于制度创新。第一，产权制度创新。首先，在私营企业内部成员之间界定产权边界，重新分配股权；其次，利用外部资本构建现代公司制产权结构，实现产权结构合理化及优化；最后，通过合并或兼并，实现产权社会化和企业规模化。第二，组织制度创新。首先，合理压缩纵深型企业的组织结构，实现企业组织的横向转型，减少组织管理层次和人员；其次，充分利用信息时代的科技工具，构建科学的企业内部组织网络平台，使企业组织变成一个由许多节点所组成的动态网络；最后，合理发展企业集团化，私营企业要增强市场竞争力，必须上档次、上规模，实现规模化与集团化。第三，管理制度创新。首先，要引入职业经理人，贯彻企业所有权与经营权分离的科学架构，对经理人实行有效激励机制与约束机制，充分发挥经理人的积极性与创造性。其次，建立企业科学管理制度体系，防止经营决策"独裁"化，实现全程管理民主化。最后，要注重企业文化建设，提高员工对企业的认同感，增强企业凝聚力。要变"家族文化"为"民族文化"，要使企业成为振兴民族文化的阵地。

8. 对私营资本原始积累的大环境、必然性、社会功效的开创性分析与研究

2001年年底，我申报了"当代中国私营资本原始积累及其案

例研究"项目，2002 年 6 月全国哲学社会科学工作办正式批准立项。该项目成果为两本著作：一是《中国私营资本原始积累》，二是《嬗变——中国富豪的第一桶金》，两本著作均于 2005 年由清华大学出版社出版。该项目开当代中国私营资本原始积累研究之先河，在社会上引起了较大的反响。在研究该项目过程中，我发表了一系列文章，限于篇幅，只能概要加以介绍。

（1）关于中国私营资本原始积累的大环境分析

我认为"当代中国的私营资本原始积累是中国实行改革开放的必然结果与产物"，所以直接以"改革开放：中国私营资本原始积累的大环境"［见《税务与经济》（长春税务学院学报）2006 年第 1 期］为题，展开分析与研究。首先，农村承包制改革使农村财产关系发生了实质性变化，即财产主体由集体变成了农户，私有财产大量增加。除了土地仍归集体所有，其他生产资料（包括大牲畜、大中型农机具等），一般都被分掉或低价"卖"给农户，几乎一夜之间"化公为私"；对于社队的固定资产，大部分折价变卖，也有的低价承包出去，不久就变为私产；还有的社队企业直接被私人合伙所购买，变为私人合伙企业。随着农村承包制改革的深化，公有财产的比重日益下降或减少，农户所拥有的私有财产日益上升和增加。这种财产关系的变化，为农村私营资本原始积累的产生和发展提供了可靠的物质基础与条件。其次，国有企业改革进程中伴有私营资本原始积累的发生与发展。国企改革从放权让利开始，历经利改税、承包制、股份制改造和国有资本兼并及战略重组，在每一步改革取得实质性进展的同时，都伴有私营资本原始积累现象发生。再次，引进外资对中国私营资本原始积累的影响。引进外资是中国内资产生的一个主要诱因。第一，引进外资对内资产生了巨大的"示范效应"；第二，外资与内资的联合与结合，有效地促进和推动了内资的扩大与发展；第三，内资原始积累的扩大与发展更加吸引外资流入，内资与外资的相互推动，使中国私营资本借助外资的力量不断发展壮大，使私营资本原始积累跃上新规模、新档次、新水平。最后，一部分地区和一部分人先富起来的政策是加速中国私营资本原始积累的强大推动力。"谁先富谁光荣，谁先富谁英雄"。在"允许一部分地区和一部分人先富起来"的政策鼓舞下，广大城乡掀起了一股勤劳致富、科技致富的浪潮，涌现出大批致富能手和英雄。在他们的"示范"带动下，越来越多的人走上创业致富道路，这就使更多的人加入资本原始积累的行列。可以说，"允许一部分地区和一部分人先富起来"的政策已经成为当代中国私营资本原始积累快速发展的强大推动力量。

（2）关于"当代中国私营资本原始积累的历史必然性及现实基础"的分析

关于该问题分析的论文发表在《当代经济研究》2006年第7期。论文第一部分阐释了"何谓资本原始积累"。我从三个层次界定了资本原始积累：第一，从单个资本形成看，资本原始积累是资本主义生产方式的前提、"历史基础"和"起点"；第二，从创造资本关系的角度看，它是生产者和生产资料相分离的过程；第三，从资本的历史起源角度看，它是直接生产者被剥夺，即以自己的劳动为基础的私有制的解体过程。以上三个定义，我认为："只有采用第一个定义，才能更好地说明当代中国私营资本原始积累的特点、实质及规律。"第二、第三个定义不适用于社会主义中国，因为当代中国资本原始积累过程中不存在直接生产者被剥夺或劳动者同其生产资料相分离的情况。社会主义的当代中国确实存在货币在少数人手中积累并变成资本的过程，而这个过程正是作为资本主义生产方式前提的资本原始积累的过程。论文第二部分，认真分析了中国社会主义初级阶段存在私营资本原始积累的历史必然性。马克思和恩格斯都十分明确地讲过，在生产力发展不够充分的社会主义初级阶段，私有制的存在具有合理性与必然性。恩格斯指出："对于工场手工业和大工业发展的最初阶段来说，除了私有制，不可能有其他任何所有制形式，除了以私有制为基础的社会制度，不可能有其他任何社会制度。"[①] 从中国的现实看，几乎所有的工业部门，

---

① 《马克思恩格斯选集》第一卷，人民出版社1995年版，第238页。

虽然存在一定的大工业，但也都存在大量手工工场，都存在大量以手工劳动为基础的"小工业""小企业"。这是个体私营经济存在与发展的物质基础与条件。据此，我认为："在中国的社会主义初级阶段上，个体私营经济始终具有存在的历史必然性，私营资本原始积累的过程的发生亦具有历史必然性。"论文第三部分，阐明中国社会主义初级阶段私营资本原始积累发生的现实基础。第一，个体小商品经济的存在与发展，为私营资本原始积累的发生提供了重要的经济基础和肥沃的土壤；第二，城乡人民收入水平大幅度提高，大量货币在个人手中积累，为私营资本原始积累提供了可能与实现条件；第三，大量城乡剩余劳动力的存在，使得货币变资本及资本原始积累的实现成为可能。以上，中国私营资本原始积累既有历史必然性，又有现实的客观条件与基础，那它的产生与发展就势不可当了。

（3）关于"私营资本的原始积累的社会功效的"分析

对这个问题，我发表《论当代中国私营资本原始积累的社会功效》[《税务与经济》（长春税务学院学报）2005年第3期]一文专门进行详尽的分析与阐述。第一部分分析它对公有制经济的作用与影响。首先认为私营资本原始积累同社会主义公有制经济之间存在矛盾竞争关系，主要表现为五个方面：第一，争夺好的经营项目；第二，争夺原材料和能源；第三，争夺廉价、高素质的劳动力和科技人才；第四，争夺市场份额与市场占有率；第五，争夺有利的投资场所。这种竞争过程中体现了一种平等竞争的关系，它一方面表现为私营资本原始积累由小到大，由弱到强，由充当"拾遗补阙"的"小字辈"上升为同公有制经济地位平等的"兄弟"；另一方面则表现为公有制经济由"独老大"逐渐从一些领域和行业退出，变为国民经济主体。这个过程的完成，完全得益于私营资本原始积累扩大与发展的推动。私营资本原始积累对公有制经济产生了革命性的影响与作用：第一，它存在与发展本身就对公有制经济构成强大的外在压力；第二，促进公有制企业重视科技人才，推动了科技进步；第三，促进公有制经济加速体制改革与机制转换，提高效率和效益。公有制经济"自己的刀削不了自己的把",私营资本原始积累帮助公有制经济"削了它的把",解决了它固有的弊端。第二部分分析它对我国经济社会发展的贡献。第一,增加了国民生产总值,创造了大量社会财富,满足了全体人民日益增长的物质文化需求;第二,贡献了越来越多的税收,增加了国家的财政收入;第三,造就了一批私营企业家,促进了中国企业家市场的形成与发育;第四,扩大了就业,成为重大的"社会稳定器"。第三部分阐述"加速私营资本原始积累是走向共同富裕的一条快捷之路"。"条条大路通罗马",实现共同富裕这个社会主义根本目标,加速私营资本原始积累是一条快捷的路径。它不需要国家任何投资,只要把人民自己积累的足量货币转化为资本,促进社会生产力快速发展,使更多的人走上致富之路。事实证明,私营资本积累发展得好的地区,全体人民共同富裕的步伐就快得多。第四部分阐述私营资本原始积累对小康社会的重大积极作用,指出中国要全面建成小康社会,是离不开私营资本原始积累的健康发展的。让公有资本与私营资本两轮并转,比翼双飞,才能尽快全面建成小康社会,早日达到全体人民共同富裕。

9. 如何科学对待私营资本原始积累的"原罪"问题

我在《中国私营资本原始积累"原罪"说辨析》(《江汉论坛》2006年第6期)一文中发表了自己的独到见解。在当代中国私营资本原始积累过程中是否存在"原罪"问题,学术界有两派意见,一种认为"没有",一种认为"有",分歧很大。我认为,"原罪"是一种客观存在,"是一个不容争辩的事实"。接着我认为,要正确认识与看待"原罪"。首先,要正确认识与理解马克思的"原罪"思想与理论。第一,马克思借用神学范畴"原罪"来说明资本主义原始积累过程中存在的罪恶;第二,经济学上的"原罪"与神学上的"原罪"是不同的;第三,"原罪"是一种少数不劳而获的富有者对大多数贫穷者的剥削与掠夺;第四,资本主义生产方式就是建立在"原罪"基础上的。中国的私营资本原始积累既具有资本主义私营资本原始积的累一般性,又具有私营资本原始积累的特殊性,因此，中国私营资本原始积累过程中存在"原罪"，但又不全是"原罪"，更不是每个私营资本所有者都有"原罪"，这是因为中国私营资本原始积累是在社会主义社会公有制占主体条件下发生的。其次，剥削≠"原罪"，绝不能将私营企业的一般剥削行为视为"原罪"。"原罪"作为特次，要用历史唯物主义态度及发展的眼光看私营资本原始积累中的"原罪"问题。有些"原罪"的发生，受当时历史时代与条件的限制，被予以认定。由于改革的深入及时代的发展或历史条件的变化，有些"原罪"不但不应"追诉"，反而应予甄别、"平反"。定经济范畴，是指私营资本企业生产经营活动中的违法犯罪行为。剥削并不必定犯罪。再次，只有这样才能鼓励私营企业主们大胆放手发展私营经济。最后，要重在惩治现型"原罪"，预防新型"原罪"的发生。鼓励私营企业"自察""自省""自纠"。

10. 在国内学术界首次提出"当代中国私营资本原始积累的二重性"问题

关于该问题分析的论文发表在《经济评论》2003 年第 6—2 期。我认为，"中国的私营资本原始积累同资本主义国家的资本原始积累相比，最大的不同点在于：它是在社会主义制度下进行的，并且是伴随中国的改革开放而成长的。这就决定它必然要具有一些与资本主义国家资本原始积累不同的显著特性"。当代中国的私营资本原始积累过程是一个二重性过程：一方面，它是社会主义初级阶段公有制占主体条件下发生的，是一个非暴力的、充满"田园诗"及"牧歌"式的和平前进的过程；另一方面，它又带有许多不道德行为，是一个前进巨人背影下的阴暗过程。前者是主导、主流，是本质方面；后者则是非主导、非主流，是非本质方面。这二重属性统一构成了当代中国私营资本原始积累的丰富多彩的图画。

11. 关于非公股份合作金融组织和私营银行进入银行业问题研究

《非公股份合作金融组织和私营银行进入银行业问题研究》文是为中国人民大学金融研究院的征文所写，获征文三等奖，后由

《学习与探索》2008 年第 5 期发表全文。文章共分为四个部分，详尽地论证了"构建健全合理的银行体系，必须允许非公股份合作金融组织和私营银行进入银行业，这是社会主义市场经济发展的必然要求"。

第一部分：非公经济进入银行业的前提：打破国家垄断。如果不从根本上破除国家对银行业的垄断，那么非公经济进入银行业从事各种金融活动是根本不可能的。国家垄断的负面效应从微观上看：其一，直接降低了银行的经济效益；其二，导致了巨额的不良资产；其三，窒息、扼杀了商业银行的自主创新能力。国家垄断的负面效应从宏观上看：其一，大大降低了金融资源的配置效率；其二，衰减了货币政策的传导效果；其三，抑制了货币政策对经济增长的促进作用。

第二部分：非公股份合作银行：非公经济进入银行业的根本路径。打破国家对银行业垄断的根本路径在于建立非公经济股份合作银行。这种银行是由私有性质股东联合与合作建立的，这决定了它可以成为完全独立的金融市场主体，同国有商业银行形成实质性的有效竞争，所以，建立非公股份合作银行，是构建独立金融市场主体的需要，是打破国家垄断银行业的必然的路径选择。在中国，这种银行在城乡的建立与建设均比较迟缓，适应不了金融改革的需要，更适应不了城乡社会主义市场经济健康发展的要求。

第三部分：当前应规范"私人钱庄"，创办私营银行。1997年，在美国金融危机中，有些大银行倒闭，而一些中小银行却得以生存和发展。在美国的金融体系中，中小银行占大多数，社区银行直接为居民提供便捷服务。借鉴美国经验，中国应大力发展私营社区银行。为此，要认真对待各地早已事实存在的"私人钱庄"，不要一律打击或取缔，而要用政策将其从"地下"引导到"地上"，用法律法规加以规范。禁莫如疏，止莫如导。

第四部分：非公股份合作金融组织和私营银行进入银行业的风险及对策。应当承认，风险是存在的，并且风险很大。但进入的时机与条件是具备的，要抵住风险，抓住机遇，及时推进非公经济股份合作银行及私营银行进入银行业,最重要的是强化国家对私营银行准入、经营及各种风险的监督与管控。

12. 东北地区及吉林省私营经济发展研究

关注与研究东北地区及吉林省私营经济发展是我研究的主要方向之一。作为一个省有突出贡献的中青年专家及"吉林英才奖章"获得者,我一直把为地方及区域经济发展建言献策作为自己的职责。除已出版专著《私营资本积累与东北经济振兴》(清华大学出版社 2008 年版)外,还发表了一些研究报告与论文。这里主要介绍被收入《吉林省私营经济发展报告》(吉林人民出版社 2008 年版)的论文《私营资本的集团化与国际化是振兴老工业基地战略选择》。

第一部分:东北私营资本集团化是振兴东北经济的现实需要与选择。第一,加速推进东北地区个体私营经济向私营资本经济转变。扩总量、上规模、上档次、上水平,增强总体实力;第二,打破行政区别,加速实现东北三省私营中小企业资本联合,促进资金集聚与集中;第三,实现东北三省私营资本集团化,组织以知名私营企业为龙头的大私营企业集团,以尽快增强总体实力,参与国际市场竞争,实现国际化。

第二部分:东北私营资本国际化的路径选择。第一,与外商开展合资合作;第二,扩大出口规模,增强出口能力;第三,开展海外直接投资。

第三部分:加快东北私营企业国际化经营的对策措施。在宏观层次上,第一,要把私营企业的国际化经营纳入东北三省发展总体规划,制定相关的政策和配套措施;第二,赋予私营企业与国有企业平等的待遇,优化政策环境,择取发展前景好的企业,重点扶持与政策倾斜,以培养外向型经济的新增长点;第三,实行税收优惠,除增加出口产品扣税优待外,还应允许私营企业或公司从应课税的利润中扣除若干年(可为三年)的投资费用,或申请海外投资津贴等,鼓励他们开拓海外市场。在微观层次上,第一,企业要树立国际化经营理念,进行制度创新和管理创新;第二,站在 WTO

的高台上，实施战略联盟，打造企业旗舰；第三，坚持以人为本，吸纳更多的国际化经营人才，造就一支适合国际化经营的人才队伍；第四，着眼于国际市场，进行产业结构调整与战略重组；第五，加强新产品的研究与开发，提高产品质量与科技含量，创出一大批民族品牌产品与名牌产品。总之，从微观与宏观两个层次同时发力，全面提升东北地区私营资本总体实力，以便在国际市场竞争中夺取优势，占据一席之地。

关于吉林省私营经济发展之现状、水平比较、落后之原因及发展对策问题，我在《社会科学战线》1998年第5期发表的《吉林省个体私营经济的发展现状及对策研究》一文，系吉林省社会科学基金项目成果，获吉林省社会科学优秀成果一等奖。该文共分两大部分。

第一大部分：吉林省个体私营经济的发展现状。吉林省个体私营经济在经历了20世纪80年代初期的恢复发展、中期的快速发展和中后期的低速徘徊三个阶段后，终于在90年代初驶入快车道，呈现以下五个特点。第一，规模档次有所提高，经济实力明显增强；第二，经营行业与范围有所扩大；第三，农村私营养殖业发展较快；第四，与国计民生的关联更加紧密；第五，从业人员构成尤其是知识型人员、专业人才的加入，使队伍素质明显提高。同时，也存在以下主要问题。第一，对个体私营经济的认识仍存在偏见与歧视；第二，存在"两低""两小"问题，即发育程度低、结构水平低，总量小、规模小；第三，资金短缺，筹资困难；第四，竞争环境不平等，"挂靠"现象严重；第五，多头管理，管理部门不协调，"三乱"现象屡禁不止。出现上述问题的原因是多方面的，既有客观上起步晚、行动慢的因素，又有政策不落实、管理不到位的问题，也有领导机构领导不力的问题。

第二大部分：吉林省个体私营经济发展战略研究。第一，提高理论认识，处理好以下三个关系：一是私营经济与社会主义市场经济的关系。私营经济同社会主义市场经济并不矛盾，可以为发展社会主义市场经济服务，"不会侵蚀社会主义政权，并不会削弱公有制经济实力"。二是私营经济虽然不是社会主义性质的,但它是"现阶段我国国民经济的重要组成部分",发展它对发展国民经济是十分有利的。三是私营经济与公有制经济的关系。它对公有制经济不仅起"补充"作用,更有敢于竞争、机制灵活、注重提高效率与效益的"示范"作用,"为国有企业转换经营机制建立现代企业制度提供了参照和导向作用"。上述理论认识,在当时环境下还是有一定创见的。第二,明确指导思想及战略重点。指导思想是充分调动一切积极因素,动员社会各界力量,积极鼓励与支持个体私营经济发展,坚持放宽政策,扩大发展领域,加快发展速度,加强监督管理,提高整体素质,尽快增加个体私营经济在全省国民经济中的份额,使个体私营经济与公有制经济在合理的比例下共同促进、共同发展。在上述思想指导下,突出抓好以下六个方面：一是吉林是个农业大省,要突出发展农村个体私营经济；二是要向有利于全省发展全局实力的方向发力；三是大力发展生产型、科技型、外向型个体私营企业；四是抓住全省"放小"的机遇,引导个体私营企业购买、兼并国有小企业,以壮大私营经济实力；五是解决个体私营企业融资难的问题,加大对它们的信贷支持与扶持力度；六是营造宽松的发展大环境。第三,发展战略目标及步骤。一是总量目标：争取到"九五"末期,个体工商户和私营企业总数达150万户,以后每年递增10%；从业人员达230万人,占全省就业总人数的80%以上。二是增加值和社会商品零售额指标,争取每年以20%左右的速度增长。到"九五"末期占同期国民生产总值的10%以上,到2000年实现商品零售总额占同期全省社会商品零售总额的55%。第四,战略对策措施。其一,为实现农业个体私营经济的突破性发展,一是加速开发农村各类市场；二是加快发展小城镇各类经济；三是搞好农业综合开发。其二,将个体私营经济发展与国有企业改革结合起来,一方面鼓励个体私营企业购买、租赁、承包、联合国有中小企业；另一方面引导国有企业下岗职工从事个体私营经济。其三,财政金融部门应多渠道全方位筹集资金,帮助个体私营企业缓解资金困难。其四,鼓励个体私营企业进行企业更新改造,引进高技术设备，向生产型、技术密集型、外向型逐步梯次升级。其五，进一步完善与落实有关政策，取消一切不合理收费与滥摊派现象，让每个个体户与私营企业都焕发出生机与活力，同时严格监督与强化管理。

13. 关于私营企业如何成长为"常青企业"问题

中国私营企业普遍存在一个"3·5·8"短命周期现象，即富不过三年五载，至多存在8—10年就倒闭。为什么会这样？据学术界分析，原因多种多样。有的认为是国家政策多变的原因，有的认为是经营环境不好所致；有的认为是企业产品老化、无竞争力等方面原因；还有的认为是银行"嫌贫爱富"，关键时刻对资金力量薄弱的私营企业不予支持等原因；可谓众说纷纭。我认为，上述论点都没有抓到要害，最根本的问题在于私营企业缺乏产权制度创新。我发表《产权创新：中国私营资本企业可持续发展的基础与关键》（《天津社会科学》2003年第6期）一文，论述了自己的观点与看法。

我认为，经典作家关于制度创新是国家兴旺发达的不竭动力的论述，也适用于私营经济。私营企业之所以短命，根本原因在于产权制度存在三种缺欠：一是产权主体具有浓重的家族宗法性；二是产权界定不清晰，具有严重的模糊性；三是产权结构不合理，具有严重的封闭性。这"三性"严重地阻碍了私营企业的可持续发展，可以说它们是私营企业短命的根本性原因。

首先，当代中国私营企业可持续发展，必须破除产权主体上的家族宗法性。家族与家庭成员作为私营企业产权主体，不能不带有封建宗法关系，如妻从夫、子从父、女从母等，这就会对企业财产所有权的运营产生重大影响。一般来说，这种家族宗法关系在企业初创时期，还是具有一定积极作用与意义的。因为家族之间的信任与团结使企业成员之间能合作创业。但一旦企业做大，利益矛盾出现了，这种家族宗法关系便难以维持。由于这种家族宗法关系本质上是一种超经济关系，是与社会主义市场经济相矛盾的，与自由契约和民主竞争精神相抵触，最终将导致企业因经营失败而破产。所以，不破除私营企业产权上的家族宗法关系，私营企业是不可能实现可持续发展的。

其次，当代中国私营资本企业要实现可持续发展，必须解决产权界区模糊不清的问题，使产权界区明晰化。私营企业产权界区不明晰主要表现在三个方面：第一，企业内部家族成员之间产权边界不清；第二，家族或家族企业与外界的产权关系不清，主要是"私冒公"，即企业"戴红帽子"；第三，由于缺乏严格明确的出资人而造成的产权主体不明确，如改革开放初期，若干人合伙办的"糊涂公司"。产权界区不明确，利益冲突来了，便导致企业争斗不休乃至破产。

最后，私营企业要实现可持续发展，必须打破产权结构的封闭性。"封闭性"主要表现在两个方面。第一，资本封闭，排斥家庭外和家族外资本（即社会资本）进入，这同市场经济条件下的企业制度是相矛盾的。只有产权主体多元化、社会化，才能迅速扩大生产，适应激烈的市场竞争。第二，人才封闭，排斥家庭和家族外（即社会上）高素质人才进入企业。这会从根本上影响企业整体素质提高，影响企业的技术进步，进而影响企业的可持续发展。除掉阻碍私营企业可持续发展的产权关系上的"三性"，根本途径就是进行产权制度创新，构建符合市场经济要求的，产权关系明晰、责权利关系明确的，能够利益制衡的现代企业制度。

14. 理性科学地对待私有制，充分认识私有制经济在我国存在的长期性

我在多篇论文中都阐述了上述观点，主要有《马克思、恩格斯：科学对待私有制》（《社会科学探索》1998年第1期）、《试论我国私有制经济存在的长期性》（《天津社会科学》2006年第4期）等。我强调在所有制上不能搞片面化与绝对化，不能只讲公有制的优越性及私有制的劣根性。实际上，公有制也有弊端，私有制也有一定的优越性。所谓"公有制是万善之本，私有制是万恶之源"，有点片面化与绝对化。正确的认识应是，公有制也有财产关切度较低之缺欠；私有制也并非万恶之源，它确有财产关切度高之优点。

以往，否认公有制之缺欠，搞"一大二公"，不断进行所有制扩公升级；同时否定私有制有优点，认为它是"万恶之源"，总想消灭私有制，结果都被事实证明是错误的。

针对有些人认为私营经济仅存在于我国社会主义初级阶段，我明确指出："发展私营经济绝非权宜之计，而是整个社会主义阶段的重要任务。""社会主义历史阶段有多长，私有制就存在多长。""社会主义就是消灭私有制。"以往我们误以为一建立社会主义制度就立即消灭私有制，其实不然。社会主义消灭私有制是一个渐进的历史过程。只有社会生产力充分发展了，消灭私有制的一切物质条件具备了、充分了，才有可能消灭私有制。正如恩格斯所讲，当一切条件都具备之后，私有制将自行消亡。

（七）农业问题·高学历失业·东北经济振兴·世界经济问题

1. 从物质利益的根基上保证其农业的基础地位并发挥其作用

20世纪90年代初，我就十分关注我国的农业基础地位与作用问题，先后发表多篇研究论文。其中较有代表性的有《全方位地保证和发挥农业的基础地位与作用》（《社会科学探索》1992年第3期）与《从物质利益的根基上强化和巩固农业的基础地位》（《党政干部学刊》1992年第10期）。上述两文的主要论点近似，主要介绍后一篇文章。从1985年起，我国农业发展出现了徘徊，农业成为国民经济发展突出的薄弱环节。我明确指出，中国的农业基础正遭受严重侵蚀与破坏，主要表现为五个方面。第一，侵占和破坏耕地的现象有增无减；第二，农业劳动力素质下降；第三，农业投入锐减，农田基本建设严重不足，农业物质技术基础更加薄弱，抵御自然灾害的能力大大削弱；第四，土地沙化、碱化日益扩大，水资源日益减少；第五，农业比较利益过低，而"剪刀差"过大，农民收入减少。为了改变上述状况，强化农业基础地位与作用，我提出以下对策。第一，依法严格控制占用耕地、破坏耕地现象。第二，增加国家和农民对农业的投入。国家每投入1元钱便会带动农民投入5元钱。其增加对农业的科技及人才的投入，更会取得好的成效。第三，进一步调整工农业产品比价，缩小和消除"剪刀差"。第四，增加粮食价格补贴，提高粮食收购价格。第五，减轻农民负担，增加农民收入。总之，一定要让种地农民的比较收益逐步提高，从物质利益的根基上保证农民种地可以过上好日子。这样，农业的基础地位才会巩固，其作用才会愈来愈大。

2. 改造传统小农业理论，构建现代大农业理论

这是我在《中国农业发展理论的传统与现代形式的评析与反思》（《江汉论坛》2003年第9期）一文中提出的基本观点。该文共分三部分。

第一，改造传统农业理论："大农业论"抑或"小农业论"。该文认为，改造小农业生产方式是马克思主义理论的重要组成部分。马克思曾指出，"这种生产方式必然要被消灭"[①]，但不能用暴力去剥夺小农，而要通过提供示范与帮助的办法改造小农。列宁发展形成了主导社会主义国家传统农业改造的基本理论——"分化说"。中国不仅全盘接受了"大农业理论"，而且有进一步发展，在实践上也走了一条"大农业"道路。传统"小农业"的致命伤是劳动生产率低下，走现代化"大农业"道路是一个大跨越，是一个自然历史发展过程。

第二，构建现代化农业理论："小规模经营论"抑或"大规模经营论"。中国农业"规模经营"是改革开放后热烈讨论的新理论问题。农业规模经营有利于提高农业单产，提高农业劳动生产率，是适应农业现代化的要求的。因此，中国农业必须实行规模革命，实现农业适度规模化。

第三，对传统和现代两种理论形成的反思。通过反思中国农业发展理论，我们能够发现解决中国农业问题的有意义的理论总结。首先，必须坚持中国农村土地的适度规模经营；其次，解决中国农地规模经营与单产矛盾的"金钥匙"是理论创新。再次，破除传统农业基础理论，树立现代开放型现代大农业理念；最后，兼收并蓄

---

① 《马克思恩格斯选集》第二卷，人民出版社1995年版，第268页。

所有的理论，构建中国特色的农业发展理论体系框架。

3. 加入WTO后中国农业面临的新机遇与新挑战

我发表《加入WTO与中国农业革命》（《当代经济研究》2002年第9期）一文，对上述问题进行了分析与阐述。加入WTO，使中国农业与世界农业一体化。为适应WTO的要求，使中国农业与WTO规则接轨，必须进行一场深刻的农业革命。这是一场空前的挑战，也是前所未有的大发展机遇。

第一，中国农业规模革命：从小生产跃进到现代大农业。一是农村土地革命使土地从集中到分散，形成农民一家一户为一个生产单位的农业规模；二是农业合作化——一场过早地超越当时生产力水平的农业规模革命；三是人民公社化运动——一场过"左"的农业规模革命；四是承包制——一场迟到的农业规模革命；五是租地农场制——从小农业到现代大农业的农业规模革命。在中国农村商品经济较发达地区，必须适应生产力发展要求，大力促进土地向种田能手和大户集中，创办家庭农场，培育中国式的租地农场主，走农业生产规模化经营之路。

第二，中国农产品性质革命：从"政治品"到"商品"。改革开放之前，在计划经济体制下，农产品的商品属性被削掉，代之以"政治品"。为适应市场经济要求，尤其在WTO规则下，农产品真正完全恢复其商品属性。长期以来，中国的农业一直被当作"政治农业"，粮食生产是政治任务，"民以食为天"，吃饭问题是十几亿人口的最大政治问题。农产品被政治化，不计成本，不计代价，农业亏损长期被认定为政策所允许的合理合法的亏损。所以，再把农业作为"政治农业"，把农产品作为"政治品"来对待，那是WTO规则所绝对不允许的，也是不符合市场经济要求的。

第三，中国农业的理论观念革命：摒弃传统自给自足型的"农业基础论"，因为传统自给自足型的"农业基础论"是我国农业长期规模效益低下，没有真正形成以市场为导向的商品农业的重要理论基础与理论指导。该理论有两大失误：一是抛开了世界经济体系，将一国经济封闭起来，孤立地看待农业在国民经济中的地位与作用（或贡献），这显然是有悖于国际分工一般原理及规律的。二是片面解释了马克思在《资本论》中的论述。马克思讲："超过劳动者个人需要的农业劳动生产率，是一切社会的基础，并且首先是资本主义生产的基础。"① 首先，这里马克思用的是科学抽象法，抽象掉对外关系，即没有讲英国以外的国家；其次，从纵向角度来看，农业是基础问题；最后，其真正含义是讲农业剩余劳动决定社会分工及其程度。在实行市场经济并加入 WTO 后，国际分工与协作日益发展，一个国家发展经济所必需的农产品、劳动力、原材料等并不一定完全依靠本国农业来解决。自给自足型的"农业基础论"，给我国农业的发展带来重大的影响，尤其是给广大农民造成巨大利益损失。所以，必须抛弃这种自给自足型"农业基础论"，这对中国来说也是一场革命。

4. 关于中国"高学历失业"的科学统计及范畴界定问题

这主要体现在我发表的《我国"高学历失业"的科学统计及范畴界定》（《经济纵横》2010 年第 10 期）一文中。在计划经济年代，中国基本不存在"高学历失业"现象，因为那时的高等教育是"精英教育"，"高学历人才"严重短缺。从 20 世纪 90 年代末开始，全国高校大规模扩招，高等教育走向大众化，毕业生总量逐年增加。但学生自主择业伴随市场经济深入发展，就业率开始下降，高校毕业生就业市场出现"供大于求"现象，从而出现"高学历失业"问题。到 21 世纪初，我国"高学历失业"人口到底有多少？为了给国家治理决策提供参考依据，我撰写了《我国"高学历失业"的科学统计及范畴界定》一文。

第一，我国"高学历失业"统计现状。首先，"高学历失业扩大论"。我认为"不能笼统地讲'扩大'与'缩小'，关键要看对职业搜寻时间界定是否合理。只有在职业搜寻时间规定合理、科学的基础上才能对大学生失业或'高学历失业'的统计数据是扩大了还是缩小了做出准确判断"。其次，"高学历失业"数据缩小论。

---

① 《马克思恩格斯全集》第二十五卷，人民出版社 1974 年版，第 885 页。

我认为"职业搜寻时间6个月内'准失业',6个月后为显性失业"存在两个问题:一是取消了毕业之后的职业搜寻时间;二是6个月后才算真正"失业"(显性失业),把相当数量的失业人员排除在真正失业范围外,大大缩减了大学生失业的数量。

第二,我国"高学历失业"范畴的科学界定。学术界有各种不同的界定,我提出自己的见解认为:"所谓'高学历失业'就是指具有大专以上毕业文凭或学历水平的毕业生失业。"照此看来,我认为上面提到的"扩大论"在我国并不存在,并且关于6个月和12个月的职业搜寻时间过长,明显缩减了"高学历失业"人口的数量,会使"高学历失业"统计失真,给国家对"高学历失业"问题的治理带来不利影响。

5. 探究中国"高学历失业"的主要特征、产生机制及治理对策

这主要体现在《中国"高学历失业":主要特征、产生机制及对策建议》(《吉林大学社会科学学报》2010年第5期)一文中。

第一,文中在界定"高学历"的基础上,认为它是一种"高层次知识人群的失业",是改革开放后市场经济发展到一定阶段的必然产物。新中国成立后,共出现三次大规模失业浪潮:一是20世纪70年代"知青"上山下乡后回城;二是20世纪90年代初到21世纪初国企改革中大批国有企业、集体企业职工下岗失业;三是20世纪末到如今白领阶层和大学毕业生失业。"高学历失业"是伴随三大失业浪潮,尤其是第二、第三次失业浪潮出现的,其主要特征有四个:一是数量逐年增加,层次明显上升;二是由零星分散状态发展为相对群发集中;三是区域分布不平衡,具有明显的区域性;四是由21世纪之前以老科技人员为主体发展为21世纪后以新大学毕业生为主体。

第二,对中国"高学历失业"产生的经济社会机制进行分析。一是产业结构升级——中国"高学历失业"生成的产业机制;二是经济运行周期——中国"高学历失业"的伴生机制;三是经济体制转轨——中国"高学历失业"生成的体制机制;四是国际金融危机

的严重冲击——中国"高学历失业"的国际传导机制；五是社会基本矛盾——中国"高学历失业"的根本机制。

第三，对解决中国"高学历失业"问题的若干对策建议：一是要继续加大对教育的投入，适当控制高等教育规模，着重提高教育质量与效益；二是实行"利益"和"价值"双导向，以"利益"为基础，以"价值"为主导；三是尽快建立与完善"高学历失业"救助的社会保障机制；四是建立促进大学毕业生自主创业的长效机制，包括教育大学生树立自主创业意识，强化对大学生自主创业能力的培育，制定各种政策促进大学毕业生自主创业，等等。

6. 为东北经济振兴提供理论架构

为了给东北经济振兴提供强有力的理论支撑，我创造性地提出了"东北经济腾飞的'飞机模式'构想"（见《经济纵横》2007年第8期）。东北经济腾飞在没有改革开放先行及各种优惠政策效应的情况下，"根本的出路就是自主发展，依靠自身力量实现跨越式发展。所以，加速东北经济一体化进程，就应构建一个全新的'飞机模式'，以前面带动东北经济腾飞"。

第一，经济一体化是东北经济腾飞的基础。其一，自然资源保护与运用一体化；其二，基础设施建设与发挥作用一体化；其三，市场体系一体化；其四，经济结构调整升级要协调联动。

第二，东北经济的"飞机模式"构成。其一，"飞机头"：以大连为中心的辽东半岛经济带，含葫芦岛、锦州、盘锦、营口、盖州、瓦房店、庄河、丹东等市，作为东北经济振兴与腾飞的"领头雁"；其二，"机身"：以沈阳为中心的经济带，含铁岭、抚顺、本溪、辽阳、鞍山、海城、朝阳、阜新、新民、开原等市，是极具增长活力与发展潜力的地区，构成"飞机"机身当之无愧。其三，"右翼"：以长春、吉林、四平、通化为中心的经济，简称"长、吉、四、通"经济带，为吉林省最发达的经济带，它作"右翼"强力助东北经济腾空而飞。其四，"左翼"：以哈尔滨、大庆为中心的经济带，含齐齐哈尔、绥化、伊春、佳木斯、鹤岗、鸡西、牡丹江、阿城等市县，是一批老工业及资源城市，在改革开放进程中大力度优化调整，焕发了新的生机与活力，作为有力的一翼可助东北经济腾飞。其五，"尾翼"：包括东北全部的沿边开放或可陆续通边开放的城市，主要有黑河、抚远、虎林、密山、绥芬河、珲春、延吉、图们、和龙、龙井、白山、嫩江、集安等，它们或与俄罗斯、朝鲜接壤，或与日本、韩国隔海相望，对外经济贸易潜力巨大，前景甚佳，若主动出击，可把东北边境经济做大搞活。

第三，支撑"飞机模式"的若干建议。其一，充分发挥长春、沈阳、大连、哈尔滨四大中心城市的辐射功能及带动作用；其二，以城市化带动农村工业化；其三，推动东北私营企业的规模化、集团化和国际化经营。建议东北三省打破行政区别，实行一体化联动，在国务院"东北振兴办"的统一协调指挥下，让"大飞机"加足油、开足马力，真正飞起来。

7. 加大投资，改善投资环境，把东北地区的能源生产搞上去，发挥东北地区能源产业优势

这是我发表的《中国东北地区能源生产的发展及投资分析》（《中国工业经济研究》1993年第12期）一文的中心主题。该文被韩国建国大学《中国研究》杂志转载，引起较大反响。我运用大量实际资料，翔实地介绍了辽宁、吉林、黑龙江三省的能源生产现状，分析了它们在全国能源生产结构中的地位，指出东北经济要振兴，必须加大能源开发，加大能源投资力度，将能源生产做大做强，充分发挥东北能源生产与供应的优势，使东北成为全国优质的能源供应基地。在此基础上，着重对东北能源投资环境做了深入研究与分析，阐述以下五个观点：第一，能源需求量大，总量短缺与结构性短缺并存，能源投资有广阔的市场；第二，煤炭、石油、水力资源丰富，储量大，可长久开采，有良好的发展前景；第三，公路、铁路形成发达网络，交通运输十分便利；第四，能源生产设备陈旧，工艺落后，亟须大力更新改造；第五，资金短缺，需要大量引进外国资金和设备。

8. 探求东北经济落后之原因及对策

这主要体现在《东北经济落后原因诸说评析》（《东北亚论坛》

2004年第2期)与《振兴东北经济的战略对策》(《长春社会科学》2001年第1期)两篇文章中。在新中国的历史上,东北三省曾有令人刮目相看的辉煌:中国最先进、最发达的重化工业基地。当时,东北的汽车、石油、煤炭产量均居全国第一位,电站成套设备占全国的1/3,冶金设备占全国的1/4,机床产量占全国的1/3,不仅拥有发达的冶金工业、电力工业、机械制造工业,而且拥有十分发达的林业与农业,成为国家重要的林业基地与商品粮基地。1978年,东北三省人均GDP仅次于京、津、沪,处于全国领先地位。1990年东北经济开始走下坡路。2001年,辽宁、吉林、黑龙江在全国的经济排名分别降至第8、第14、第10位。进入21世纪后,东北经济出现塌方式下滑,吉林、黑龙江都降到倒数前列,辽宁稍好一点,但也大幅下滑。为了寻求"病因",以便对症下药,医治好东北落后之病,该文在21世纪之初(2004年)深入集中地剖析了关于东北经济落后的诸种"病因说"。

我提出以下几点对策:一是科学地审视和调整东北地区的产业结构。要在全国各地区合理分工、协调发展的前提下,保持其重化工业及农业的优势和特色,"切不可孤立地追求东北地区产业结构合理化,东北地区的产业结构调整一定要服从全国经济发展总目标与整体需要"。二是加大对东北地区产业结构调整与深化改革的支持力度。不仅要加大资金支持力度,更要加大政策支持力度,政策支持比资金支持更重要。它是一种"不必给钱"的支持,但政策宽松与优惠大大胜于给钱。三是东北深化改革要以政府改革为重点。四是加大吸引外资的力度,大力发展民营经济。外资少,民企小,是东北经济发展两个最薄弱的环节,也是同发达省份差距大的重要因素。所以,必须千方百计引进外资,扩大民企规模,上规模、上档次、提升质量,吸引人才向东北流,改变"孔雀东南飞"的局面。

9. 为长春争取更多公司上市出谋划策

我身为长春市政协委员、长春社科联副主席,积极为地方经济发展建言献策。我在《长春市上市公司在地方经济发展中的地位与作用》(《长春市委党校学报》2002年第5期) 一文中，用大量实证资料说明：截至2000年12月31日，长春市区共有19家国内上市公司，占全省上市公司的58%。总资本、资产总额、投资额等方面，在全国同等省会城市中排位是比较靠前的。经研究指出：长春上市公司对资本的贡献、对行业的拉动作用、对经济结构的调整作用、对转换企业经营机制与提高管理水平的作用、对城市改造的作用、对其他非上市公司的"示范作用"，都是十分重大的、十分积极的，有力地促进与带动了长春经济的快速发展。所以，我力主长春市委、市政府千方百计为企业上市创造良好条件，争取更多企业上市融资。

10. 关注世界经济理论问题研究，力图用马克思主义政治经济学理论分析与研究世界经济问题

我在20世纪80年代中期，曾担任吉林大学经济系政治经济学一室（资本主义部分）主任，职责是关注资本主义世界经济理论问题，故此，连续两年在《世界经济》发表三篇重要论文。

其一，《论资本主义经济政治发展不平衡规律及其在战后作用的新特点》(《世界经济》1986年第4期)。该文第一部分，着重分析了资本主义经济政治发展的不平衡规律的基本内容。这个规律是列宁于1915年在《论欧洲联邦口号》一文中首先提出来的，指出"经济政治发展不平衡是资本主义的绝对规律"，这是对马克思主义政治经济学理论的新贡献。其基本内容是经济政治两个方面不平衡的辩证统一。其中，经济不平衡是基础，它决定和制约着政治方面的不平衡。两个方面的不平衡互相联系、互相作用，不可分割，有机统一，构成资本主义经济政治发展不平衡规律的基本内容。过去，理论界一直认为，这个规律作用必然导致帝国主义各国发展水平均衡化，而打破发展水平均衡化，只有通过战争这一种形式。而我提出创新性观点认为："在战后特殊历史条件下，帝国主义各国之间发展不平衡也可以不发生世界大战，从而使世界保持和平。"据此，我提出与过去完全不同的理论公式。过去的公式：不平衡—战争—革命；现在的公式：不平衡—和平/战争—革命。

第二次世界大战后，反对战争、维护和平成为世界发展的大趋势与主流。该文第二部分，着重分析了这个规律在第二次世界大战后作用的新特点：一是经济发展速度明显加快，经济发展水平趋于均衡化的时间大大缩短，在垄断前的自由资本主义阶段，一个国家赶上或超过另一个国家，实现经济发展水平均衡化的时间比较长。一般来说，大约要一个世纪。例如，荷兰成为世界强国取代西班牙、葡萄牙的领先地位用了近百年的时间；英国赶超其他资本主义国家，成为世界经济强国也用了长达一个多世纪的时间。第二次世界大战后，日本、西德等后起资本主义国家以惊人的发展速度向前跳跃，仅用20年时间就达到了美、英、法等发达资本主义国家的经济发展水平。二是主要资本主义国家之间经济发展水平或经济实力均衡的维持时间相对延长。第二次世界大战以前，发展水平均衡化一般维持不了10年；第二次世界大战以后，反战求和平的力量日益强大，只要世界大战不爆发，资本主义国家之间的发展均衡态势就会得以持续。三是由经济发展水平不平衡引起的资本主义国家之间争夺投资场所、争夺市场的矛盾比战前更尖锐、更激烈。四是战后资本主义经济发展不平衡规律作用的又一个突出特点是资本最雄厚的美国经济地位日益下降，霸主地位日趋动摇。之所以出现上述特点，原因主要有两个：一是从生产力方面看，科学技术发展不平衡，是战后资本主义经济发展不平衡的主要因素；二是从生产关系方面看，国家垄断资本主义发展的不平衡是造成战后资本主义各国发展不平衡的根本原因之一。从上面的分析，可以得出两点启示：一是运用先进的科学技术，可以使后来者很快居上；二是应努力掌握战后资本主义经济政治发展不平衡规律作用的新特点，利用资本主义各国之间的矛盾，团结一切革命力量与和平力量，维持世界均衡态势，防止战争发生，以便为我国的社会主义现代化建设争取到和平的国际环境。文章上述两点启示，已被当今世界及中国的实践所证实。

其二，《英国产业革命起始年代辨析》（《世界经济》1987年第7期）。英国产业革命到底是起始于18世纪什么年代，外国经济史学界似乎早有定论，但事实上存在两种不同的观点：一是"30年代说"，二是"60年代说"。这两种说法在我国史学与经济史学界都比较流行，在影响大的著作中均存在。我依据马克思的有关论述，认为产业革命的起始是以约翰·淮亚特发明纺纱机为标志的。马克思在《资本论》中明确指出："当1735年约翰·淮亚特宣布他的纺纱机的发明，并由此开始十八世纪的工业革命时，……这是一种'不用手指纺纱'的机器。"①，很显然，马克思认为，英国产业革命起始于18世纪30年代，各种史书中认为英国产业革命起始于18世纪60年代珍妮纺纱机的出现，是不符合马克思原意及史实的。我为此建议："应当纠正'英国产业革命开始于18世纪60年代'的说法，以免以讹传讹，造成不应有的混乱。"

11. 研究与借鉴战后日本国有企业私有化的特点与后果，为我国国有企业深化改革提供参考与经验教训

这主要体现在我发表的《战后日本国有企业私有化的特点、后果评析及启示》（《现代日本经济》2012年第6期）一文中。首先，文章对"国有企业"与"私有化"的概念进行了界定。日本一般将"国有企业"称为"公有制企业"，是指"中央政府和地方政府拥有全部或部分资本的企业"。国内学者研究日本国有企业改革一般都称其为"民营化"，我不同意这种说法。"民营化"与"私有化"是有区别的。"民营"与"官营"相对应，"私有"与"公有"相对应。讲日本国有企业的"私有化"改革比较科学。其次，文章重点分析了日本国有企业"私有化"的背景与特点。第二次世界大战后，日本在美国的扶持下很快就恢复了经济，并在20世纪70年代初就成为世界第二经济大国。然而，好景不长，1973—1975年便陷入严重的经济危机。为了摆脱危机，又大搞国有化，实行凯恩斯的国家干预，结果导致生产萎缩下降与通胀并存的局面，即"滞胀"。于是又开始反凯恩斯主义的国家干预，推行国有企业私有化。它的第一个特点是对第二次世界大战后一个时期曾大力推行的

---

① 《马克思恩格斯全集》第二十三卷，人民出版社1972年版，第409页。

国有化战略的矫枉过正；另一个特点是私有化虽然比英、美等国起步晚，但它"化"的程度远比英、美等国高得多，不仅范围大，而且"化"的程度深，且彻底。我对日本国有企业"私有化"作出独到的评析：一是促进了经营方式的转变，经济效益明显提高；二是企业扭亏为盈，减少了国家财政负担；三是，使企业劳动者对企业财产的关切度提高了，产权收益增加。在取得以上正效应的同时，带来一系列严重负效应和不良后果：一是急于转让或出卖国有资产，导致大量国有资产流失；二是出卖国有资产的收入，大部分用于偿债和非实体经济方面；三是下岗失业人数增多，大量科技与管理人才流失到国外；四是国有企业退出自然垄断行业，使国家失去应对自然灾害等突发事件的有力支撑和物质保障。最后，从以上的分析中，得出以下三点重要启示：一是对国有企业改革一定要循序渐进，进行分类改革；二是对国家垄断企业切不可一律"私有化"，必须对垄断性客观正确对待，不可简单一律"反垄断"；三是中国国有企业改革绝不可以以新自由主义理论为指导，不可全盘否定国有化，将国有垄断企业全盘私有化。

最后一部分是名家评传、书评并附作者独著、参著、主编、参编的作品。限于篇幅，恕不介绍。

撂下了笔，我如释重负，站起身来，长长舒了一口气：这个长长的自述终于完成了。之所以这么长，因为它是我一生勤奋耕耘的结晶，也是我从教40年"点灯熬油"，几乎日夜不停地"爬格子"的真实记录。一篇一篇地细叙这么多"战果"，心里充满了胜利的喜悦。初梦做诗人，做艾青、贺敬之、臧克家、郭小川那样的大诗人，然而阴差阳错走上攻读政治经济学之路，成了一个不大不小的经济学家。如今，人生大戏尚未落幕，我还要续演精彩的"尾声"。欣逢和平年代与革新盛世，真有"还想再活五百年"之气概！

站在夕阳下，美丽的吉林大学新校园披上了霞光。凝望校门前那宽宽的大路，我仿佛看到它蜿蜒伸向远方……路的那头，不就是我那如今已山清水秀而过去偏僻荒凉、落后贫穷的故乡吗？一个淘气、打架的光腚娃娃如今已成为年近八旬的名牌大学教授，真是做梦也没想到！从那个穷山沟走来，奋进在崎岖的路上，留下长长的、长长的一串脚印，或深深，或浅浅；或存着水，或闪着光，那不正是自己的人生路吗？回眸那条来路，有坎坷，有曲折，有过河，有爬坡，经历了风雨，沐浴了阳光，披上了彩虹……我的心怎么能不万分喜悦，豪情激荡？

从教 40 年，我始终信仰马克思主义，坚持马克思主义。读者只要耐着性子把我的文集读完，便可知我坚持马克思主义的真实程度与水平。我教过的本科生达数千人，培养的硕士 70 多人，亲自指导的博士 59 人。他（她）们都是校园的"花朵"，如今已把祖国山河装扮得绚丽多彩；他（她）们都是健壮的"小白杨"，如今守护着锦绣如画的北国南疆。从校门走出去的莘莘学子，如今都已成为共和国大厦的柱梁。人们说，他（她）们的成长，离不开"园丁"的心血浇灌与培养。但我始终认为，就连我们这些"园丁"也同园子里的孩子们一样，在党的阳光下成长……

雁过留声，人过留名。本文集的出版，也会使我在学术界、在吉林大学留下微微的"名声"。我希望是"好名声"，而非"坏名声"。当然，这要由同行专家及广大读者做评判。但无论如何，它都真实地记录与展现了我勤奋笔耕、追求真谛、无怨无悔的人生。

本文集是我从事政治经济学研究 40 多年来公开发表的学术论文及研究报告汇总，基本上反映了我的治学精神与理论倾向，较全面地概括了我的学术生涯与主要成就。采用归类方法，将文集共分五卷：

第一卷　马克思主义政治经济学基本理论研究
第二卷　社会主义市场经济与国企改革研究
第三卷　通货膨胀与通货紧缩及财税金融改革研究
第四卷　发展私营经济的理论与对策研究
第五卷　其他经济问题研究及名家评介

1992 年 6 月，由吉林大学出版社出版的《社会主义经济理论探索》收入 32 篇论文，不包含在本文集内。

我参与著名经济学家关梦觉教授所写的若干著作的有关论文也

未收入本文集。

由《现代企业家》（1—6 期）连载的《社会主义政治经济学讲座》十二讲，也未作为学术论文收入本文集。

本文集有一部分文章是我与博士研究生共同完成的，从选题到内容都体现了我的学术思想与观点，正确与否由我负全责。

本文集的出版，要十分感谢吉林大学党委副书记韩喜平教授的鼎力支持，是他协调社会科学处予以立项，给予出版基金资助；同时十分感谢吉林大学经济学院院长丁一兵教授、副院长王达教授给予热情的关怀与帮助，还要十分感谢财政系主任、博士生导师许梦博教授，十分感谢财政系的本科生、硕士研究生、博士研究生，是他们为收集、整理及打印文章做了大量工作。没有上述同志的大力支持与帮助，本文集是不可能顺利出版的。值此付梓之际，深表谢意！

潘　石
2023 年于长春

目 录

（第一卷）

一　马克思主义研究

论中国马克思主义政治经济学指导地位的一元化问题…………（3）
论21世纪中国政治经济学的"四化"问题 ………………………（17）
马克思主义政治经济学现代化误区辨析 …………………………（32）
马克思资本原始积累理论对中国的适用性分析 …………………（43）
经济社会可持续发展定要符合人类本性
　　——从马克思人性理论说起 …………………………………（58）
所有制问题新论 ……………………………………………………（72）
推动马克思主义政治经济学大众化 ………………………………（80）
关于个人收入分配公平的标准问题探讨 …………………………（87）
论马克思主义政治经济学现代化 …………………………………（96）
论坚持马克思主义政治经济学指导地位的几个根本问题………（106）
论经济学的人性假设………………………………………………（119）
"重建个人所有制"新探 …………………………………………（132）

二　政治经济学基本理论问题研究

数学化：中国政治经济学现代化的误区…………………………（139）
对马克思主义政治经济学关于资本主义若干经济范畴的
　　重新认识……………………………………………………（143）

"一带一路"之政治经济学创新 …………………………………（153）
浅谈社会主义国民收入的生产、分配与使用……………………（179）
生产资料生产优先增长原理的事实根据…………………………（183）
关于社会主义生产目的的传统观点的商榷………………………（191）
试论我国生产结构的合理化………………………………………（198）
论打好基础与经济振兴——学习党的十二大报告
　　第二部分的体会………………………………………………（211）
论经济社会学的研究对象、方法及意义…………………………（220）
对"新经济"的新思考 ……………………………………………（231）
中国经济发展问题的理论述评……………………………………（242）
社会主义再生产……………………………………………………（253）
中国服务经济发展水平的审视与政策思考………………………（257）
我国高新技术产业发展的制度条件分析…………………………（271）
论中国人口制度跃升为基本经济—社会制度的若干
　　理论与对策……………………………………………………（280）
中国社会主义初级阶段基本经济制度论析………………………（309）

一

马克思主义研究

论中国马克思主义政治经济学指导地位的一元化问题

在我国改革开放与社会主义现代化建设上,一直存在两种理论指导的分歧与争论:一是以马克思主义政治经济学理论为指导,二是以西方经济学理论为指导。最近又出现一种"二元论",即认为马克思主义政治经济学理论可以和西方经济学理论同为指导。我认为,"二元论"实质上仍是"一元论"。表面上看,是西方经济学理论指导与马克思主义政治经济理论指导"并重",但实际上是用西方经济学理论逐步取代马克思主义政治经济学理论。因为任何一个国家改革开放与现代化建设的理论指导,都绝不可能是二元的,而必须是一元化的。

一 马克思主义政治经济学理论指导一元化

(一) 马克思主义政治经济学与西方经济学是两种对立的思想理论体系

马克思主义政治经济学并不是凭空产生的。它作为一个崭新的思想理论体系,是在批判资产阶级古典政治经济学基础上建立与发展起来的。马克思主义政治经济学理论的基石——劳动价值论,就是对资产阶级古典政治经济学的劳动创造价值的理论进行科学分析、继承与批判而创立起来的。英国古典政治经济学创始人威廉·配第已经提出了劳动时间决定商品价值的命题,但由于受重商主义的影响,只把开采金银的劳动看作创造价值的劳动。英国古典政治经济学创立者亚当·斯密认识到创造价值的不是某种特殊形式的劳动，而是一般生产商品的劳动，但又认为价值是"由交换中能购得的或支配的劳动决定的"①。由于混淆了价值决定与价值实现、价值与交换价值，使他的劳动价值论又充满了庸俗性和混乱。英国古典政治经济学的完成者大卫·李嘉图正确区分了个别劳动与社会劳动，明确指出，生产商品时所投下的社会劳动量决定商品的价值，但由于他没有区分劳动与劳动力，因而无法解决劳动与资本相交换和价值规律的矛盾，使得他的劳动价值论很不彻底、很不完整。马克思科学区分了劳动与劳动力，发现了劳动二重性学说，解决了劳动与资本相交换和价值规律的矛盾，阐明具体劳动创造商品使用价值，抽象劳动形成和创造商品价值，这就克服了斯密和李嘉图劳动价值论的缺欠，建立了科学、完整的劳动价值论。从上可见，马克思主义政治经济学理论同资产阶级古典政治经济学有着密切的渊源关系，没有资产阶级古典政治经济学的发展，马克思主义政治经济学也不可能产生，二者并非截然分开、根本对立的关系。

问题的关键在于：在马克思主义政治经济学产生之后，资产阶级古典政治经济学便很快终结，被资产阶级庸俗经济学所取代。马克思指出："法国和英国的资产阶级夺得了政权。从那时起，阶级斗争在实践方面和理论方面采取了日益鲜明的和带有威胁性的形式。它敲响了科学的资产阶级经济学的丧钟。现在问题不再是这个或那个原理是否正确，而是它对资本有利还是有害，方便还是不方便，违背警章还是不违背警章。不偏不倚的研究让位于豢养的文丐的争斗，公正无私的科学探讨让位于辩护士的坏心恶意。"② 现代西方经济学历经一百多年的发展，演变出各种不同形式的分支与流派，就其实质来讲，都属于资产阶级庸俗经济学范畴，都是为资本

---

① ［英］亚当·斯密：《国民财富的性质和原因的研究》上卷，郭大力、王亚南译，商务印书馆1972年版，第26页。
② 《资本论》第一卷，人民出版社1975年版，第17页。

主义制度辩护之学，是为资产阶级利益服务之学，同马克思主义政治经济学形成了对立与斗争。

（二）马克思主义政治经济学同西方经济学的对立是由它们的研究对象与方法、研究目的及立场的根本不同所决定的

马克思主义政治经济学的研究对象是生产关系。当然，这个生产关系不是离开生产力而孤立存在的，而是以一定生产力发展水平为基础或与之相适应的生产关系。马克思在《资本论》中明确指出："我要在本书研究的，是资本主义生产方式以及和它相适应的生产关系和交换关系。"① 尽管学术界对"生产方式"有诸种不同的解释，但都不否认马克思是把生产关系作为政治经济学研究对象的。本人认为，马克思主义政治经济学应是在生产力与生产关系的矛盾运动中侧重研究生产关系的，而绝不像传统政治经济学所诠释的那样孤立地或简单联系生产力来研究生产关系。恩格斯指出："政治经济学，从最广的意义上说，是研究人类社会中支配物质生活资料的生产和交换的规律的科学。"②

西方经济学，无论是马克思主义政治经济学产生之前的古典政治经济学，还是马克思主义政治经济学产生之后的近现代西方经济学，都把财富生产、物质福利、资源配置作为政治经济学的研究对象。西斯蒙第在《政治经济学研究》一书中指出："从政府的事业来看，人们的物质福利是政治经济学的对象"③，"政治经济学的研究对象是人人分享物质财富"④。英国经济学家约·雷·麦克库洛赫在《经济学原理》一书中说："这门科学的目的是指出怎样使人类的勤劳得以在最大效率下产生财富，是确定在什么样的环境下最

---

① 《资本论》第一卷，人民出版社1975年版，第8页。
② 《马克思恩格斯选集》第三卷，人民出版社1972年版，第186页。
③ [瑞士] 西斯蒙第：《政治经济学研究》，胡尧步、李直、李玉民译，商务印书馆1989年版，第5页。
④ [瑞士] 西斯蒙第：《政治经济学研究》，胡尧步、李直、李玉民译，商务印书馆1989年版，第5页。

有利于财富的积累,并且确定财富的分配比例及其最有利的消费方式。"① 英国庸俗经济学家西尼尔在《政治经济学大纲》一书中讲:"我们称之为政治经济学的那门科学,所讨论的是财富的性质、生产和分配。"② 英国古典经济学大师亚当·斯密明确地讲:"总之,政治经济学所谋划的,是如何使人民和君主都富足起来。"③ 现代西方经济学大师们基本上把政治经济学对象界定为如何有效配置社会资源。美国著名经济学家萨缪尔森等指出:"经济学是研究人和社会如何进行选择,来使可以有其他用途的稀缺的资源生产各种商品,并在现在或将来把商品分配给社会的各个成员或集团以供消费之用。"④ 美国著名经济学家斯蒂格利茨更是明确地讲:"经济学研究的是,我们社会中的个人、厂商、政府和其他组织是如何进行选择的,这些选择又怎样决定社会资源如何被利用。"⑤

以上可见,西方经济学的研究对象基本上是物,是人与自然的关系,而马克思主义政治经济学的研究对象却与此针锋相对,正如恩格斯所讲:"经济学所研究的不是物,而是人和人之间的关系,归根到底是阶级和阶级之间的关系;可是这些关系总是同物结合着,并且作为物出现。"⑥ 两种经济理论的研究对象不同,决定了哪个更具有科学性。显然,西方经济学的研究视野和范围仅限于人与自然的关系方面,难免陷于社会生产力组织层面及社会现象描述上,而马克思主义政治经济学则透过物的表层与社会现象揭示其内

---

① [英] 约·雷·麦克库洛赫:《经济学原理》,郭家麟译,商务印书馆1975年版,第8页。
② [英] 西尼尔:《政治经济学大纲》,蔡受百译,商务印书馆1977年版,第17页。
③ [法] 莱昂·瓦尔拉斯:《纯粹经济学要义》,蔡受百译,商务印书馆1989年版,第31页。
④ [美] 保罗·A·萨缪尔森、威廉·D·诺德豪斯:《经济学》(第12版)上,中国发展出版社1992年版,第4页。
⑤ [美] 斯蒂格利茨:《经济学》上册,姚开建等译,中国人民大学出版社1997年版,第10页。
⑥ 《马克思恩格斯选集》第二卷,人民出版社1995年版,第44页。

在联系及本质的东西，透过生产力组织层面揭示人与人经济关系的运动规律。所以，马克思主义政治经济学更具科学性，而西方经济学则具有很大的非科学性和庸俗性。

马克思主义政治经济学之所以具有科学性，西方经济学之所以具有很大的非科学性和庸俗性，最根本的原因在于：第一，它们的哲学基础即世界观与方法论不同。马克思主义政治经济学的世界观与方法论基础是辩证唯物主义与历史唯物主义，而西方经济学的世界观与方法论基础是唯心论与形而上学。第二，它们对人的假设不同。马克思主义政治经济学中的人，不是超社会、超阶级的人，而是社会中人、阶级中人，其前提是"社会人"假设与"阶级人"假设，追求社会秩序与集体主义原则；而西方经济学中的人是超阶级、超历史的人，其前提假设是所谓"自私经济人"，追求自由秩序和个人主义利益，崇尚"利己中利他"。第三，研究目的及其决定的方法不同。马克思主义政治经济学的研究目的在于透过经济现象揭示经济范畴的内在本质规律，由此决定其研究工具主要是运用矛盾分析法、阶级分析法、制度分析法等；而西方经济学的目的是对经济运行及经济现象进行实证描述，即所谓实证主义、"描述主义"，追求分析工具"艺术化""仿真化""精细化"，因而主要采用心理分析、博弈分析、数量模型分析等。这些方法越近乎科学，越有助于西方经济学掩盖阶级矛盾和问题的本质。第四，阶级立场不同。马克思主义政治经济学具有鲜明的阶级性与党性，公开申明自己站在无产阶级立场上，为无产阶级的翻身解放事业服务，为无产阶级的利益服务；而西方经济学则站在统治阶级——资产阶级的立场上，否认与抹杀无产阶级与资产阶级之间的矛盾与冲突，以物的关系掩盖人与人的关系，用所谓"科学分析工具"来回避与掩盖资产阶级对无产阶级的剥削本质，替资本主义剥削制度辩护，为资产阶级利益长久合理化服务。以上可以看出，马克思主义政治经济学与西方经济学尽管同源于古典政治经济学，都是对资本主义经济进行分析与研究，但由于上述四个方面的不同，尤其是二者的研究对象不同，必然得出截然不同的根本对立的结论：一是，资本主义制度是建立在人剥削人基础上的一种不合理的社会制度，它必然要灭亡；另一个是，资本主义制度是最民主平等、合理的社会制度，它应永恒存在。

（三）两种不同的理论指导必然引致两种不同的后果

理论是实践的指南。实践一旦离开理论的指导必然是盲目的实践。理论的科学、正确与否，直接关乎实践的得失与成败。中国的改革开放与现代化建设必须有科学正确的理论作指导，即必须有马克思主义政治经济学理论的指导，才能取得胜利与成功，如果用西方经济学理论作指导必将遭遇挫折与失败。这是不言而喻的。

西方经济学理论的核心是，私有制最符合"经济人"人性，最适合社会生产力发展要求，是最优越的所有制形式。用西方新制度经济学的代表人物科斯和诺思的话说，私有产权制度安排交易费用最小，因而最有效率。按照这种理论要求进行国有企业改革，必走私有化之路。因为在这种理论看来，国有企业的公有产权与市场经济要求是根本不相容的，其特征是产权主体缺位，国家名义上代表全体人民拥有产权，实际上形成"人人有份，人人又不实际占有"的产权虚置状况。这导致国有资产管理与运营不到位，无人负实际责任，从而造成大量国有资产流失，并且营运效率低下。若要改变这种状况，唯一的出路就是进行产权改革。而把国有企业真正改造成适合市场经济要求的独立市场主体，依据科斯与诺思的产权理论来实际操作，必定是彻底改制，将公有产权私有化。

与此相反，马克思主义政治经济学理论的核心是：资本主义私有制是资本家阶级凭借生产资料的私人占有无偿占有雇佣劳动者的劳动成果的一种人剥削人的制度，是种不合理的经济制度，随着社会生产力的发展，它必将被社会主义公有制所代替。我国的社会主义公有制就是在马克思主义政治经济学理论指导下建立起来的。但由于我国长期以来教条主义地理解马克思主义所有制理论，强行照搬斯大林构建的苏联社会主义公有制模式，追求社会主义所有制的"一大二公"，结果超越了生产力发展水平，造成经济发展的停滞与落后。实践告诉我们，马克思主义政治经济学理论必须同中国具体实际相结合。中国处于社会主义初级阶段，生产力很不发达，与此相适应，不仅社会所有制结构低水平多元化的，而且社会主义公有制也必须是低水平多元化。所以，中国的经济体制改革应是完善社会所有制结构，实行多元化的混合所有制经济，同时完善和改变社会主义公有制的实现形式，实现社会主义公有制多元化，而绝不是将社会主义公有制改为资本主义私有制。改革开放以来，中国经济一直保持8%以上的增长率，就是在坚持马克思主义政治经济学理论同中国实际相结合的条件下取得的，而绝不是以西方经济学理论为指导的结果。

中国改革开放与现代化建设唯有以马克思主义政治经济学理论为指导才能取得胜利或成功，这并不排斥与否定对西方经济学理论的学习、吸收与借鉴。我们讲西方经济学具有很大的非科学性与庸俗性，是就其本质和阶级属性来讲的。正如上面所说，它在对经济运行层面实证分析与描述上，还是具有一些科学性的，尤其是其采用的一些先进研究方法，还是值得我们学习与借鉴的。并且，随着世界经济一体化的发展，中国日益融入世界市场经济体系，学习与借鉴西方经济学的科学成分越来越多，西方经济学在我国的地位会有所提高，但无论如何它也不可能上升到指导地位。

二 如何坚持马克思主义政治经济学指导地位一元化问题

我认为，坚持马克思主义政治经济学的指导地位，必须进行三个层次的定位，即对其进行学术定位、意识形态定位及政治定位。

（一）在学术领域坚持以马克思主义政治经济学为主导

这里所说的"学术领域"，可以理解为"经济科学方面"，包括经济科学的教学、研究及出版刊物等方面。这里所谓"以马克思主义政治经济学为主导"，是就经济学学术领域而言，马克思主义政治经济学要起主要的导向作用。为此，在整个经济学学术领域，马克思主义政治经济学必须占主要部分，居主体地位，这是它起主导作用的根本基础与保证。

在经济学术领域，马克思主义政治经济学起主要的导向作用，其特征及表现有三点。

第一，服务于"一个中心"。新时期我们党和国家的工作重点是以经济建设为中心，经济科学工作，包括经济学的教学、研究及出版工作都要紧紧围绕这个中心展开，为社会主义经济建设的健康快速发展服务。

第二，坚持"两个根本原则"。邓小平同志指出："一个公有制占主体，一个共同富裕，这是我们所必须坚持的社会主义的根本原则。"[①] 在改革开放中，邓小平反复强调坚持这两个根本原则："现在看得很清楚，实行对外开放政策，搞计划经济和市场经济相结合，进行一系列的体制改革，这个路子是对的。这样做是否违反社会主义的原则呢？没有。因为我们在改革中坚持了两条，一条是公有制经济始终占主体地位，一条是发展经济要走共同富裕的道路，始终避免两极分化。"[②] 我国的经济科学要健康发展，必须依靠马克思主义政治经济学的主体地位，切实引导经济科学的一切教学科研及出版活动，坚持上述两条社会主义的根本原则。任何违背上述两个根本原则的行为及活动，尽管是学术活动，也会削弱马克思主义政治经济学的主体地位和主导作用。

第三，体现"三个有利于"[③]。在经济学学术领域，马克思主义政治经济学的导向作用就是引导一切学术活动能充分体现"三个有利于"，即有利于发展社会主义社会的生产力，有利于增强社会主义国家综合国力，有利于提高全体人民的生活水平。上述导向作用的发挥，不能依靠国家命令、规定等行政手段来强制实现，而只

---

① 《邓小平文选》第三卷，人民出版社 1993 年版，第 111 页。
② 《邓小平文选》第三卷，人民出版社 1993 年版，第 149 页。
③ 《邓小平文选》第三卷，人民出版社 1993 年版，第 372 页。

能依靠马克思主义政治经济学理论的感召力和说服力。马克思有句名言："理论只要说服人，就能掌握群众，而理论只要彻底，就能说服人。"①以往，马克思主义政治经济学在中国被"苏联范式化"和被教条主义化，既缺乏感召力，更缺乏说服力，所以马克思主义政治经济学必须结合中国实际不断创新。中国特色的社会主义经济理论就是马克思主义政治经济学理论结合中国实际而不断创新的伟大成果，它在指导中国改革开放与现代化建设过程中日益显现出强大的感召力和说服力，可以说真正征服和掌握了广大人民群众。

承认我国经济学学术领域马克思主义政治经济学占主体这个命题本身就意味着承认非马克思主义政治经济学部分的存在。就经济学学术机构来讲，有少量非马克思主义机构与占主体的马克思主义机构并存；就每个单位（机构）内部来讲，也同样允许非马克思主义经济学理论学科专业与不同学派存在及一定程度地发展。马克思主义政治经济学可以有若干分支与学派，非马克思主义政治经济学（包括西方经济学）更可以有许多分支与学派，这"两大家"拥有平等的话语权，可以自由讨论、互相批评，实行学术民主，百家争鸣，百花齐放。毛泽东早在1957年就明确指出："科学上的不同学派可以自由争论"，"对于科学上、艺术上的是非，应当保持慎重的态度，提倡自由讨论，不要轻率地作结论"，"利用行政力量，强制推行一种风格，一种学派，禁止另一种风格，另一种学派，我们认为会有害于艺术和科学的发展"。这就是毛泽东提出的"百花齐放、百家争鸣的方针，是促进艺术发展和科学进步的方针"②。

（二）在意识形态领域坚持以马克思主义政治经济学为主控

我们这里所讲的意识形态是指狭义的意识形态，即是指鲜明体现经济科学党性及阶级性的意识形态部分，主要包括舆论机构及舆

---

① 转引自孙正聿《努力展现马克思主义哲学的理论魅力》，《新华文摘》2004年第19期。

② 毛泽东：《关于正确处理人民内部矛盾的问题》，《人民日报》1957年6月19日第1—4版。

论导向、理论宣传机构及理论宣传教育等。

就整个意识形态领域而言，必须坚持以马列主义、毛泽东思想、邓小平理论和"三个代表"重要思想为指导。马克思主义政治经济学作为其中的重要组成部分，具体应占据主控地位，发挥主导作用。就是说，在意识形态中，马克思主义政治经济学同马克思主义其他组成部分一起，起主要的控制作用。

这里的"主控作用"，明显不同于学术领域中的"主导作用"。它要依靠国家的强制力量对重要意识形态工具（如通讯社、党报党刊、电台、电视台、主要网络及媒体等）进行直接控制，以保证马克思主义（包括马克思主义政治经济学）在意识形态领域的指导地位。如果在此还像学术领域那样自由讨论、百家争鸣，势必使党和国家失去对意识形态领域的控制。一旦失去马克思主义（包括马克思主义政治经济学）对意识形态领域的控制，非马克思主义的意识形态（包括各种腐朽没落的意识形态）就会泛滥，共产党的执政地位就会丧失，社会主义制度就会改变，人民民主专政的国家也将改变颜色。

(三) 在政治领域必须坚持马克思政治经济学的支配地位

政治活动（生活）是社会活动（生活）的最高层次，我把它界定为广义意识形态的高级层次，如下图所示。

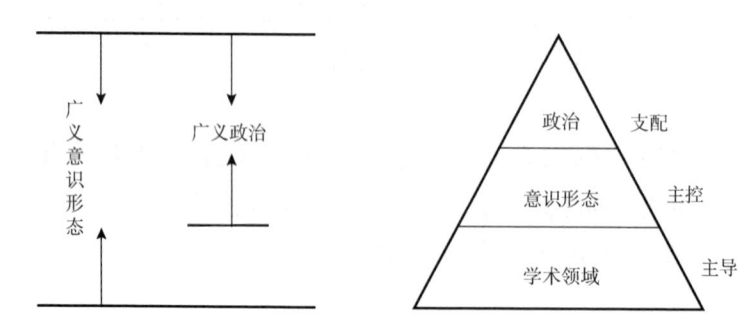

这里讲的政治主要是指狭义政治，广义的政治是包括狭义意识形态的。这样区分与细化，主要是为了防止把一般意识形态问题政治化，尤其是防止将学术问题意识形态化和政治化，防止政治斗争

扩大化与泛化。

在政治领域，若坚持马克思主义政治经济学的支配地位，首先必须保持共产党在政治上的绝对领导地位和领导权。邓小平讲："要建设社会主义，没有共产党的领导是不可能的。我们的历史已经证明了这一点。"① 在政治领域坚持马克思主义政治经济学的支配地位，是保持共产党在政治上绝对领导地位与领导权的必要基础与条件，一旦这个基础与条件被削弱或丧失，共产党在政治上的绝对领导地位和领导权便会丧失。因此，一定要正确处理二者的关系，使之互相促进，共同提高，切不可将二者分裂开来，对立起来。

1. 发展与创新马克思主义所有制理论

马克思和恩格斯在著名的《共产党宣言》中讲："共产党人可以把自己的理论概括为一句话：消灭私有制。"② 列宁与斯大林领导的苏联力图实现马、恩的上述论断，在世界上第一个社会主义国家消灭私有制。中国革命胜利后，毛泽东领导中国不断地进行所有制改革，在中国基本上消灭了私有制。到改革开放前的1978年，在国内生产总值中，国有经济占56%，集体经济达43%，私有制经济只占1%。中国改革开放的总设计师邓小平依据中国实际创造性地提出："发展一点个体经济，吸收外国的资金和技术，欢迎中外合资合作，甚至欢迎外国独资到中国办工厂，这些都是对社会主义经济的补充。"③ 这无疑是对马克思主义所有制理论的创新与发展。党的十五大又将个体私营经济提升为"社会主义市场经济的重要组成部分"，作为社会主义初级阶段基本经济制度的重要内容，这就打破了长期盛行的私有制与社会主义绝对不相容的"对立论"，使马克思主义的所有制理论有了新突破。依据党的十六大报告建议，全国人大又通过修改宪法明确规定：国家依法保护合法的私有

---

① 《邓小平文选》第三卷，人民出版社1993年版，第208页。
② 《马克思恩格斯选集》第一卷，人民出版社1995年版，第286页。
③ 《邓小平文选》第三卷，人民出版社1993年版，第138页。

财产。这就在理论与实践上开创了马克思主义所有制理论的新境界、新水平、新高度。

2. 发展与创新马克思主义关于计划经济与市场经济的理论

马克思、恩格斯设想社会主义社会实行计划经济体制，那是以社会主义生产力高度发展，消灭了商品经济为条件的。斯大林强行照搬马、恩的计划经济模式，认为计划经济是社会主义的本质特征。中国革命胜利后，受斯大林理论的影响，长期推行计划经济体制。由于该体制排斥商品生产与价值规律，使社会主义经济缺乏竞争激励，丧失了生机与活力，因而出现长期停滞。改革开放后，我国一直被计划经济与市场经济关系所困扰。先是党十二大提出"计划经济为主，市场经济为辅"，接着党的十三大提出"有计划商品经济论"，认为商品经济是社会主义经济的本质特征，"有计划"是社会主义经济的"形式"，把计划经济与市场经济关系的理论向前推进了一大步。然而，在1989—1991年的治理整顿期间，又提出"计划经济与市场调节相结合"，这便回归"计划经济为主，市场经济为辅"了。理论上的回归导致经济体制改革的停滞与后退。邓小平高瞻远瞩，以深远的理论洞察力明确指出："我们必须从理论上搞懂，资本主义与社会主义的区分不在于是计划还是市场这样的问题。社会主义也有市场经济，资本主义也有计划控制。"[①] 正是邓小平这个关于计划经济与市场经济关系理论的重大突破与创新，把中国的经济体制改革推向了一个新阶段。中国由此真正开始了市场化改革，使中国的经济社会发生了划时代的变化。

3. 发展与创新马克思主义的生产目的理论

恩格斯指出，社会主义社会"通过社会生产，不仅可能保证一切社会成员有富足的和一天比一天充裕的物质生活，而且还可能保证他们的体力和智力获得充分的自由的发展和运用"[②]。列宁也讲，社会主义生产的目的"也就是如何使全体劳动者过最美好、最幸福

---

① 《邓小平文选》第三卷，人民出版社1993年版，第364页。
② 《马克思恩格斯选集》第三卷，人民出版社1995年版，第633页。

的生活"①。中国在"左"的思想干扰下，尤其是"文化大革命"中严重地偏离了马克思主义的社会主义生产目的理论，出现"贫穷光荣、富裕变修"的"贫穷社会主义"理论。改革开放后，邓小平拨乱反正，一再强调"贫穷不是社会主义"，明确指出："社会主义的目的就是要全国人民共同富裕，不是两极分化。如果我们的政策导致两极分化，我们就失败了。"② 然而，由于一个时期我国片面追求眼前利益、盲目追求发展速度，使经济发展出现消耗高、效益低、质量差、破坏环境、污染严重等问题；同时由于分配制度不完善，使个人收入分配差距拉大，基尼系数在 0.4 以上，严重超过国际警戒线。以胡锦涛同志为总书记的党中央审时度势，及时提出科学发展观和和谐社会思想并以其统领全国经济社会发展，合理调节城乡之间、工农之间、东中西部之间、各阶层之间的收入分配及其矛盾，在消除两极分化、实现全体人民共同富裕方面，做出卓越贡献，从理论与实践的结合上创新与发展了马克思主义的生产目的理论。

正是由于党中央领导集体及主要领导人在关于中国改革开放和现代化建设成败的一些重大理论问题上不断创新与发展马克思主义，所以不仅使马克思主义政治经济学理论在政治领域中的支配地位与作用不断巩固与发展，而且也使共产党的政治领导能力与威望大大提高，并使二者形成良性互动。

但是，不可否认，在中国改革开放深入发展的今天，在政治领域如何落实坚持马克思主义政治经济学的支配地位与作用问题上仍存在不少问题。首先，在一些高等学校与学术研究机构，马克思主义政治经济学的政治教育功能被严重弱化，甚至被取消，其广义意识形态的作用也不复存在，它只是作为一个一般的学术派别被排斥到角落里，严格来说是其政治边缘化导致其学术边缘化。其次，一些盲目崇拜、过分迷恋西方经济学理论的人垄断了理论研究、理论

---

① 《列宁选集》第三卷，人民出版社 1972 年版，第 571 页。
② 《邓小平文选》第三卷，人民出版社 1993 年版，第 110 页。

教育及理论学术刊物的话语权。最后，一些领导干部尤其是一些中高级领导干部出现信仰危机。今后，意识形态领域的干部提拔与任用，一定要考察其世界观与价值观取向，尽可能让那些懂得马克思主义、拥护马克思主义的青年人走上意识形态领域的领导岗位。这是执政党干部队伍建设的一件大事，也是关系马克思主义政治经济学在中国的历史命运的大事，更是关乎中国改革开放与现代化建设成败的关键所在。我认为，现在该是认真对待，切实抓好，摆上议事日程的时候了。

（本文发表于《经济学动态》2006年第12期，被中国人民大学复印报刊资料《社会主义经济理论与实践》2007年第3期全文转载）

论 21 世纪中国政治经济学的"四化"问题

世界和平与发展的主旋律与中国改革开放的大趋势，从根本上决定了 21 世纪中国政治经济学的命运。中国政治经济学必须充分反映世界和平与发展的主旋律，这是时代的本质规律与基本要求；同时，中国政治经济学还必须全面反映中国改革开放的大趋势，这是中国社会主义经济的本质规律与根本要求。由此看来，21 世纪的中国政治经济学就应是和平与发展之经济学，亦是改革开放之经济学，二者统一起来，就是既遵循世界经济一般运行规则又反映中国社会主义经济特殊规律的有中国特色的经济学。

21 世纪中国政治经济学是创新之学，是发展之学。所谓创新发展，就是对马克思主义政治经济学结合时代的特点和中国的基本国情，进行大胆创新，推进其大发展。马克思主义政治经济学是一门科学，科学的生命力在于发展，在于随着实践的发展而发展，随着时代的变化而变化。只有丰富多彩的实践才会使科学理论之树常青。

为了推进 21 世纪我国政治经济学的大革新、大发展，我认为必须紧密结合当前国际国内的实践，切实抓好中国政治经济学的"四化"问题，一句话，全力推进中国政治经济学的科学化与现代化。

一　中国政治经济学的"本土化"及"西化"问题

政治经济学作为一门独立的科学并不是在中国"土生土长"的，而是产生于西方发达国家——英国。伴随英国资本主义生产方式的产生与发展，英国资产阶级古典政治经济学应运而生。马克思指出："政治经济学作为一门独立的科学，是在工场手工业时期才产生的。"英国古典政治经济学尽管本质上也是一种为资本主义制度辩护的学说，尚存在一些不科学的成分，但由于它是顺应历史发展趋势，符合当时社会生产关系一定要适应生产力发展要求的客观规律，符合处于上升时期的资产阶级的根本利益要求，代表着和反映了社会发展的正确方向，因而它还是一种科学。

马克思主义政治经济学产生于19世纪中叶的英国，它是在对英国古典政治经济学进行科学继承和批判基础上产生的，因此是一门真正的科学。

对中国来说，无论英国古典政治经济学还是马克思主义政治经济学都是"舶来品"，都是直接或间接从西方国家"输入"的"精神产品"。马克思主义政治经济学传入中国有两条渠道：一是"直接从西方输入"，即直接从西方发达国家如英国、法国翻译介绍到中国来；二是"间接从西方输入"，即直接从世界上第一个社会主义国家——苏维埃俄国传播到中国，这是间接从西方国家输入马克思主义政治经济学的。

既然马克思主义政治经济学是从西方发达国家输入或传入中国的，那么便存在一个"中国化"或"本土化"的问题，即马克思主义政治经济学的一般原理如何同中国的国情或中国的具体实践相结合的问题。在这个问题上，存在以下三种倾向：一是修正主义倾向。它把马克思主义政治经济学的基本原理加以"修改"，抹杀无产阶级和资产阶级的斗争，主张"议会道路"。这在实际上阉割了马克思主义政治经济学的灵魂和精髓，使之变成了为资产阶级服务的工具。二是教条主义倾向。它把马克思主义政治经济学理论当作"永恒真理""终极真理"或千古不变的教条，不顾中国国情，不考虑中国的具体实践，生吞活剥马克思主义政治经济学的个别原理和词句，机械地照搬照抄，或简单地与马克思主义政治经济学某些原理"对号"，这种教条主义既严重贻误了中国革命，又严重危害了中国的社会主义建设。这无论是在中国革命时期还是在社会主义建设时期都有许多典型的例证。三是"无用主义"。这种倾向，在马克思主义政治经济学理论刚刚传入中国时即存在。它认为马克思主义政治经济学不适合中国国情，于中国革命"无用"也"无益"。以上三种倾向在不同程度上阻碍了马克思主义政治经济学同中国的实践相结合，其中最主要的危险是教条主义。之所以这样讲，是因为教条主义存在时间长、危害大，并且较难以根除。

只有坚持马克思主义政治经济学理论的"中国化"，才能丰富和发展马克思政治经济学理论。以毛泽东为代表的第一代领导集体，坚持理论联系实际，密切结合中国实际，活学活用马克思主义政治经济学的基本原理，真正做到了把马克思主义政治经济学理论"中国化"，从而形成了伟大的毛泽东思想。可以肯定地讲，毛泽东思想就是马克思主义政治经济学理论"中国化"的必然结果和产物。可以肯定地说，以邓小平同志为主要代表的中国共产党人创立的有中国特色的社会主义理论是20世纪80年代以来马克思主义政治经济学理论"中国化"的一个最伟大的成果和创举。它使亿万中国人民摆脱了贫困和愚昧，走向富裕和文明。以江泽民同志为核心的党的第三代中央领导集体，高举邓小平理论的伟大旗帜，坚持把马克思主义政治经济学理论"中国化"，创造性地提出"三个代表"理论。从上可见，以毛泽东同志、邓小平同志、江泽民同志为主要代表的中国共产党人依靠马克思主义政治经济学的"中国化"，创立了新中国，建设了新国家；同样，依靠马克思主义政治经济学的"中国化"使亿万中国人民从愚昧落后走向了文明与现代化。

以毛泽东同志、邓小平同志、江泽民同志为主要代表的中国共产党人为马克思主义政治经济学理论的"中国化"树立了光辉的典范，并不是说我国在政治经济学"中国化"方面已完美无缺，不存在任何问题了；而恰好相反，在政治经济学的理论建设方面，尚有许多问题阻碍着政治经济学的"中国化"。

其一，传统范式。马克思主义政治经济学从产生到现在，历经150多年沧桑巨变，经过血与火的考验，有许多基本原理和基本观点仍经得起实践的检验，闪烁着真理的光芒。在亿万劳动人民的心目中，已形成固有的传统理念。这是革命的光荣传统，不能废除和改变。但是，马克思主义政治经济学不是一成不变的，随着社会经济实践的发展，某些个别原理和观点会变得相对陈旧，形成与新实践相矛盾的"传统理论和传统观念"，经济实践的发展则要求代之以现代化的理论和观念。列宁讲："马克思主义者必须考虑生动的实际生活。必须考虑现实的确切事实，而且不应当抱住昨天的理论不放。"（《论策略书》1917年）毛泽东更是明确地讲："马克思主义一定要向前发展，要随着实践的发展而发展，不能停滞不前。停止了，老是那么一套，它就没有生命力了。"（《在中国共产党宣传工作会议上的讲话》1957年）我们这里讲的"传统范式"，是把马克思主义政治经济学理论变成"传统范式"。对其又有两种截然不同的立场和态度：一是把马克思主义政治经济学理论凝固化，看成一成不变的"万应灵药"，反对任何改变或修正马克思主义政治经济学个别原理或观点的行为，并把它当作"传统"来加以固守；二是把马克思主义政治经济学理论统统当作已经陈旧过时的东西加以反对或抛弃。

其二，苏联范式，即马克思主义政治经济学的"苏联模式"或"苏联教条"。"苏联范式"的形成是有其客观历史原因的。由于苏联是世界上第一个社会主义国家，它所实践的马克思主义的社会主义理论模式就成为后来所有的（包括中国）社会主义国家所效仿的"范式"。"苏联范式"的最大问题就是在理论上对马克思主义政治经济学理论进行教条主义诠释，在实践上超越社会生产力水平，超越社会发展阶段，强行照搬马克思主义的社会主义理论模式。中国的改革开放，尤其是党的十四大提出建立社会主义市场经济体制模式，在理论上和实践上都突破了"苏联范式"，走出了一条具有中国特色的社会主义道路。

其三，"西化"范式，即是指中国政治经济学的"西方化"。说到底，也就是指中国的马克思主义政治经济学去掉了"中国特色"，完全变成西方资产阶级经济学。客观地讲，自改革开放以来，在中国政治经济学的建设方面确实出现了一种"西化范式"，认为中国的政治经济学已无法解释和指导中国社会主义经济的运行，对许多经济现象和经济问题也无力进行阐释与说明，甚至有人认为它已成为"无用之学"。而西方经济学却被证明为"经世致用之学"，所以，他们主张用西方经济学取代中国的政治经济学。这就是所谓"西化"范式。我认为，这种"西化"范式是要不得的，必须加以批判和摒弃。

反对中国政治经济学建设中的"西化"范式，并不否定中国政治经济学要走向世界，与世界政治经济学接轨。马克思主义政治经济学的"中国化"，或中国化了的马克思主义政治经济学不仅是一门历史的科学，而且是一种世界性的科学；它不仅仅反映中国社会主义经济建设的特殊规律，而且能够反映世界社会主义经济体系运动的一般规律。所以，中国的政治经济学应是开放式的经济学。这在世界商品经济、信息网络经济大发展，世界经济一体化广泛充分发展的今天，本是题中应有之义。在一定意义上说，中国政治经济学也应是一种国际政治经济学。

二 中国政治经济学的"数学化"及"模糊化"问题

在"苏联范式"影响下形成的中国传统政治经济学的一个最大的弊端是只注重对生产关系质的规定性的分析，严重忽视甚至几乎没有系统的数量关系分析。政治经济学，注重对生产关系质的规定性的分析本身并没有什么错，问题在于对生产关系质的规定性的分析过于简单化，即进行简单的类比。政治经济学作为一门理论科学，必须靠严密的逻辑力量产生巨大的说服力。而简单静态的对比，在理论上实在苍白无力。问题还不仅仅如此，更为严重的是对生产关系运动缺乏动态的数量关系分析。之所以出现这种状况，是由多种因素造成的：一是新中国成立后很长一段时期一直面临着帝国主义国家的经济封锁，帝国主义国家千方百计地搜集中国经济情报，企图从经济上搞垮社会主义中国。为了对付帝国主义的经济封锁和侵略，我国实行严格的经济情报保密制度，许多重要经济统计数字不予公开。这在客观上给政治经济学研究的数量分析带来一定困难。二是受"苏联范式"的影响，缺乏对经济运行过程和运行机制的研究，从而忽视了对经济数量关系运动的分析。中国的社会主义政治经济学如同中国的计划经济体制一样几乎是从苏联照抄照搬过来的。由于时代、客观环境及历史条件等原因，他们多数人并不擅长对经济数量关系的分析与研究。三是旧教育体制中财经类大专院校，不注重对数学及数理统计的教育，导致政治经济学研究队伍结构不合理，能够从事经济数量关系研究者甚少。因此，真正做到既懂经济学又懂数学，在经济研究中使经济理论运用和数学工具运用达到水乳交融的境界，必须从改革教育体制入手，抓好财经类院校数学课程教学改革，做到数学教育与经济理论教育密切结合。若从长远观点看，从培养宽口径的复合型人才出发，我国的高校无论何种专业（无论文科理科）都应把高等数学作为一门基础课来开设，使学生无论是从文科毕业还是理科毕业均有较高的数学知识及素养，在从事经济研究时能较熟练地运用数学工具。

令人欣慰的是，改革开放以来，高校教育体制改革日益深入，各重点大学财经专业及各类财经院校的课程设置逐步趋向合理，出现了文理结合、文理渗透的大好局面。但令人担忧的是，一个时期以来，我国经济理论研究中出现了一种数学化倾向。名为经济理论研究论文，但通篇充斥数学公式推导及数学模型排列，就连论文结论也令经济学教授们迷惑不解，不知所云。一些经济理论研究工作者，甚至一些经济理论研究刊物，出现了明显的追求经济理论研究的数学化倾向。

固然，中国传统政治经济学缺乏数量关系分析，排斥数学公式推导及数学模型分析，实践证明是错误的，也是有害的；但是，把政治经济学研究"数学化"之风不可长，更不可取。首先，经济规律不等于数学规律，经济规律不可能用精确的数学公式准确地表示出来。我认为，把经济规律"数学化"的企图是徒劳的，也是无益的。其次，经济统计数字的准确性有待商榷。经济学家们研究证实，西方国家的国内生产总值（GDP）或国民生产总值（GNP）都含有重复计算问题，有 1/5—1/4 的水分。因此，统计数字的准确度更要大打折扣。这样，用不可能准确的数字推导出数学公式或建立起模型，并以此来表现或表述客观经济规律运行轨迹，是不可能准确或正确的。再次，社会经济发展是一个动态过程，一定时期的经济总量虽然是可计量的，但作为长期发展趋势的内在规律却不可能用数学公式准确表示出来。诚然，马克思在分析资本主义社会再生产时，为了论证社会总产品的实现过程，提出一系列简单再生产和扩大再生产的实现条件公式。马克思运用数字说明上述公式，是运用抽象的实现理论假设，并不是证明资本主义经济现实会如此匀称和理想地按照上述公式运行与发展，而是证明资本主义经济运行与发展中的均衡趋势经常被经济危机所打破。因此，不能用马克思的再生产公式为政治经济学规律可以"数学化"找根据、作辩护。最后，任何一种数学方法在经济学研究中的运用都具有一定的局限性，或时序上的局限性，或空间维度上的局限性，或样本局限性，或假设条件的局限性，等等，从来不存在一切条件和场合下都适用的数学方法。

事实与那些主张中国政治经济学研究应"数学化"的观点相反，世界经济发展中出现了一种新经济形态——混沌经济；与此相适应，经济理论研究出现了一种新学科——"混沌经济学"。任何一个社会的经济都不可能是"一清二纯"的。各种经济成分混合交融在一起，是不可能既"清"又"纯"的，必然处于"混沌"状态。

马克思当年研究资本主义生产方式运动规律时运用了科学抽象法，舍掉了诸多因素，在纯粹形态上进行考察，因而对资本主义生产方式运动的各种规律观察得比较清晰。还原到现实，资本主义生产方式是在各种错综复杂因素作用下运行与发展的，各种规律是贯穿和隐藏在各种混乱无序现象背后并强制发挥作用的。马克思的伟大之处就在于能够从"混沌无序"的经济运动中发现和揭示出资本主义生产方式的各种运动规律。马克思就是直面"混沌经济"，大胆进行科学抽象研究的典范。

经济是"混沌"的，一些经济规律具有模糊性，这就是"混沌经济学"产生的客观基础与条件。这里的关键是"混沌经济"必然使一些经济规律具有一定的模糊性。

随着中国经济和世界经济的日益"混沌化"，中国必须加强混沌经济学的研究，坚持质的考察与量的分析相结合，既要善于运用科学抽象法，透过混沌复杂的现象揭示本质，又要学会运用数学工具揭示经济关系数量变动趋势，只有这样才能实现中国政治经济学的科学化与现代化。

三 中国政治经济学的"规范化"与"实证化"问题

规范化研究与实证化研究是政治经济学的两种研究方法。学术界有一种观点认为，马克思主义政治经济学的研究方法是规范化的，西方经济学的研究方法是实证化的，实际上这种说法并不全面和科学。马克思主义政治经济学侧重于对生产关系的本质及其运动规律的分析，因而它主要采用规范化的研究方法。但这绝不意味着它根本否定和排斥实证分析的方法，总观《资本论》，马克思在许多地方使用了实证分析的方法。比较典型的例子，就是对简单协作、工场手工业和大机器生产的研究。西方经济学侧重于对经济体制与经济运行机制的研究，因而主要采用实证分析方法进行描述。但这并不是说西方经济学一点规范化方法也没有，从不进行本质分析。"规范化"与"实证化"作为两种研究方法或工具，并非某一种经济学所特有的，中国的政治经济学完全可以结合起来运用。问题是要结合所研究问题的内容与对象，要有所区别和侧重。

改革开放前的中国传统政治经济学重视"规范化"研究，但在众多场合及很大程度上是扭曲了的、非科学的"规范化"。其主要表现是：第一，概念罗列与范畴浅释。纵观改革开放前中国大学的政治经济学教科书，几乎没有结合中国实际的新概念、新范畴，基本概念与范畴毫无例外地是从苏联政治经济学教科书套搬过来的，概念内涵的界定与范畴的阐析也都比较肤浅。在分析其本质内容时，往往是简单一律地同资本主义比较，干瘪乏力。第二，缺乏一条贯穿全书的主线。研读过《资本论》的人都知道：马克思主义政治经济学有一条鲜明的主线，即资本——剩余价值。通过这条主线把资本主义的基本生产关系——资本家和雇佣劳动者的剥削与被剥削关系揭露得一清二楚，淋漓尽致。中国传统的政治经济学虽经多次大讨论、大争鸣，但始终未找到类似的主线，甚至有人怀疑社会主义政治经济学中没有一条主线。有没有主线，可大不一样。政治经济学的主线犹如人的脊梁一样，人没有了脊梁如何站立起来？政治经济学没有了脊梁如何撑起庞大的理论体系？可见，搜寻和确立中国社会主义政治经济学的主线是何等重要。第三，没有确立一个包含社会主义经济关系一切矛盾胚芽的始点范畴。马克思为了从纯粹形态上考察资本主义生产方式及其运动规律，从资本主义社会"庞大的商品堆积"中抽象出最简单的细胞——商品，作为分析研究的始点范畴。中国的传统政治经济学之所以体系不健全，缺乏内在逻辑力量，除了以上两个原因之外，一个重要的因素就是没有找到并确立一个科学的始点范畴。经济学界对始点范畴进行了多次大讨论，但始终未达成共识。有人认为，应以劳动为始点范畴；有人认为，应以公有制为始点范畴；还有人认为，应以剩余产品为始点范畴；也有人主张，仍用商品做始点范畴；等等，众说纷纭，莫衷一是。我认为，劳动也好，公有制也好，剩余产品也好，甚至商品也好，之所以难以担当中国社会主义政治经济学的始点范畴，最根本的原因在于它们本身内部都并不包含社会主义生产关系的一切矛盾的胚芽。不是五脏俱全的"麻雀"，分析解剖之，怎么能揭示其内在矛盾运动规律呢？第四，缺乏辩证的矛盾分析。马克思主义政治经济学是充满辩证法的。矛盾的对立统一是辩证法的核心。《资本论》的章章节节都是运用辩证法进行矛盾分析的光辉范例。中国传统政治经济学的最大缺欠之一，就是对中国社会主义经济的运动与发展缺乏应有的矛盾分析。在许多较权威的教科书和专著里，只讲社会主义公有制条件下广大人民之间的根本利益的融合性、一致性，很少甚至不讲差别性、矛盾性；只讲合作，不讲竞争；只讲平等、平均，不讲物质利益差别与矛盾。因此，竞争机制、市场作用和价值规律被排斥和否定，盛行"大锅饭"和分配的平均主义。矛盾是事物发展的根本动力，没有矛盾便没有世界。政治经济学失去了矛盾分析方法，怎么会如实地反映矛盾的世界？又怎么会具有生机与活力？第五，简单机械地进行"规律排队"。经济规律贯穿于经济发展运动的趋势中，政治经济学的根本任务在于把它揭示出来，让人们认识它们，并在自己的经济活动中自觉地运用它们。让经济规律"排队"，哪个规律是基本经济规律，站前排；哪个规律重要一点，就站"二排"；以此类推，这种做法与其说是一种"苏联范式"，倒不如说是中国的一大发明。第六，质的分析空洞无物，量的分析更是贫乏。尽管它声称重视对经济范畴进行质的分析，但几乎是千篇一律地说明某范畴与资本主义有"本质区别"，仅此而已，既空洞又乏力。量的分析贫乏，更是中国传统政治经济学的一大弊端。改革开放20年，这个问题虽有所改变，但做得并不尽如人意，并且如前所述，还有跳入另一个极端的倾向。所以，真做到质的分析与量的分析结合得好，实现二者有机统一，尚需经济学界今后做更艰苦的努力。

中国政治经济学要前进和发展，跟上时代的步伐，实现科学化与现代化，必须坚持科学的"规范化"，在研究对象、理论体系及方法上进行大胆创新。

第一，要科学规范和确立中国社会主义政治经济学的研究对象。这是中国政治经济学摆脱传统政治经济学痼疾的最关键的环节与步骤，尽管很艰难，但也必须努力去做，并要认真做好。政治经济学的研究对象是生产关系，这是列宁的明确概括，是斯大林加以具体化的。列宁讲："政治经济学绝不是研究'生产'，而是研究人们在生产上的社会关系，生产的社会制度。"斯大林又把生产关系具体地界定为所有制、相互关系、产品分配方式三个方面内容。我觉得，在这个问题上，列宁和斯大林偏离了马克思。马克思在《资本论》序言中讲："我要在本书研究的，是资本主义生产方式以及和它相适应的生产关系和交换关系。"马克思创立的政治经济学是一种广义政治经济学，而广义的政治经济学的研究对象理应是生产方式和生产关系。关于马克思讲的"生产方式"概念，经济学界有颇多的争论，据笔者了解，至少有十几种解释。我认为，马克思这里讲的"生产方式"显然是指生产力。这样界定之后，中国社会主义政治经济学的研究对象就应是社会主义社会生产力以及与其相适应的生产关系。把生产力与生产关系的矛盾统一运动作为中国社会主义政治经济学的研究对象，其最大的优越性就是摆脱了传统政治经济学只联系生产力，孤立研究生产关系的窠臼，可以直接把生产力与生产关系结合起来、统一起来进行研究。传统政治经济学联系生产力来研究生产关系，实践的结果往往是忽视生产力，孤立地研究生产关系。这不仅直接违背了生产力决定生产关系、生产关系一定要适合生产力性质与要求的原理，而且使生产关系丧失物质基础，进而使生产关系的研究被架空和孤立。把生产力与生产关系的矛盾统一运动作为中国社会主义政治经济学的研究对象的另一个最大优越性是，既解决了中国社会主义政治经济学中的"主线"问题，又避免了传统政治经济学缺乏矛盾分析的问题。生产力与生产关系的矛盾运动是推动社会主义社会前进的根本动力，也是我国社会主义初级阶段的基本矛盾，完全可以成为贯穿社会主义经济运行与发展过程的一条"主线"。另外，研究这一矛盾运动本身，就是运用辩证法，也就是矛盾分析法。"主线"的确定与矛盾分析法的应用，无疑会大大增强中国社会主义政治经济学的生机与活力，从而促进中国社会主义政治经济学朝气蓬勃地向前发展。

第二，构建有中国特色的社会主义政治经济学新体系。有人认为，中国尚处于社会主义初级阶段，社会主义经济发展很不成熟，其中许多规律还不能充分显现，因此，构建社会主义政治经济学理论新体系为时尚早。以前，我也持这种观点。现在已进入 21 世纪，尤其是国际国内情况都已发生重大变化。中国已经加入 WTO，很快融入世界经济体系，并且在 21 世纪头 20 年就要基本完成社会主义市场经济新体制建设，中国的经济结构经过"十五"的战略重组及调整能够实现代化与升级，科学技术发展也会有质的飞跃，国民生产总值会在现有的基础上再翻 1—2 番，人民生活水平将有极大改善与提高。所有这些变化表明中国社会主义市场经济将进入较发达阶段，各种规律产生及作用的条件将日趋成熟与完善，这样，构筑中国社会主义政治经济学新理论体系的客观经济条件已经具备。所以，我认为，应从现在开始到 2010 年，加紧构建中国社会主义政治经济学理论体系的新框架，把"基础"夯实，把"原材料"备齐，把"四梁八柱"竖立起来。2010—2020 年，再用 10 年时间"砌砖""加瓦""装修内部"，把整个理论"大厦"建好竣工。如果不从现在着手构建中国社会主义政治经济学新理论大厦，那就会错过大好时机，既不利于中国政治经济学理论的发展，又远远适应不了中国社会主义现代化建设实践的要求。理论起不到它应有的作用，就失去了存在的价值与意义。

第三，研究方法要"中西合璧"，实现多元化。以往，中国的传统社会主义政治经济学坚持马克思主义的"规范化"，坚持运用抽象法，这是正确的。但问题在于只认为这种方法是科学的，只承认并运用这一种方法。这种"唯一方法论"，严重阻碍了中国社会主义政治经济学研究的深入与发展。我认为必须抛弃研究方法的简单化、唯一化，一定实行研究方法的"中西合璧"，依据研究对象和内容的不同，采用灵活多样的方法。

从根本上说，对社会主义生产关系运动实质及规律的揭示必须采用科学的抽象法。与此同时，还必须更好地运用实证分析的方法。第一，逻辑的实证与归纳。在运用经济范畴分析客观经济现象与经济过程时，往往需要运用逻辑实证，并对结果进行归纳。如果从实际中抽象出的经济范畴比较科学，那么经过逻辑推理进行实证所归纳出的结论就可能是科学的，起码会接近客观实际。第二，经验检验法。若"经验"系从实践所获得并反复证明是正确的，则可以用来检验经济范畴的有效性和真伪性。我国改革过程中搞了多种形式的"试点"，这就是用实践来检验理性观念，以便取得一般性经验，进而取得规律性认识。第三，比较研究法。它不同于传统政治经济学中的简单比较方法，不是简单地论证范畴之间的"本质不同"，而是侧重于体制模式、运行机制、发展趋势等的比较分析，尤其注重质与量结合的"横向动态比较"。第四，科学的批判方法。马克思主义政治经济学本质上是批判的，批判也包含着吸收与继承。我认为，建设中国特色的社会主义政治经济学理论框架，必须高扬争论与批判的大旗，营造一个良好的争论与批判环境。第五，动态均衡分析方法。在西方经济学中，瓦尔拉的均衡分析主要应用于微观经济研究，取得了相当成功的绩效。有人认为，马克思主义政治经济学根本没有动态均衡分析，这是不对的。在马克思主义政治经济学中，动态均衡分析更主要是应用于宏观经济运行分析。马克思在《资本论》中分析社会总资本再生产，除了运用抽象的假设方法以外，还用了许多公式进行动态均衡分析。马克思考察了多年的扩大再生产的运作过程，得出了两大部类对比关系发展及产品价值补偿与实现的规律。我们在进行社会主义政治经济学研究中，完全可以运用动态均衡分析方法，对社会主义微观经济和宏观经济的运行过程进行考察与分析。第六，社会经济统计分析。这是政治经济学研究中最重要的一种数量分析。马克思在其巨著《资本论》中比较充分地运用了这种方法，科学准确地阐释了各种经济范畴量的变动规律，我们要认真地学习，科学地运用。首先，要全社会重视社会经济统计问题，尤其是各级领导机关，一定要把这项基础性工作重视起来，认真做好。特别要保证各项统计数字的准确无误，坚决杜绝编造假数字、假指标。其次，我们的政治经济学理论工作者要学会对经济统计数字进行鉴别，善于去伪存真，依据客观实际剔除"水分"。

实践证明，上述方法都是政治经济学研究行之有效的方法，切不可偏废。但绝不是说上述方法必须同时运用，完全可以依据研究对象不同，有主辅之分。

当今西方经济学界提出了一些新的政治经济学研究方法，值得提出来研究的有"经验主义"方法、"证伪主义"方法及眼下最时兴的"博弈分析"方法。战后，西方社会科学各学科的互相渗透与交叉日益发展，涌现出许多新兴交叉学科，如法哲学、经济哲学、文化经济学、教育经济学等。不仅如此，研究方法也呈现相互渗透与交叉的态势和趋向，如用经济学的方法研究法律问题，用成本—收益分析方法来研究社会犯罪问题。哲学及哲学方法在经济学研究中被广泛大量使用。其实，马克思的《资本论》中就运用了大量的哲学理念和哲学方法。博弈分析在政治经济学研究中的运用，不仅可以大大增加政治经济学理论内容的活性及活力，而且可以增加政治经济学理论的有效性、可操作性，进而增强其对实践的指导性。然而，政治经济学对博弈分析方法也切不可滥用。目前政治经济学界存在一种"博弈热"，以为什么都可以用"博弈分析"解决问题，甚至有人鼓吹博弈分析可以取代科学的抽象分析，这是不能令人同意的。我认为，由于政治经济学研究对象的特殊性，完全依靠"博弈分析"不能解决问题，只能说它是政治经济学研究的一个重要的辅助方法和手段，而更重要的方法和手段则是科学的抽象法。彻底丢掉科学抽象法，就没有了马克思主义政治经济学，其他的经济科学也不会有长久的生命力。

四 关于中国政治经济学的"阶级化"与"超阶级化"问题

政治经济学是一门具有强烈阶级性的科学，这是在任何时候都不能否定的，也是否定不了的。否定了阶级性就否定政治经济学本身。这是因为"经济学所研究的不是物，而是人和人之间的关系，归根到底是阶级和阶级之间的关系"。有一些人是打心眼里要将

"政治经济学"变成纯粹的"经济学",现在看来,这种企图及努力也是徒劳的。实际上,任何经济学都并非纯粹的"经济学",都难免打上"政治"的烙印。因为自阶级产生以来,任何一门经济学都具有鲜明的阶级性,而"政治"就是这种阶级性的一种表现。尽管政治经济学不是一门既研究政治又研究经济的科学,但它毕竟不能脱离开阶级背景、政治环境等而孤立存在。

承认政治经济学具有阶级性,绝不意味着政治经济学"阶级化",即把其阶级性"泛化",认为政治经济学就是"阶级斗争的科学"。

总之,我认为,政治经济学完全"阶级化",以"阶级斗争为纲",只有"政治"而没有"经济",那就不是科学的政治经济学;但把政治经济学搞成一门"无阶级化"的,或"超越一切阶级"、全世界普遍适用的"纯经济学",恐怕就从根本上背离了马克思主义基本原理,那就谈不上马克思主义政治经济学了。所以,坚持马克思主义政治经济学的阶级性与科学性的统一,在当今历史条件下仍十分重要。不仅如此,反对极端主义和片面性,对于我们坚持与发展马克思主义,对于我们坚持与发展马克思主义政治经济学理论,更是十分紧迫和必要的。可以说,在中国的经济理论战线,反对极端主义和片面性,是一个艰巨而长期的任务。

(本文发表于《经济学动态》2002年第8期,被《经济研究参考》2002年第87期摘发观点;被中国人民大学复印报刊资料《社会主义经济理论》2002年第11期全文转载)

马克思主义政治经济学现代化误区辨析

要想适应时代发展的要求，马克思主义政治经济学必须现代化。倘若马克思主义政治经济学仍停留在"传统"与"古典"意义上，那就不可能对当代资本主义经济发展的新现象、新问题作出科学的解释与判断，更不可能认识与揭示当代资本主义经济运行与发展的内在本质及规律；同时也不能对社会主义经济发展的现象与规律作出科学阐释与说明，更不能对我国社会主义现代化建设实践起指导及推动作用，那可就真会成为"无用之学"了。现代化已经成为21世纪马克思主义政治经济学发展的根本出路与大趋势。

一 "非生产关系化"：马克思主义政治经济学现代化误区之一

马克思主义政治经济学现代化，其研究对象必须首先现代化。传统政治经济学将研究对象限定为生产关系，这是由列宁明确概括、斯大林加以具体化的。列宁指出："政治经济学的对象决不象通常所说的那样是'物质的生产'（这是工艺学的对象），而是人们在生产中的社会关系。"① 这里明显将物质生产排斥于政治经济研究对象范围之外。斯大林又沿着列宁的上述思路，进一步把生产

---

① 《列宁全集》第二卷，人民出版1984年版，第171页。

关系具体界定为生产资料所有制、人们在生产中所处的地位及相互关系、产品分配方式三个方面。我认为，在政治经济学研究对象问题上，列宁和斯大林偏离了马克思和恩格斯的理论，犯了简单化与绝对化的错误，失之于将政治经济学研究对象限定得过于狭窄，完全抛开了物质生产。马克思在《〈政治经济学批判〉导言》中明确地讲："摆在面前的对象，首先是物质生产。"[1] 他在《资本论》序言中更是清晰地指出："我要在本书研究的，是资本主义生产方式以及和它相适应的生产关系和交换关系。"[2] 还讲："本书的最终目的就是揭示现代社会的经济运动规律。"[3] 这里的"生产方式"，学术界颇有争议。我认为，它只能理解为"以什么方式，采取什么工具，怎样进行生产"，主要是指生产力形式。至此可见，马克思对政治经济学研究对象界定得十分清楚，即是研究资本主义社会物质生产方式以及和它相适应的生产关系，目的在于揭示"现代社会"即资本主义社会的经济运动规律。当然，马克思这里讲的是"狭义政治经济学"。恩格斯讲广义政治经济学尚有待于创造，它"是研究人类社会中支配物质生活资料的生产和交换的规律的科学"[4]。以往学术界遵从列宁的论述，误读了马克思关于"摆在面前的对象，首先是物质生产"的论断，认为物质生产根本不在政治经济学研究视野之内，不在"对象"之列，仅把它作为"政治经济学研究的出发点"，这不仅背离了恩格斯关于广义政治学对象的论断，也不符合马克思关于"物质生活的生产方式制约着整个社会生活"[5] 的论断。

孤立研究生产关系是苏联范式政治经济学的根本特征与痼疾。这种"孤立论"在理论上的失误在于它脱离社会物质生产力水平及状况的制约，否定物质生产力对生产关系的决定作用，片面夸大生

---

[1] 《马克思恩格斯选集》第二卷，人民出版社1995年版，第1页。
[2] 《马克思恩格斯选集》第二卷，人民出版社1995年版，第100页。
[3] 《马克思恩格斯选集》第二卷，人民出版社1995年版，第101页。
[4] 《马克思恩格斯选集》第三卷，人民出版社1995年版，第489页。
[5] 《马克思恩格斯选集》第二卷，人民出版社1995年版，第32页。

产关系对生产力的反作用，认为生产关系运动规律就是所有经济规律，解决了生产关系问题就解决了所有经济问题。在这种理论指导下，苏联在第二次世界大战后走上了一条否定生产力决定作用，一味追求生产关系变革与升级的错误道路，结果使所谓"先进"的社会主义经济制度缺乏相应的物质基础而最终失败。

政治经济学研究对象的"孤立论"，即离开物质生产力孤立研究生产关系，实践证明是错误的。但能不能由此认为政治经济学就可以根本不研究生产关系呢？改革开放以来，尤其是提出政治经济学现代化建设以来，一直有人主张马克思主义政治经济学若现代化，必须在研究对象上摒弃生产关系化，转而实行"非生产关系化"。这是为适应市场经济发展要求，马克思主义政治经济学与西方经济学进行科学"并轨"与合理"综合"。西方经济学自"工场手工业时期"产生以来，历经几个世纪的发展演变，产生众多分支与流派，无论是老古典经济学，还是新古典经济学；也无论是近代经济学，还是现代经济学，基本上都把财富生产与分配、物质福利、资源配置作为政治经济学的研究对象。即使是制度经济学把制度作为研究对象，这里的"制度"也并非真正意义上的生产关系，而比"生产关系"范畴的内涵要宽泛得多。

我认为，政治经济学研究对象的"非生产关系化"，是一个误区和陷阱，绝不可取。它是由一个极端跳向另一个极端，即由孤立地只研究生产关系一下子跳到根本不研究生产关系，且不说其在哲学上犯了绝对化、片面性的方法论错误，在经济学常理上也难以成立。人所共知，马克思主义政治经济学与西方经济学是两种对立的思想理论体系，尽管可以互相借鉴，但绝不可"综合"为一，尤其体现在研究对象的不同上。马克思主义政治经济学把物质生产方式与生产关系统一作为其研究对象使其具有了科学性、革命性，西方经济学研究对象的"非生产关系化"则使其具有了明显的辩护性、庸俗性。由于西方经济学的基本前提假设——资本主义生产关系即资本主义制度是世界上最合理最好的一种制度安排，因而剩下来的唯一任务就是如何最有效利用资源，更好地进行财富的生产与分配，以最大限度满足人们的欲望及需求问题。所以，西方经济学把研究物质资源的利用及物质财富的生产与分配作为对象，是顺理成章、天经地义的。这样不仅符合资本主义经济发展的需要，更有助于维护资本主义制度。西方经济学研究仅仅停留在社会表象——物上，可以概括地讲它就是一种"物学"；而马克思主义政治经济学则透过物的表象，深入研究物所掩盖着的人与人关系的本质。正如列宁所说："凡是资产阶级经济学家看到物与物之间的关系的地方（商品交换商品），马克思都揭示了人与人之间的关系"①。因此，在一定意义上可以说马克思主义政治经济学就是一门"人学"。

从上可见，认为马克思主义政治经济学现代化即是其研究对象"非生产关系化"，实际上是将马克思主义政治经济学"化"为西方经济学，是将马克思主义的"人学"变为资产阶级的"物学"，马克思主义政治经济学的革命性被彻底取消了。这大概就是政治经济学研究对象"非生产关系化"论者的主旨及本质所在，实在不能令人苟同。

二　数学化：马克思主义政治经济学现代化误区之二

最近一段时期，我国经济学界关于政治经济学数学化的倾向强劲增长，大有马克思主义政治经济学现代化非数学化不可之势。国内较有代表性的著作《经济学数学化导论》认为，"数学化促使经济学成为一门真正的科学"②，言外之意：经济学若不数学化则不可能成为真正的科学。该书还指出，"经济学数学化的过程，就是经济学新老范式的转换过程，是中国经济学科学化和现代化的过程"，甚至认为"数学化：中国经济学现代化的必由之路"③。当

---

① 《列宁选集》第二卷，人民出版社1972年版，第444页。
② 程祖瑞：《经济学数学化导论》，中国社会科学出版社2003年版，第1页。
③ 程祖瑞：《经济学数学化导论》，中国社会科学出版社2003年版，第6页。

今，数学化不仅成为经济学研究的典型"时尚"，更是衡量经济学研究成果档次高低、质量好坏的根本标准，甚至是唯一尺度。近日，笔者有幸读到一部号称"经济与金融高级教程"丛书中的《货币理论》，通篇充斥数学公式推导及模型罗列，根本未见到所谓"货币理论"，该书至多是一个西方"货币理论"的数学题解。甚至，一些较权威的经济学研究刊物，几乎变成了"数学化"刊物，已经远离"经济学"了。尤其是数学家纳什获得诺贝尔经济学奖，更成了经济学应该数学化的口实与佐证。经济学数学化之声甚嚣尘上，"而且，经济学的数学化程度越来越高，经济学的数学化'愈演愈烈'"，"经济学数学化是一种主要趋势"①。难怪曾获悉尼大学经济学博士学位、做过剑桥大学访问学者的韦森教授也惊呼"现在这样盲目地迷信数学在经济学中的运用"② 了。

我以为，经济学数学化并非什么新货色，更谈不上理论创新。在政治经济学史上，主张经济学中应用数学者，大有人在。威廉·配第在《经济算术》中通过数字资料对荷兰、法国、英国之间的财富和力量对比以及由此引起的社会结构、政治事项进行分析，论证英国掌握世界贸易、称霸世界的可能性。他是运用经验数量方法研究经济学的首创者，被马克思称为"英国政治经济学之父"③。古典经济学大师亚当·斯密、大卫·李嘉图，以及庸俗经济学家萨伊、马尔萨斯等，无不运用数学研究经济问题，乃至现代西方经济学大师萨缪尔森、库兹涅茨、弗里德曼等，尤其是宏观经济研究大师凯恩斯，都是成功运用数学研究经济问题的楷模和典范。据笔者所知，他们均没有经济学一定要数学化之主张。认为经济学应数学化者，首推英国经济学家斯坦利·杰文斯。他在《政治经济学理论》一书中说："政治经济学如果是一种科学，它必须是一种数学的科学。……我的经济学理论在性质上纯然是数学的"，"在我看，

---

① 程祖瑞：《经济学数学化导论》，中国社会科学出版社2003年版，第18页。
② 韦森：《经济学与哲学——制度分析的哲学基础》，上海人民出版社2005年版，第118页。
③ 《马克思恩格斯全集》第十三卷，人民出版社1962年版，第43页。

只因经济学所研究的是量,所以它必须是数学的"①。这显然是失之偏颇的,因为任何一门经济学都不仅仅研究量,而必须同时研究质。在世界上万事万物均是质与量相统一的,只研究量而不研究质是不可能揭示事物的内在本质及其运动规律的。我们认为数学是一门科学,但政治经济学并非必定在性质上纯然是数学的才能成为科学。数学在经济学中的运用是有个"度"的。适度,即合理运用;过度,即为滥用。所谓经济学数学化,就是将经济学的所有原理及其所研究的所有问题数量化。"化者",一般指彻头彻尾、彻里彻外,融贯始终,融入其中。依此推论,经济学数学化,无疑属于数学在经济学中的过度运用,即滥用也。所以,我认为,经济学数学化命题本身就不科学。

除此之外,政治经济学之所以不能数学化,还有以下诸方面原因。

第一,经济学与数学是两门独立的科学,它们具有不同的研究领域及对象,分属不同的学科。按最一般的定义,经济学是研究人类社会中经济关系运动规律的,用恩格斯的话讲:"政治经济学,从最广的意义上说,是研究人类社会中支配物质生活资料的生产和交换的规律的科学。"② 由于政治经济学研究的经济范畴属于历史范畴,经济关系的产生及运动又具有历史性,即随着历史条件的变化而变化,所以"政治经济学本质上是一门历史的科学"③。而数学与此不同,它是研究世界上一切数量关系及其变动规律的。恩格斯在《反杜林论》中给数学下定义说:"纯数学的对象是现实世界的空间形式和数量关系。"④ 数学所研究的范畴、概念、定理等均系自然界永恒范畴,属于自然科学范畴,它并不随社会历史条件的变化而改变。可见,经济学与数学二者可以互相交叉、渗透,但二

---

① [英]斯坦利·杰文斯:《政治经济学理论》,郭大力译,商务印书馆1984年版,第30页。
② 《马克思恩格斯选集》第三卷,人民出版社1995年版,第489页。
③ 《马克思恩格斯选集》第三卷,人民出版社1995年版,第489页。
④ 《马克思恩格斯全集》第二十卷,人民出版社1971年版,第41页。

者不能画等号，亦不能"互化"，如同数学不能经济学化一样，经济学也不能数学化。

第二，经济规律不同于数学规律，不能完全由数学公式来表述与表达。数学规律是世界中自然现象之间的内在本质联系，具有永恒性；而经济规律是社会经济现象之间的内在本质联系，具有社会性。正是由于经济规律具有与数学规律根本不同的社会性，因此经济规律不可能完全由数学公式来表述与表达。不可否认，社会经济现象中存在大量数量关系，不少经济规律亦可以用数学公式来表述和表达，例如价值规律、货币流通规律、剩余价值率规律、资本有机构成变动规律、资本循环与周转规律、社会总资本再生产与流通规律、利润率及平均利润率变动规律、利息率规律，以及地租规律等。但切不可以认为所有的社会经济规律均可以用数学公式来确切表述或表达。比如说，按劳分配规律，就是按劳动者提供的劳动数量及质量来分配消费品的规律。其中包含着数量关系，但我认为难以用数学公式准确表达和表述出来。这里有一系列问题难以确定：一是按劳分配的"劳"如何确定。劳动者的劳动有三种形态：潜在形态、流动形态、凝固形态。究竟以上述哪一种形态的劳动为依据来分配消费品？二是劳动者的劳动质量如何用数学公式来反映。世界上劳动者成千上万，甚至过亿，劳动者的劳动能力千差万别，能否每个劳动者都通过建立独立的数学模型得出一个消费品分配公式？还有一个重大问题，即数学的科学性在于它的精确性。如果数学不能精确地反映按劳分配关系，存在不可避免的误差，那还谈什么科学？再比如说生产力决定生产关系，生产关系必须适合生产力性质与水平的规律，其中肯定存在着数量关系，但如何用一个数学公式或数学模型准确表述或表达出来？

第三，经济统计数字从来都是有水分的，以此为基础建立的数学模型和推导出来的数学公式，不可能准确无误，切不可将其视为"勾3股4弦5"那样的"规律"。西方发达国家，资本主义市场经济经过300多年运行与发展，法律法规体系日臻完善，社会信誉体系建设完备。在这种社会环境下，类似安然公司造假丑闻还接连发生，财务假账层出不穷，怎能保证国家经济统计数字的准确性呢？据专家估计，西方发达国家的GDP或GNP均有20%—25%的水分。用不准确或不可信数字推导出数学公式和建立起数学模型，并以此来表现客观经济规律的运行轨迹，是不可能准确无误的。因此，对于那些凭借数学公式和数量模型推算出来的数字结论，正确的态度就是"不可不信，不可全信"，仅作决策参考而已。数学只能是也应该是政治经济学现代化的重要工具，但绝不能将数学化作为政治经济学现代化的目标与必由之路。

第四，客观经济世界是个错综复杂的世界，更是一个千变万化的混沌世界。其中充满未可知因素及不确定因素，甚至蕴含诸多突发因素及不可抗拒因素。社会经济变化绝不会循着 1+2=3 的规律变化，而经常会发生 1+2>3 或 1+2<3 的情况。因此，企图用数学公式和数学模型将复杂多变而且越来越混沌化的经济世界加以精确化，愿望是好的，但结果很可能如高度计划经济那样，计划得越"周全"，计算得越细微，会失败得越惨。到头来，不仅是徒劳一场，而且是有害的。它不仅在理论上容易将"听之无声，视之无形"的经济规律简单化、凝固化，将鲜活、生动的质量互变并统一的经济规律变成单一的数量关系，不能揭示经济现象背后的质的规定性，无助于全面正确地认识经济规律，而且在实践上不利于人们对经济规律的驾驭与运用，从而不可避免地给现代化建设带来损害。

第五，数学化已经将现代西方经济学引入了歧途，马克思主义政治经济学现代化切不可重蹈其覆辙。著名经济学家麦科洛斯基（D. Mccoskey）对近30多年来经济学中运用数学模型、回归分析的状况作详尽的实证分析后指出：由于"追求构造'精致数学模型'"，结果是"现代经济学"走上了"歧路"[1]。为什么会是这样？薛兆丰认为：一是"宏观经济模型基本上是数学游戏"；二是"回归分析"的"基础太脆弱"，它"摆脱不了搞数字游戏的嫌疑

---

[1] 薛兆丰：《我们应该怎样看待中国经济学家》，《中国图书评论》2006年第3期。

和隐患"。① 尽管薛兆丰的"游戏论"未免过于偏激,但其着实指出了经济学的数学化之路是一条歧路。号称数理经济学鼻祖的萨缪尔森在他的名著《经济学》中曾对苏联 GDP 增长趋势作了"科学预测",认为它会很快超过美国,但到 20 世纪 90 年代初苏联解体了,其"科学预测"也以失败而告终。薛兆丰说:"哪怕经济学家用的方式再复杂,计算机运转得再快,学术用语弄得再高深,经济学家对真实世界作出过什么准确的经济预测吗?连需求曲线是不是有时间上还能争吵几十年,经济学家之间究竟能达成多少共识?那么多的经济转型国家,能依据经济学家勾勒的蓝图成功过渡的又有几个?"② 实践已经表明,现代西方经济学已经陷入数学化之歧途困境,马克思主义政治经济学现代化绝不能再走数学化之路。

三 "非阶级化":马克思主义政治经济学现代化误区之三

马克思主义政治经济学现代化,绝不是否定和取消政治经济学的阶级性与党性,而是反对将其阶级性扩大化与泛化。政治经济学作为一门社会科学,同其他任何社会科学一样,不可避免地具有强烈的阶级性和党性。这是由政治经济学研究对象及材料的特殊性所决定的。按照马克思的思想,政治经济学所研究的物质资料生产,不是孤立个人的生产,而是一定的社会生产关系下的生产。所谓"社会生产关系"即是社会中人们为从事物质资料生产所结成的人与人之间的关系,这种关系归根到底是人们之间的物质利益关系。马克思指出:"人们奋斗所争取的一切,都同他们的利益有关。"③ 恩格斯也指出:"每一既定社会的经济关系首先表现为利益。"④ 由于在存在和划分阶级的社会里,人们之间的利益关系不可避免地表

---

① 薛兆丰:《我们应该怎样看待中国经济学家》,《中国图书评论》2006 年第 3 期。
② 薛兆丰:《我们应该怎样看待中国经济学家》,《中国图书评论》2006 年第 3 期。
③ 《马克思恩格斯全集》第一卷,人民出版社 1956 年版,第 82 页。
④ 《马克思恩格斯选集》第三卷,人民出版社 1995 年版,第 209 页。

现为阶级利益关系，因而政治经济学研究就不能不触及不同社会集团、不同阶层和不同阶级的利益，受到不同社会集团、不同阶层和不同阶级的拥护与反对，从而产生不同阶级或阶层的政治经济学，或使政治经济学具有不同的阶级属性。政治经济学的阶级性是一种客观存在，唯物主义者绝不否认之，企图回避与超越都是不现实的，也是徒劳的。马克思主义政治经济学公开申明自己是代表广大无产阶级利益，并为广大无产阶级利益服务的，是一种无产阶级政治经济学。许多资产阶级经济学家也不否认他们所创立的政治经济学是代表资产阶级利益，并为资产阶级利益服务的。宏观经济学大师凯恩斯讲："如果当真要追求阶级利益，那我就得追求属于我的那个阶级的利益。……在阶级斗争中会发现，我是站在有教养的资产阶级一边的。"① 诺贝尔经济学奖得主、美国著名经济学家索洛讲得更生动具体，他说："社会科学家和其他人一样，也具有阶级利益、意识形态的倾向以及一种种类的价值判断。但是，所有的社会科学的研究，和材料力学或化学分子结构的研究不同，都与上述的（阶级）利益、意识形态和价值判断有关。不论社会科学家的意愿如何，不论他是否觉察到这一切，甚至他力图避免它们，他对研究主题的选择，他提出的问题，他没有提出的问题，他的分析框架，他使用的语言，很可能在某种程度上反映了他的（阶级）利益、意识形态和价值判断。"② 这些大经济学家都率直地承认政治经济学的阶级性，为什么我们的一些经济学家非要瞪眼不见、矢口否认呢？无非是认为马克思主义政治经济学的阶级分析方法已经过时，马克思主义政治经济学是"阶级斗争的武器与工具"，已经失效，应该废弃。这显然是极端有害的。从上清晰可见，资产阶级经济学家都不否认他们的经济学理论的阶级性和意识形态作用，经过几百年的磨砺，这个"武器"越来越实用，越来越锋利，如果马克

---

① ［英］凯恩斯：《劝说集》，蔡受百译，商务印书馆1962年版，第244—245页。
② ［美］索洛：《经济学中的科学和意识形态》，载［波士顿］克伦道尔、埃考斯编《当代经济论文集》，波士顿，利特尔·布朗公司1972年版，第11页。

思主义政治经济学这个"武器"被废弃了,那资产阶级真的可以"不战而胜"了,因为无产阶级手中已无武器,必然"不战而降"。马克思主义政治经济学现代化不但不否认阶级性,而且必须承认其阶级性,但绝不意味着可以使其阶级性扩大化与泛化,或搞"阶级化"。"文化大革命"期间,政治经济学贯彻"以阶级斗争为纲",把政治经济学所研究的经济关系及其相关领域均归结为阶级关系和阶级斗争,是典型的"左"倾范式政治经济学,完全偏离了科学的马克思主义政治经济学。改革开放以后,中国学术界狠狠批判了这种"左"倾范式政治经济学,是非常正确的。"非阶级化"或"无阶级"的政治经济学是对"左"倾范式政治经济学的矫枉过正,是马克思主义政治经济学现代化的一个大陷阱,一旦陷入,便可葬送马克思主义政治经济学现代化的一切成果。因此,切不可盲从之。

(本文发表于《当代经济研究》2007年第6期,
被《马克思主义文摘》2007年第8期转载)

马克思资本原始积累理论对中国的适用性分析

一 引言

马克思的资本原始积累理论是在《资本论》中创立的,主要体现在第一卷第23—25章,其中第24章是专论资本原始积累的。马克思运用科学的唯物史观和逻辑与历史相统一的方法,创造性地分析了资本主义生产方式产生的前提与过程,分析了资本家与雇佣劳动者的形成过程,分析了资本原始积累发生的基本动因、主要过程和主要方法,揭示了资本原始积累的实质与后果,批驳了资产阶级及其代言人歪曲资本原始积累的谎言,指明了资本家作为对直接劳动者的"剥夺者"随着资本主义积累的发展必将"被剥夺"的一般历史趋势,从而形成一套系统、完整的资本原始积累理论。

马克思的资本原始积累理论,在马克思主义政治经济学理论体系中占有重要的地位。学术界普遍认为,劳动价值理论是剩余价值理论乃至整个马克思主义政治经济学理论的奠基石,那么完全可以认为资本原始积累理论就是资本积累理论的重要基础。资本原始积累理论与资本积累理论二者统一与结合起来构成广义的资本主义积累理论。它揭示了资本主义生产方式的"来龙"与"去脉",阐明了资本主义生产方式产生、发展直到灭亡的内在规律。如果把剩余价值理论视为马克思主义政治经济学的核心,那么这个理论就是马克思主义政治经济学的重要支柱。

马克思创立的资本原始积累理论至今已有 100 多年了。它对研究资本主义国家的资本原始积累无疑具有重大的历史意义与现实意义。但是，它对处于社会主义初级阶段的中国是否具还有适用性呢？我认为是肯定的。因为处于社会主义初级阶段的中国，自改革开放以来，资本原始积累一直不断地产生并且不断地发展着。可以肯定地讲，当今中国的资本原始积累与资本主义国家的资本原始积累具有不同的本质与特点，资本原始积累的方法更是迥异（后面要专门论述），绝不能简单照搬马克思的资本原始积累理论，但我认为马克思研究资本原始积累的一般方法与诸多原理对我国仍有重要的指导意义。

二 马克思资本原始积累理论对我国的适用性分析

马克思的资本原始积累理论作为马克思主义政治经济学的一般原理之一，也完全适用于我国现阶段。因为我国现阶段处于社会主义初级阶段，不仅马克思所讲的资本在不断产生，资本的原始积累过程也在继续并且迅速发展着。马克思资本原始积累理论的一般原理对我国的适用性，我认为主要表现在以下几个方面。

第一，马克思关于资本主义生产方式产生的两个前提条件的原理，对当今中国仍然是有效的。资本主义生产方式产生的两个基本前提条件，一是大量货币财富在少数人手中积累，二是存在大量自由的劳动者，这两个条件结合与统一，便可以进行资本主义生产。当代中国私营企业的生产方式尽管与典型的资本主义生产方式有区别，但它仍是上述两个条件的结合与统一。在传统的计划经济条件下，由于生产资料公有制在整个国民经济中占绝对优势，全社会好比一个大工厂，产品在全国范围内实行统一的按劳分配，否定价值规律和市场机制的作用，结果形成各地区、各行业及各个企业之间收入的平均主义和"大锅饭"，个人收入水平很低，劳动者之间的收入差距也很小。这样，除了满足基本生活需要的支出外，他们的收入所剩无几。即使是勤俭持家，辛辛苦苦地进行积累，也难以达到马克思所讲的货币变资本的最低限额。如果达到了，社会上也就不会存在第二个条件，即存在大量的"自由劳动者"。马克思在《资本论》中讲的"自由劳动者"是有特定含义的。他指出："自由劳动者有双重意义：他们本身既不像奴隶、农奴等等那样，直接属于生产资料之列，也不像自耕农等等那样，有生产资料属于他们，相反地，他们脱离生产资料而自由了，同生产资料分离了，失去了生产资料。"[1] 将马克思的上述"双重意义"概括一下，就是劳动者有人身自由，并同生产资料相分离。

上述情况在计划经济条件下是不存在的。首先，劳动者没有人身自由。尽管劳动者不像奴隶依附于奴隶主、农奴依附于地主那样，但他们却被牢牢地固定在某一公有制单位，不能随意流动，更没有择业的自主权。计划经济体制的劳动人事制度甚至把劳动者终生固定在某一岗位上，使之丧失自由择业的权利。实际上没有了自由劳动的权利，谈自由也是形式上的。其次，劳动者同生产资料还直接或间接地相结合着。在城乡集体经济中，劳动者可以同属于自己的生产资料直接相结合，他们的利益与企业生产资料的运营效果直接相关。在全民所有制经济中，劳动者在更大的范围内拥有生产资料的所有权。但他们同生产资料的结合需要通过国家这个中介，所以，劳动者同生产资料的结合是一种间接的结合。无论是直接结合还是间接结合，实际上总归是一种结合，而不能称之为分离。正是由于上述两个原因，计划经济条件下的劳动者不具备变成"自由劳动者"的条件，不会也没有变成雇佣劳动者。

在市场经济条件下，完全具备了"自由劳动者"产生的条件，大批劳动者具有了人身自由并同生产资料相分离。首先，农村剩余劳动力，是农村实行承包制后大批从农业生产中游离出来的。人民公社公有制体制的解体，使农村的剩余劳动力摆脱了人身强制性的"约束"，变成独立自主的"自由"人。他们已经具有离开土地、自由选择职业的权利了。其次，辞职下海的公职人员，如机关干

---

[1] 《马克思恩格斯全集》第四十四卷，人民出版社2001年版，第821页。

部、教师、企业管理人员、科技工作者等，他们挣脱了旧的劳动人事制度的束缚，原单位已经管不着他们了，他们同原来的生产资料已经"分离"了。要想生活，他们就必须寻找新的工作岗位，以便同新的生产资料相结合。最后，社会上的大量待业人员，其中主要包括下岗失业职工和城镇待业青年等。下岗失业职工在未重新上岗之前，显然已处于同生产资料相分离状态。而城镇待业青年，主要是指未能升入高中及大学的已进入劳动年龄的青年，他们从来就没有同生产资料相结合过，更是没有单位管束的"自由人"。以上劳动者的"人身自由"及"同生产资料相分离"，尽管与马克思的论述有差别（即尚未完全丧失消费资料），但毕竟与计划经济体制下的情况有了根本性的变化，那就是劳动者的劳动力不再属于"公有"，变成了实实在在的"个人所有"，因此劳动者就有权自主决定如何出卖劳动力。劳动力成为商品，一旦被足量的货币所购买，该足量的货币就变为资本。

值得指出的是，在改革开放后中国推进市场化改革进程中，由于打破了旧的平均主义的分配体制，人们的收入来源多元化，尤其是在城乡个体经济得到恢复与发展之后，许多个体经营者较快地积累起大量货币财富；不少下海经商者利用改革开放的宽松环境及各种优惠政策，也较快地富裕起来；深圳、上海两个证券交易所挂牌，一批又一批企业股票发行上市，使许多一、二级股票市场的投资者暴富起来，涌现出一批像"杨百万"那样的百万富翁；另外，随着国家及企业收入分配制度的深化改革，人们的收入水平也普遍提高，积累的货币量明显增多。在允许一部分地区和一部分人依靠勤奋劳动先富裕起来的政策鼓舞下，广大城乡也涌现出了一批富裕人群和阶层。在他们手里积攒起来的巨额货币，要保值增值，获取更多的利益，必然要进行各方面的投资，从事生产经营活动。这样，足量的货币用于购买劳动力商品，它就变成资本了。

第二，马克思关于资本主义私有制取代劳动者个体私有制的原理，对当今中国仍是适用的。在改革开放以后，我国城乡首先恢复与发展起来的个体经济，就是马克思所讲的以劳动者个体劳动为基础的小商品经济。个体经济的生产方式是以家庭为单位的小生产，这种小生产对社会生产力的发展是有局限性的。马克思指出："这种生产方式（指小生产方式——作者）是以土地和其他生产资料的分散为前提的。它既排斥生产资料的积聚，也排斥协作，排斥同一生产过程内部的分工，排斥对自然的社会统治和社会调节，排斥社会生产力的自由发展。它只同生产和社会的狭隘的自然产生的界限相容。"[1] 因此，它必然要被私营经济的资本主义生产方式所取代。

私营经济是以雇佣劳动为基础的经济，它是比以个体劳动为基础的小商品经济更具先进性与优越性的一种经济形式。这主要表现为七个方面。其一，个体经济以家庭为基本生产经营单位，规模狭小，技术落后，劳动生产率低下，而私营经济突破了家庭限制，开始以企业和现代企业作为生产经营的组织形式，可在较大范围内组合生产经营要素，实现生产经营要素的优化与组合，生产技术与经营管理方法也要比个体经济先进得多，自然劳动生产率要高得多。其二，私营经济的生产是以市场为导向的企业化生产，与生产的社会化、商品化相联系，并且可以在企业内部实行分工与协作，生产专业化程度较高，这是个体小商品生产不能相匹比的。其三，个体小商品生产的目的是满足自身的消费需要，出卖商品 W－G，是为了购进满足自身消费需要的商品，即 G－W。而私营经济的生产目的不是满足自身的消费需要，而是资本价值的不断增值。对利润最大化的追求，是其永无止境的内在动因，也是推动私营经济发展的强大动力机制。其四，个体经济生产经营分散，资金积累速度慢，难以快速扩大生产规模，基本上形不成规模效益；而私营经济的资本与生产资料相对集中，资本积累速度较快，因而可以在短时间内扩大再生产，形成良好的规模效益。其五，个体经济由于受资金、技术等方面的限制，难以采用先进的机器设备和先进的科学技术成果；而私营经济由于比个体经济资本雄厚、技术力量强，可以广泛地采用先进的机器设备和先进的科学技术成果，从而促进科学技术

---

[1]《马克思恩格斯全集》第四十四卷，人民出版社 2001 年版，第 872 页。

的不断进步。其六，个体经济的小生产基本上谈不上现代化的科学管理，而私营经济是可以实现现代化的科学管理的。其七，私营经济在吸收社会资金、安排就业、出口创汇及向国家纳税等方面的贡献，均比个体经济大得多。

正是由于私营经济较之个体经济先进和优越，所以个体经济必然发展到私营经济。从所有制关系上讲，资本主义私有制必然排挤和代替个体小生产者的私有制。正如马克思所说："以各个独立劳动者与其劳动条件相结合为基础的私有制，被资本主义私有制，即以剥削他人的但形式上是自由的劳动为基础的私有制所排挤。"① 中国的私营经济正是在劳动者的个体私有制的基础上产生和发展起来的，所不同的是，它不是以个体小商品生产者即个体经济的被剥夺为前提和基础。私营经济的产生并没有根本否定、排斥与废弃个体经济，二者仍然并存，存在着密切的联系。如果以为私营经济的发展必然否定和消灭个体经济，那就错了。所以不能对马克思的关于资本主义私有制取代劳动者的个体所有制的原理进行简单化的理解，而要结合中国实际，灵活认识与运用。当今中国私营企业已达 200 多万户，个体工商户尚有 3000 多万户，这个事实本身就说明，两种私有制可以并存，但发展的趋势是以个体劳动者为基础的私有制向以雇佣劳动为基础的私有制过渡，这是由生产关系一定要适合生产力性质和要求的规律的作用所决定的。如前所述，私营经济比个体经济更能适应商品经济、市场经济发展的要求，更能适合并促进社会生产力的发展。

第三，马克思关于租地农场主的理论，对当今中国农村经济的改革与发展具有重要的借鉴意义及应用价值。资本主义租地农场主，是农村资本关系产生与发展的产物。马克思指出："他靠使用雇佣工人来增殖自己的资本，并把剩余产品的一部分以货币或实物的形式作为地租交给地主。"② 农业雇用工人—租地农场主—土地

---

① 《马克思恩格斯全集》第四十四卷，人民出版社 2001 年版，第 873 页。
② 《马克思恩格斯全集》第四十四卷，人民出版社 2001 年版，第 852 页。

所有者，这三者之间的关系构成了资本主义农业中的主要经济关系。

由于中国长期处在封建社会，自给自足的自然经济占统治地位，不仅没有形成农业资本，而且连商品经济都极不发达。因此，社会中主要存在两大阶级——农民阶级和地主阶级，农民与地主之间的经济关系构成中国封建社会农业经济中的主要经济关系。

新中国成立后，经过农村土地革命，斗地主，分田地，农民获得了土地。但是，20世纪50年代中期，中国开展了轰轰烈烈的农业合作化运动，实现了土地及农业生产资料的集体化。土地所有权的变化，使得中国的经济关系也发生重大变化。土地改革之后至合作化之前，农民由于分得了土地，成了自己土地的所有者，地主阶级在中国农村被消灭了。合作化之后，农民变成了人民公社社员，在人民公社的基层单位——生产队从事生产劳动，与土地及生产资料相结合，由原来的个体农民变成集体农民。集体经济在农村占据统治和支配地位，就连作为个体经济残余的社员家庭副业也在被严格限制之列，"文化大革命"中还被当作"资本主义尾巴"大割特割。由此可见，直至改革开放之前，中国农村是不存在农业资本关系的，就连个体经济关系也在被限制与消灭之列。

中国农村实行家庭联产承包责任制之后责任涌现出的各种种植大户、养殖大户成为租地农场主的雏形。由于从1958年开始实行的人民公社体制严重地超越了农村生产力发展水平，束缚了广大农民的生产积极性，农村经济结构单一，商品经济不发达，致使农民收入水平很低，甚至不少地区处于贫困状态。由安徽凤阳小岗村农民率先搞起的家庭联产承包责任制，很快引发了一场全国性农业改革浪潮与经营革命浪潮。家庭联产承包责任制一举打破了农村人民公社的旧体制，使土地所有权与经营权相分离，广大农民通过签订承包合同，与集体和国家建立起土地租约关系。土地租约期长达30—50年，这就使农民拥有长期的自主的土地经营使用权，极大地调动了农民的生产经营积极性。家庭联产承包责任制以"交够国家的，留足集体的，剩下全是自己的"为分配原则，使广大农民通过勤奋劳动，大幅度提高了收入水平，并很快摆脱贫困，走上了富裕之路。先富裕起来的农民，一方面开始通过代租和购买土地经营权等方式，扩大承包土地面积；另一方面购置大型农业生产机械，并采用较先进的农业生产工艺与技术，实行土地连片耕作、机械化生产与经营。这样，依靠农民家庭自身拥有的劳动力就远远满足不了生产经营需要，雇工生产便应运而生。开始是少量雇工，并且常常是季节性的，随着生产经营规模的扩大，雇工数量越来越多。

我认为，这种以雇佣劳动为基础的农业种植大户、养殖大户，就相当于马克思讲的"租地农场主"。尽管他们的生产经营单位还未明确地叫××农场，但实际上具备租地农场的条件。当年，资本主义租地农场主在资本原始积累过程中产生，是靠剥削农民实现的，是靠农民土地所有制革命实现的。如今，中国农村的租地农场主也是在资本原始积累过程中产生的，但它不是靠剥削农民实现的，而是靠承包制及土地经营权革命来实现的，其间没有马克思讲的资本原始积累过程中的暴力掠夺和血腥杀戮，完全是一个和平的经济变革过程。

农业雇佣工人和租地农场主的关系，是中国改革开放以后农村出现的一种崭新的经济关系。租地农场主和农业雇佣工人，可以说是当今中国农村先进生产力的代表。租地农场主原本都是"种田能手""种植大户"或"××大王"，都是农村的"能人"。他们熟悉农业生产，又善于经营管理；有文化，懂科技；了解市场，敢于捕捉致富机遇，是农村发展商品经济和市场经济的先锋和主力。农村实行家庭联产承包责任制以后，土地被分割得十分零散，张家五条垄，刘家二分地，一整片土地往往归10—20家分包耕种，大型农机具根本进不了地，农业机械化遇到了土地经营权分散的阻力。是"种田能手"和"种植大户"们冲破了这种阻力，使分包的土地向他们手中集中。因此，这些租地农场主，又是农村推动土地集中，进行机械化生产的先锋，也是农村推行家庭联产承包责任制后大胆进行土地经营权革命的先锋。从他们身上看到了中国农村生产力发展的正确方向和广阔前景。再说农业雇佣工人,这是中国农村改革开放后涌现出的一支发展农业生产力的新军。他们大多数已经完全脱离了自家的承包地,固定地给租地农场主打工。因为家里有限的承包地,只需老婆孩子就能种好,已根本不需要他们了。打工的收入远远大于他们留在自家土地上从事生产经营的收入。他们大多是农村的青壮年劳动力,是农村知识青年,从事农业生产是他们的本行,且能吃苦耐劳,"种田能手"和"种植大户"自然也愿意雇用他们。更重要的是,在当今中国农村剩余劳动力太多的情况下,劳动力的价格十分便宜。租地农场主无须支付很多的工资,便可雇用到足够的农业工人。这时的农业雇佣工人便隶属于资本,而不是自家承包地上的农民了。正如马克思当年所指出的那样:"随着一部分农村居民的游离,他们以前的生活资料也被游离出来。这些生活资料现在转化为可变资本的物质要素。被驱逐出来的农民必须从自己的新主人工业资本家那里,以工资的形式挣得这些生活资料的价值。国内农业提供的工业原料也同生活资料的情况一样。它转化为不变资本的一个要素。"①

农业雇佣工人和租地农场主的产生,标志着我国农业资本的产生,它完全是适应农村生产力发展的需要产生的,也必将推动农村生产力的迅速发展。首先,租地农场主与农业雇佣工人这两个先进生产力代表结合起来,可以在大片土地上实现规模化生产与经营,克服承包制土地分散经营的局限,充分发挥土地的使用效率。其次,可以采用先进机器设备进行耕作及田间管理,促进农业生产的机械化;同时还可引进西方家庭农场的科学管理方法,实现管理现代化。再次,可以面向国内国际两个市场,实现农工商一体化,促进中国农业走向世界。最后,农业资本的产生完全改变了农村原有的不合理的经济结构,可以有力地促进农村工业化,加速城乡一体化。因此,我们应当全力维护这种新型的经济关系,并使之健康地发展。

---

① 《马克思恩格斯全集》第四十四卷,人民出版社 2001 年版,第 855 页。

以上我们考察了马克思的资本原始积累理论对我国的适用性，其主要目的是说，马克思的资本原始积累理论的一些基本原理不仅仅对资本主义国家完全适用，而且对我们中国这样发展中的社会主义国家也没有失去效力。但我们也清楚地看到，马克思的资本原始积累理论对我国的适用性，并不是无条件地完全适用，而是其中一些基本原理有条件地适用。因此，绝不可认为马克思的资本原始积累理论的所有思想和所有论断对当今中国都适用。

如前所述，马克思的资本原始积累理论具有鲜明的时代特征，因此，该理论就不可避免地带有深刻的时代烙印，从而也就不可避免地具有时代的局限性。一切以时间、地点和条件为转移，这是马克思主义的活的灵魂。140多年前马克思研究资本原始积累的主要对象是英国、荷兰、葡萄牙等国家，时间跨度也比较大。从14世纪到18世纪60年代的整个历史过程，均系资本原始积累过程。马克思所处的时代，是资本主义生产方式产生并平稳发展的时代，他对资本原始积累的研究也是作为历史来研究的。如前所述，他关于资本原始积累的整个理论均是以史料为基础，从史实中概括、升华出来，并又通过史料加以验证的，因此，它是真实再现当时历史的科学理论。但它毕竟是反映特定历史条件下资本原始积累规律的。现在，时间变了，时代变了，地点与条件也变了。140多年后的中国，是发展中的社会主义国家，并且处在社会主义初级阶段，完全不同于140多年前的资本主义生产方式产生的"前史"时代，并且中国同马克思当年研究的英国、荷兰、葡萄牙等西欧国家也有本质不同，资本原始积累的历史条件、国情基础、社会制度、实质与方法等均有重大差别，因此，马克思的资本原始积累理论由于时间、地点、条件的变化而不可能完全适用于我国。就是说，马克思关于资本原始积累的某些具体原理，由于受历史的局限，不能适用于我国。我认为，主要有以下几点。

其一，关于资本原始积累的暴力剥夺过程与方法的论述。马克思讲："掠夺教会地产，欺骗性地出让国有土地，盗窃公有地，用剥夺方法、用残暴的恐怖手段把封建财产和克兰财产转化为现代私有财产——这就是原始积累的各种田园诗式的方法。"① 马克思讲的上述资本原始积累方法，是当时西欧国家资本原始积累普遍应用的手段与方法，而这些方法在当今中国资本原始积累过程中却不存在。这也是中国资本原始积累方法的一个重要特点。

其二，关于资本原始积累过程实质的分析与论述。马克思讲："资本的原始积累，即资本的历史起源，究竟是指什么呢？既然它不是奴隶和农奴直接转化为雇佣工人，因而不是单纯的形式变换，那么它就只是意味着直接生产者的被剥夺，即以自己劳动为基础的私有制的解体。"② 由于中国的资本原始积累过程是在社会主义初级阶段，是在改革开放后的历史条件下发生的，其实质肯定与马克思的上述论断不同。具体来讲就是，中国私营资本原始积累过程的实质不是对直接生产者的剥夺，也不是通过劳动者的个体私有制的解体来进行和实现的，而主要是在城乡个体经济（即劳动者的个体私有制经济）基础上成长和发展起来的。如前所述，它不但没有完全否定和废弃劳动者的个体私有制，反而以其为基础和依托。两种私有制并不存在你死我活的关系，而是共同存在与发展、互相促进的关系。中国私营资本原始积累过程的实质之所以与西方国家尤其是马克思分析的英国、荷兰等资本主义国家资本原始积累的实质具有根本区别，完全是由中国的特殊国情和基本社会制度所决定的。

其三，关于资本原始积累过程的主要因素的论述。马克思讲："美洲金银产地的发现，土著居民的被剿灭、被奴役和被埋葬于矿井，对东印度开始进行的征服和掠夺，非洲变成商业性地猎获黑人的场所：这一切标志着资本主义生产时代的曙光。这些田园诗式的过程是原始积累的主要因素。接踵而来的是欧洲各国以地球为战场而进行的商业战争。这场战争以尼德兰脱离西班牙开始，在英国的

---

① 《马克思恩格斯全集》第四十四卷，人民出版社2001年版，第842页。
② 《马克思恩格斯全集》第四十四卷，人民出版社2001年版，第872页。

反雅各宾战争中具有巨大的规模,并且在对中国的鸦片战争中继续进行下去,等等。原始积累的不同因素,多少是按时间顺序特别分配在西班牙、葡萄牙、荷兰、法国和英国。在英国,这些因素在17世纪末系统地综合为殖民制度、国债制度、现代税收制度和保护关税制度。"① 马克思的上述论述系指当时资本主义世界资本原始积累过程的主要因素及在欧洲各国的主要表现,在当今中国私营资本原始积累过程中不会存在和发生。

其四,关于惩治被剥夺者血腥立法的论述。马克思讲:"15世纪末和整个16世纪,整个西欧颁布了惩治流浪者的血腥法律。现在的工人阶级的祖先,当初曾因被迫变成了流浪者和贫民而受到惩罚。法律把他们看作'自愿'的罪犯,其依据是:只要他们愿意,是可以继续在已经不存在的旧的条件下劳动的。在英国……1530年,……身强力壮的流浪者则要遭到鞭打和监禁。他们要被绑在马车后面,被鞭打到遍体流血为止,然后要发誓回到原籍或最近3年所居住的地方去'从事劳动'。……如果在流浪时第二次被捕,就要再受鞭打并被割去半只耳朵;如果第三次被捕,就要被当作重罪犯和社会的敌人处死。"② 资产阶级国家通过运用血腥的法律来惩治流浪者,迫使他们成为资本家的雇佣劳动者,这是资本主义国家资本原始积累的特有产物,在中国社会主义初级阶段私营资本原始积累过程中是不会产生和存在的。人民民主专政的社会主义国家绝不会允许上述历史悲剧在中国重演。

总之,我们在学习和运用马克思的资本原始积累理论时,一定要掌握其精神实质,注意其基本原理的适用性,克服其某些具体原理的历史局限性,紧密结合中国资本原始积累的实际,灵活运用,创造性发挥,切不可简单照搬,盲目滥用,更不能简单对号,机械套用。

---

① 《马克思恩格斯选集》第二卷,人民出版社1995年版,第265—266页。
② 《马克思恩格斯全集》第四十四卷,人民出版社2001年版,第843页。

三　马克思资本原始积累理论给我们的启示

学习马克思的资本原始积累理论，不仅使我们深刻地认识到资本原始积累过程"剥夺的历史是用血和火的文字载入人类编年史"的真谛，从理论上观察到资本主义生产方式从产生到发展直至灭亡的客观规律，而且为我们今天深入研究中国私营资本原始积累问题找到了科学的世界观与方法论。可以肯定地说，马克思的资本原始积累理论是我们今天深入研究私营资本原始积累问题的伟大的理论指南和锐利的思想武器。马克思的资本原始积累理论的内涵十分深刻，许多精辟的论述对我们研究当代中国私营资本原始积累过程，有着重大的启迪作用与意义。

第一，如何在资本原始积累过程中加速国内市场建设问题。马克思在分析资本原始积累过程时创造性地提出国内市场问题，给我们以极其深刻的思考与启示。马克思指出："一部分农村居民的被剥夺和被驱逐，不仅为工业资本游离出工人及其生活资料和劳动资料，同时也建立了国内市场。事实上，使小农转化为雇佣工人，使他们的生活资料和劳动资料转化为资本的物质要素的那些事件，同时也为资本建立了自己的国内市场。"[①]

应当指出，我国农村的剩余劳动力不是被剥夺和被驱逐的，也并未丧失生产资料和生活资料，而是离开土地和家乡到乡镇和大城市私营企业打工，成为依靠工资生活的雇佣劳动者。这些人目前在中国的数目已近 2000 万，是一个庞大的群体。他们生活所需要的消费资料及生产所需要的生产资料大部分原来由家庭自己生产和供给。现在，由于他们离开了家庭，这些生活资料要由他们用私营企业支付的工资来购买；生产所用的生产资料要由雇佣他们的企业主来购买。这样，就会使私营企业所在的乡镇及城市形成新的生活资料和生产资料市场。"以前由于大量小生产者独自经营而造成的分

[①] 《马克思恩格斯全集》第四十四卷，人民出版社 2001 年版，第 856—857 页。

散各地的许多买主,现在集中为一个由工业资本供应的巨大市场。于是,……农村副业被消灭了,工场手工业与农业分离的过程发生了。"① 由此可见,随着农村资本原始积累过程的推进,农业剩余劳动力逐渐转化为雇佣工人,使得生活资料和生产资料的市场都不断扩大,国内城乡市场日益联结与融合为统一市场。所以,当代中国农村资本原始积累过程的发展,有助于农村经济的商品化、市场化,更有助于城乡经济的一体化,缩小工农之间和城乡之间的差别,实现农业现代化。

第二,正确认识和估计暴力在资本原始积累过程中的作用。任何一种新的经济关系的产生都要经历一个自然的历史过程,资本主义经济关系也是如此。资本主义经济关系从萌芽到确立的整个准备条件过程,就是马克思讲的资本原始积累过程。这个过程若按其自身的运动规律来讲,会是一个漫长的自然历史过程。因为要靠简单商品经济的两极分化,一极形成资本家,另一极形成雇佣劳动者,是相当缓慢的。再说,封建主义经济关系的解体也是一个渐进的过程,它同新兴的资本主义经济关系要进行顽强的反抗与斗争。所以,这个过程绝不会是一个短暂的过程。马克思的资本原始积累理论的一个伟大功绩在于充分估计到暴力在资本原始积累过程中的巨大作用。马克思在谈到资本原始积累的各种方法时指出:"所有这些方法都利用国家权力,也就是利用集中的、有组织的社会暴力,来大力促进从封建生产方式向资本主义生产方式的转化过程,缩短过渡时间。暴力是每一个孕育着新社会的旧社会的助产婆。暴力本身就是一种经济力。"② 由此可见,资本原始积累之所以取得重大成功,一个极其重要的原因在于全面综合使用了社会暴力。如果不是使用社会暴力,封建生产方式向资本主义生产方式的转变过程无疑要长得多。正是由于使用了社会暴力,才大大缩短封建生产方式向资本主义生产方式转变的时间。正是在这个意义上,马克思盛赞

---

① 《马克思恩格斯全集》第四十四卷,人民出版社 2001 年版,第 857 页。
② 《马克思恩格斯全集》第四十四卷,人民出版社 2001 年版,第 861 页。

"暴力是每一个孕育着新社会的旧社会的助产婆"。

由此,我们进一步感悟到:正是由于欧洲新兴资产阶级运用残酷的社会暴力,以摧枯拉朽之势彻底荡涤封建主义经济关系和封建主义势力,具有革命的彻底性,因而使得资本主义生产方式迅速站稳了脚跟,并获得长足发展。至今欧洲那些资产阶级革命彻底的国家封建主义因素残留较少,资本主义民主比较发达,恐怕与其历史上的资本原始积累过程中暴力革命比较彻底有很大的关系。相比之下,一些亚洲国家(如日本、韩国等)在资本原始积累时期的资产阶级革命非常不彻底,所以至今在这些国家中封建主义残余及其影响仍比较多,对现代化建设的束缚也较大。在当代中国,由于私营资本原始积累的特殊性,由于其实质不是对生产者的剥夺,因而暴力在其间无疑是不起决定作用的。

[本文发表于《税务与经济》(长春税务学院学报)2003年第2期]

经济社会可持续发展定要符合人类本性

——从马克思人性理论说起

一 马克思人性理论创立：对古典自然主义人性理论的批判

（一）对孟德维尔、休谟等自然主义人性哲学的批判

孟德维尔是英国著名哲学家、经济学家，著有《蜜蜂寓言，或个人劣行即公共利益》（1714）一书。这是一部古典自由主义人性哲学代表作，它从自然人性角度论证了资本主义原始积累时期资产者追求个人利益与幸福的种种"劣行"本身就符合"公共利益"。该书明确指出：一个人之所以成为社会动物，不是友情，不是善性，而是他那可恶的本性，这种本性使他追逐个人快乐和利益。如果社会上各个人都自由地追逐个人快乐和利益，其结果便会自然而然地增加社会财富和"公共利益"。这本鼓吹"人天然性恶"论的著作，被英国大主教、主观唯心主义大哲学家贝克莱斥责为"亘古未有的坏书"。因为在贝克莱看来，资本原始积累的种种"劣行"，如"圈地运动"把农民从土地上赶走，为发展毛纺业而大力兴办牧场，强迫农民沦为雇佣工人等，冲破了封建主义土地制度及行会制度，对封建地主阶级是大逆不道的，自然要加以阻挠和攻击。然而，孟德维尔关于私人资本原始积累的种种"个人劣行"符合社会公共利益说，反映了当时新兴资产阶级本性的要求，代表了新兴资产阶级的根本利益,所以它自然受到新兴资产阶级及其代言人的欢迎。

英国大哲学家、经济学家休谟更是古典自由主义人性理论研究之大师,其代表作《人性论》(1739),从自然哲学的视角系统地考察了知性、信念、灵魂、美与丑、善与恶、爱与恨、正义与非义等一系列重大人性问题,基本上承袭了孟德维尔的"劣行"说,也把人看成天然自私的,认为个人追求私利会自动促进社会财富及公共利益的增加。所不同的是,他承认人性中还有善良的一面:"我们可以断言,凡引起爱或骄傲的任何心理性质是善良的,而凡引起恨或谦卑的性质是恶劣的。"① 他还特别强调:"我们可以确立一条无疑的原理说:人性中如果没有独立于道德感的某种产生善良行为的动机,任何行为都不能是善良的或在道德上是善的。"② 可见,休谟的人性中有恶、善两个方面,不仅有"利己"的一面,还有"利他"或"利于社会"的一面。这里无疑充满自然辩证法思想,但由于休谟把人性的恶与善仍归结为"心理性质",故带有主观唯心主义色彩。

(二) 对费尔巴哈的"抽象单个人"的批判

费尔巴哈是一个唯物主义哲学家,但他对人的本质的理解与认识却存在偏误。他把宗教的本质归结为人的本质,对此马克思批评说:"费尔巴哈没有看到,'宗教感情'本身是社会的产物。"③ 费尔巴哈所分析的人,并非现实的一定历史条件下具体存在的人,而是"撇开历史的进程,孤立地观察宗教感情,并假定出一个抽象的——孤立的——人类个体。"事实上,现实中的人绝不像费尔巴哈所假定的那样,是所谓孤立存在的"抽象个体",而是一切社会关系的总和。正如马克思所说:"人的本质不是单个人所固有的抽

---

① [英] 休谟:《人性论》下册,关文运译,商务印书馆1996年版,第617页。
② [英] 休谟:《人性论》下册,关文运译,商务印书馆1996年版,第619页。
③ 《马克思恩格斯选集》第一卷,人民出版社1995年版,第56页。

象物，在其现实性上，它是一切社会关系的总和。"①

唯物主义与唯心主义不同，它认为人并非神和上帝创造的，而是来源于动物界。恩格斯指出："人来源于动物界这一事实已经决定人永远不能完全摆脱兽性，所以问题永远只能在于摆脱得多些或少些，在于兽性或人性的程度上的差异。"② 人同动物一样具有独立的生命与生理机体，都有以本能需要为基础的食欲、性欲、适应环境及自我保存与生长的基本属性及功能。人的这种自然属性是人性存在与发展的自然基础。研究人性首先必须承认及肯定人的这种自然属性，这是人性研究的逻辑起点。因为在任何时候或在任何条件下人都不可能脱离开自然环境。正如恩格斯指出："人本身是自然界的产物，是在自己所处的环境中并且和这个环境一起发展起来的。"③ 人要呼吸，要沐浴阳光雨露，要从自然界获取生存成长所必需的一切东西，一句话："人靠自然界生活。"④ 人离开自然界无法生存与生活，这是亘古不变的真理。因此，人必须永远善待自然界。以往的经济学理论只讲如何征服、改造自然界，很少或根本不讲适应、遵从自然界，常常违背自然界发展规律，结果使自然界遭受巨大破坏，毁坏了人类生存的自然环境与自然条件，也给人本身自然性的维护与发展带来巨大的危害与灾难。所以，研究人性，忽视与否定人的自然性是万万不可以的，实践证明后患无穷。

然而，人与动物是有根本区别的，那就是人能够自觉从事劳动，而劳动实践恰恰是人性生成的动力源泉。这是科学唯物主义同古典自然主义哲学及一切唯心主义哲学和旧唯物主义哲学的根本区别。马克思指出："人的类特性恰恰就是自由的有意识的活动。"⑤ 这里的"类"是"群体"的别称。无"类"便谈不上"人类社会"。正因为人能自觉从事劳动实践，而劳动实践又是人类的基本

---

① 《马克思恩格斯选集》第一卷，人民出版社1995年版，第56页。
② 《马克思恩格斯选集》第三卷，人民出版社1995年版，第442页。
③ 《马克思恩格斯选集》第三卷，人民出版社1995年版，第374页。
④ 《马克思恩格斯选集》第一卷，人民出版社1995年版，第45页。
⑤ 《马克思恩格斯选集》第一卷，人民出版社1995年版，第46页。

活动，所以人是区别于动物的高级"社会动物"。正如马克思所说，一切唯心主义者（包括文艺复兴时期的）和旧唯物主义者他们没有注意到这些人使自己和动物区别开来的第一个历史行动并不在于他有思想，而在于他们开始生产自己所必需的生活资料。他们不懂得劳动实践是人性生成的动力源泉，不懂得人是劳动的产物，也没有看到"人即使不像亚里士多德所说的那样，天生是政治动物，无论如何也是天生的社会动物"，人在其现实性上，是一切社会关系的总和。社会关系实际上决定着一个人能够发展到什么程度。由此可见，人的本性是由劳动实践活动而生成的，其本质并非由其自然性所决定，而是由其社会性所决定并体现的。由于社会关系在不同的历史阶段或不同的社会制度下会有所不同，因此人的本质会截然不同。自然属性是人的一般属性，在任何社会里都一样。男人与女人、老人与儿童、黑人与白人、中国人与外国人，尽管存在性别、年龄、种族、国别上的差异，而在"具有自然力、生命力，是能动的自然存在物"这一点上是无差异的。但他们在不同的社会关系下面，会处于不同的社会阶层或阶级，其经济状况与社会地位会大相径庭，其道德水准及文化水平也相差甚远。社会属性是人的特殊本质属性，它要随着社会关系的不断变化而变化。所以，人的社会性总是一定社会关系的现实表现，具有现实性、历史性、具体性，抽象的、一般的、万古不变的人性只存在于自然界，而在人类社会却是根本不存在的。

（三）对亚当·斯密"经济人"人性的批判

亚当·斯密的"经济人"假设，基本上承袭了孟德维尔的人性理论，完全是以人性天然"自私""自利"为依据的。他在《国富论》中讲："确实，他通常既不打算促进公共利益，也不知道他自己在什么程度上促进那种利益。由于宁愿投资支持国内产业，他只是盘算他自己的安全；由于他管理产业的方式目的在于使其生产物的价值能达到最大限度，他所盘算的也只是他自己的利益。在这场合，像在其他许多场合一样，他受着一只看不见的手的指导，去尽力达到一个并非他本意想要达到的目的。"① 这就是著名的"利己经济人"假设。它跟孟德维尔的说法几乎别无二致，只不过是他加了"一只看不见的手"而已。

从理论上说，这个"利己经济人"是对私有制的理论抽象与概括，更具体说，是资本主义私有制的人格化。马克思在《资本论》中对资本的人格化——资本家这个"经济人"进行了系统分析和深刻批判，指出，"作为资本家，他只是人格化的资本。他的灵魂就是资本的灵魂"②，并引用托·登宁的话说："资本害怕没有利润或利润太小，就象自然界害怕真空一样。一旦有适当的利润，资本就胆大起来。如果有10%的利润，它就保证到处被使用；有20%的利润，它就活跃起来；有50%的利润，它就铤而走险；为了100%的利润，它就敢践踏一切人间法律；有300%的利润，它就敢犯任何罪行，甚至冒绞首的危险。"③ 这并非资本的自然本性，而是由其社会本性所决定的。亚当·斯密用人的自然本性来解释与说明人的自私自利性，显然是不科学的。亚当·斯密的"利己经济人"只顾追求自己的私利，根本不顾及公共（社会）利益，这正是马克思无情揭露与鞭笞的。马克思在《资本论》中对资本原始积累过程及资本的生产过程、交换过程、分配过程的系统分析，充分揭示了资本家这个"利己经济人"为了满足自己本性的贪欲而残酷剥削与摧残雇佣劳动者人性的全过程，充分证明资本主义制度是一种摧残劳动者人性的不合理的经济制度。

马克思认为，亚当·斯密的"利己经济人"假设，只见人的自然性，否定和抹杀了人的社会性。在存在分工的商品经济社会中，"经济人"只有生产出满足他人需要的商品，才能更好地实现自己的利益。商品经济的本质要求其"经济人"只有很好地"利他"，才能更好地"利己"，不"利他"就不可能"利己"。因此，

---

① ［英］亚当·斯密：《国民财富的性质和原因的研究》上卷，郭大力、王亚南译，商务印书馆1972年版，第14页。
② 《马克思恩格斯全集》第四十四卷，人民出版社2001年版，第269页。
③ 《资本论》第一卷，人民出版社1975年版，第829页。

在马克思看来，人并非天然性恶性善。"人之初，性本善"与"人之初，性本恶"均系误解与偏见。人性善与恶尽管与自然环境不无关系，但它主要是在社会关系中形成并成熟起来的，它是"后天"的，而非"先天"固有的。并且，每个人的人性都不是一元的，而是二元的，都有善、恶两个方面。每个经济活动，每项决策与选择，均是善、恶两个方面博弈的结果。善性战胜恶性，就是一个善良之人；恶性战胜善性，就成为一个恶人；不善不恶者，可谓"中间人物"或"世间凡人"也。

二 "人的自由全面发展"与经济社会可持续发展

(一) 人的自然性与社会性的统一及全面发展

人是人性的载体，人性与人具有不可分割性。人的自然性与社会性是密不可分的，二者统一于人体之中；将二者割裂开来，或者根本对立起来，是错误的。

"人的自由全面发展"是马克思人性理论的核心及最高目标。实现这个目标，必须坚持人的自然性与社会性的统一，促进二者的协调与和谐。而科学发展观的核心与主旨就是努力实现马克思的"人的自由全面发展"，真正达到人的自然性与社会性的统一与和谐。

首先，要尊重与维护人的自然性，达到人与自然关系的和谐。这是落实科学发展观、建设和谐社会的根本要求和重要基础。人的自然性要求健康长寿，尽可能延长"生命力"，必须有良好的生存与生活环境，要有蓝天、白云、青山、绿水，要求草木茂盛、空气清新、阳光明媚、雨露充沛、鸟语花香、食品安全卫生、居住条件良好等，如果经济社会发展使这些条件遭到破坏，使人失去良好的生存生活环境，健康没有了保障，这就是对人性的最大不尊重和最大损害。以往的经济学讲发展生产力，一味强调人对自然界的征服与改造，不讲或很少讲尊重自然、维护自然、保护自然，这是十分片面的。过度的森林砍伐及无节制的草场开垦与放牧，造成大量水土流失、土地荒漠化与沙化；工业化过程中的废水、废气、废渣、废物等大量排放，污染了江河，污染了空气，污染了环境；各种添加剂的滥用及农药过度施用，已经引发社会食品安全危机；各种有毒有害装饰材料的生产与使用，使人们的居住环境日益恶化。所有这些都不是真正发展生产力，而是实实在在地破坏了自然生产力，从根本上损害了人的自然性，即损伤了人的"生命力"。人的"生命力"都没了，还谈什么人性？科学发展观坚持以人为本，最基本的一条就是尊重人的"生命力"，按照人类本性即生命力的要求来发展生产力，绝不可盲目地发展生产力，一定要使人对自然的物质变换活动符合人类本性的要求。正如马克思所指出："社会化的人，联合起来的生产者，将合理地调节他们和自然之间的物质变换，把它置于他们的共同控制之下，而不让它作为一种盲目的力量来统治自己，靠消耗最小的力量，在最无愧于和最适合于他们的人类本性的条件下来进行这种物质变换。"①

其次，要尊重与维护人的社会性，实现人与人之间关系的和谐。人作为社会动物，必须尊重其社会性，而要真正成为"合群"的社会动物，则必须处理好人与人之间的关系。

这里说的人与人之间的关系，不仅包括生产中的人与人之间的关系，即生产关系，还包括广义的社会学意义上的人与人之间的关系。前者显然是一切社会中起决定作用的一种基础性的人与人之间的关系。

处理好生产中人与人之间的关系即生产关系，切不可脱离生产力水平的制约。生产力是人类社会发展的决定性因素和力量。生产力决定生产关系，生产关系必须适应生产力水平与要求，这是人尽皆知的社会发展规律。然而，我国在改革开放前一个较长时期却一再违背这个规律，不考虑生产力水平的制约与决定作用，一味孤立片面地追求生产关系变革与升级。在所有制上，搞单一公有制，追求"一大二公"；在生产上，否定商品生产，搞产品计划经济；在

---

① 《马克思恩格斯全集》第四十六卷，人民出版社2003年版，第928页。

流通领域，否定市场机制与价值规律作用，搞所谓计划调拨；在分配领域，否定多种分配方式并存，搞单一的平均主义分配体制，结果使生产关系远远脱离了生产力水平，导致国民经济跌到了崩溃的边缘。这个教训是极为深刻的。它告诉我们一个基本道理：生产中人与人之间关系的任何调整及变革，都必须坚持人的自然性与社会性的统一，必须以生产力的变化与要求为依据，否则，不仅不会促进经济社会发展，反而会给经济社会发展带来严重损失和危害。

处理好生产中人与人之间的关系，实现生产关系合理化、协调化，必须处理好收入分配关系。分配关系是生产关系的重要方面，分配关系是否合理，直接影响生产关系的和谐与协调。当前，收入分配不公，收入差距过大，甚至在一些领域和产业引起较严重的两极分化，已经成为人与人之间矛盾尖锐化的焦点。这主要表现为五个方面。第一，职工收入与管理层收入差距过大。一般企业职工年均收入2万—3万元，而有的企业董事长及经理年薪达几百万元，高者更达6000多万元，相差几千倍。第二，行业收入差距过大。仅到20世纪90年代中期，收入最高行业人均收入为收入最低行业人均收入的2.23倍，2000年上升为2.63倍[1]，2003年这一比例已达到3.98∶1，已远远超过3倍。第三，城乡居民收入差距进一步拉大。1983年城镇居民收入是农民纯收入的1.82倍，1993年上升到2.8倍，2003年进一步扩大到3.23倍[2]。如果把社会保障、公共医疗、义务教育等因素计算在内，估计目前城乡居民实际收入差距为6∶1。这个差距，远远高出发达国家的水平。第四，不同阶层之间的收入差距过分悬殊。据国家统计局城调队对5万个家庭抽样调查所获数据，1991年城镇高收入组与低收入组人均可支配收入相差4.2倍，到2004年扩大到了8.87倍，7年间翻了一番。[3] 第

---

[1] 谭崇台：《论快速增长与"丰裕中贫困"》，《经济学动态》2002年第11期。
[2] 张庆、管晓明：《单纯依靠农村剩余劳动力转移并不能缩小城乡收入差距》，《经济纵横》2006年第3期。
[3] 刘伟：《应当以怎样的历史价值取向认识和推动改革》，《今日中国论坛》2006年第7期。

五，不同家庭的收入已出现两极分化。据中国居民收入分配2004年度报告显示，全国城镇居民收入最高的20%人口的收入份额为37.8%，收入最低的40%人口的收入份额为22.2%。2003年，我国最高收入10%的富裕家庭所拥有的财产占全部居民财产的45%，而最低收入10%的家庭相应的比例仅为1.4%。①

处理好广义社会学意义上的人与人之间的关系，更是尊重、维护人的社会性的根本要求。如前所述，人的社会性由"社会关系总和"所规定，即由社会制度来决定，其中主要由社会经济制度来决定及体现。社会主义经济制度及与其相适应的政治制度决定社会主义社会人与人之间的关系具有平等性，即人性平等。由人性平等衍生出人权平等。因此，任何违背与破坏人性平等及人权平等的行为，都是社会主义制度所不容许的。

（二）人的"利己性"与"利他性"的统一及全面发展

马克思主义者从来不否定人有"利己性"，更不否定和取消私人利益。需要是人之本性，保证并实现个人私利是马克思主义人性理论的重要组成部分。马克思指出："把人与社会连接起来的唯一纽带是天然必然性，是需要和私人利益。"② 恩格斯更明确指出："需要就是人的本性"，"在现实世界中，个人有许多需要"。③ 斯大林也指出："马克思主义的社会主义，不是要缩减个人的需要，而是要竭力扩大和发展个人需要，不是要限制或拒绝满足这些需要，而是要全面地充分地满足有高度文化的劳动人民的一切需要。"④ 任何社会都是由各个成员联系起来构成的，满足他们的个人利益需要，是社会生产的根本目的。"天下熙熙，皆为利来；天下攘攘，

---

① 孔泾源主编：《中国居民收入分配年度报告（2004）》，经济科学出版社2005年版，第1—3页。
② 《马克思恩格斯全集》第一卷，人民出版社1956年版，第439页。
③ 《马克思恩格斯全集》第三卷，人民出版社1960年版，第326页。
④ 蒋家俊、吴宣恭：《政治经济学（社会主义部分）》，四川人民出版社1988年版，第71页。

皆为利往",这是一幅生动的天下人争取个人利益的生活图画。这正如马克思所概括:"人们奋斗所争取的一切,都同他们的利益有关。"① 人们争取个人利益,绝不等同于个人主义。所谓个人主义,即个人利己主义,是指为了获取个人利益而根本排斥与否定他人利益或社会公共利益的意识及行为。马克思主义承认并发展的个人利益,并非孤立地存在与发展,而是与他人利益或社会利益相联系、相统一的。马克思指出:"私人利益本身已经是社会所决定的利益,而且只有在社会所创造的条件下使用社会所提供的手段,才能达到;也就是说,私人利益是与这些条件和手段的再生产相联系的。这是私人利益,但它的内容以及实现的形式和手段则是由不以任何人为转移的社会条件决定的。"②

正是由于人的"利己性"与"利他性"是人性之两个相互联系又相互矛盾的方面,所以一定要正确处理二者之间的关系,以实现二者的有机结合与统一。

首先,要反对"崇私灭公"的偏向。如前所述,孟德维尔、休谟、斯密等是古代崇私者。科斯及张五常等人,则是当代崇私者。在他们看来,人性天然自利自私,任何社会只要把每个人的私人积极性或利己本性调动起来,就会自动实现公共(或社会)利益。追逐私人利益是经济社会发展的根本动力。为此,人与人之间的关系要以私人利益为轴心来发展。社会经济基础要以私有制为核心,因为私有产权是最有效率、最具优越性因而是最合理的一种制度安排。在他们眼里,"公"或"利他"并非人性所固有的。亚当·斯密在《国富论》中说:"我们每天所需的食料和饮料,不是出自屠户、酿酒家或烙面师的恩惠,而是出于他们自利的打算。我们不说唤起他们利他心的话,而说唤起他们利己心的话。"③ 这种排公利私理论,被后来的经济学家们推演为各种崇私理论。哈耶克的极端

---

① 《马克思恩格斯全集》第一卷,人民出版社1956年版,第82页。
② 蒋锦洪:《经济发展中的人本诉求研究》,上海辞书出版社2008年版。
③ [英]亚当·斯密:《国民财富的性质和原因的研究》上卷,郭大力、王亚南译,商务印书馆1972年版,第27页。

自由的个人主义秩序理论，科斯的私有产权效率最优理论，张五常的"社会主义公有制失败"理论都极力推崇私有制，主张消灭与废弃公有制。按照他们的理论，中国经济体制改革要取得突破与成功，唯一的前途和出路就是"回归到亚当·斯密的'经济人'假设上去"——实行私有化。国内学术界公开推崇这种主张的人确实为数不多，然而，主张"潜行私有化"的人却不在少数。所以，反对私有化，仍是坚持中国经济体制改革正确方向的一个重要任务。

其次，也要反对"崇公灭私"的偏向。崇公灭私思想，在中国可谓源远流长。春秋战国时期就曾提倡"强公室，杜私门"；东汉马融在《忠经》里说"人灭私，大亨贞"；西晋傅宣在《问政篇》中讲"私不去则公道亡"；宋代理学又有"从天理，灭人欲"之说。这种"崇公灭私"思想，为斯大林范式的"公有制偏好论"在中国的生存与发展提供了思想理论基础。由于受斯大林理论影响，我国把私有制看成万恶之源，不仅在思想意识形态领域大搞"崇公灭私"的斗争，而且在经济领域提倡公有制绝对优越论，认为只要是公有制，就绝对好，就具有天然合理性及无穷无尽的优越性；只要是私有制就绝对坏，就不具有合理性及优越性，根本不管它们与生产力发展水平是否相适应，也不管它们能否促进社会生产力的发展。这种非理性的盲目"崇公灭私"，在实践上导致我国在所有制上追求"一大二公"，形成公有制经济的"一统天下"。而大力强行"灭私"直接过早地消灭了个体私营经济，导致我国经济结构的单一化、畸形化，缺乏生机与活力，使国民经济跌到了崩溃的边缘。

综上可见，在社会主义历史阶段，全面科学对待人性，既要反对"崇私灭公"，也要防止"崇公灭私"，坚持人性的利己与利他的有机统一。只有这样，才符合完整人性。在政治思想教育方面，在人的伦理及价值观取向上，倡导"大公无私"、私人利益服从公共（社会）利益、"毫不利己，专门利人"等精神，是十分必要的，但思想政治教育、人生观与价值观的教育不能脱离社会经济发展现实，更不能替代现行经济原则与政策。否则，不仅思想政治教育、人生观价值观教育根本不会奏效，还会造成人性的扭曲，不利于经济社会发展。因此在经济活动中，只顾追求私利，损伤或否定他人或社会公共利益的行为，应当坚决反对；反过来，只顾社会公共利益而根本否定或取消个人利益，也不足取。这两种倾向，均不符合完整人性的基本要求。当然，对于每一个人来讲，对利己与利他还是有一个权衡、比较与博弈的过程。其中制度因素、道德伦理因素、人自身文化水平等都起重要作用，可以说人的人生观与价值观取向在其中起决定性作用。因此，加强社会主义人生观及价值观教育，对实现人的"利己性"与"利他性"的有机统一，体现完整人性，具有重大的决定性作用与意义。

（三）"人类困境"的启示：善待自然，善待他人

当今，世界"人类困境"完全是由人造成的，是由人的劣根性或者说是由人的恶性引发的恶行造成的。

第一，人口"爆炸"。有关资料显示，1987年世界人口达50亿，现已超60亿。人口过快增长，使人口总量急剧膨胀，超过了经济发展水平所能吸收及承载的程度，造成了失业、住房、饥饿、贫困等诸多社会问题。目前，世界人口吃不饱的有5.7亿人；在发展中国家有4.5亿—5亿人严重营养不良，失去工作机会的达2000多万人；各国人口中还有文盲8亿多人，无住房或住房不足的有10.3亿人，失学儿童2.5亿人。

第二，世界自然资源面临枯竭。淡水资源日益减少，目前已不到地球总水量的1/100，到2030年人类将耗尽岩石圈所有的水储量；世界森林已遭大面积砍伐，正以惊人的速度减少，造成严重水土流失，土地沙漠化、碱化面积不断扩大，可耕地面积锐减。全世界每年约有500万—700万公顷的耕地被沙化、碱化，沙漠已占全部土地面积的70%，相当于地球土地面积的1/4；原煤、天然气、石油等资源由于掠夺性开发与使用，已经成为极度稀缺的资源。

第三，环境污染日益严重，生态系统被严重破坏，对人类生存发展构成严重威胁。目前世界每年排出污水量达4260亿立方米，

造成55000亿立方米水源污染，相当于全球年均流量1/4以上。联合国资料显示，全世界河流稳定流量的40%左右已被污染，有100多个国家缺水，13亿人缺少饮用水，10亿人饮用水不符合卫生标准，每年至少有1000万人因饮用水不干净而致病。特别是在发展中国家，80%的疾病和1/3的死亡率都与污染的水有关。汽车尾气的大量排放及令人烦躁的城市噪声，使人呼吸困难及心神不宁；大量燃烧含碳燃料，造成地球温室效应急剧增加，导致全球变暖，海平面上升，平流臭氧层损耗，厄尔尼诺现象加剧，台风和飓风经常来临，酸雨频频出现，严重破坏了人类赖以生存的生态环境。由工厂烟囱、汽车排放的硫化物、氧化物和有机碳烟雾严重危害人的呼吸系统，并给已患心肺病的老年人带来致命威胁。①

第四，贫富差距进一步拉大，贫困人群生活状况恶化。据资料统计，包括非公开失业在内的失业人数，在发展中国家高达30%以上，甚至在一些发达国家，由于金融危机引发经济危机日益加重，失业人口也高达7%—8%。据美国劳工部发布的信息，到2008年11月，失业率已超过7%，升至30年来的最高值。世界上近1/4的居民正生活在绝对贫困与危难之中。随着工业化进程的加速与实现，资本主义积累规律作用充分显现，马克思关于贫富两极分化的理论进一步得到实证。一极是富国、富人财富的膨胀与积累；另一极是穷国、穷人贫困的加剧与积累。西方学者不得不承认："经济增长的过程，正如今天事实上发生的，正无情地扩大着世界上富国与穷国之间的绝对差距。"② 联合国发展署《千年发展目标》指出：世界最富有的3个人的净资产超过了世界上最贫困的41个国家的国内生产总值，1%的最富裕人口的收入是最贫困的5%的人口收入的114倍，美国10%的最富裕的2500万人的收入超过全世界20亿贫困人口的总收入。1980—1996年，在美国，最富有的5%左右的

---

① 蒋锦洪：《经济发展中的人本诉求研究》，上海辞书出版社2008年版，第27页。
② ［美］丹尼斯·米都斯等：《增长的极限——罗马俱乐部关于人类困境的报告》，李宝恒译，吉林人民出版社1997年版，第128页。

人群实际收入增长58%，而最贫困的60%左右的人群实际收入仅增长不到4%，CEO的收入则增长了80%。①

第五，教育投入不足，教育机会不平等，致使国民素质降低，人性扭曲，进一步导致人性自私、冷漠、道德沦丧，甚至吸毒、盗抢、暴行、虐待、赌博、淫娼、枪杀乃至恐怖主义爆炸等现象不断蔓延。

我国改革开放30年经济建设与社会发展的实践经验表明：经济社会发展一定要符合人类本性，但切不可过分迷恋于GDP增长，盲目追求非理性发展，更不能搞那些不计成本与代价、不顾后果及未来的赶超式发展，一定要实现科学理性的可持续发展。践行科学发展观，一定要全面贯彻马克思人性理论，尤其是贯彻马克思关于"人的自由全面发展"的论述，一切发展要以人为本，切不可为发展而发展；一切要以人的自由全面发展为本，切不可片面发展某一个或某些方面；一切要以人性的完整完美为本，坚持人的自然性与社会性的统一，坚持人的利己性与利他性的统一。总之，全社会要科学对待人性，每个人都要善待自然、善待他人。用胡锦涛同志的话讲就是："实现每个人自由而全面发展，在人与人之间、人与自然之间都形成和谐关系。"② 这是经济社会可持续发展的本质需要，更是构建社会主义和谐社会的根本要求。

(本文与周琳合写，发表于《社会科学战线》2009年第8期)

---

① 蒋锦洪：《经济发展中的人本诉求研究》，上海辞书出版社2008年版，第33页。
② 胡锦涛：《构建社会主义和谐社会》，《光明日报》2005年6月27日。

所有制问题新论

所有制问题是马克思主义政治经济学的基本理论问题，也是我国深化经济体制改革绕不开而必须解决的实践问题。本文试图从新的视角，即从社会主义市场经济的角度，对社会主义所有制的若干基本理论问题予以重新界定和论证

一 关于所有制范畴问题

（一）所有制：经济学与法学的交叉范畴

对所有制，学术界有两种截然不同的观点。第一种观点认为，所有制属于法学的范畴而非经济学的范畴。这是因为，第一，所有制既然称为制，就是指制度，是一种法权观念和法律用语；第二，所有制就是指财产所有权，它体现的是一种权力关系，属于上层建筑的内容，因而属于法学的范畴。第二种观点认为，所有制有两种用法：一是所有制作为表现经济关系的范畴，体现的是经济上的占有关系和人与人之间的生产关系，因而属于经济学的范畴；二是所有制作为法律上的财产关系即财产所有权的范畴，体现的是一种自由意志关系和权力关系，即占有主体对占有的对象具有一种任意支配的权力，因而属于法学范畴。所有制的这两种用法分属不同的范畴，应该把二者区分开来：经济学范畴的所有制应该研究占有关系，法律上的所有制应该研究财产关系，不应把法学范畴的财产所有权作为经济学的范畴来研究。

上述两种观点都有一定道理，也都存在着不足之处。第一种观点的不足之处是，从法学角度它无法解释资本主义社会中资本家所有制从个体阶段到联合资本阶段，再到垄断资本阶段和国际垄断资本阶段的发展变革过程，也无法解释我国正在进行的所有制改革和产权改革。因为这些改革主要是在经济领域进行的。第二种观点的不足之处是，它只看到了经济学范畴的所有制与法学范畴的所有权二者的区别，而没有看到二者之间的联系。这种联系主要表现在三个方面。第一，经济学范畴的所有制必须通过法学范畴的财产所有权加以确认才能正常地运转。抛开法律上的所有权而研究经济上的所有制是不会有任何结果的。第二，法学范畴的财产所有制必须随经济学范畴的所有制的不断变革而进行不断的调整，并对已经变化了的所有制关系进行重新确认。第三，从纯经济学的角度看，所有制是应该得到完全实现的，但在现实经济活动中，因为受到法律如税法的制约而没有得到完全实现，这一点从经济学角度是无法解释的。只有把经济学和法学范畴的所有制结合起来，才能说明这一问题。

我们认为，所有制既不是一个纯经济学范畴，也不是一个纯法学范畴，而是一个经济学和法学的交叉范畴。这是因为，第一，任何一种新的社会制度的确立，都必须建立在对新的所有制关系在法律上加以确认的基础上；第二，在一种社会制度运行过程中，作为社会制度标志的所有制关系必须受到法律的保护和规范，否则这种所有制就不能规则地有序地运转；第三，所有制还必须在生产、交换、分配和消费中运行和实现，否则法律上的确认和保护就毫无意义；第四，在阶级社会中，所有制还必须受到法律如税法、公司法的制约；第五，所有制关系不是一成不变的，而是随着经济活动的不断变化进行不断调整的，因而也就需要在法律上不断地重新确认和规范。从上述分析中可以看出，单纯从经济学或法学角度研究所有制问题，都不能把握所有制的全貌，只有从二者结合的角度，才能全面地揭示所有制的内涵。

（二）广义所有制：社会主义所有制的主题

国内学术界认为，在马克思的经济著作中，所有制有广狭二义。广义的所有制范围包括生产资料所有制、产品所有制和劳动力所有制。狭义的所有制就是指生产资料所有制。社会主义所有制是一种狭义上的所有制，即生产资料所有制。广义所有制范围中的产品所有制和劳动力所有制是私有制社会的范畴。所以，社会主义经济学应把生产资料所有制作为生产关系的主要内容来研究。

这种认识在社会主义市场经济条件下是否适用呢？下面我们就这一问题进行探讨。市场经济就是市场在资源配置中起基础性作用的经济。这就要求不仅生产资料应由市场配置，而且劳动力也应由市场配置。劳动力是商品，能够进行买卖，就必然存在着劳动力的所有者，也就必然存在着劳动力的所有制。所以，在社会主义制度下，劳动力所有制的存在是客观的，应是社会主义所有制的重要组成部分。

社会主义条件下产品所有制是否存在呢？我们的看法是，产品所有制在社会主义条件下仍然存在。这是因为，第一，在国民收入初次分配中，生产资料所有者凭借其生产资料所有权，劳动方所有者凭借其劳动力所有权，而成为产品的所有者，形成了"二位一体"的产品所有制关系。第二，在国民收入再分配过程中，政府凭借其超经济的权力，如以立法形式规定的征税权，也成为产品的所有者之一，使产品所有制关系变成了"三位一体"。

综上所述，我们认为，社会主义所有制是个广义的概念，经济学应将广义的所有制作为主要研究内容。

（三）生产资料所有制在经济学研究中的地位的重新界定

以斯大林理论为代表的传统观点是以生产资料所有制作为其主要研究对象的。

我们认为，生产资料所有制形式只是经济学的研究对象之一，而不是主要研究对象，理由如下。第一，人们在生产中的地位和相互关系不都是由生产资料所有制决定的。在资本主义社会中，不仅存在着资本家和工人之间的关系，而且还存在着资本家与资本家之间的关系、工人与工人之间的关系，很显然，后两种关系不是由生产资料归属关系决定的。即使是资本家与工人之间的关系也存在着两种情况。第一种情况，作为生产资料所有者的资本家和作为劳动力所有者的工人是存在的两极，如果工人不把自己的劳动力与资本家的生产资料结合在一起，那么资本家的生产资料就没有任何用处，因为没有工人从事生产，资本家也将被冻死、饿死。此时，资本家有无生产资料都是一样的。同样，如果资本家不提供生产资料与劳动力结合，工人也将无法生存。正是由于资本家提供了生产资料，工人提供了劳动力，才使生产资料和劳动力结合在一起，使资本家和工人都得以生存。此时，资本家和工人之间是一种合作关系。第二种情况，正是由于劳动力和生产资料结合在一起，才使生产资料私有制的作用得以实现，才使资本家与工人之间的雇佣关系和剥削关系得以体现。可见，生产资料私有制只有在劳动力和生产资料结合的前提下，才能决定资本家和工人之间的关系。在社会主义条件下，工人之间同志式的平等互利关系，也不是由生产资料公有制决定的，而是社会分工协作的客观要求。第二，产品的分配方式也不完全是由生产资料所有制决定的。按传统观点，资本主义的分配方式是按资分配，这是由生产资料私有制决定的。但按资分配只说明了资本家之间的分配关系，而没有说明资本家与工人之间是如何进行分配的。实际上，在体现资本家对工人剥削的前提下，资本家向雇佣工人支付工资，进行个人收入分配，是依据劳动力所有制实行的按劳动力价值分配（这是造成工人之间收入不均等的主要原因），这种分配关系与生产资料所有制是无关的。在社会主义社会，个人收入分配实行按劳分配原则，也不是由生产资料公有制决定的。因为按生产资料公有制规则，每个人都是生产资料的主人，每个人都应均等地取得一份生产成果，所以，个人收入应搞平均分配，而不应实行按劳分配。但现实中，个人收入实行的是按劳分配，其理论依据是劳动力所有制。

从上述分析中可以看出，生产资料所有制只是经济学研究对象之一，而不应该成为经济学的主要研究对象。以斯大林为代表的那种认为生产资料所有制是经济学主要研究对象的观点，存在着把生产资料所有制的作用扩大化的倾向，实际上是一种典型的生产资料所有制拜物教，这对经济发展是非常有害的。

二 社会主义初级阶段所有制形式多元化问题

(一) 社会主义初级阶段多元化所有制形式并存原因新解

在社会主义初级阶段，我国存在着包括全民所有制、集体所有制、个体经济、私营经济和三资企业等在内的多种所有制形式，这种多元化的所有制结构对我国经济发展起了积极的促进作用。那么，为什么在社会主义初级阶段会存在多种所有制形式呢？传统观点认为，我国生产力水平低，发展不平衡（表现为地区间、部门间和行业间的不平衡），具有多层次性（表现为自动化生产、机械化生产、半机械化生产和手工生产并存）的特点，决定了我国社会主义初级阶段必然存在着多元化的所有制形式。而且，社会主义公有制是与较高生产力水平相适应的，非公有制经济是与较低生产力水平相适应的。这种观点虽然有一定道理，并在一定程度上揭示了我国多种所有制形式并存的原因，但在现实中却日益显示出它的不足之处。第一，它无法解释为什么在资本主义社会较高的生产力水平下还存在着私有制，为什么在社会主义较低的生产力水平下存在着公有制。第二，它无法解释我国目前的一些私营企业和三资企业采取社会化的生产方式、与较高的生产力水平相适应，并促进了我国经济的发展这一现实。很显然，这种生产力决定论已不能完全解释我国社会主义初级阶段多种所有制形式并存的必然性。如果继续坚持这一认识，必将对我国经济发展产生不利影响，例如，我国目前普遍存在的对私营企业的歧视态度就根源于此。

我们认为，上述各种所有制都是适应生产力发展的经济形式。这也是我国社会主义初级阶段多元化所有制形式并存的一个主要原因。实践已经证明，无论是公有制还是非公有制都是配置资源的有效形式，只不过配置资源的方法不同而已。公有制是以群体为基础，从调动群体积极性的角度来配置社会资源的；非公有制是以个体为基础，从调动个体积极性的角度来配置社会资源的。在配置资源过程中，并不存在一种所有制形式优于另一种所有制形式的情况。而且，与生产力发展不平衡和具有多层次性特点相适应，公有制内部存在着全民所有制经济和集体所有制经济，非公有制内部存在着三资企业、私营经济和个体经济等。

综上可见，对多元化的所有制形式并存原因的探析，应从两个方面进行：第一，从生产力决定生产关系角度来说，生产力水平低，且呈现多层次，为多元化所有制形式并存的基本原因；第二，从生产关系对生产力的作用角度来讲，所有制是否适应生产力水平，无可否认地也是多元化所有制形式并存的重要原因。以往，传统的政治经济学理论讲前者，看不到或根本不讲后者，这是不全面的，也是不科学的。我们认为，应当把二者统一起来、结合起来，才能科学地揭示与说明社会主义初级阶段多元化所有制并存的原因和客观必然性。

（二）各种所有制形式在所有制结构中地位的重新认识

在我国多元化的所有制结构中，各种所有制形式应处于什么地位，也是需要我们重新认识的一个问题。

对这一问题的传统认识是，在我国多元化的所有制结构中，公有制经济居主体地位，可以支配其他非公有制经济。非公有制经济居于补充地位，即是公有制经济的有益补充，并受公有制经济支配。

我们认为，这种认识与市场经济观念相背离，主要表现在三个方面。第一，这种认识是传统的计划经济的产物，是计划经济观念的延续。传统观念认为，在计划经济体制下，国家计划在资源配置和经济运行过程中起基础性作用，市场调节只能起辅助作用，而以全民所有制经济和集体所有制经济为代表的公有制经济是国家计划的唯一具体执行者，以个体经济为主体的非公有制经济是市场调节的具体执行者,所以,公有制经济是我国经济的主体,在所有制结构中处于主体地位;非公有制经济是公有制经济的有益补充,在所有制结构中处于补充地位。第二,这种认识是一种权力经济的观念。传统的观点认为,既然公有制经济在我国所有制结构中处于主体地位,非公有制经济处于补充地位,那么公有制经济就应该有权支配非公有制经济,非公有制经济就应该服从公有制经济的支配。第三,这种认识是一种数量决定论观点。传统观点认为,公有制经济无论是从所占生产资料数量上,还是从所占生产成果比重上,都在整个社会中占绝对优势,所以,公有制经济应居主体地位,非公有制经济只能居补充地位。其实,在市场经济条件下,公有制经济和非公有制经济从静态的角度看都是市场经济的主体,在市场中都处于平等地位,不应存在谁支配谁的问题。从动态的角度看,一种所有制形式是否处于主体地位,不是由人们的主观意念和感情决定的,也不是由其所占数量多少决定的,而是在市场竞争中体现出来的。如果在市场竞争中公有制经济处于有利地位,非公有制经济处于不利地位,则社会资源就会从非公有制经济向公有制经济流动,公有制经济就会在资源配置中处于主体地位。反之,如果在市场竞争中非公有制经济处于有利地位,公有制经济处于不利地位,则社会资源就会从公有制经济向非公有制经济流动,非公有制经济就会在资源配置中起主体作用。需要指出的是,无论哪种所有制形式在资源配置中的主体作用都不是固定的,而是经常变化的,这也是由市场竞争规律决定的;同时,也只有多种所有制形式在市场中的竞争,才能促进我国经济的发展。

(三) 所有制结构合理化的标志探析

在我国社会主义初级阶段多种所有制形式并存的情况下,什么样的所有制结构才是合理的呢?目前学术界出现了一种认为所有制结构合理化的标志可以绝对用每种所有制形式在整个所有制结构中所占的比重来衡量并固定下来的观点,认为集体所有制经济、全民所有制经济和非公有制经济在所有制结构中所占比重为 3∶4∶3

（也有说各占 1/3）时，所有制结构就是合理的。这种观点虽然从数量的角度对所有制结构合理化的标准进行了有益的探讨，但同时也存在着许多不足之处。主要表现在以下方面：第一，这种观点不是从客观角度看问题的，而是带有一定的主观意识和感情色彩；第二，这种观点是从静态的角度而不是从动态的角度看问题的；第三，这种观点是以公有制占主体支配地位为理论基础的，不符合市场经济尤其是市场竞争的要求；第四，这种观点是一种允许和限制非公有制经济发展的观点的延续。

我们认为，每种所有制形式在整个所有制结构中客观上确实存在一个数量比例，但这个客观的数量比例是不能用绝对的数量固定下来的。这是因为，每种所有制数量都是在不断变化的，在所有制结构中所占比重是在不断调整的，如果硬性规定每种所有制形式在所有制结构中的比重，是不利于经济发展的。所以，看一种所有制结构是否合理，不应主要看这种所有制结构中每种所有制形式所占的比重，而应主要看这种所有制结构是否有利于生产力的发展，是否有利于经济的发展，是否有利于资源的优化配置，是否有利于市场竞争，是否有利于满足社会的需要或市场的需要。

（本文与薛有志、孙少岩合写，发表于《社会科学战线》1995 年第 3 期，被中国人民大学复印报刊资料《社会主义经济理论与实践》1995 年第 7 期全文转载；被《新华文摘》1995 年第 8 期列目）

推动马克思主义政治经济学大众化

胡锦涛同志在党的十七大报告中向全党全国人民发出号召："推动马克思主义大众化。"政治经济学作为马克思主义的主要内容和重要组成部分，必须实现大众化。马克思主义政治经济学大众化，绝非一项权宜之计，而是一个关乎中国马克思主义指导地位能否巩固的大问题，更是一个关乎党和国家前途命运的战略举措。因此，全力推动马克思主义政治经济学大众化，是每一个经济理论工作者义不容辞的职责。

一 马克思主义政治经济学大众化，必须抵制和防止"玄学化"

早在20世纪初，一位叫卡莱尔的经济学家在批评当时大名鼎鼎的英国经济学家马歇尔、美国经济学家克拉克等所倡导的"marginal this""marginal that"世风中，指出一些论者使用了一些谁也不知何指的玄奥术语，大有使经济学成为玄学的趋势。[①] 在当今中国的政治经济学理论研究中，也出现了一种令人担忧的"玄学化"倾向。一些人为了显示自己学问"高深"，杜撰难懂概念，编造晦涩范畴，进行缺乏科学根据的"胡乱假设"，大搞高深的"数学推导"，将本来十分显而易见的经济学道理复杂化、玄奥化，让人不

---

① 韦森：《经济学与哲学：制度分析的哲学基础》，上海人民出版社2005年版。

知所云，如坠十里云雾之中，这些"文章"或"大作"往往还堂而皇之地发表在权威的经济理论研究刊物上。有些经济理论刊物的"玄学化"倾向也比较严重，十分热衷于发表那些将经济学理论搞得很玄奥的"大部头"，用艰深的高等数学公式替代简单的经济学常理，甚至以大学经济学教授读不懂为荣。这种学风是极不利于把马克思主义政治经济学大众化的。

作为马克思主义政治经济学的伟大创立者，马克思堪称政治经济学大众化的楷模与典范。他所创立的马克思主义政治经济学因研究对象的特殊性而采用了独特的抽象法，尽管这种方法对初学者有一定难度，但由于其抽象是对现实经济关系的合理抽象，贴近与切合实际，因而容易被大众所接受。仅就其代表作《资本论》而言，其阐述的科学道理如劳动价值论、剩余价值理论等令许多资产阶级学者"费解"，却十分容易被广大工人阶级读懂和接受，正因如此，它才被称为"工人阶级的圣经"。事实上，资产阶级学者们并非真的读不懂，他们的"费解"主要是由于他们的立场及阶级局限性所致。

马克思主义政治经济学大众化一定要合理运用数学工具，切不可盲目追求数学化。首先，"经济学数学化"这个命题本身就不科学。数学在经济学中的运用，客观上是有一个"度"的。适度，即合理运用；过度，即为滥用。所谓经济学数学化，就是其研究的所有问题必须统统数量化，这显然属于数学在经济学中的滥用。数学的合理运用，有助于马克思主义政治经济学的大众化；而数学的滥用，则不利于马克思主义政治经济学的大众化。其次，经济学与数学是两门独立学科。前者研究社会经济关系运动规律，属于社会科学范畴；后者研究的对象如恩格斯所说，"纯数学的对象是现实世界的空间形式和数量关系"[1]，属于自然科学范畴，二者可以互相渗透、交叉，但不能画等号，更不能"互化"。如同数学不能经济学化一样，经济学亦不可数学化。最后，经济学的目标是科学化，

---

[1] 《马克思恩格斯全集》第二十卷，人民出版社1971年版，第41页。

数学充其量是实现经济学科学化目标的一种手段而已，切不可将数学化作为经济学的目标盲目加以追求。

马克思在《资本论》中为阐发与表述经济规律确实运用了数学工具。例如对商品价值量、剩余价值率变动、利润率及平均利润率变动规律、生产价格及其变动规律、商业利润、银行利润、土地价格及地租率等，以及资本循环与周转、固定资本更新以及社会总资本再生产实现条件等问题的分析，都运用了数学公式及数学分析方法。但马克思从来没有滥用数学，更没有盲目追求高深的数学模型推导，而是恰到好处地运用了数学分析，使之更好地为阐明科学道理、揭示客观经济规律服务。数学工具的科学合理运用，有力地帮助了马克思主义政治经济学的大众化。

由上可见，马克思是身体力行政治经济学大众化的，"玄学化"是与马克思主义政治经济学格格不入的。正如邓小平所说："我们讲了一辈子马克思主义，其实马克思主义并不玄奥。马克思主义是很朴实的东西，很朴实的道理。"[①] 这种评价讲得何等贴切啊！那些追求政治经济学"玄学化"的"学者"和"精英"是不是该好好对照一下、反省一下呢？笔者愿意共省、共勉。

二　马克思主义政治经济学大众化切忌功利化和庸俗化

改革开放以来，我国涌现出一大批政治经济学通俗化读物，把政治经济学的一般原理用通俗化的语言介绍给广大读者，甚至一些研究《资本论》的大家还做了一些专门的讲解与讲座，出版了《资本论图解》《资本论辞典》等，值得称贺。更为可喜的是，不少中青年经济理论工作者，包括那些从国外学成归来的"海归"也撰写了不少"经济学随笔""政治经济学札记"，以及一些"经济学杂谈"。这些深入浅出、言简意赅、寓意深刻、通俗易懂的经济

[①] 《邓小平文选》第三卷，人民出版社1993年版，第382页。

学读物,为马克思主义政治经济学的大众化作出了重要的贡献,使之出现了一个生机勃勃的繁荣局面。然而,其中也夹杂着一种不良倾向,即浮躁之风甚盛,学术理论研究功利化现象十分严重。不仅学术造假屡屡发生,而且理论剽窃、抄袭现象更是时常出现。至于"卖弄学问""玩学术""炒观点""做拼盘""炒冷饭"等现象在经济学界更是司空见惯,网上随处都可找到"学术枪手",博士学位论文亦可以用钱买到。甚至一些大牌经济学家也禁不住诱惑,开始热衷于"走穴""串场子",飞来飞去,进行所谓的"理论策划""学术咨询""讨论会旅游",以及高酬金的"学术报告会"等。所有这些都是在"普及马克思主义经济理论"名义及旗号下所为,但实际上却为功利主义所支配。

马克思主义并不根本否定功利,"思想一旦离开利益,就一定会使自己出丑"[①],"把人与社会连接起来的唯一纽带是天然必然性,是需要和私人利益"[②]。邓小平更是明确地指出:"如果只讲牺牲精神,不讲物质利益,那就是唯心论。"[③] 问题不在追功求利,而在于学术与理论研究行为功利化。为求功利泯灭了经济学家的责任与良知,"将利己主义的道德规范合理化"[④],这种功利化已经导致或必将导致马克思主义政治经济学大众化过程庸俗化。

三 把政治经济学从经济学家的课堂上解放出来使之成为广大人民群众手里的武器

经典作家早就有将哲学从哲学家的课堂里解放出来的号召。毛泽东曾讲:"关于辩证法,需要作广泛的宣传。我说辩证法应该从哲学家的圈子走到广大人民群众中间去。"[⑤] 政治经济学绝非经济

---

① 《马克思恩格斯全集》第二卷,人民出版社1957年版,第103页。
② 《马克思恩格斯选集》第一卷,人民出版社1956年版,第439页。
③ 《邓小平文选》第二卷,人民出版社1994年版,第146页。
④ 秋风:《经济学的悲喜剧》,《中国图书评论》2006年第3期。
⑤ 《毛泽东文集》第七卷,人民出版社1999年版,第332页。

学家的专利，尤其是马克思主义政治经济学是在广大人民群众丰富的实践基础上创立的，而不是在"经院"中产生的，更不是在"精英"们的头脑中构造出来的，所以它理应从经济学家的"圈子走到广大人民群众中间去"。这是符合科学发展规律的理性"回归"。一切理性的经济学家或经济理论工作者都应该顺应及大力推动这个"回归"。

把政治经济学理论从经济学家的课堂上解放出来，是用科学理论武装全党全国人民的迫切需要。胡锦涛在党的十七大报告中非常明确地指出："坚持不懈地用马克思主义中国化最新成果武装全党、教育人民，用中国特色社会主义共同理想凝聚力量。"[①] 中国特色社会主义经济理论体系作为马克思主义政治经济学中国化的最新成果，必须实现大众化，让它真正武装全党、教育全国人民，为广大人民群众所接受和掌握，成为广大人民群众进行社会主义经济建设的强大武器。科学理论只有被广大群众所接受和掌握，才能变为巨大的物质力量。中国特色社会主义经济理论体系，是邓小平、江泽民及胡锦涛等几代共产党人领导广大人民群众共同创建的，它一旦成为广大人民群众坚持中国特色社会主义道路的共同理想和行动，就会变成建设社会主义和谐社会的强大物质力量。因此说，把政治经济学从经济学家的课堂里解放出来，是贯彻落实胡锦涛同志关于"中国马克思主义大众化"号召的必要途径与重大措施，切不可等闲视之。

四 培养造就一批马克思主义经济学家特别是中青年经济学家

胡锦涛在党的十七大报告中指出："实施马克思主义理论研究和建设工程，着力回答重大理论和实际问题，培养和造就一批马克

[①]《改革开放三十年重要文献选编》，人民出版社2008年版，第1730页。

思主义理论家，特别要重视培养中青年理论人才。"① 其中包括推进马克思主义政治经济学理论研究和建设工程，培养与造就一批马克思主义经济学家特别是中青年经济学家。这是马克思主义政治经济学现代化、中国化、科学化及大众化的必然要求，更是在当代中国坚持与巩固马克思主义指导地位的迫切需要。

新中国成立成来，我国涌现出一大批马克思主义经济学家，他们在老一辈马克思主义经济学家的带领和影响下，对社会主义经济发展规律进行了艰辛的研究与探索，为我国社会主义经济建设作出了重大贡献。尽管当时受计划经济思想与体制的制约与影响，走了一些弯路，但这个队伍还是非常积极、充满生机与活力的，研究的水平及研究成果还是蛮高的。历史会为他们记下光彩的一笔。问题是在改革开放以后，大多数马克思主义经济学家积极探索社会主义商品经济与价值规律作用，积极探索计划与市场关系问题，积极探索经济体制改革中的新问题；但也有一些马克思主义经济学家一时还难以跟上时代的步伐，难以适应改革开放的新形势，面对改革开放后中国出现的一系列重大新问题在理论上发生了困惑。事实上，改革开放以后，中国马克思主义经济学家这支队伍并不是"守旧派"，更不是"反对改革派"，只不过他们主张在马克思主义指导下进行思想解放，主张在坚持社会主义制度前提下进行经济体制改革，坚决反对一些人以西方经济学为指导，进行私有化改革的主张。实践证明，中国马克思主义经济学家为改革开放做了大量艰苦的研究与探索，为保障中国改革开放沿着正确方向前进，作出了不可磨灭的贡献。这是任何人也否定不了的。

尽管一些经济学家离开了马克思主义经济学家队伍，甚至还有一些从根基上就不懂得马克思主义经济学的中青年经济学家混杂在这个队伍之中，但没有理由否定这个队伍的存在、发展及其理论功绩。这个队伍的基本面和主流仍然是好的，是可以信赖的。可以说，他们是推进马克思主义经济理论研究与建设工程的主体，是培

---

① 《改革开放三十年重要文献选编》，人民出版社 2008 年版，第 1444 页。

养与造就一大批马克思主义经济学家特别是中青年经济学家的依靠力量与中坚骨干。有人说"中国真正的经济学家最多不超过5个",这种断言无论从哪方面讲都过于武断。如果说当今中国马克思主义经济学家特别是中青年经济学家的队伍规模不够大、力量不够强、水平不够高、问题还不少,需要特别加以重视,大力进行培养与建设,我是非常赞同的。事实上,正是由于存在上述状况,胡锦涛在党的十七大上才特别强调"培养造就一批马克思主义理论家特别是中青年理论家"。这个问题,不仅对马克思主义政治经济学现代化、中国化、科学化及大众化具有重大现实意义,而且对于保障中国今后长时期坚持与巩固马克思主义的指导地位具有重大的战略意义。

(本文发表于《当代经济研究》2009年第4期)

关于个人收入分配公平的标准问题探讨

一 前提：个人收入分配公平内涵的界定

要搞清楚个人收入分配公平的衡量标准，首先要对个人收入分配公平的内涵进行科学的界定。对个人收入分配公平概念的内涵产生歧义，认识很不统一，对个人收入分配公平的衡量标准问题就必然会产生"公说公有理，婆说婆有理"的局面。列宁讲，为了论争，必须搞清概念。搞清楚概念的科学内涵，绝不是毫无意义的概念游戏。

个人收入分配公平是属于经济学范畴的概念。有些同志离开个人收入分配而孤立笼统地谈论公平，把政治公平、法律公平、伦理公平、社会公平等一股脑地包罗进来，将问题问得十分混乱，无法理出头绪。我认为，个人收入分配公平是一种经济公平，尽管它与政治公平、法律公平、伦理公平、社会公平有联系，有同一性，但毕竟是属于不同领域的公平。所以，研究它时可以把其他的各种公平抽象掉。

个人收入分配公平概念具有以下特性及质的规定性。

第一，相对性。任何公平都是相对而言的，个人收入分配也不例外。个人收入分配的绝对公平，是一种纯粹的乌托邦。

第二，阶级性。不同的阶级有不同的个人收入分配公平观，这是由不同的阶级具有不同的阶级利益所决定的。在存在阶级的社会里，超阶级的公平是不存在的。

第三，具体性。任何一种个人收入分配都是某种具体生产方式的结果与产物。离开具体的生产方式，抽象笼统地谈论个人收入分配公平，是不可能得出科学正确的结论的。

第四，运动性。不同时代或不同社会经济形态中，个人收入分配公平具有不同的内容。随着时代的进步和社会的发展，个人收入分配公平的程度与水平不断提高。个人收入分配公平运动性，由社会生产方式运动即生产力与生产关系的矛盾运动所决定。

第五，可度量性。个人收入分配是个人消费品的分配，它是对社会总产品作了各项必要扣除之后所进行的一种产品分配。个人消费品分配的数量多少，个人收入水平的高低，均是可计量的。这样，社会成员之间收入差距大小，是否合理，则可以观察与度量。

个人收入分配公平≠个人收入分配平等，但个人收入分配平等却是一种个人收入分配公平。这里公平之所以不等于平等，是因为它不仅包括平等，而且还要包括某些事实上的不平等。例如，我国在社会主义初级阶段实行同工同酬的原则，不仅是一个平等的原则，而且是一个公平的原则。因为这个原则对从事同样工作的劳动者是公平的，这里有两层含义：一是劳动者不分性别、年龄、民族和阶级差别，只要向社会提供了同等数量的劳动，就可获得同量的报酬；二是由于各个劳动者的劳动能力不同，他们从事同样的工作在事实上会取得不同的报酬。在实行同工同酬原则时，劳动者事实上的收入差别或报酬差别，是合理的，也是公平的。这一点连西方学者都承认，如阿瑟·奥肯认为："随努力上的差异而来的收入上的差异，一般被认为是公平的。"[1] 而我国有的学者却认为："同工同酬是一个平等原则，但不是一个公平原则。"[2] 说"同工同酬"不是一个公平原则，显然失之偏颇。因为作者在这里把实行同工同

---

[1] [美] 阿瑟·奥肯：《平等与效率——重大的选择》，王奔洲译，华夏出版社1987年版。

[2] 张文贤：《公平与效率的正相关运行》，《经济学家》1990年第1期。

酬原则所带来的劳动者事实上的收入差异视为不合理的、不公平的，所以必然得出上述不恰当的结论。

由上述分析可以看出，公平概念的内涵要比平等大得多，它不仅包括平等，而且包括某些在平等基础上产生的事实不平等。所以简单地把公平与平等直接等同起来或将二者混用是不科学的，也是错误的。但不能由此反过来说平等不等于公平，因为平等无论如何还是属于公平范畴的。平等是一种公平。尽管它不是公平的全部。否认平等是一种公平，是毫无道理的，也是错误的。

个人收入分配公平与个人收入分配均等。个人收入分配均等，是一种平均主义，而平均主义是一种严重的分配不公。因为平均主义的分配方式，实际上是使劳动能力强、贡献大的劳动者"吃了亏"，使劳动能力差、贡献小的劳动者"占了便宜"。相当于后一种劳动者无偿占有了前一种劳动者的一部分劳动成果或收入。因此，把平均主义视为公平不仅在理论上是不正确的，而且在实践中是十分有害的。因为它在实际经济生活中直接造成了干与不干一个样、干多干少一个样、干好干坏一个样的局面，会严重挫伤劳动者的劳动积极性，束缚社会生产力的发展。

二 衡量个人收入分配的标准或尺度是客观的，不是主观的

在我国经济学界，有一种观点：个人收入分配公平是一种价值判断，因此它"可以通过人们的满意（Satisfaction）来进行衡量。满意就是一种态度，或者说是一种个人内心的表示。一般来说，某人若感到满意，那么也就意味着他感到公平。例如，当工人得到的实际报酬与他们预期报酬相符合时，他就会感到满意，否则就会感到不满意"。"这种'满意度'的大小，可以使公平的衡量定量化。"①

---

① 张文贤：《公平与效率的正相关运行》，《经济学家》1990 年第 1 期。

这种观点实在令人难以苟同。我认为，这是在将个人收入分配公平的衡量标准或尺度主观感觉化。正如作者所言，"满意"是一种态度，"是一种内心的表示"。这是说，无论什么样的个人分配方式或原则，只要劳动者个人感觉到"满意"，就是"公平"的；感到"不满意"的，就是"不公平"的。这不是一种主观唯心主义的"感觉论"吗？以它作尺度来衡量个人收入分配公平，势必谬误百出，贻害无穷。例如，按资本大小来分配收入，资本家"感觉"它是最公平合理的，而工人阶级则认为或"感觉"它是最不公平合理。对于按劳分配，资本家"感觉"极不公平，因为它否定剥削，反对不劳而获，资本家们恰恰是不劳而获、靠剥削为生的；而劳动者们则"感觉"它是最公平的，因为它否定剥削，实现了劳动平等和分配平等。不同的人，"感觉"不同，尤其是不同地位、不同阶级或阶层的人，其"感觉"迥然相异，无法用这种主观随意性极大，并且极不确定的"内心的表示"来统一衡量个人收入分配是否公平。

个人收入分配公平的衡量标准或尺度，应该是客观的，而不是主观上飘忽不定的"感觉"。

三 机会均等是实现个人收入分配公平的条件，不是衡量尺度

我国学术界有的同志认为，个人收入分配公平只能用"机会均等"作尺度来进行衡量。他们认为现代意义上的公平概念的本质是指机会均等，"社会不均只要经过特别的限定，就可以成为有效的判别依据，可以作为判别分配不公的准则"。[①] 在他们看来，机会均等，分配就公平；机会不均等，分配就不公平。这种理论并不是什么新观点和新发现，而是西方学者早就大加宣扬的东西。美国学

---

① 部瑞志、孟雷：《对我国现阶段分配不公问题的几点基本认识》，《经济学动态》1989 年第 7 期。

者阿瑟·奥肯在《平等与效率——重大的选择》一书中专设一节讲"机会均等"问题,他认为:"更大的机会均等会带来更大的收入平等""机会的不均等肯定增加收入的不均等""机会均等这个概念基本上是来源于公平赛跑的意识""机会不均等的起跑线一方面是天赋能力的遗传,另一方面显然是家庭的不利地位",所以,"机会均等的概念没有一条可以确定的界线"。[1] 上述观点除了抽掉对机会均等的阶级分析,把机会不均等归罪于人们的"天赋能力的遗传"和"家庭的不利地位"以外,以下两条还是很有道理的:一是机会均等是相对的,没有一个绝对的界限;二是机会均等或机会不均等只是收入平等或不平等的条件。

我们在任何时候都不能用绝对机会均等来衡量公平,在社会主义条件下也是如此。有的同志讲,在我国全民所有制经济中,"由于占有关系不同而产生了机会不均和收入差别,这无疑是分配不公的重要原因"[2]。这实际上是在用绝对的机会均等观来衡量分配公平。人所共知,社会主义全民所有制的财产归国家所有,但不能都由国家直接占有、直接管理,而必须由各地企业分散占有和管理,这是社会化大生产的客观要求。因此各地的各个企业在生产资料或财产的占有关系上存在着差别和机会不均等是必然的。由于这种占有关系不同而产生的机会不均和收入差别是正常的,也是公平合理的,不能视为"分配不公的重要原因"。如果认为要解决个人收入分配不公问题,就必须消除全民所有制生产资料和财产占有关系上的"机会不均"和差异,使各个企业在生产资料和财产占有上均等化,那就势必要对生产资料和财产的存量及增量进行一次平均主义大调配,这不仅违背社会化大生产的客观要求,在理论上说不通;而且在实践上必然改变社会主义全民所有制的性质,给社会主义全民所有制经济的发展造成巨大的损害。

---

[1] [美] 阿瑟·奥肯:《平等与效率——重大的选择》,王奔洲译,华夏出版社1987年版,第68页。

[2] 部瑞志、孟雷:《对我国现阶段分配不公问题的几点基本认识》,《经济学动态》1987年第7期。

所以，我认为，机会均等是实现个人收入分配公平的前提条件，分配公平只是机会均等带来的一种后果。但机会均等本身并不是衡量分配公平与否的具体尺度。在这里，前提条件与衡量尺度二者不能混淆。

四　衡量个人收入分配的标准或尺度多元化

在我国社会主义初级阶段，衡量个人收入分配的标准或尺度不可能是单一的，而必然是多元化的。这归根结底是由于存在多种生产资料所有制形式所决定的。生产资料所有制形式决定个人收入分配方式。有什么样的所有制形式，就有与之相适应的个人收入分配方式。在我国社会主义初级阶段，生产资料所有制形式是多元化的，不仅存在全民所有制、集体所有制、个体所有制，而且还存在私营经济和国家资本主义经济等。这就不可避免地使个人收入分配方式呈现多元化特征。因而，衡量个人收入分配是否公平的具体标准或尺度也必然是不相同的，必然是多元化的。衡量公有制经济中个人收入分配公平的标准或尺度与衡量私有制经济中个人收入分配公平的标准或尺度，不可能是一致的；衡量小私有制经济中个人收入分配公平的标准或尺度与衡量资本主义私有制经济中个人收入分配公平的标准或尺度，也不可能是相同的。下面，我们就进一步考察各种不同经济形式中个人收入分配公平的衡量标准或尺度。

（一）按劳分配是衡量社会主义公有制经济中个人收入分配公平与否的根本标准或尺度

社会主义公有制从根本上排除了任何个人凭借生产资料的所有权而取得社会产品的可能性。每个社会成员贡献给社会的只有劳动，从社会领回的只有个人消费品。因此，作为个人收入分配的尺度必然是每个人向社会提供的劳动量。按劳分配既是社会主义公有制的结果，又是社会主义公有制的实现，它消灭了阶级剥削和阶级差别，实现了劳动平等和分配平等。所以，它可以作为衡量社会主义公有制经济中个人收入分配公平的标准或尺度。

我国学术界有的同志认为,按劳分配"不能作为公平的标准",因为"以按劳分配作为公平准则本身就是以不公平的尺度去衡量公平"。说按劳分配本身是"不公平的尺度",不能用来"衡量公平",这是不符合马克思主义基本原理的。按劳分配原则本身是平等的、公平的,"平等就在于以同一的尺度——劳动——来计量"①。对此,拙作《个人收入分配不公问题论评》② 已作了详尽分析,故不赘述。

(二) 按资本分配和按劳动力价值分配是衡量私营经济和国家资本主义经济中个人收入分配公平的根本标准或尺度

我国现阶段的私营经济,存在着雇佣剥削关系,是一种资本主义性质的经济形式。私营企业主是生产资料和资本的所有者,是企业的主人,他们按资本的多少对企业的收入进行分配。在私营企业工作的劳动者,是雇佣劳动者,他们获取的工资收入,是他们出卖自己的劳动力的价值或价格。他们创造的剩余价值被私营企业主无偿占有。在中外合资的国家资本主义经济中,也存在类似上述的分配关系,只不过有的企业主是外国资本家。

目前,我国宪法及党的方针政策明确承认私营经济与国家资本主义经济存在和发展的合理性,进而承认上述按资分配关系的合理性。这样,我们就完全有理由和根据说:在私营经济和国家资本主义经济中个人收入分配实行按资分配和按劳动力价值分配是合理的,也是符合社会主义初级阶段公平原则的,这是社会主义初级阶段公平程度不高的一种表现。在上述经济领域,衡量个人收入分配公平,是不能用按劳分配作标准或尺度的,而只能用资本的多少和劳动力价值的高低作标准和尺度。在这里,丝毫不允许用感情和道义来代替衡量分配公平的客观标准或尺度。从私营企业主或资本家

---

① 《马克思恩格斯全集》第十九卷,人民出版社 1963 年版,第 21 页。
② 潘石:《个人收入分配不公问题论评》,《吉林大学社会科学学报》1990 年第 1 期。

角度来说，投入企业的资本多，获取的收入多，尽管这些收入包含着许多剥削收入，我们也必须承认在经济上是公平的。同样，从雇佣劳动者的角度来讲，劳动力价值或价格高，取得的工资收入多，尽管其中包含着被剥削的因素，我们也不能否定其经济上的公平性。我们不能离开特定的经济领域、特定的分配方式来笼统地泛论收入分配公平。如果认为按资分配和按劳动力价值分配是不公平的，并加以否定和取消，那就必然会根本否定私营经济和国家资本主义经济，这不仅不符合我国现阶段党和国家的路线、方针和政策，而且也不符合我国社会生产力发展水平的客观要求。所以，在私营经济和国家资本主义经济这个领域，衡量个人收入分配公平的标准和尺度只能是资本的多少和劳动力价值的高低。这是由生产关系的性质和社会生产力水平所决定的，不以人们的主观意志为转移。

（三）个人资产（金）投入和劳动投入是衡量个体经济中个人收入分配公平的标准或尺度

我国现阶段的个体经济是以生产资料归劳动者个人所有，以个体劳动为基础的一种经济形式。劳动者从事生产经营活动，投入的是自己的生产资料和自己的劳动，生产经营成果归劳动者自己所有，其收入是资产（金）的收益和劳动收入。这里的个人收入分配公平，不能以按劳分配为尺度来衡量，也不能用资本的多少来评定，因为这里不存在公有制经济关系，也不存在资本主义经济关系。这里通行的根本原则是：谁投入的资产（金）多、投入的劳动量多，谁获取的个人收入就多；反之，获取的收入就少。因此，个人收入分配公平与否，只能用资产（金）投入和劳动投入来衡量；凡是劳动者取得的收入与其投入的资产（金）和劳动量相适应者，就是公平合理的；凡是劳动者取得的收入与其投入的资产（金）和劳动量严重脱节或不相适应者，就不是公平合理的。

综上可见，性质不同的经济领域，由于个人收入分配方式和原则根本不同，因而衡量个人收入分配公平的具体标准和尺度必然不同。至此，人们不禁要问：全社会还存在不存在一个衡量个人收入分配公平的统一标准或尺度呢？我们的回答是：存在的。衡量个人收入分配公平的具体标准或尺度多元化，并不妨碍和否定衡量个人收入分配公平的统一标准或尺度的存在。这个统一的标准或尺度，就是"收入必须同投入相适应"。这个衡量标准或尺度，不仅把按劳分配这个尺度包括在内，应用范围要比按劳分配这个尺度广泛得多，而且突破了上述各个具体标准或尺度的局限性，使整个社会的个人收入分配都可以统一地用这个标准或尺度来衡量其公平与否。它既有理论上的合理性，又有实际中的可靠性，并直接把收入同有效投入挂起钩来，有利于充分调动劳动者进行合理投入的积极性，有利于投入要素效率的提高。因此，采用这个标准和尺度，不仅可以推动全社会个人收入分配的公平化、合理化，而且能够促进社会主义商品经济的健康发展。

（本文发表于《东北师大学报》1991年第4期）

论马克思主义政治经济学现代化

进入21世纪,马克思主义政治经济学面临一场前所未有的危机与挑战。不仅在政治生活中马克思主义政治经济学被日益边缘化,而且在理论界也被汹涌而来的西方经济学冲向角落,甚至在教书育人的思想教育战线,马克思主义政治经济学已被逐出大学讲坛,其政治理论教育功能已被取消。马克思主义政治经济学切切实实到了生存与发展的紧要关头。

马克思主义政治经济学向何处去?固守传统,搞"苏联范式",已毫无生机与活力,实践证明此路不通;突破传统,搞"西化范式",无疑会走入被西方经济学所取代之陷阱,更不足取;与西方经济学兼容并蓄,平分秋色,混合生长,也失之偏颇。笔者以为,唯一的出路与前途就是发展创新,跟上时代前进的步伐,实现现代化。

一 马克思主义政治经济学现代化:完善基本原理,扬弃个别原理和结论

世界上,任何一门社会科学都是时代的产物,都不可避免地被打上它产生的那个时代的烙印。马克思主义政治经济学也毫不例外,不可避免地带有时代的局限性。作为自由资本主义时代的理论结晶与理论成果,马克思主义政治经济学反映了那个时代的本质及特征,能够科学揭示那个时代的经济运行规律,具有科学真理性。然而,这种科学真理性是相对的,而非绝对的,就是说它并非在任

何时代或任何条件下都是适用的。社会发展时代不同，反映不同时代发展规律的科学理论必然不同，从来不存在反映一切时代的"永恒真理"和"绝对真理"。当今时代已经与马克思主义政治经济学产生的时代大大不同了，所以不能用那个时代的理论来解释和解决当今时代所出现的问题。列宁指出："只有不可救药的书呆子才会单单引证马克思关于另一历史时代的某一论述来解决当前发生的独特而复杂的问题。"①

那么，这是不是说马克思主义政治经济学随着时代的发展与变化而过时了呢？不是的。马克思主义政治经济学的一些基本原理并不会因为时代的发展而改变其适用性及效力，因为经济科学真理都具有普适性，原因在于其揭示了人类社会发展的一般规律，例如马克思揭示的社会再生产规律及生产力决定生产关系的一般原理等。应当承认，马克思主义政治经济学的某些个别原理和个别结论随着时代的发展变化而成为过时的东西。正如斯大林所说："它的个别公式和结论不能不随着时间的推移而改变，不能不被适应于新的历史任务的新公式和新结论所代替。马克思主义不承认绝对适应于一切时代和时期的不变的结论和公式。"② 马克思主义政治经济学现代化的过程，既是其基本原理不断完善，适应新的社会实践要求的过程，同时也是个别原理、个别结论不断被扬弃与否定的过程。所谓基本原理，主要是指支撑马克思主义政治经济学理论体系大厦的"基础"与"四梁八柱"，例如劳动价值理论、剩余价值理论、资本原始积累与资本积累理论、社会总资本再生产与流通理论等，它们既是马克思主义政治经济学的核心与精髓，更是马克思主义政治经济学的命脉，一旦被否定或被抛弃，马克思主义政治经济学的生命就停止了。所谓个别原理或个别结论，系指基本原理之外或基本原理框架之下的居附属地位、起从属作用的"小原理"，如劳动价值论中，什么是生产性劳动与非生产性劳动；

---

① 《列宁选集》第一卷，人民出版社1972年版，第159页。
② 《斯大林文集》，人民出版社1985年版，第586页。

资本家的"指挥劳动""管理劳动""监督劳动"到底是不是生产劳动，是不是创造价值的劳动。再如剩余价值理论中，剩余价值的转化机制与途径如何，剩余价值生产与分配是否必定相统一或相一致。还有如所谓"生产资料生产优先增长原理"，就是马克思主义再生产理论中的一个个别原理，相对于马克思主义整个再生产原理这个"大原理"而言，它无疑是个居附属地位、起从属作用的"小原理"。分清基本原理与个别原理，对经济学家来讲，并非难事，但对于坚持与发展马克思主义政治经济学理论却至关重要。凡是马克思主义政治经济学的基本原理，首先要立足于坚持，在坚持中完善、充实、发展，而任何时候都不能从根本上否定或违背。毛泽东曾语重心长地告诫我们："马克思主义的基本原则又是不能违背的，违背了就要犯错误。"① 凡属马克思主义政治经济学之个别原理和个别结论则可以直接依据变化了的实际改变之、否定之。改变或否定了马克思主义政治经济学的"个别原理"（"小原理"）、个别结论，可以更有效地丰富与完善马克思主义政治经济学的基本原理（"大原理"），更有助于马克思主义政治经济学整个理论体系的完整化、科学化与现代化。

二 马克思主义政治经济学现代化是新时代的要求

21世纪是和平与发展的世纪。尽管世界的局部地区仍弥漫着战争的硝烟，但和平与发展仍是世界的主旋律和大趋势。无论是资本主义还是社会主义，都进入了一个全新的发展时代。要想适应这个新时代的要求，马克思主义政治经济学必须现代化。

（一）认识与揭示当代资本主义经济发展本质及规律的需要

马克思主义政治经济学是揭示资本主义经济本质及发展规律的科学，是我们认识当代资本主义经济本质及发展规律的锐利武器。

---

① 《毛泽东文集》第七卷，人民出版社1999年版，第281页。

社会主义国家在同资本主义世界交往中要立于不败之地，必须牢牢掌握马克思主义政治经济学这个理论武器，否则就会被各种表面现象所迷惑，陷入被动和不利境地。然而，马克思主义政治经济学这个理论武器要锐利，保障在斗争中取胜，则必须现代化。倘若仍停留在"传统的常规武器"上，那就不可能对当代资本主义经济发展现状、问题、成因及趋势作出科学的解释与判断，无法认识当代资本主义经济发展的种种新现象及其本质，更不可能揭示当代资本主义经济运行与发展的内在规律，进而在同资本主义世界的交往与斗争中吃败仗，遭受无可挽回的损失。

马克思主义政治经济学产生于19世纪中叶，《共产党宣言》《政治经济学批判》《资本论》等著作的问世，标志着马克思主义政治经济学理论体系基本成熟。这个时代正是资本主义自由竞争的时代，也是资本主义发育成熟的时代。经过150多年的发展，资本主义历经19世纪末至20世纪初的垄断资本主义时代，20世纪50—80年代的国家垄断资本主义时代，当今已进入所谓"人民""民主"的资本主义时代，资本主义社会已经成功地由以蒸汽机为标志的"工业社会"转变为以计算机为标志的"信息社会"。资本主义生产关系历经150多年的演进与不断调整，可以说，较之马克思恩格斯所处的自由资本主义时代发生了巨大而深刻的变化。

第一，当年马克思和恩格斯所讲的"无产阶级和资产阶级的对立"和矛盾空前缓和与弱化。现代资本主义国家中，工人已经不再是"除了自己的劳动力以外一无所有"的无产者了，他们不仅拥有殷实的生活资料，而且很多都已成为企业债券、公司股票的所有者。"集中于资本家手中的生产资料"也由于股份制经济的发展，日益分散或社会化到工人及大众手里。随着社会生产力的发展，工人阶级的物质生活状况及福利水平均有较大改善与提高，贫富差距及阶级对立的鸿沟日益减小。尤其是，资本主义国家出于稳定社会、保障经济可持续发展的需要，加大社会公共福利的供给，使工人阶级的社会保障及福利普遍增加。尽管资产阶级获取的利润仍较快增长，但仍在很大程度上模糊了劳资对立关系，削弱了工人阶级的斗争锋芒。因此,现代资本主义国家很少爆发工人阶级对资本家阶级的斗争,就连以经济利益为目标的罢工也明显减少,更少发生工人阶级推翻资产阶级的社会主义革命。

第二,企业生产的组织计划性与整个社会生产无政府状态的对立与矛盾大为缓和,甚至在一定程度上得到解决。在社会化大生产条件下,社会分工日益细化,专业化生产不断发展,企业生产的组织计划性愈来愈强。但在全社会,由于各个企业追求利润最大化而疯狂地盲目进行竞争,这就必然引致社会生产无政府状态。企业生产的组织计划性愈强,社会生产无政府状态愈是加剧,这是资本主义基本矛盾作用的一个重要表现。在现代资本主义条件下,尤其是20世纪80年代以来,西方国家普遍效仿社会主义国家,推行计划调节,或实行有国家适度干预的市场经济,使整个社会生产的计划性大大加强,从而在很大程度上解决了企业生产的组织计划性与整个社会生产无政府状态的对立与矛盾。

第三,生产无限扩张与市场有限性的矛盾得到很大程度的缓解。资本主义生产由于存在无止境追求最大限度利润的内在冲动及残酷激烈竞争的外在压力,不可避免地产生无限扩张趋向,而有支付能力需求的增长受诸多因素的制约与限制,不会与生产的扩张同向、同比例扩张,这就如恩格斯所指出的:"市场的扩张赶不上生产的扩张。冲突成为不可避免的了,而且,因为它在把资本主义生产方式本身炸毁以前不能使矛盾得到解决,所以它就成为周期性的了。资本主义生产产生了新的'恶性循环'。"[1] 恩格斯讲的这种生产与市场尖锐矛盾的状况,在20世纪80年代以后发生了重大改变。资产阶级国家一方面大力开拓国内市场,提高国内民众有支付能力的需求;另一方面运用国家力量帮助资本家阶级开辟与发展海外市场,加快世界经济一体化进程,从而使市场的扩张与生产的扩张保持比较均衡的状态,有效地避免了周期性经济危机即恩格斯所说的"恶性循环"的发生。

---

[1] 《马克思恩格斯全集》第二十卷,人民出版社1971年版,第300页。

从上可见，当代资本主义基本矛盾较之马克思恩格斯所处的自由资本主义时代的基本矛盾已经发生了巨大的变化；不仅生产社会化拓展为生产国际化，而且更重要的是"私人占有"已拓展为社会占有。如果不顾生产关系如此重大的变化，仍然固守并僵化理解马克思和恩格斯150多年前关于资本主义基本矛盾的论断，那就不可能科学认识当代资本主义经济发展的新现象与本质，更不能揭示与把握当代资本主义发展的规律。因此，马克思主义政治经济学原理必须现代化，否则，它就会成为地地道道的"昨天的理论"。而"昨天的理论"，今天应当摒弃。

（二）马克思主义政治经济学现代化是指导与促进社会主义经济发展的需要

理论是实践的指南。马克思主义政治经济学理论要真正对社会主义经济发展起指导与促进作用，就必须跟上时代的步伐，实现现代化。马克思主义政治经济学若不现代化，不仅不能对社会主义经济现象及发展规律作出科学的阐释与说明，更不能对我国社会主义建设实践起指导及推动作用。

第一，马克思和恩格斯根本未见过社会主义，也不可能对社会主义经济的运行及发展状况有真切的了解与认识，更谈不上对社会主义经济的本质及发展规律进行科学揭示。他们只是依据资本主义积累的历史趋势及人类社会发展运动的一般规律，对社会主义社会作了一些富有创造性的预见。至于这些预见是否科学，完全要依赖于社会主义实践的检验，后人不能强求马克思和恩格斯的预见必须正确无误。历史总是让前人给后人留出发展科学尤其是社会科学的空间。

第二，马克思和恩格斯对社会主义社会的预见是有条件的，是受当时社会历史条件的制约与限制的，并且，是随着社会历史条件的变化而不断改变或深化的。比如，马克思和恩格斯都曾预见社会主义在发达资本主义国家同时取得胜利，这样建立起来的社会主义社会便会实现单一的社会所有制。这在自由竞争资本主义处于上升时期是符合当时经济政治发展规律的，因而有其正确性与合理性。但进入19世纪80—90年代，在马克思逝世以后，恩格斯晚年发现了资本主义经济由于竞争引发了垄断，资本主义各国之间出现了经济政治发展的明显不平衡，于是，便对他们以前关于"社会主义多国同时胜利"的学说进行校正，明确指出，无产阶级战胜资产阶级的社会主义革命"不是到处同时到来，也不是到处在同一发展阶段上到来"①，这实际上就是"社会主义革命一国胜利"学说。以往学术界曾认为这个学说是列宁的发现与创造，实际上是不对的。列宁只是这一学说的伟大实践者，而不是发现者与创造者。恩格斯基于资本主义经济政治发展不平衡规律，考察了法国与德国的农民问题，认为这些国家无产阶级革命若取得胜利，必然会遇到如何对待农民的个体所有制的问题。他明确指出："我们对于小农的任务，首先是把他们的私人生产和私人占有变为合作社的生产和占有，不是采用暴力，而是通过示范和为此提供社会帮助。"② 他还指出："无产阶级将以政府的身分采取措施，一开始就应当促进土地的私有制向集体所有制过渡，让农民自己通过经济的道路来实现这种过渡。"③ 可见，恩格斯这时预见的社会主义社会已不是单一所有制了，而社会上起码具有三种所有制——社会所有制、农民个体私有制和集体所有制。至此可以清楚地看出，以往学术界关于马克思恩格斯设想（或预见）的社会主义社会是单一公有制的社会的说法是不科学的。恩格斯晚年已预见到社会主义社会的所有制形式是多元化的。显然，恩格斯的预见具有很大的科学性，但预见毕竟不等于现实。社会主义的实践，尤其是中国的社会主义实践，已经远远超出他们的预见，绝不能用他们的预见框定或剪裁社会主义现实的实践。让生动活泼、丰富多彩的社会主义实践服从于他们的预见，那无异于削足适履，必然导致社会主义失败。

---

① 《马克思恩格斯选集》第二卷，人民出版社1995年版，第627页。
② 《马克思恩格斯选集》第四卷，人民出版社1995年版，第498页。
③ 《马克思恩格斯选集》第三卷，人民出版社1995年版，第287页。

三 马克思主义政治经济学现代化
必须破除教条主义

(一) 坚决反对和防止把马克思主义政治经济学理论当作教义或教条

马克思和恩格斯是伟人，但不是神人；他们的学说或理论是科学而不是教义，是行动指南而不是教条。列宁明确指出："马克思恩格斯多次说过，我们的学说不是教条，而是行动的指南，我想我们应当首先注意这一点"，"我以前说过，现在还要再三地说，这个学说不是教条，而是行动的指南"。① 教条主义是马克思主义政治经济学现代化最大的敌人和根本障碍，必须坚决反对与破除。教条主义的最显著特征之一就是死守马克思主义政治经济学个别原理和个别结论，反对实事求是，反对具体问题具体分析，反对作任何修订与改变。这是违背辩证唯物主义基本法则的。理论来源于实践，它必须随着事实和实践的改变而改变。对此，马克思主义经典作家讲得再清楚不过了。

马克思讲："正确的理论必须结合具体情况并根据现实条件加以阐明和发挥。"② 他和恩格斯对《共产党宣言》的修改就是一个很好的证明。恩格斯对此解释说："由于从1848年来大工业已有很大发展而工人阶级的组织也跟着有了改进和增长，由于首先有了二月革命的实际经验而后来尤其是有了无产阶级第一次掌握政权达两月之久的巴黎公社的实际经验，所以这个纲领现在有些地方已经过时了。……由于政治形势已经完全改变，而当时所列举的那些党派大部分已被历史的发展进程所彻底扫除，所以这些意见在实践方面毕竟是过时了。"③ 列宁更明确地指出，政治经济学的基础是事实，

---

① 《列宁全集》第三十五卷，人民出版社1987年版，第219页。
② 《马克思恩格斯全集》第二十七卷，人民出版社1972年版，第433页。
③ 《马克思恩格斯选集》第一卷，人民出版社1995年版，第286页。

而不是教条；还指出："马克思主义的精髓，马克思主义的活的灵魂：对具体情况作具体分析。"① 可见马克思主义政治经济学只有实事求是，一切以时间、地点、条件为转移，才能实现现代化。

（二）坚决反对和防止对马克思主义政治经济学原理的简单照搬、强制实施行为

不顾客观历史条件的制约，超越历史发展阶段，对马克思主义政治经济学原理简单照抄照搬，机械强制地推行，这是教条主义的又一个重要特征。马克思主义政治经济学若现代化，必须坚决反对之，全力防止之。

马克思和恩格斯曾经预见和设想社会主义消灭私有制，并在《共产党宣言》中明确地指出："共产党人把自己的理论概括为一句话：消灭私有制。"② 社会主义消灭私有制是一个自然历史过程，并且要以生产力充分发展，消灭私有制所必需的全部条件充分创造出来为条件。不顾上述条件，强行消灭私有制，就是主观教条主义，必然遭遇挫折与失败。

（三）发展与创新：马克思主义政治经济学现代化的必由之路

马克思主义政治经济学要现代化，唯有发展与创新。毛泽东同志明确指出："马克思主义一定要向前发展，要随着实践的发展而发展，不能停滞不前。停止了，老是那么一套，它就没有生命了。"③ 政治经济学作为马克思主义的一个重要组成部分，其生命就在于不断发展与创新。若没有了生命，还何谈其现代化？

马克思主义政治经济学要结合当代中国实际不断发展与创新，必须突破"两个范式"：一是"传统范式"，二是"西化范式"。所谓"传统范式"，包括两层含义：一是把马克思主义政治经济学理

---

① 《列宁选集》第四卷，人民出版社1995年版，第213页。
② 《马克思恩格斯选集》第一卷，人民出版社1995年版，第286页。
③ 《毛泽东文集》第七卷，人民出版社1999年版，第281页。

论凝固化，看作一成不变的"万应灵药"，反对任何改变或修正马克思主义政治经济学个别原理和个别观点的行为，并把它当作"传统"来加以固守；二是把马克思主义政治经济学理论（包括其基本原理）统统当作已经陈旧过时的东西加以反对或抛弃。这两层含义的"传统范式"，都应加以反对和突破。但需要特别指出的是，如果把马克思主义政治经济学基本原理当作已经陈旧过时的"传统范式"，那就大错特错了。马克思主义政治经济学的基本原理如劳动价值论和剩余价值理论等对现代社会依然是有效的，仍然闪烁着真理的光芒，只不过需要结合时代的特点加以丰富与发展。所谓马克思主义政治经济学"西化范式"，即是指马克思主义政治经济学西方化问题。马克思主义政治经济学与西方经济学有着同一渊源——古典政治经济学。其分野在于马克思主义政治经济学产生使资产阶级古典政治经济学终结。自此以后，即19世纪30年代英国、法国等资产阶级取得政权以后，马克思主义政治经济学便同西方庸俗经济学展开针锋相对的斗争。现代西方经济学历经150多年的发展演进，分化出各种学说与流派，但本质上基本属于庸俗经济学之列，因为它们本质上均是替资本主义制度辩护之学。所谓马克思主义政治经济学若现代化必走"西化范式"之路，说到底是用现代西方经济学取代马克思主义政治经济学，这是绝不可取的，必须加以批判和摒弃。

（本文发表于《长白学刊》2007年第2期，被《马克思主义文摘》2007年第10期转载）

论坚持马克思主义政治经济学指导地位的几个根本问题

胡锦涛在党的十七大报告中明确提出："要巩固马克思主义指导地位。"笔者认为，要做到这一点，在中国必须牢牢地坚持马克思主义政治经济学的指导地位，因为政治经济学是"马克思主义的主要内容"，是"马克思理论最深刻、最全面、最详细的证明和运用"[①]。当今中国，在国际新自由主义影响下，一股股否定马克思主义的思潮不断涌来，马克思主义政治经济学的指导地位正面临严峻的挑战与威胁。胡锦涛在党的十七大报告中提出"巩固马克思主义指导地位"的论断是非常必要、非常及时的，不仅具有重大的理论价值，而且具有重大的现实指导意义。

一 马克思主义政治经济学必须适应时代要求，实现现代化

要坚持与巩固马克思主义政治经济学的指导地位，其根本条件与基础就是实现马克思主义政治经济学的现代化。

（一）马克思主义政治经济学现代化是时代发展的必然要求

马克思主义政治经济学产生于19世纪中叶，《共产党宣言》《政治经济学批判》《资本论》等经典名著的问世，标志着马克思

---

① 《列宁选集》第二卷，人民出版社1972年版，第588页。

主义政治经济学理论体系基本成熟。它是在吸收、借鉴及批判资产阶级古典政治经济学理论基础上形成的，科学地揭示了自由资本主义时代的本质特征及运动规律，是那个时代的理论结晶与科学真理。当今世界已经进入21世纪，21世纪是和平与发展的世纪，已大大不同于阶级斗争、革命及战争频发的19世纪。现代世界，无论是资本主义还是社会主义都进入了一个全新的发展时代。要想适应时代的发展变化，马克思主义经济学一定要由"古典"形态转变为"现代"形态，由"古典的"内容与形式转变为"现代的"内容与形式；为适应21世纪新时代的要求，马克思主义政治经济学必须现代化。

(二) 马克思主义政治经济学现代化是社会实践发展的必然要求

任何理论都来源于实践，并要随着实践的发展而发展。马克思主义政治经济学作为一种科学理论也是如此。毛泽东指出："马克思主义一定要向前发展，要随着实践的发展而发展，不能停滞不前。停止了，老是那么一套，它就没有生命了。"[①] 实践发展使理论常新，具有新的内涵及更丰富的内容，增加理论新的适用性。马克思主义政治经济学如果不随着社会实践的发展而发展，老是那么一套，停留在其"古典形态"，其内容与形式都会变得陈旧或过时，丧失生机与活力，最终将被社会实践所淘汰。当今社会的实践远比当年资本主义社会的实践丰富得多。因此，马克思主义政治经济学唯有依据不断变化的社会实践而不断地现代化，才会具有强大旺盛的生命力。

(三) 马克思主义政治经济学现代化是认识与揭示当代资本主义经济发展本质及规律的客观需要

当代资本主义同马克思主义政治经济学产生的那个自由资本主

[①] 《毛泽东文集》第七卷，人民出版社1999年版，第281页。

义时代相比已经发生了巨大而深刻的变化。历经150多年的发展，资本主义已从自由竞争阶段进入垄断阶段，又从垄断阶段演进到国家垄断资本主义阶段，当今已进入"人民""民主"资本主义时代。资本主义社会已经成功地由以蒸汽机为标志的"工业社会"转变为以计算机为标志的"后工业社会"和"信息社会"。由于资产阶级国家在这150多年中对资本主义生产关系不断进行变革与调整，使得资本主义社会各种矛盾大大缓解与弱化。随着社会生产力的发展，工人阶级的物质生活状况及福利水平均有较大改善与提高，尤其是资本主义国家出于稳定社会、保障经济可持续发展的需要，加大社会公共产品及福利的有效供给，社会阶级对立的鸿沟日益缩小，在很大程度上模糊了劳资对立关系，削弱了阶级斗争，以至在现代发达资本主义国家中，以经济利益为目标的罢工斗争也明显减少，更少爆发工人阶级对资产阶级的革命。即使在金融—经济危机爆发的情况下，也是如此。可见，当代资本主义的基本矛盾较之马克思恩格斯所处的资本主义时代已发生巨大变化：不仅生产社会化拓展为生产国际化，实现世界经济一体化，而且更重要的是资本主义"私人占有"拓展为"社会占有"；不仅社会阶级关系发生重大变化，而且其矛盾也日益模糊化、调和化。如果不顾当代资本主义生产关系如此重大的变化，仍然固守并僵化理解马克思恩格斯150多年前关于资本主义基本矛盾的论断，那就不可能科学认识当代资本主义经济发展的新现象及本质规律。因此，马克思主义政治经济学必须现代化，否则，它就会成为地地道道的"昨天的理论"。

（四）马克思主义政治经济学现代化是指导与促进社会主义经济发展的迫切需要

理论是实践的指南。马克思主义政治经济学理论要真正对社会主义经济发展起指导与促进作用，必须跟上时代发展及社会实践前进的步伐，实现现代化。否则，不仅不能对社会主义经济现象及发展规律作出科学阐释与说明，更不能对社会主义建设实践起指导与促进作用，反而可能起阻滞与破坏作用。这是因为：马克思和恩格斯根本未见过社会主义，他们不可能对社会主义经济的运行及发展状况有真切的了解与认识，更谈不上对社会主义经济的本质及运行发展规律的科学揭示。受时代及实践的限制，他们只是依据资本主义积累的历史趋势及人类社会发展运动的一般规律，对社会主义社会了一些富有创造性的预见。而这预见是否科学，完全要依赖于我们后人的社会主义实践来检验。我们不能苛求马克思恩格斯的预见绝对科学正确，更不能将马克思恩格斯150多年前的论断当作教条机械照搬，简单套用，强制推行。马克思主义的社会主义政治经济学，有待于我们后人依据社会主义实践来创造。创立科学的社会主义政治经济学，是马克思主义政治经济学现代化的一项重大任务。

（五）马克思主义政治经济学现代化的过程是一个不断完善基本原理，扬弃个别原理和结论的过程

马克思主义政治经济学原理是一个二元结构，包括基本原理与个别原理和个别结论两部分。所谓基本原理，主要是指支撑马克思主义政治经济学整个理论体系大厦的"基础"与"四梁八柱"，例如劳动价值理论、剩余价值理论、资本原始积累与资本积累理论、社会总资本再生产与流通理论、资本循环与周转理论等，它们既是马克思主义政治经济学理论的核心与精髓，更是马克思主义政治经济学的命脉，一旦被否定或被抛弃，马克思主义政治经济学的生命就停止了。所谓个别原理和个别结论系指基本原理之外或基本原理框架之下居附属地位、起从属作用的"小原理"，如劳动价值论中，什么是生产性劳动与非生产性劳动；资本家的"指挥劳动""管理劳动""监督劳动"到底是不是生产劳动；是不是创造价值的劳动。再如剩余价值理论中，剩余价值在社会各集团间是如何分割的，剩余价值的生产与分配是否必定相统一或相一致。还有如所谓"生产资料生产优先增长原理"，相对于马克思主义整个社会资本再生产与流通这个"大原理"而言，它无疑是个居附属地位、起从属作用的"小原理"。从理论上分清基本原理与个别原理和个别结论，对经济学家来讲并非难事，但对于坚持与发展马克思主义政治经济学理论却至关重要。凡是马克思主义政治经济学的基本原理，首先一定要坚持，其次才是发展，根本原则是在坚持中完善、充实、发展，任何时候都不能从根本上否定或违背。毛泽东曾语重心长地告诫说："马克思主义的基本原则又是不能违背的，违背了就要犯错误。"① 凡属马克思主义政治经济学的个别原理和个别结论则可以直接依据变化的时代或实际改变之、否定之。正如斯大林所指出："它的个别公式和结论不能不随着时间的推移而改变，不能不被适应于新的历史任务的新公式和新结论所代替。马克思主义不承认绝对适应于一切时代和时期的不变的结论和公式。"② 马克思和恩格斯对《共产党宣言》中的个别原理和个别结论的修改，就是一个很好的例证。恩格斯对此曾解释说："由于最近25年来大工业有了巨大发展而工人阶级的政党组织也跟着发展起来，由于首先有了二月革命的实际经验而后来尤其是有了无产阶级第一次掌握政权达两月之久的巴黎公社的实际经验，所以这个纲领现在有些地方已经过时了。……因为政治形势已经完全改变，当时所列举的那些党派大部分已被历史的发展彻底扫除了。"③ 修改后的共产主义纲领——《共产党宣言》至今仍闪烁着科学真理的光芒。据此，完全可以断定，改变或否定马克思主义政治经济学的个别原理和个别结论，可以更有效地丰富与完善马克思主义政治经济学的基本原理，更有助于马克思主义政治经济学整个理论体系的完整化、科学化与现代化。对此，实践与历史已作出结论和证明。

二 不能用"西方经济学中国化"取代或冲击"马克思主义政治经济学中国化"

马克思主义政治经济学现代化，不能成为"空中楼阁"，而必

---

① 《毛泽东文集》第七卷，人民出版社1999年版，第281页。
② 《斯大林文集》，人民出版社1985年版，第586页。
③ 《马克思恩格斯选集》第一卷，人民出版社1995年版，第249页。

须具体在一定的国度里进行。在中国进行马克思主义政治经济学现代化，必须适合中国国情，实现"中国化"。毛泽东指出："马克思列宁主义的伟大力量，就在于它是和各个国家具体的革命实践相联系的。对于中国共产党说来，就是要学会把马克思列宁主义的理论应用于中国的具体的环境"，"因此，使马克思主义在中国具体化，使之在其每一表现中带着必须有的中国的特性，即是说，按照中国的特点去应用它，成为全党亟待了解并亟须解决的问题"。[①] 这是毛泽东对马克思主义中国化的最好诠释。作为马克思主义"主要内容"的马克思主义政治经济学，其中国化就是要"按照中国的特点去应用它"，同中国的具体实际相联系、相结合。符合马克思主义政治经济学现代化要求的中国化，就是要同中国现阶段社会主义发展实际相结合，指导与解决中国社会主义建设中出现的各种实际问题，引领中国经济社会健康可持续发展。

"中国化"与"现代化"二者是密切关联的，是相辅相成的。"中国化"是马克思主义政治经济学现代化的前提和重要组成部分。不符合中国国情或不同中国实际相结合的马克思主义政治经济学现代化，不是真正科学的现代化。马克思主义政治经济学现代化一定要落实到中国的具体实践中去，或如毛泽东所说"应用于中国的具体环境"。

经济学界有的同志近来主张"西方经济学中国化"，对此笔者不敢苟同。首先，应当肯定当代中国要学习、借鉴与运用西方经济学，这是确定无疑的。当然，这种学习、借鉴与运用也不能教条主义地简单照搬、机械套用，也面临一个如何同中国的实际相结合的问题。当今中国经济学界对西方经济学的盲目崇拜、过度吹捧以及"洋教条主义"盛行，已成为坚持马克思主义政治经济学指导地位的一大威胁。"西方经济学中国化"大有与"马克思主义政治经济学中国化"平行并列、分庭抗礼之势，是一种西方经济学与马克思主义政治经济学同为中国改革开放与现代化建设理论指导的观点，

[①] 《毛泽东选集》第二卷，人民出版社1991年版，第534页。

是中国改革开放与现代化建设理论指导的"二元论",说到底是用西方经济学的指导地位取代马克思主义政治经济学的指导地位。西方经济学如果真的"中国化"了,那么马克思主义政治经济学就不仅仅是被"边缘化"了,很可能是被彻底"化"掉了。所以,第一,像改革开放前那样根本排斥、全盘否定西方经济学,是绝对错误的,不可取的,但也切不可把它抬到中国改革开放与现代化建设指导地位的高度。对待西方经济学,只能是在坚持马克思主义政治经济学指导地位的前提下,对其科学成分合理吸收、借鉴与科学运用,对其非科学成分只能分析批判,加以剔除,不能全盘端来,香臭不分一概"食用"。第二,由于经济学理论的意识形态属性,西方经济学原理不可能完全适用于中国国情,这就决定了它不可能"中国化"。西方经济学是同马克思主义政治经济学相对立的思想理论体系,其维护资本主义制度的意识形态属性,是同中国的社会主义制度不相容的,所以它本质上不能成为社会主义国家的理论指导。但这并不排斥在经济运行层面上西方经济学有许多理论可供借鉴,并可以加以实际运用,但无论如何它都不可能上升到中国社会主义现代化建设指导理论的地位。第三,中国如果真正推行"西方经济学中国化",其后果必然是"化"掉马克思主义政治经济学的指导地位,进而"化"掉中国的社会主义制度。这绝非危言耸听。理由极其简单:西方经济学理论的核心是私有制基础上的"利己经济人"理论。该理论认为,私有制最符合"经济人人性",最适合社会生产力发展要求,是优越的所有制形式。用西方新制度经济学的代表人物科斯与诺斯的话说,私有产权制度安排交易费用最少,因而最有效率。按照这种理论要求进行我国国有企业改革,必走私有化之路。因为在这种理论看来,国有企业的公有产权与市场经济要求是根本不相容的,它导致产权主体缺位,无人对企业负实际责任。要改变这种状况,唯一出路就是进行产权制度改革,变公有产权为私有产权,实行产权私有化。可见,西方经济学理论指导中国改革开放与现代化建设的后果必定是私有化。这绝不仅仅是一个理论逻辑,更是一种必然的实践结果。

三 马克思主义政治经济学必须科学化，但不要"数学化"与"现象化"

如上所述，在马克思主义政治经济学现代化进程中不断摒弃个别原理和个别结论，不断完善与发展其基本原理的过程，就是马克思主义政治经济学理论不断科学化的过程。这也是一个弃旧扬新、不断去掉非科学因素和过时成分的自我完善的过程。同时，在马克思主义政治经济学中国化进程中，其一些个别原理和个别结论会产生同中国社会主义建设实践不相适应或完全不适用的情况，也要不断地摒弃掉，以使其基本原理能同中国社会主义建设实践更好地结合，这个过程也是马克思主义政治经济学不断科学化的过程。因此，科学性是马克思主义政治经济学的内在本质属性，科学化是我们坚持马克思主义政治经济学指导地位的核心。

（一）马克思主义政治经济学科学化一定要"数学化"吗？

持肯定意见的确有人在。程祖瑞在《经济学数学化导论》一书中说，经济学若不数学化是不可能成为真正科学的。该书特别指出："经济学数学化的过程，就是经济学新老范式的转换过程，是中国经济学科学化和现代化的过程。"[1]

笔者认为，在经济学研究中应用数学，是应该的，而且是必需的，它确实可以使经济学包括马克思主义政治经济学科学化。在政治经济学史上，无论是西方经济学大师还是马克思，他们都是运用数学研究经济学的楷模与典范。威廉·配第在《政治算术》中运用数量分析方法论证了英国掌握世界贸易霸权的可能性，被马克思称为"英国政治经济学之父"[2]。古典政治经济学大师亚当·斯密、大卫·李嘉图，以及庸俗经济学家萨伊、马尔萨

---

[1] 程祖瑞：《经济学数学化导论》，中国社会科学出版社2003年版，第6页。
[2] 《马克思恩格斯全集》第十三卷，人民出版社1962年版，第43页。

斯等，无不运用数学研究经济学问题；乃至现代经济学大师萨缪尔森、库兹涅茨、弗里德曼等，尤其是宏观经济学大师凯恩斯，无不成功地运用数学研究经济学。但据笔者所知，他们并没提出经济学一定要数学化之主张。马克思在《资本论》中更是成功地运用了数学工具，几乎对每个经济范畴在作了质的规定的基础上都作了数量关系分析。《资本论》是马克思主义政治经济学的经典之作，堪称旷世之科学名著。然而，马克思也并未提出经济学一定要数学化之主张。

经济学数学化之始作俑者，是英国经济学家斯坦利·杰文斯。他在《政治经济学理论》一书中讲："政治经济学如果是一门科学，它必须是一种数学的科学。……我的经济学理论在性质上纯然是数学的"，"在我看，只因经济学所研究的是量，所以它必须是数学的"。[1] 这些论断显然是失之偏颇的，因为任何一门经济学都不仅仅研究量，而必须首先研究质。在世界上万事万物均是质与量相统一的，只研究量不研究质是不可能揭示事物内在本质及其运动规律的。数学是一门科学，但政治经济学并非必定在性质上纯然是数学的才能成为科学。

数学在经济学中的运用是有一个"度"的。适度，即合理运用；过度，即为滥用。所谓经济学数学化，就是将经济学的所有原理及其所研究的所有问题数量化。依此而论，经济学数学化，无疑属于数学在经济学中的过度运用，即滥用也。

马克思主义政治经济学一定要科学化，并且可以科学化。科学化是马克思主义政治经济学的目标，但马克思主义政治经济学并不一定要数学化，数学化不能成为马克思主义政治经济学的目标，数学充其量只不过是达到马克思主义政治经济学科学化目标的手段而已。

"经济学数学化"命题之所以不科学，根本原因在于它抹杀了经

---

[1] ［英］斯坦利·杰文斯：《政治经济学理论》，郭大力译，商务印书馆1984年版，第30页。

济学与数学两门科学的界限,将二者完全等同起来。毛泽东指出:"科学研究的区分,就是根据科学对象所具有的特殊的矛盾性。"① 人所共知,经济学与数学是两门独立的科学,它们具有不同的研究对象及领域,分属不同的学科。按最一般的定义,经济学"是研究人类社会中支配物质生活资料的生产和交换的规律的科学"②。由于它们研究的经济问题属于历史范畴,它所研究的经济关系运动又具有历史性,即它要随着历史条件的变化而变化,所以"政治经济学本质上是一门历史的科学"③。显然,它属于社会科学范畴。而数学不同,它是研究世界上一切数量关系及其变动规律的。恩格斯在《反杜林论》中给数学下定义说:"纯数学的对象是现实世界的空间形式和数量关系。"④ 数学所研究的范畴、概念、定理、公式等均系自然界永恒范畴,属于自然科学范畴,它并不随社会历史条件的变化而变化。可见,经济学与数学二者可以互相交叉、渗透,但二者不能画等号,亦不能"互化"。如同数学不能经济学化一样,经济学也不能数学化。所以,把数学化作为马克思主义政治经济学的目标盲目加以追求,是无助于或不利于马克思主义政治经济学科学化的。当今,世界经济科学发展史已经表明,数学化已将现代西方经济学引入了歧途。著名经济学家麦科洛斯基(D. McCloskey)对近30年来经济学中运用数学模型、回归分析的状况作了详尽的实证分析后指出:"由于追求构造精致的数学模型",结果使"现代经济学"走上了"歧路"。⑤ 马克思主义政治经济学现代化、中国化及科学化,切不可重蹈西方经济学数学化之覆辙,一定要科学合理地运用数学工具,而切不可把它当作目标盲目加以追求,并付诸实践。

---

① 《毛泽东选集》第一卷,人民出版社1991年版,第309页。
② 《马克思恩格斯选集》第三卷,人民出版社1995年版,第489页。
③ 《马克思恩格斯选集》第三卷,人民出版社1995年版,第489页。
④ 《马克思恩格斯全集》第二十卷,人民出版社1971年版,第41页。
⑤ 薛兆丰:《我们应该怎样看待中国经济学家》,《中国图书评论》2006年第3期。

(二) 马克思主义政治经济学是科学真理，具有实用性

毛泽东指出："有用的非即真理，但真理必须有用。"[①] 马克思主义政治经济学是一门经济理论科学，它所揭示的是人类社会生产关系发展运动规律，具有客观真理性，因而具有实用性。"经世致用"即是说，它是一门有用之学，而绝不是"无用之学"。它之所以具有科学真理属性，根本原因在于它不仅仅观察经济现象，而且还研究其本质，透过经济现象揭示经济本质。本质与现象是两个既相互联系又有重要区别的范畴。本质是事物的内在联系，是决定事物性质和发展趋势的东西，现象是事物的外部联系，是事物本质的外在表现。本质是比较单一、稳定、深刻的东西；而现象则是比较丰富、多变、表面的东西；因此不能把二者简单等同起来，更不能颠倒。假象的存在掩盖了事物的本质。科学在于透过现象揭示本质。马克思讲："如果事物的表现形式和事物的本质会直接合而为一，一切科学就都成为多余的了。"[②] 经济学界有一种颇为"新奇"的观点："生产方式决定生产关系，从某种意义上来说，生产方式是本质，生产关系是现象，我们能够观察到的各种经济现象，大都是生产关系的直接体现，因此，人们才非常容易接受把生产关系作为政治经济学研究对象的观点。有人认为，马克思的政治经济学揭示了资本主义经济的本质，其实这是一个误解，马克思的政治经济学所揭示的其实只是资本主义的经济现象，通过这些现象，我们的确可以了解资本主义经济本质，但这一本质本身，马克思并没有给出明确的答案。"[③] 这里明显有两个错误：其一是将生产方式界定为本质，而将生产关系界定为现象。其二，说马克思只是揭示了资本主义经济现象，根本没有对资本主义经济本质"给出明确答案"。

---

① 陈先达：《马克思主义哲学的当代性与文本解读》，《中国社会科学》2007年第5期。

② 《马克思恩格斯全集》第四十六卷，人民出版社2003年版，第925页。

③ 李萍、武建奇、杨慧玲、杜漪等：《反思与创新：转型期中国政治经济学发展研究》，经济科学出版社2006年版，第155页。

不可否认,"非真理"或"非科学的东西",也可以是"有用"的。西方经济学中有不少东西就属于这种情况。例如,"边际效用价值论",就是颇具代表性的一个。它是西方价值理论流传甚广、影响颇大的一种庸俗价值理论。该理论认为商品的价值取决于它的"边际效用",而"边际效用"又取决于人们对这种商品效用的需要程度。这种纯粹的"主观价值论"显然是"非科学的东西",然而,它却是非常"有用"的,即可以解释"为什么稀缺商品'价值大'"的这一问题。这里要特别指出的是,所谓"有用",对不同人群甚至不同的阶级是大不相同的。它对于"非劳动阶层或阶级"是非常"有用"的,更是非常有益的,因为它可以把劳动者阶层或阶级创造价值的真相掩盖起来;而对"劳动阶层或阶级"来说可以是"无用"的,即便"有用"也只能是"坏作用"。因此,这种"主观价值论"带有明显的价值判断意味。学术界有人责难马克思主义政治经济学是一种价值判断,意思是西方经济学毫无价值判断,不仅是欺人之谈,也是无稽之谈。作为一种社会科学,无论是马克思主义政治经济学还是西方经济学,都蕴含着价值判断。问题在于价值判断是否科学。马克思主义政治经济学的价值判断符合客观规律,因此是科学的,具有真理性;而西方经济学的"边际效用价值论"不符合劳动创造价值的客观实际和客观规律,尽管其对"非劳动阶层或阶级"极为"有用",但也不具有真理性,因而是非科学的。所以,绝不可认为"有用"即是真理,即是科学。

"今天马克思主义政治经济学已经无用了",这种诘难显然是错误的。持这种"无用"论的人主要是认为马克思主义政治经济学已解释与说明不了当代资本主义现实。首先,不能搞简单对号,强行用马克思150多年前的论述与当代复杂的现实问题"对号入座"。这是典型的机械主义、教条主义。列宁指出:"只有不可救药的书呆子才会单单引证马克思关于另一历史时代的某一论述来解决当前发生的独特而复杂的问题。"[①]。其次,务必正确看待马克思主义政

[①] 《列宁选集》第一卷,人民出版社1972年版,第159页。

治经济学原理的"有用性"。如前所述,马克思主义政治经济学原理分为基本原理与个别原理、个别结论,其个别原理、个别结论是会随着时代的变迁及社会实践的变化而"过时"的,因而会变得"无用";而其基本原理由于揭示了社会发展的一般规律,不会因时代的改变而变得"无用"。所以不能笼而统之地认为马克思主义政治经济学"根本无用"。再次,看马克思主义政治经济学的科学有用性,绝不能仅看其是否能解释与说明社会表象,而更重要的是看其是否揭示了社会表象背后所隐藏的内在本质联系及质的规定性。马克思主义政治经济学绝不是一种关于社会表象的科学,而是揭示社会经济发展内在本质规律的科学。最后,必须强调指出,马克思主义政治经济学具有科学有用性,但它绝不是包治百病的"万应灵药",不能解释一切,更不能期望它解决世间所有问题。因此,不能由于马克思主义政治经济学一时还不能全面解释社会个别经济现象,还不能医治个别社会"经济病",就因此而否定其科学真理性。

(本文发表于《长白学刊》2009年第6期)

论经济学的人性假设

一 人性问题是一切科学的"心脏",人性科学构成其他一切科学的基础

一个时期以来,学术界有一种观点认为斯密的"经济人"人性理论开了人性理论研究之先河,为西方人性理论奠定了基础。其实,这是一种误解。早在亚当·斯密1776年发表《国富论》提出著名"利己经济人"假设之前,许多经济学家和哲学家便对人性问题给予了极大的关注,并进行了较系统的分析与研究。其中,英国经济学家孟德维尔于1714年出版的《蜜蜂的寓言》中就明确指出:一个人之所以成为社会动物,不是友情,不是善性,而是他那卑鄙可恶的本性,这种本性使他追逐个人的快乐和利益。社会上如果每个人都自由地追逐个人快乐和利益,其结果便会自然而然地增进社会财富和"公共利益"。可见,所谓"经济人"利己与利他之本性并非亚当·斯密之先论及首创,亚当·斯密完全承袭了孟德维尔的衣钵。尤其值得一提的是,英国大哲学家、经济学家休谟更是研究人性理论的大师。他在代表作《人性论》中说:"我们可以断言,凡引起爱或骄傲的任何心理性质是善良的,而凡引起恨或谦卑的性质是恶劣的。"[①] 他说,"自私这个性质被渲染得太过火了","我们

[①] [英]休谟:《人性论》下册,关文运译,商务印书馆1996年版,第617页。

必须承认人性中具有慷慨这样一种美德"。① 休谟1776年逝世，恰好这一年亚当·斯密《国富论》出版。这说明休谟才是人性问题研究之先哲，其人性理论为西方经济学奠定了哲学基础。

休谟在《人性论》中明确提出"关于人的科学是其他科学唯一牢固的基础"的著名论断。他指出："一切科学对于人性总是或多或少地有些关系，任何科学不论似乎与人性离得多远，它们总是会通过这样或那样的途径回到人性。即使数学、自然哲学和自然宗教，也是在某种程度上依靠于人的科学，因为这些科学是在人类的认识范围之内，并且是根据他的能力和官能而被判断的。"② 在他看来，逻辑学、道德学、批评学和政治学更是和人性有密切关系的科学，而哲学则可以"直捣这些科学的首都或心脏，即人性本身；一旦掌握了人性以后，我们在其他方面就有希望轻而易举地取得胜利了。从这个岗位，我们可以扩展到征服那些和人生有较为密切关系的一切科学……任何重要问题的解决关键，无不包括在关于人的科学中间"③。这里，休谟虽然没有专门提及经济学，但"一切科学"显然包括经济学在内，因此人性科学成为经济学的基础乃是题中应有之义。人口经济学作为经济学的一个重要分支，更是需要以人性科学为基础。人口经济学以人口为研究对象，必须从人性出发，研究人口变动及其与经济发展关系的规律。离开人性的本质规律，就不可能科学说明人口规律，更无法揭示经济发展规律。所以，人性科学是一切科学的"心脏"。

二 人是自然人与社会人的复合体，具有自然性与社会性

唯物主义认为，人并非上帝和神创造的，而是来源于动物界。

---

① ［英］休谟：《人性论》下册，关文运译，商务印书馆1996年版，第527页。
② ［英］休谟：《人性论》下册，关文运译，商务印书馆1996年版，第6—7页。
③ ［英］休谟：《人性论》下册，关文运译，商务印书馆1996年版，第7—8页。

恩格斯指出："人来源于动物界这一事实已经决定人永远不能完全摆脱兽性，所以问题永远只能在于摆脱得多些或少些，在于兽性或人性的程度上的差异。"① 人同动物一样都具有生理机体，都有以本能需要为基础的食欲、性欲、适应环境及自我保存的基本属性及功能。人的这种自然属性是人性存在与发展的自然基础。研究人性首先必须承认和肯定人的这种自然属性，这是人性研究的逻辑起点。因为人任何时候或在任何条件下都不可能与自然界完全隔绝，都不能脱离开自然环境。正如恩格斯指出："人本身是自然界的产物，是在自己所处的环境中并且和这个环境一起发展起来的。"② 人要呼吸空气，要沐浴阳光雨露，要从自然界获取生存所必需的一切东西，一句话："人靠自然界生活。"③ 人离开自然界便无法生活，这是亘古不变的真理。因此，人必须善待自然界。以往的理论只讲人如何征服、改造自然界，很少讲或根本不讲遵从自然界、适应自然界，违背自然界发展规律，结果使自然界遭受巨大的破坏，破坏了人生存的自然环境与自然条件，也给人本身自然性的维护与发展带来巨大的危害与灾难。所以，研究人性，忽视与否定人的自然性是万万不可以的，实践证明是遗患无穷的。

然而，人不仅是自然人，还是社会人，即人不仅具有自然属性，还具有社会属性。马克思指出："人不仅仅是自然存在物，而且是人的自然存在物，也就是说，是为自身而存在着的存在物，因而是类存在物。"④ 这里的"类"可以看作"群体"的别称。"人的类的特性恰恰就是自由的有意识的活动"⑤，无"类"便谈不上"人类社会"。人与动物的区别在于他们的活动具有目的性及自觉性，在于他们能够自觉地生产自己所需要的生活资料，故

---

① 《马克思恩格斯选集》第三卷，人民出版社 1995 年版，第 442 页。
② 《马克思恩格斯选集》第三卷，人民出版社 1995 年版，第 374 页。
③ 《马克思恩格斯选集》第一卷，人民出版社 1995 年版，第 45 页。
④ 《马克思恩格斯选集》第四十二卷，人民出版社 1979 年版，第 169 页。
⑤ 《马克思恩格斯选集》第一卷，人民出版社 1995 年版，第 46 页。

马克思称人是"天生的社会动物"①。

现实中的人，绝非孤立存在的个体抽象物，其本质是社会关系的总和。人的本质并不是由其自然性所决定的，而是由其社会性所决定并体现的。由于"社会关系"在不同的历史阶段或在不同社会制度下有所不同，因此人的本质会具有截然不同的性质。自然属性是人的一般属性，在任何社会里都是一样的。社会属性是人的特殊的本质属性，它要随着社会关系的变化而不断变化。所以，人的社会性总是一定社会关系下的现实表现，具有现实性、历史性、具体性。人的自然性与社会性是密不可分的，二者统一于人体之中，将二者割裂开来，或者根本对立起来，则是错误的。西方经济学视域中只有人与自然界的关系，只注重人的自然性而忽视人的社会性，主要囿于阶级局限性或出于为资本主义制度辩护之需要；而与其相反，传统马克思主义经济学的视域中却只有生产关系，过分强调人的社会性，忽视或否定人之自然性，这主要是因为陷入了把马克思主义政治经济学对象片面理解为只研究生产关系可以不问生产力状况的误区。这两种偏向，都在理论与实践上背离了科学的人性理论，没有真正做到人的自然性与社会性的辩证有机统一。

三　西方经济学的研究对象与人性

西方经济学从古典学派到现代学派，其间涌现出众多不同的分支与流派，尽管它们对政治经济学研究对象提法各有不同，但无不把人纳入政治经济学的研究对象，无不涉及人性问题。

英国古典政治经济学大师亚当·斯密在《国富论》中指出："政治经济学，作为政治家或立法者的一门科学时，所企图达到的有两个不同的目的：第一，是要为人民提供丰富收入……第二，是要使政府或联邦获得足够为公众服务的收入。总之，政治经济学所

---

① 刘尚希：《公共化与社会化的逻辑》，《学习与探索》2008 年第 5 期。

谋划的，是如何使人民和君主都富足起来。"① 这是著名的人民与国家共同"富足论"。对亚当·斯密的上述界定，人本主义经济学始祖、小资产阶级经济学的代表人物西斯蒙第是基本赞同的。他在《政治经济学研究》一书中讲："从政府的事业看，人民的物质福利是政治经济学的对象。"还讲："政治经济学的研究对象是人人分享物质财富。"② 与亚当·斯密不同的是，西斯蒙第特别强调政治经济学要以人为出发点与归宿，把财富视为实现社会幸福的手段，认为只有人人分享财富，尤其是穷人丰衣足食、安居乐业，社会才会兴旺发达。

19世纪晚期边际主义经济学奠基人莱昂·瓦尔拉斯则对亚当·斯密关于政治经济学研究对象的界定提出批评。他认为亚当·斯密对政治经济学研究对象的界定很不完整，指出，所谓富民富君，"这并不是一门科学的目的。实际上，科学的一个主要特征是，在全然不计及成果好坏的条件下，不断追求纯粹的真理"③。他认为，欲科学阐明政治经济学的研究对象，必然要区分科学、技术与伦理学。科学追求的是"真"（即真理），技术追求的是效用，伦理学追求的是"善"，与上述区分相适应，经济学分为纯粹经济学、应用经济学和经济伦理学。他认为亚当·斯密的界定，是将经济学完全归结为应用经济学，忽视了作为"追求真理"的科学经济学。

法国经济学家巴斯夏在《和谐经济论》中指出："政治经济学研究对象是人，是从需要及满足需要的这个角度来考虑的人。因此，当然应该从人和人的本性开始我们的研究。"④ 这可以说是把政治经济学研究对象规定为人，认为其研究要从人及人性出发来开

---

① ［法］莱昂·瓦尔拉斯：《纯粹经济学要义》，蔡受百译，商务印书馆1989年版，第31页。

② ［瑞士］西斯蒙第：《政治经济学研究》第一卷，胡尧步、李直、李玉民译，商务印书馆1989年版，第5页。

③ ［法］莱昂·瓦尔拉斯：《纯粹经济学要义》，蔡受百译，商务印书馆1989年版，第31页。

④ ［法］弗雷德里克·巴斯夏：《和谐经济论》，王家宝等译，中国社会科学出版社1995年版，第68页。

始展开，是对亚当·斯密关于政治经济学研究对象界定的进一步发挥。虽然他被称为庸俗政治经济学大师，但他关于政治经济学研究对象的界定却无庸俗之意，远比亚当·斯密的界定更具真理性，对如何科学界定社会主义政治经济学研究对象更具启迪意义。

"节欲论"创始人之一、英国著名经济学家西尼尔（1790—1864）在其代表作《政治经济学大纲》中对政治经济学研究对象作了以下规定："我们称之为政治经济学的那门科学，所讨论的是财富的性质、生产和分配。"① 这同英国经济学家约·雷·麦克库洛赫对政治经济研究对象的界定几乎如出一辙。约·雷·麦克库洛赫说："政治经济学研究具有交换价值的、并为人所必需的、有用或喜爱的物品或产品的生产、分配和消费的规律的科学。"② 马克思评价他的理论"不仅是李嘉图的庸俗化，并且还是詹姆斯·穆勒的庸俗化"③。这两个人都把政治学对象界定为"财富论"，只不过后者较前者增加了对财富的"消费"。马克思之所以认定约·雷·麦克库洛赫理论"庸俗化"，很重要的一个原因在于他们以心理活动及主观感受来解释财富生产、分配及消费的规律，将政治经济学引上唯心主义歧路。

当代新古典综合派的主要代表人物之一、诺贝尔经济学奖得主、美国著名经济学家萨缪尔森在其代表作《经济学》中把经济学研究对象概括为"资源配置论"。他指出："经济学是研究人和社会如何进行选择，来使可以有其他用途的稀缺的资源以便生产各种商品，并在现在和将来把商品分配给社会的各个成员或集团以供消费之用。"④ 这部教科书自1948年出版以来，已经印刷了十六版，成为全世界发行量最大、影响最大的经济学教科书。这里虽然没有

---

① [英] 西尼尔：《政治经济学大纲》，蔡受百译，商务印书馆1977年版，第17页。
② [英] 约·雷·麦克库洛赫：《政治经济学原理》，郭家麟译，商务印书馆1975年版，第3页。
③ 《剩余价值学说史》第三卷，生活·读书·新知三联书店1957年版，第197页。
④ [美] 保罗·A·萨缪尔森、威廉·D·诺德豪斯：《经济学》（第12版）上，中国发展出版社1992年版，第4页。

当年亚当·斯密的"富国富民",但仍把人或社会成员作为经济学研究对象,基本思路与精神仍是亚当·斯密思想的延续及现代化,只不过突出了如何配置社会资源的思想罢了。

当代著名经济学家、诺贝尔经济奖获得者约瑟夫·E. 斯蒂格利茨是美国较年轻的一流经济学家。他的颇具影响力的《经济学》是一部推翻以萨缪尔森为代表的新古典综合派理论体系的西方经济学入门教科书。他在该书中明确指出:"经济学研究的是:我们社会的个人、厂商、政府和其他组织是如何进行选择的,这些选择又怎样决定社会资源如何被利用。稀缺是经济学的一个显著现象,因为资源稀缺,所以选择是必要的。"[1] 从上可见,斯蒂格里茨对经济学及其研究对象的定义,与萨缪尔森的界定基本是一样的,是"资源配置"论,并且都强调了资源的稀缺性。

综上所述,西方经济学都是以人为主体,以财富或产品的生产、分配和消费为客体,或以资源配置为客体,沿着人—产品的生产、分配与消费;人—财富的生产、分配与享用;人—资源配置的思路来展开研究,据此可以概括出西方经济学研究对象为人—物的关系。这种抽象掉了社会生产中人与人相互关系的政治经济学,更适应掩盖资本主义社会阶级矛盾与对立关系的需要,自然被统治阶级所采纳并大加颂扬,并往往成为政府制定各种政策的理论依据。

四 马克思主义政治经济学的研究对象与人性

马克思主义政治经济学同西方经济学具有同一思想渊源,即二者都建立在英国古典政治经济学基础之上。问题的关键在于,当时欧洲各国资产阶级取得政权以后,古典政治经济学终结,一方面是马克思主义政治经济学在批判古典政治经济学基础上产生,另一方面古典政治经济学转向庸俗化。西方经济学历经160多年的发展,

---

[1] [美] 斯蒂格利茨:《经济学》上册,姚开建等译,中国人民大学出版社1997年版,第10页。

演变出各种不同形式的分支与流派，但就其实质来讲，基本上属于资产阶级庸俗经济学范畴，形成与马克思主义政治经济学相对立的思想理论体系。这样讲，并非说整个西方经济学尤其现代西方经济学统统是庸俗之学，都是替资本主义制度辩护之学，其中不少原理及学说还是具有重要科学价值的。例如，被马克思称为"最反动的经济学家"的马尔萨斯，他创立的人口理论中关于人口的增长要与物质资料生产的发展保持一定比例的思想，就是较科学的。再如，宏观经济学大师凯恩斯提出对自由市场经济进行干预的理论，针对经济大萧条提出扩大总需求的理论及对策，都被实践证明是科学有效的。正如马克思主义政治经济学是在批判古典政治经济学基础上产生一样，它也是在同资产阶级庸俗经济学的斗争中发展壮大起来的。批判资产阶级庸俗经济学，吸收与借鉴西方经济学中科学有益的成果，马克思主义政治经济学才能真正发展壮大。

正因为马克思主义政治经济学与西方经济学既具有同源性又相互矛盾与对立，所以二者在政治经济学的研究对象问题上也具有同一性及重大差别。同一性表现为马克思主义政治经济学也把人及人性问题纳入自己的研究对象范畴，重大差别在于马克思主义政治经济学不仅仅研究人与物之间的关系，更侧重研究人与人之间的生产关系即经济关系。这体现在马克思主义经典作家对政治经济学研究对象的规定中。

马克思的名著《资本论》副标题就是"政治经济学批判"。他在《资本论》序言中讲："我要在本书研究的，是资本主义生产方式以及和它相适应的生产关系和交换关系。"[①] 很显然，马克思这里讲的是狭义政治经济学即资本主义政治经济学的研究对象。虽然没直接提"人"，却突出了人与人之间的关系，因为谁都知道"生产关系和交换关系"就是人与人的关系。恩格斯则从广义政治经济学的角度，把马克思关于政治经济学研究对象的论述进行了创造性的发挥。他指出："政治经济学，从最广的意义上说，是研究

[①] 《马克思恩格斯选集》第二卷，人民出版社1995年版，第100页。

人类社会中支配物质生活资料的生产和交换的规律的科学。"① 还特别强调说:"经济学所研究的不是物,而是人和人之间的关系,归根到底是阶级和阶级之间的关系;可是这些关系总是同物结合着,并且作为物出现。"②

综上可见,马克思和恩格斯关于政治经济学研究对象的规定是十分科学的,它不仅要研究人们自己生活的社会生产,还要研究其中人与人之间的生产关系。即不仅研究人—物的关系,更要研究人—人的关系。这种研究不可能不涉及人的本质及属性问题,人的本性要在这两重关系中充分延续、释放与展现。马克思在《资本论》中对资本主义生产方式及与其相适应的生产关系的分析,就充分揭示了资本家为了满足自己本性的贪欲而剥削与摧残雇佣劳动者人性的全过程,充分证明资本主义制度是一种摧残劳动者人性的不合理的经济制度。由此可见,马克思的经济学是尊重人性的科学的人本经济学。

五 回归斯密的"利己经济人"假设吗

改革开放以来,新自由主义学派在中国经济学界逐渐兴起,甚至上升为主流经济学。该学派认为,实行市场经济,一切经济活动就要由市场机制自动调节,即一切由市场说了算,国家不要干预,即所谓"政府对市场干预越少,越是最好的政府"。因为市场机制最能保证"经济人"本性实现,充分调动个人实现自己利益的积极性,达到自由竞争与机会均等,促进资源优化配置,实现经济效率最大化,所以,古典主义理应复兴,回归亚当·斯密的"利己经济人"假设上去。笔者以为,这不可取。

亚当·斯密的"经济人"假设,确实是从人性天然"自私""自利"出发的。他在《国富论》中明确地讲:"确实,他通常既

---

① 《马克思恩格斯选集》第三卷,人民出版社1995年版,第489页。
② 《马克思恩格斯选集》第二卷,人民出版社1995年版,第44页。

不打算促进公共利益，也不知道他自己是在什么程度上促进那种利益。由于宁愿投资支持国内产业，他只是盘算他自己的安全；由于他管理产业的方式目的在于使其生产物的价值能达到最大限度，他所盘算的也只是他自己的利益。在这场合，像在其他许多场合一样，他受着一只看不见的手的指导，去尽力达到一个并非他本意想要达到的目的。也并不因为事非出于本意，就对社会有害。他追求自己的利益，往往使他能比在真正出于本意的情况下更有效地促进社会的利益。"① 简而言之，每个人从事经济活动的主要目的都是追求自己的利益，在一只看不见的手的指导下，就会在客观上促进公共（或社会）利益。这就是著名的"利己经济人"假设。亚当·斯密运用这个假设分析了分工、交换、商品的自然价格与市场价格、资本利润与劳动工资，论证了地租，考察了国民财富的性质与原因，构建了自己的经济学体系。亚当·斯密的"利己经济人"不仅成为他自己的经济学体系的基础，而且经以后一代代经济学家的补充、扩展、加工、综合等，使之成为整个西方经济学理论大厦的基石，由此亚当·斯密被尊崇为西方经济学的伟大奠基人。

从理论上说，亚当·斯密的"利己经济人"是私有制的理论概括与抽象；更具体地说，是资本主义私有制的人格化。据笔者所知，亚当·斯密的"利己经济人"假设，同他在《道德情操论》中对人性的判断相矛盾。他在《道德情操论》中开宗明义讲："无论人们会认为某人怎样自私，这个人的天赋中总是明显地存在着这样一些本性，这些本性使他关心别人的命运，把别人的幸福看成是自己的事情，虽然他除了看到别人的幸福而感到高兴以外，一无所得。"② 很显然，这里他又讲了人不仅有自私自利的本性，还有利他的本性。尽管这可能更接近科学正确，但由于《道德情操论》这种利他本性与当时自由资本主义经济发展要求相悖，并未被当时的

---

① ［英］亚当·斯密：《国民财富的性质和原因的研究》上卷，郭大力、王亚南译，商务印书馆1972年版，第27页。

② ［英］亚当·斯密：《道德情操论》，蒋自强等译，商务印书馆1997年版，第5页。

统治阶级所接纳，也并未被以后的经济学家所推崇。而《国富论》中的"利己经济人"假设却由于适应了自由资本主义经济发展的必然要求，从理论上给了资本家阶级追逐利润最大化的"发动机"，因此它备受当时处于上升期的资产阶级的赏识与接受，并从理论转变为实际行动。一百多年来，经过一代又一代经济学家的补充与完善，使之演进为西方经济学的核心与精髓，甚至成为资本主义世界各国坚守不变的理论指导与崇尚信条。

马克思严厉地批判了亚当·斯密的"利己经济人"，认为他只看到了人的自然性，抹杀了人的社会性，尖锐指出："按照他们（指斯密和李嘉图——引者注）关于人类天性的看法，合乎自然的个人并不是从历史中产生的，而是由自然造成的。"[①] 因为，"人是最名副其实的政治动物，不仅是一种合群的动物，而且是只有在社会中［M—2］才能独立的动物"[②]。既然如此，人就不可避免地具有"利他"属性，在商品经济社会分工体系中，人只有"利他"才能更好地"利己"，不"利他"就不可能"利己"。人并非天然性恶性善。"人之初，性本恶""人之初，性本善"均系误解与偏见。人性恶与善尽管与自然环境不无关系，但它主要是在社会关系中形成并成熟起来的，它是"后天"的，而非"先天"固有的。并且，每个人的人性都是二元的，都有恶善两个方面。每个经济活动，每个选择与决策，均是善、恶两个方面博弈的结果。善性战胜恶性，就是一个善良之人；恶性胜于善性，就成为一个恶人。

当然，马克思并不否定人性，并有自己的"经济人"假设。他在《资本论》第一版序言中公开声明："为了避免可能产生的误解，要说明一下。我决不用玫瑰色描绘资本家和地主的面貌。不过这里涉及的人，只是经济范畴的人格化，是一定的阶级关系和利益的承担者。……不管个人在主观上怎样超脱各种关系，他在社会意

[①] 《马克思恩格斯选集》第十二卷，人民出版社 1962 年版，第 734 页。
[②] 《马克思恩格斯全集》第四十六卷上册，人民出版社 1979 年版，第 21 页。

义上总是这些关系的产物。"① 按照马克思的上述"经济人"假设,《资本论》起码有多种"经济人",即资本所有者、土地所有者及商品所有者等。商品所有者系一般商品生产"经济人","商品是天生的平等派"②,所以他们必然是天生的平等派,只有在利他的同时才能"利己",因为他生产的商品只有符合他人需要,才能获取商品价值,实现自己的利益。当然,马克思在《资本论》中更多地研究资本人格化——资本家这个"经济人",深入系统地揭示了其贪婪的本性,指出"资本家的灵魂就是资本的灵魂",并引用托·登宁的话说:"资本害怕没有利润或利润太小,就象自然界害怕真空一样。一旦有适当的利润,资本就胆大起来。如果有10%的利润,它就保证到处被使用;有20%的利润,它就活跃起来;有50%的利润,它就铤而走险;为了100%的利润,它就敢践踏一切人间法律;有300%的利润,它就敢犯任何罪行,甚至冒绞首的危险。"③ 这并不是资本家的自然本性,而是由其社会本性所决定的,因此也不能用人的自然道德属性来解释与说明。亚当·斯密的"利己经济人",只顾追求一己私利,根本不顾及公共(社会)利益,正是马克思所揭露与鞭笞的。

毋庸置疑,马克思主义者从来不否定和抹杀个人的私利。马克思指出:"把人与社会连接起来的惟一纽带是天然必然性,是需要和私人利益。"④ 恩格斯指出:"需要就是人的本性","在现实世界中,个人有许多需要。"⑤ 在人类社会发展的各个阶段都不能否定和抹杀私人利益,尤其是社会主义初级阶段更不能没有私人利益。"天下熙熙,皆为利来;天下攘攘,皆为利往。"这是一幅生动的争取利益的生活图画。正如马克思所说:"人们奋斗所争取的一切,

---

① 《马克思恩格斯选集》第二卷,人民出版社1995年版,第101—102页。
② 《马克思恩格斯全集》第二十三卷,人民出版社1972年版,第103页。
③ 《资本论》第一卷,人民出版社1975年版,第829页。
④ 《马克思恩格斯全集》第一卷,人民出版社1956年版,第439页。
⑤ 《马克思恩格斯选集》第三卷,人民出版社1960年版,第326页。

都同他们的利益有关。"① 但马克思坚决反对把私人利益与社会利益完全割裂开来的做法，强调指出："私人利益本身已经是社会所决定的利益，而且只有在社会所创造的条件下并使用社会所提供的手段，才能达到；也就是说，私人利益是与这些条件和手段的再生产相联系的。这是私人利益，但它的内容以及实现的形式和手段则是由不以任何人为转移的社会条件决定的。"② 亚当·斯密所主张的"经济人"，人人为自己追逐私利，会通过市场机制与价值规律这只"看不见的手"的作用，自动导致公共利益实现及社会和谐发展，是盲目崇拜、过分迷恋市场，夸大市场机制作用的一种主观唯心主义理论，早已被20世纪30年代大危机的实际所击破。近年来，新自由主义学派大肆倡导古典自由主义复兴，把斯密的"利己经济人"假设视为指引世界经济发展的宝典与指南。如今，历史悲剧正在重演。由美国次贷危机引发的金融危机席卷全球，已经导致世界经济陷入严重衰退。这再一次证明斯密的"利己经济人"理论存在致命缺陷，盲目崇拜与奉行这种理论必然带来灾难性的后果。因此，"回归斯密"的呼声及行动应该停止了！只有走出斯密的"利己经济人"理论陷阱，中国经济乃至世界经济才可能从根本上摆脱困境，步入健康快速发展的轨道。

(本文发表于《长白学刊》2010年第6期)

---

① 《马克思恩格斯全集》第一卷，人民出版社1956年版，第82页。
② 《马克思恩格斯全集》第四十六卷上册，人民出版社1979年版，第102页。

"重建个人所有制"新探

"重建个人所有制"是马克思提出的。由于理解的不同，后人对这一问题的研究和争论至今也没有停止过。进入年代以来，在我国随着经济体制改革的深化，对这一问题的讨论异常活跃。

下面对"重建个人所有制"的真正含义做点新的探求。首先应当搞清个人与社会是什么意思，其次应弄清否定之否定的辩证逻辑的运用特征，最后必须从马克思提出这一问题的历史哲学背景上进行分析。

首先，马克思并非否定生产资料所有制意义上的"个人所有"，而是说明这种"个人所有"具体表现为全体个人共同占有生产资料，共同享有劳动成果，每个人得以分享消费品。"全体个人""所有的个人""每个个人"这些词句，经典作家在讨论个人与社会问题时常常使用。从汉语看，似乎有些费解，因为汉语中"个人"常常被误解为"一个人"的意思。在德语中"个人"（Individum）一词在字面上与"一个人"没有任何共同之处，不会形成误解。例如马克思在《德意志意识形态》中曾指出："在无产阶级的占有制下，许多生产工具应当受每一个个人支配，而财产（Eigentum）则受所有的个人支配。现代的普遍交往，不可能通过其他的途径受一个个人支配。"① 把"个人"与"一个人"混淆正是许多人难以理解"个人所有制"的原因。

其次，人类社会的所有制发展经历了一个辩证的过程。从低水

---

① 《马克思恩格斯全集》第三卷，人民出版社1960年版，第76页。

平的小生产私有制进入资本主义私有制，这是对小生产私有制的否定。社会主义所有制是对资本主义私有制的否定，从而在所有制问题上完成了一个否定之否定的发展周期。因此那些在资本主义私有制中对现实生产力起积极作用的因素必然要进入社会主义所有制中。另外，从劳动者角度看，从劳动者简单占有小生产者，到非劳动者占有资本家，再到联合的劳动者占有，同样经历了一个否定之否定的发展周期。所以马克思指出："把资本变为公共的、属于社会全体成员的财产，这并不是把个人财产变为社会财产，这里所改变的只是财产的社会性质。"① 以往的论者大多只注意所有制的辩证发展周期，而忽视了劳动者占有的辩证发展周期。在未来社会，劳动者和生产条件之间原有的统一得到恢复，而联合起来的劳动者自觉地把许多个人劳动力当作一个社会劳动力发挥作用，形成自由人联合体。

再者，马克思对经济问题的分析，是建立在广阔的历史哲学背景下的。马克思研究的目的是揭示人类社会发展的一般规律，指明未来社会的发展方向。所以对于重新建立个人所有制的理解，不能囿于社会制度演进的某一个局部过程的改变，而应从人类社会发展的未来方向加以阐释。马克思在《经济学手稿（1857—1958）》中有过这样的论述："人的依赖关系起初完全是自然发生的，是最初的社会形态，在这种形态下，人的生产能力只是在狭窄的范围内和孤立的地点上发展着，以物的依赖性为基础的人的独立性，是第二大形态，在这种形态下，才形成普遍的社会物质变换，全面的关系，多方面的需求以及全面的能力的体系。建立在个人全面发展和他们共同的社会生产能力成为他们的社会财富这一基础上的自由个性，是第三个阶段。"② 这就是说，人本身与生产能力和社会关系的关系，就反映了人的个体在物质生活生产中取得自由的程度，所以马克思说："人们的社会历史始终只是他们

---

① 《马克思恩格斯选集》第一卷，人民出版社1995年版，第287页。
② 《马克思恩格斯全集》第四十六卷上册，人民出版社1979年版，第104页。

的个体发展的历史，而不管他们是否意识到这一点。"① 实际上，马克思是以人的个体发展作为衡量人类社会发展的尺度。对个人所有制的理解应当结合这一观点。

根据以上分析，我们认为"重建个人所有制"是一种具有双重含义的社会主义公有制。与以往对生产资料公有的通常理解不一样，不是按照从社会整体到个人这样一个顺序来分析，而是从个人到社会整体这样一个顺序来考察。我们强调人类社会发展是个体发展的历史，因而从每个劳动者个人角度来看待所有关系。劳动者对生产资料的所有权有两种形式——直接所有权与间接所有权。这种双重意义的社会主义公有制既能保持劳动者的自主选择权，又能保证社会化大生产及其分工协作。它符合马克思的否定之否定的辩证逻辑，一方面保留了两个阶段的积极因素——劳动者的主体性和社会化占有，另一方面舍弃了两个阶段的消极因素——私有制和非劳动者占有。

社会主义公有制中的直接所有权是指劳动者拥有一份属于自己的生产资料，这是对部分生产资料具有直接的处置和获得收入的权利；间接所有权是劳动者对于归全体劳动者共同占有的生产资料拥有的所有权，具有不可分割性。这种间接所有权只有通过政府或企业才能行使所有者职能。

过去对社会主义公有制的理解是作为一个整体来考察的，落实到个人时就出现了不可分割性和外部不经济性。实际上，这种从社会整体到个人，只涉及间接所有权。反之，换个角度，先来确定每个人的直接所有权，然后联合起来，形成社会整体的占有就大不一样。关键在于直接所有权是可以进行分割的，因而是可交易的，这为全民所有制内部"镶嵌"市场机制准备了条件。

在小私有制下，个人既是劳动者，又是所有者，也是经营者，因而小私有制是一种各种权利相统一的直接所有制，它是一种原始状态的直接所有制。随着社会的发展，直接所有权可以同法人所有

---

① 《马克思恩格斯全集》第二十七卷，人民出版社1972年版，第478页。

权相分离，所有权可以同经营权相分离。在直接所有者和所占有的生产资料之间有中间组织。在现代股份制企业，股东对相应于自己股权的那部分生产资料拥有最终所有权，可进行交易和获得股息等，中间组织经理、董事阶层拥有法人所有权，对股份公司全部法人财产的经营，股东只承担有限责任，这种形式的直接所有制就是一种发达状态的直接所有制。这种直接所有制与社会化大生产及其分工协作相适应。

间接所有关系，由于生产经营的集中性，有利于实现社会化。而且由于政府的参与，能更好地实现社会公益目标，因而是必不可少的。我们认为社会主义股份制是实现双重意义的社会主义公有制的最好途径。对于国有股份来说，劳动者有间接所有权，对于职工股份来说，劳动者对自己股份对应的生产资料具有直接所有权，因此股份制较好地实现了直接所有权与间接所有权的结合。

如果说以上论断系出于学术理论论证，那么环顾现实经济生活，具有双重含义的所有关系就不再是理论演绎。这里可分为两种情况：一种情况是从整个社会来看，所有关系是多元化的，既有全民所有的财产和集体所有的财产，也有归个人所有并由个人独立经营的财产即个体所有制经济和私营经济。个体经济和私营经济的当事人具有双重所有权，一方面他是自己财产的所有者，因而拥有直接所有权；另一方面也是全民财产的一个共同所有者，因为他也是全民中的一员，拥有间接所有权。第二种情况是在公有财产范围内，每个在公有财产单位服务的个人都具有双重的所有关系。只是由于个人在公有制单位服务，他不可能像小私有者那样独立经营归他所有的财产，他是投资者，但不是具体使用者。当个人将其直接所有权例如股份形式融入公有制，社会主义公有制的财产结构就出现了双重财产结构。

毋庸讳言，马克思设想的未来社会主义社会，生产力是高度发达的，而我们现在的社会生产力水平很低，还不能把许多个人劳动力当作一个社会劳动力发挥作用，这里还存在个人劳动力之间的差异，因而每个人对生产资料占有的实现形式有所不同。从这个意义上讲，我们坚持"重建个人所有制"系双重意义的社会主义公有制，是带有自己的理解，它是在社会主义市场经济大背景下所进行的思考。

(本文发表于《长白论丛》1996年第2期)

二

政治经济学基本理论问题研究

数学化：中国政治经济学现代化的误区

政治经济学之所以不能数学化，有以下诸方面原因。

第一，经济学与数学是两门独立的科学，它们具有不同的研究领域及对象，分属不同的学科。按最一般的定义，经济学是研究人类社会中经济关系运动规律的，用恩格斯的话讲："政治经济学，从最广的意义上说，是研究人类社会中支配物质生活资料的生产和交换的规律的科学。"由于政治经济学所研究的经济范畴属于历史范畴，经济关系的产生及运动又具有历史性，即随着历史条件的变化而变化，所以"政治经济学本质上是一门历史的科学"。而数学与此不同，它是研究世界上一切数量关系及其变动规律的。恩格斯在《反杜林论》中给数学下定义说："纯数学的对象是现实世界的空间形式和数量关系。"数学所研究的范畴、概念、定理等均系自然界永恒范畴，属于自然科学范畴，它并不随社会历史条件的变化而改变。可见，经济学与数学二者可以互相交叉、渗透，但二者不能画等号，亦不能"互化"，如同数学不能经济学化一样，经济学也不能数学化。

第二，经济规律不同于数学规律，不能完全由数学公式来表述与表达。数学规律是世界中自然现象之间的内在本质联系，具有永恒性；而经济规律是社会经济现象之间的内在本质联系，具有社会性。正是由于经济规律具有与数学规律根本不同的社会性，因此经济规律不可能完全由数学公式来表述与表达。不可否认，社会经济现象中存在大量数量关系，不少经济规律亦可以用数学公式来表述和表达，例如价值规律、货币流通规律、剩余价值率规律、资本有机构成变动规律、资本循环与周转规律、社会总资本再生产与流通规律、利润率及平均利润率变动规律、利息率规律，以及地租规律等。但切不可以认为所有的社会经济规律均可以用数学公式来确切表述或表达。比如，按劳分配规律，就是按劳动者提供的劳动数量及质量来分配消费品的规律。其中包含着数量关系，但我认为难以用数学公式准确表达和表述出来。首先，这里有一系列问题难以确定：一是按劳分配的"劳"如何确定。劳动者的劳动有三种形态：潜在形态、流动形态、凝固形态。究竟按以上哪一种形态的劳动来分配消费品？二是劳动者的劳动质量如何用数学公式来反映。其次，世界上劳动者成千上万，甚至过亿，劳动者的劳动能力千差万别，能否为每个劳动者都通过建立独立的数学模型得出一个消费品分配公式来？再次，还有一个重大问题，即数学的科学性在于它的精确性。如果数学不能精确地反映按劳分配关系、存在不可避免的误差，那还谈什么科学？再有，生产力决定生产关系，生产关系必须适合生产力性质与水平的规律，其中肯定存在着数量关系，但如何用一个数学公式或数学模型准确表述或表达出来？

第三，经济统计数字从来都是有水分的，以此为基础建立的数学模型和推导出来的数学公式不可能准确无误，切不可将其视为"勾3股4弦5"那样的"规律"。西方发达国家，资本主义市场经济经过300多年运行与发展，法律法规体系日臻完善，社会信誉体系建设完备。在这种社会环境下，类似安然公司造假丑闻还接连发生，财务假账层出不穷，怎能保证国家经济统计数字的准确性呢？据专家估计，西方发达国家的GDP或GNP均有20%—25%的水分。用不准确或不可信数字推导出数学公式，建立起数学模型，并以此表现客观经济规律的运行轨迹，是不可能准确无误的。因此，对于那些凭借数学公式和数量模型推算出来的数字结论,正确的态度就是"不可不信,不可全信",仅作决策参考而已。数学只能是也应该是政治经济学现代化的重要工具,但绝不能将数学化作为政治经济学现代化的目标与必由之路。

第四,客观经济世界是个错综复杂的世界,更是一个千变万化的混沌世界。其中充满未知因素及不确定因素,甚至蕴含诸多突发因素及不可抗拒因素。社会经济变化绝不会循着 1+2=3 的规律变化,而经常会发生 1+2>3 或 1+2<3 的情况。因此,企图用数学公式和数学模型将复杂多变而且越来越混沌化的经济世界加以精确化,愿望是好的,但结果很可能如高度计划经济那样,越计划得"周全",越计算得细微,会失败得越惨。它不仅在理论上容易将"听之无声,视之无形"的经济规律简单化、凝固化,将鲜活、生动的质量互变并统一的经济规律变成单一的数量关系,不能揭示经济现象背后的质的规定性,无助于全面正确地认识经济规律;而且在实践上不利于人们对经济规律的驾驭与运用,从而不可避免地给现代化建设带来损害。

第五,数学化已经将现代西方经济学引入了歧途,马克思主义政治经济学现代化切不可重蹈其覆辙。著名经济学家麦科洛斯基对近 30 多年来经济学中运用数学模型、回归分析的状况作详尽的实证分析后指出:由于"追求构造'精致经济数学模型'",结果使"现代经济学"走上了"歧路"。为什么会是这样?薛兆丰认为:一是"宏观经济模型基本上是数学游戏";二是"回归分析"的"基础太脆弱",它"摆脱不了搞数字游戏的嫌疑和隐患"。尽管薛兆丰先生的"游戏论"有偏激之嫌,但其着实指出了经济学的数学化之路是一条歧路。号称数理经济学鼻祖的萨缪尔森在他的名著《经济学》中曾对苏联 GDP 增长趋势作了"科学预测",认为它会很快超过美国,但到 20 世纪 90 年代初苏联解体了,其"科学预测"也以失算而告终。薛兆丰说,哪怕经济学家用的方式再复杂,计算机运转得再快,学术用语弄得再高深,经济学家对真实世界作出过什么准确的经济预测吗？连需求曲线都争吵了几十年，经济学家之间究竟能达成多少共识？那么多的经济转型国家，能依据经济学家勾勒的蓝图成功过渡的又有几个？实践已经表明，现代西方经济学已经陷入数学化之歧途困境，马克思主义政治经济学现代化绝不能再走数学化之路。

（本文发表于《经济学家》2008年第2期）

对马克思主义政治经济学关于资本主义若干经济范畴的重新认识

世界上没有一成不变的经济理论，不存在凝固不变的适用于一切时代并可以解释任何经济现象的经济范畴。因为社会实践之河波翻滔涌水长流，故而理论之树常青，其果实也是常新的。然而，长期以来，我们在封闭和闭塞的条件下学习和讲授资本主义部分政治经济学，用绝对化的观念和固定的眼光去认识和理解资本主义的一些经济范畴，这样就产生了一个不良的结果：一百多年来，资本主义世界的经济发生了巨大的变化，而我们的经济理论及我们对资本主义一些经济范畴的理解和认识却仍停留在几十年前乃至一百多年前的水平上。

马克思主义政治经济学要随着时代的前进而不断发展。我们只有以科学的态度，用当代的新知识、新材料、新经验去重新认识资本主义的一些经济范畴，站在新时代的制高点上去审视以往的理论，才能使马克思主义的资本主义部分政治经济学革旧布新、充满生机与活力，成为当代指导我们正确认识资本主义的强大思想武器。

一 关于"剩余价值"

人所共知，"剩余价值"的概念，并不是马克思的发明。早在马克思之前，资产阶级古典经济学家们已使用了"剩余价值"的概念。但他们根本不知道剩余价值的真正来源，更无法科学揭示出剩余价值所真正体现的阶级对立关系，当然这是由他们的阶级本质和立场所决定的。马克思创立了科学的劳动二重性学说，创立了劳动力商品的理论，科学地揭示出剩余价值的真正来源及本质，进而揭示了无产阶级与资产阶级对立的经济根源，为无产阶级起来革命，推翻资本主义剥削制度提供了理论武器。

马克思认为，以榨取剩余价值的方式进行剥削，是资本主义制度区别于以往的剥削制度的一个重要标志。但是，马克思从来没有认为"剩余价值"范畴只为资本主义所"特有"。长期以来，我国学术界有一种极不好、极不科学的方法论，对某些经济范畴很少作客观的研究与分析，而凭主观好恶，动辄冠以"特有范畴"做出结论和最终评价。追根溯源，这种"特有论"来自苏联。社会主义国家第一部政治经济学教科书——苏联政治经济学教科书，将"剩余价值""相对人口过剩""经济危机"等（对这些，本文后面还要具体详尽地分析和论述）都认定为资本主义制度所特有的经济范畴。而这又都是宣扬斯大林的形而上学的观点。斯大林直到逝世前发表的重要著作《苏联社会主义经济问题》仍在反对使用"必要劳动""剩余劳动"和"必要产品""剩余产品"一类范畴，这就是有力的证明。如果我们不仅仅从词句上而是从思想体系来理解，那我们就完全可以有理由确认马克思从来没有也不可能认为将来的社会经济形态中会不存在剩余价值，相反却始终认为存在必要劳动和必要产品、剩余劳动和剩余产品。由于马克思和恩格斯早期曾设想将来的社会主义社会是消除了商品经济的社会，所以剩余劳动自然就不会形成剩余产品价值即剩余价值了。沿着马克思和恩格斯的思路：如果他们看到社会主义社会不仅没有消除商品生产和商品交换，反而存在比较发达的商品经济，那么他们也会断定存在剩余价值这个经济范畴。

再进一步看，马克思在《资本论》中揭示的"剩余价值"范畴，同其他许多范畴一样具有两重性，即特殊性与一般性。特殊性是指它为资本主义经济制度所特有的一面，反映和体现特定经济关系即资本家阶级剥削无产阶级的一面。以往，我们只看到这一面，根本否定或看不到另一面，即为一切发达商品经济所共有的一面：凡是在商品经济条件下，剩余劳动都不可避免地要凝结到剩余产品中去，形成剩余价值。恩格斯曾讲过，剩余劳动是一切社会的政治的和智力的继续发展的基础。既然如此，我们就有理由说，在社会主义商品经济条件下，剩余劳动及其所形成的剩余价值，也是一切社会的、政治的和智力的继续发展的基础。剩余价值如此之重要，为什么不敢如实地承认、大力获取它呢？恐怕都源于"剩余价值＝剥削"这个公式。

然而剩余价值＝剥削，这并不是任何条件下都成立的公式。在资本主义商品经济条件下，工人阶级不占有任何生产资料，生产资料掌握在资本家阶级手里。工人阶级创造的剩余价值被资本家无偿占有，因此，剩余价值＝剥削。但是，在社会主义制度下，生产资料归劳动者共同所有，工人们创造的剩余价值也归劳动者共同所有，为劳动者的共同利益服务，这里没有谁剥削谁的关系，所以，在社会主义商品经济条件下，剩余价值≠剥削。

在这个问题上，已故著名经济学家卓炯同志是有先见之明的。实践愈来愈验证他老人家的观点，对于推动马克思主义政治经济学在当代的发展是起了开创性作用的。

二 关于"人口相对过剩"

"相对人口过剩"又称"相对过剩人口"。许涤新主编的《政治经济学辞典》认为"相对人口过剩"是指超过资本对劳动力的需求而形成的相对多余的劳动人口，通常指资本主义社会中失业和半失业人口。这里用"通常"二字耍了一个滑头：它可以理解为资本主义社会所特有的，即通常的情况；也可以理解为非资本主义社会所特有的，即非通常的情况。严格来说，权威性和科学性较高的辞典在阐释经济范畴的特定内涵时，是不应当使用"通常"这类模棱两可、含混不清的词句的。好在该辞典在解释"失业"条目时，下了一个明确的断语和定义：失业是"资本主义制度下所特有的一种社会现象"。

我认为，相对人口过剩，说穿了就是失业，它同上面所讲的"剩余价值"范畴一样，也不是资本主义社会所特有的。现在已有越来越充足的事实资料说明，许多社会主义国家都不同程度地存在失业。波兰存在失业，匈牙利也存在失业，南斯拉夫的失业率恐怕要比近两年美国的失业率还高。即使是不断声称"劳动力短缺"的苏联，也并没有彻底消灭失业，仍然存在结构性失业和自愿失业。特别是苏联推行劳动力自由流动制度，自愿失业人数甚为可观。[①] 社会主义国家存在失业的事实，无情地把失业仅为资本主义所特有的理论击得粉碎。

另外，从理论上说，相对人口过剩即失业为资本主义所特有，也是难以成立的。下面，我们不妨做深入的分析。

首先，在社会主义商品经济条件下，也存在着资金对劳动力的需求日益相对缩减的趋势。在社会主义制度下，随着科学技术的不断进步，资金的有机构成必然会不断提高。这样，对劳动力的需求就相对减少。这里有两种情况：一是原有资金有机构成提高，不需要那么多劳动力，会有一部分劳动力从原有的就业岗位撤离下来，这说穿了就是马克思讲的"机器排挤工人"的现象。这种现象并不唯资本主义所有，而是技术进步，先进的机器设备取代落后陈旧的机器设备所必然要产生的一种现象。例如，长春某汽车制造厂通过"改装换型"，淘汰了陈旧的机器，采用较先进的设备和生产工艺，就使许多工人从原有的岗位撤下来，形成了"厂内失业"。再如，农村实行家庭联产承包责任制以后，由于农民大量采用农业机械进行播种、秋收等，结果使许多农业劳动力成为"过剩人口"。另一种是追加资金的有机构成比原来的资金有机构成提高，追加资金与原有资金相比，可变资金部分相对减少，这也使劳动者就业的机会相对减少。在某些部门或企业，例如在生产高度自动化的部门或企

---

① 潘石：《苏联"劳动力短缺"问题剖析》，《世界经济》1987年第5期；潘石：《苏联的劳动力流动制度及其对劳动流动的限制》，《经济学动态》1988年第6期。

业，资金对劳动力的吸纳不仅会相对减少，有时还会绝对减少。

其次，在社会主义条件下，就业的增长还取决于资金积累及其增长。举目社会主义世界，不难发现：大部分社会主义国家都是从经济文化比较落后的国家脱胎而来，都建立在比较落后、比较薄弱的物质技术基础之上。虽然经过几十年的社会主义建设，物质技术基础有所改善和增强，但同发达的资本主义国家相比，差距仍是相当大的。由于这些国家都要在生产发展的基础上逐年增加消费基金，提高人民的物质文化消费水平，因而每年的资金积累量不可能太多，积累基金的增长速度也不可能很快。这样，每年吸纳的就业人员就不可能很多。积累基金总量及其增长速度和规模制约着就业人员的增长量及增长速度。说到底，失业不仅仅同社会经济制度有关，而且更重要的是同社会生产力发展水平有关，它最终是由社会生产力发展水平所决定的。就是说，不管社会制度如何优越，生产力不发达，每年创造不出更多的国民收入，就不可能有更多的积累基金；而没有较多的积累基金，新增劳动人口的就业问题必然遇到物质困难。以往，我们只把失业归罪于资本主义制度，认为它同社会主义制度毫无关系，根本不相容，这实际也是一种片面性。因为这样做根本否定了生产发展水平也是决定失业与否的一个重要因素，不符合历史唯物主义的基本原理。比较科学的观点是：失业既同社会经济制度有关，也同社会生产力水平有关；有时社会经济制度的因素起决定性作用，有时社会生产力发展水平起决定性作用。不这样来看，把失业同社会经济制度联系起来，而认为它与社会生产力水平无关，这样社会主义制度下的失业就无法从理论上加以说明和解释。社会主义制度比资本主义制度优越得多，为什么还会产生失业？

最后，也应当看到，失业的产生还同国家的政策有很大关系。无论是资本主义国家还是社会主义国家，如果实行过度宽松的财政货币政策，采用通货膨胀刺激经济增长，扩大信贷投资，扩大社会消费需求，那就会在一定程度上扩大就业、减少失业。而反过来，如果推行过度紧缩的财政货币政策，严格抑制投资需求和社会消费需求，就不可避免地要带来大量失业。我不赞成把失业只归咎于国家政策，同时也不赞成那种认为失业的产生同国家政策毫无关系的观点。政策对头，有助于减少乃至消灭失业；政策失误，则可能产生和扩大失业。尤其是国家的宏观产业政策、财政政策、货币政策等，对失业的产生、扩大或减少、消失，都有极大的影响。

讲到"相对人口过剩"范畴，不能不涉及资产阶级经济学家马尔萨斯。以往的政治经济学教材，都毫无例外地给他冠以"反动"头衔，并进行全面的"革命大批判"。且不说作为教科书这样做有无必要，单就学术理论上的谬误就戴上"反动"的帽子，我看也大可不必。应当摆事实讲道理，戴帽子解决不了学术理论问题。不可否认，马尔萨斯在这个问题上有许多观点是错误的，但认为他各个观点，甚至每句话都"反动"也未免过于绝对。我认为，对资产阶级经济学家，包括像马尔萨斯这样的庸俗经济学家，要历史地、辩证地、唯物地分析。彻底否定，全面批判，难以说服人。细读马尔萨斯的《人口原理》，起码有三个思想值得借鉴与肯定：其一，人口的增长必须同物质资料生产的增长相适应；其二，对人口的过快增长应采取积极抑制措施；其三，过剩人口的存在，对劳动者的就业是一个威胁。我们一方面在实际中自觉或不自觉照马尔萨斯早就揭示了的道理在做，而另一方面却在教科书上大肆加以否定和批判，这岂不是令人啼笑皆非吗？理论与实际不统一的局面，再也不能继续下去了。

三 关于"经济危机"

什么是经济危机？其真正含义是什么？这个看起来早已成定论的问题，仍有重新认识、重新探讨的必要。传统经济学认为，经济危机的实质和表现就是生产过剩，是资本主义制度所特有的产物。这种观点，显然是把"经济危机"这个范畴的含义理解得过于狭窄。实际上，经济危机是发达商品经济条件下社会总供给与社会总需求矛盾严重失衡的两种极端表现，即它不仅体现为生产过剩，而且表现为生产严重不足。

　　经济危机的爆发和社会经济制度有重要的关系，但社会经济制度并不是决定经济危机爆发的唯一因素或唯一原因。以往，传统经济学反对资产阶级庸俗经济学唯心主义危机理论，这是对的，任何时候都不能否定。但是，它把经济危机的产生或爆发仅仅归结于社会经济制度这一个原因，现在看来却不能不说是失之偏颇的。南斯拉夫曾几度爆发经济危机，波兰也爆发过经济危机。中国20世纪50年代末到60年代初爆发过一次经济危机，于1984年以后又发生过一次全国性经济危机。其他有些社会主义国家实际上也多次发生经济危机。至今经济发展仍不景气。如果经济危机仅仅是由社会经济制度决定的，那么社会主义国家的经济危机又如何解释呢？是社会主义经济制度造成的吗？为了消除经济危机，也需要像消灭资本主义制度一样消灭优越的社会主义制度吗？显然，这种经济危机"唯一根源"论是难以立足的，因为它回答和解释不了客观存在的现实。

　　我认为，经济危机的根源是多元的。除了制度上的原因（这固然是重要的原因），一个很重要的物质原因就是社会生产力的水平与状况。在资本主义社会，由于存在对剩余价值的无止境追逐的内在冲动和激烈竞争的外在压力，资本主义生产具有一种不可遏制的扩张趋势，它完全不顾生产关系的状况，强制盲目地增长，这样经过一段时间就必然出现社会总供给严重大于社会总需求的局面，从而产生生产相对过剩的经济危机。在这里，传统政治经济学的失误就在于：它只从资本主义生产关系上找原因，而根本忽视了社会生产力发展状况这一重要原因。实际上，尽管有资本主义生产关系对社会总需求的限定和束缚，但如果没有资本主义生产的盲目、无限制增长，那也不会产生社会总供给大大超过社会总需求的状况，也不会爆发生产过剩的经济危机。诚然，资本主义生产关系在资本主义经济危机的爆发上起了决定性作用，但无论如何也不能否认资本主义生产的盲目过度增长也是爆发生产过剩经济危机的一个重要因素。与资本主义社会情况相反，在社会主义社会爆发的经济危机不是生产相对过剩型的,而是生产严重不足型的。它主要不是由社会主义制度造成的,根本原因在于社会生产力水平低下,生产的增长赶不上需求的增长,有效供给不足,长此以往就会造成社会总需求大大超过社会总供给,当二者严重失衡时就会爆发生产不足型经济危机。当然,我们也不能彻底否认社会主义条件下的经济危机与社会主义生产关系毫无关联。毋庸讳言,它与社会主义生产关系的形式尤其是与社会主义的经济体制还是有很大关系的。总之,无论是在资本主义社会还是在社会主义社会,经济危机爆发的原因,既有生产关系方面的因素,又有生产力方面的因素。我们分析考察某一个社会经济形态爆发经济危机的根源,必须将上述两个方面的因素综合起来加以考虑,必须在二者的矛盾运动中将二者有机结合起来全面地加以说明。只强调一个因素而根本否定另一个因素,搞一点论,都不符合马克思主义的唯物辩证法。

另外,经济危机的爆发也有经济政策上的原因,就是说,一个国家在宏观经济政策上出现重大失误,就会造成社会经济危机。但凡社会主义国家产生的经济危机,多数都是由于宏观经济政策的重大失误造成的。第二次世界大战以后的世界经济发展实践也表明,经济政策合理与否,与经济危机能否爆发有很大的关系。战后许多发达资本主义国家如美国、法国、日本、西德等不断调整本国的宏观经济政策,不断地运用较正确的政策调整社会生产关系与生产力之间的矛盾以及劳资之间的矛盾,结果在一个较长时期避免了经济危机的爆发。这给人们以新的启示:只要国家的宏观经济政策是正确的,经济危机完全是可以避免的。传统经济学关于资本主义经济危机"不可避免论",已经过时了,应当摒弃。

还需要指出,我们对经济危机的作用与后果也要重新认识。危机总是给社会生产力造成破坏和损失。由此传统的经济学认为经济危机的作用绝对坏,我认为这过于绝对化。我不想为危机唱赞歌,也不想粉饰与美化危机,更没有鼓吹危机好的意思。我只是主张用辩证唯物主义的观点客观地看待经济危机这个经济范畴。经济危机除了教科书上讲的坏作用以外还有自发调整社会再生产比例关系、调整产业结构、刺激固定资产更新、缓解供需矛盾和劳资关系等功能。每次经济危机过后，资本主义再生产都会相对恢复平衡，进入一个"繁荣"发展时期。并且，每次危机过后，统治阶级都力图缓和阶级矛盾，对劳动人民实行"让步政策"，统治方法更"乖"也更"科学"了。用生产力的标准衡量，经济危机对统治阶级来说，并不是绝对的坏，在一定的意义上具有某种积极作用。

四 关于列宁的"入口论"

列宁指出："国家垄断资本主义是社会主义的最完备的物质准备，是社会主义的入口，是历史阶梯上的一级，从这一级就上升到叫做社会主义的那一级，没有任何中间级。"① 这就是经济学界所熟知的著名的"社会主义入口论"，它是列宁关于帝国主义是腐朽和垂死的资本主义的原理的具体化和重要的组成部分。

列宁提出的"社会主义入口论"具有鲜明的时代特性。列宁提出国家垄断资本主义是社会主义入口的论断，是在十月革命前夕。当时世界正处于帝国主义战争和无产阶级革命的时代。帝国主义战争是社会主义革命的前夜。因为帝国主义"战争异常地加速了垄断资本主义向国家垄断资本主义转变的过程，从而使人类异常迅速地接近了社会主义"②。国家垄断资本主义为什么会变成"社会主义的入口"呢？根本原因在于它促进了生产和资本的高度集中，使生产更加社会化，把资本主义社会生产力提高到一个前所未有的水平，为社会主义准备了最完备的物质条件。无产阶级充分运用这个条件，利用帝国主义国家忙于战争，力量大大削弱的有利时机，进行社会主义革命，就可以由国家垄断资本主义一步跨入社会主义门槛。（列宁说："社会主义无非是从国家资本主义垄断向前迈进的第一步。"③）

---

① 《列宁选集》第三卷，人民出版社 1972 年版，第 547 页。
② 《列宁选集》第三卷，人民出版社 1972 年版，第 164 页。
③ 《列宁选集》第三卷，人民出版社 1972 年版，第 163 页。

我认为，如果仅仅从生产力的角度来理解"入口论"，列宁的论断是无可非议的，并且不存在时代的局限性。即或是在资本主义有许多重大新发展的今天，也仍然是适用的，并没有过时。但是，国家垄断资本主义本身是一种生产关系，仅仅从生产力的角度而不从生产关系的角度来理解，是不科学的，也是不正确的。从生产关系的角度看，把国家垄断资本主义看作资本主义生产关系社会化形式发展的最后一个阶梯，显然有些绝对化、凝固化。实际上，资本主义关系的社会化形式不会也没有到国家垄断资本主义为止，它一直随着生产力的发展变化而不断变化，现在已经出现国际垄断资本主义和社会垄断资本主义，它们都是比国家垄断资本主义更高一级的资本主义生产关系的社会化形式。战后，资本主义国家股票分散化，"人民化"。所谓"人民资本主义"也是资本主义生产关系所采取的更高级的社会化形式。这样看来，国家垄断资本主义就未必是社会主义的入口。实践证明：从国家垄断资本主义到社会主义还有相当长的路程，还有许多阶梯，而绝不是"没有任何中间级"。

列宁的"入口论"同他断定帝国主义已经腐朽、垂死，行将灭亡的思想是一致的。他的这些思想具有强烈的时代局限性，不能视为所有时代都适用的"绝对真理"。如今，世界已进入了和平与发展的时代，与列宁所处的时代大大不同了。如果我们还把列宁几十年前的论断加以固守，并机械地套用于当今的资本主义现实，那就会铸成我们对当今时代和当代资本主义认识的大错，从而导致我国社会主义革命和社会主义建设上的战略失误。所以，我们"不应当抱住昨天的理论不放"，而要根据新时代的新实践概括和创造出新的理论来。

(本文发表于《吉林大学社会科学学报》1989年第2期增刊)

"一带一路"之政治经济学创新

"一带一路"倡议是习近平总书记对中国改革开放与世界经济发展的一个伟大创举与重大贡献。"一带一路"倡议博大精深,内容十分丰富,涵盖了社会科学的多个学科,包括哲学、经济学、历史学、政治学、法学、文学等。从古代丝绸之路到现代丝绸之路,从商品贸易到政治互信,从基础设施联通到人文交流,从互利共赢到坚持正确的义利观,从生产力发展到社会经济关系变化,从经济基础变化到政治法律制度的适应与保护,习近平总书记都有深刻的分析与论述,都有精辟独到的见解。"一带一路"倡议,无疑对中国扩大改革开放与促进世界经济发展都具有重大的历史意义与现实意义。本文仅从政治经济学的视角,谈谈对"一带一路"倡议的若干体会。

一 "一带一路"的政治经济背景、重大贡献与意义分析

(一)"一带一路"的政治经济背景分析

"一带一路"的提出,是以习近平总书记综观世界政治经济发展大势,创新中国改革发展战略的产物。习近平总书记指出:"回顾近代以来世界发展历程,可以清楚地看到,一个国家和民族的创新能力,从根本上影响甚至决定国家和民族前途命运。"[①] 中国以

[①] 《习近平谈治国理政》第二卷,外文出版社2017年版,第202页。

往的改革发展战略一直是以实现中国梦为目标导向的。第一个中国梦是2020年全面建成小康社会,经过几年奋斗取得了伟大的历史性成就;第二个中国梦是在新中国成立一百年时建成富强民主文明和谐美丽的社会主义现代化强国。第二个中国梦的实现,任务更为艰巨,且时间还有不足30年。这需要未雨绸缪、高瞻远瞩,以创新方式谋划未来。再以常规的发展思路、常规的发展理念,尤其以常规的发展战略来实现第二个中国梦,恐怕很困难。特别是在当今世界地区冲突硝烟不断、恐怖主义肆虐、贸易霸凌主义横行、难民潮时而汹涌的国际环境下,实现第二个中国梦的不确定性和挑战增加。这就迫切要求中国必须以创新发展战略的方式来加速实现第二个中国梦。于是,"一带一路"倡议便应运而生。

"一带一路"是我国扩大对外开放的必然要求与产物。对外开放,是20世纪70年代末中国为了结束长期闭关锁国状态所采取的一项伟大战略决策。对外开放使中国开始接触世界,走上世界舞台,加入激烈的国际市场竞争,参与世界经济政治秩序的维护与治理,参与世界各种规则的制定与维护,等等。中国靠对外开放,在日益复杂的国际经济政治斗争中提高了抵御各种风险的能力。目前中国已成为向联合国派遣维和部队最多的国家之一,成为世界和平最大的维护者。尤其是2001年加入WTO以后,中国经济承受了各种冲击与挑战,不到20年时间就成为世界最大货物出口国、第二大货物进口国和最大的国际旅游市场。不仅如此,中国还成为世界第一外汇储备国及世界第二大经济体,对世界经济增长的贡献率达到30%以上。① 可以肯定地讲,中国靠对外开放才取得如此巨大的成就,对外开放已成为中国各项事业制胜的一大法宝。没有对外开放,就不可能有中国的今天。中国的未来还要靠对外开放,中国开放的大门永远不会关上,只会越开越大。全方位的对外开放,要求中国的经济社会发展融入世界,与世界经济及国际社会相向而行,

---

① 《厉害了!中国对世界经济增长贡献率超30%》,http://www.gov.cn/shuju/2018-02/01/content_ 5262920.htm,2018年2月1日。

同步发展，所以，建设"一带一路"就是中国对外开放不断扩大的必然选择。正如习近平总书记所指出的那样："'一带一路'建设是我国在新的历史条件下实行全方位对外开放的重大举措。"①

自 2013 年秋天，习近平在哈萨克斯坦和印度尼西亚提出共建丝绸之路经济带和 21 世纪海上丝绸之路即"一带一路"以来，全球有 100 多个国家和国际组织积极支持和参与"一带一路"建设。中国还同 30 多个沿线国家签署了共建"一带一路"合作协议，同 20 多个国家开展国际产能合作，以亚投行、丝路基金为代表的金融合作也在大步推进。联合国大会、联合国安理会等重要决议也纳入了"一带一路"建设内容，一些发达国家也纷纷加入"一带一路"建设行列。"一带一路"不仅早已从倡议变为行动，从理念变为实践，而且建设的进度与成果远远超出预期，可谓成就斐然、硕果累累。实践证明，"一带一路"倡议的提出绝非偶然，而是具有客观必然性的。它不仅反映了中国改革开放进一步深化与扩大的必然要求，也顺应了世界经济发展大趋势，更符合沿线各国人民的利益，所以才深得世界各国人民的热烈拥护、广泛参与，极具行稳致远的深厚社会基础与广阔发展前景。

（二）"一带一路"的重大贡献与意义

1. "一带一路"的四大核心精神为世界各国经济社会发展指明了前进的方向和道路

习近平总书记指出："古丝绸之路绵亘万里，延续千年，积淀了以和平合作、开放包容、互学互鉴、互利共赢为核心的丝路精神。这是人类文明的宝贵遗产。"② 千年丝路的四大核心内容，是中国为全人类积淀的宝贵文化遗产和财富，对当今世界各国经济社会发展均具有重大的借鉴与指导意义。

第一，和平合作。和平既是全世界各国努力奋斗的方向，又是

---

① 《习近平谈治国理政》第二卷，外文出版社 2017 年版，第 500 页。
② 《习近平谈治国理政》第二卷，外文出版社 2017 年版，第 506—507 页。

人们必须走的道路。和平是前提,是目标,没有和平,合作便会失去灵魂与方向。合作是道路,是途径,只有世界各国通力合作,才能制止战争,求得和平。古代张骞出使西域走出了一条和平商贸之路;郑和七次下西洋开拓了中西文化交流之旅。他们是和平的使者,经贸与文化的交流大使。他们之所以名垂青史,"是因为使用的不是战马和长矛,而是驼队和善意;依靠的不是坚船和利炮,而是宝船和友谊。一代又一代'丝路人'架起了东西方合作的纽带、和平的桥梁"[1]。当今世界,和平仍是时代的主流与主题,尽管局部战争仍在不断发生,但其改变不了世界和平发展的大方向与总趋势。中国一向是爱好和平的国家。自1840年鸦片战争以来,中国总是被外国侵略者欺负,但中国从没有侵略过别的国家。在20世纪50年代万隆会议上提出的和平共处五项原则,一直是我国坚持的处理世界各国关系的基本准则。中国愿在和平共处五项原则基础上,发展同所有"一带一路"参与国的友好合作,绝不搞零和博弈那一套,绝不干涉别国内政,绝不输出社会制度与发展模式,绝不强加于人,开展经贸活动也绝不附加任何政治条件,而是共建和平、合作、友好的大家庭,开创合作共赢的新模式、新天地。

第二,开放包容。习近平总书记在详尽阐述了中华民族与西方各国在古代跨越不同国度、不同宗教、不同文明的友好交往中开放、融合发展的基础上,总结出一条颠扑不破的真理:"历史告诉我们:文明在开放中发展、民族在融合中共存。"无论是物质文明还是精神文明,都只有在开放中才能发展;无论是什么民族,也只有在包容融合中才能共存共荣。开放,就是敞开胸怀,诚迎天下宾客,欢迎到本国进行经济文化交流,进行物质文明与精神文明建设。开放意味着反对关门自守、夜郎自大、万事不求人,反对高筑城墙与关税壁垒,反对保护主义;同时也意味着包容别人,包容不同的民族、种族、国家、制度、发展道路、文化观念、宗教信仰等,求同存异。这是走和平合作之路的重要基础与前提。不开放包

---

[1] 《习近平谈治国理政》第二卷,外文出版社2017年版,第507页。

容，就根本谈不上和平与合作。遇事好狠斗勇，容不得别人讲话，容不得别人发展，这是国与国交往中之大忌，也是与"一带一路"核心价值及核心精神背道而驰的，应当摒弃。

第三，互学互鉴。世界上各个国家或民族，由于自然条件及历史、文化等诸多方面原因，都有自己的长处与优势，但也不可避免地存在某些弱项，从来不存在劣等国家或民族与优等国家或民族之别，所以，世界上不同国家或民族不要互相排斥，而要互相依存、互学互鉴、取长补短。互学互鉴者兴，不学不鉴者衰，这是已被中国古丝绸之路实践证明的一条真谛。现代丝绸之路正在开创互学互鉴的新篇章。

第四，互利共赢。这是"一带一路"的核心价值与精神。互利是基础，只有互利，才能共赢；没有互利，共赢是空话。每个国家或民族都有自己的国家利益或民族利益，这是不可否定的。只有在这种利益得到充分保障并有所增加的基础上，才能进行合作，才可能开放与包容，才可能展开互学互鉴活动。互利绝不是利益独占、独吞，也绝不是零和博弈，而是利益共享，利益共享才有共赢。这是"一带一路"行稳致远、走深走实、走得持久的坚实基础与可靠保障。

以上四个方面互相联系、互相依存、互相促进，构成"一带一路"的核心价值与精神，它们是中国贡献给世界各国经济社会发展制胜的四大法宝，是中国智慧通过"一带一路"倡议贡献给世界的"简明中国方案"。

2. "八项要求"为"一带一路"全面振兴提供中国"具体实施方案"

"一带一路"建设不是我们中国一家之事，也不能仅仅着眼于中国自身的发展。应当说，它是"一带一路"沿线国家或参与"一带一路"建设的域外国家共同之事业。中国是"一带一路"的首倡者，是"一带一路"建设的发起国，更是"一带一路"建设的推动者。中国有信心与责任，"一步一步把'一带一路'建设推向前进,让'一带一路'建设造福沿线各国人民"①。为了让"一带一路"沿线各国对"一带一路"建设有一个全面认识和具体抓手,习近平总书记提出了"八项要求"。我们可以将其视作一个具体实施方案。

第一,要切实推进思想统一。只有思想认识统一,行动才能步调一致。众多国家来推进一项伟大的建设事业,必须在思想理论认识上达成共识,那就是要坚持"三共"原则,牢牢把握四个重点。所谓"三共"原则即"共商、共建、共享"。共商,就是"一带一路"参与国彼此相互尊重,诚实守信、平等相待,不回避矛盾,不惧怕分歧,注重对话协商,不强加于人,不强人所难,坚持与人为善、以邻为伴;尊重各国发展道路、发展模式及各种制度,兼顾各方的利益诉求与关切,使各国把思想理论认识统一到"一带一路"建设行动上来,做到"达则兼善天下"。共建"一带一路"是沿线各国共同的事业。共建是关键,它是思想统一的具体实践,表现为在工程项目建设中各国政府发挥合力,充分利用各自的比较优势,高质量完成。共享,就是共建的成果由参建国家及人民共享。中国坚决反对建设成果独占、独享,让建设成果惠及沿线各国人民,并且欢迎各方搭乘中国发展的"快车""便车",欢迎各国和国际组织积极参与"一带一路"合作建设。当然,"一带一路"建设也不能一哄而起、盲目推进,而要抓住四个重点有序推进,即抓住重点方面,聚焦重点地区、重点国家和重点项目,集中人力、物力和财力,一仗一仗地打好每个重点战役,务求优质高速全胜。

第二,要切实推进规划落实。对"一带一路"建设一定要有一个好的总体规划。2014年,中国通过了《丝绸之路经济带和21世纪海上丝绸之路建设战略规划》,2015年又对外发布了《推动共建丝绸之路经济带和21世纪海上丝绸之路的愿景与行动》,有关地方和部门也都出台了配套规划及具体实施办法,为推进"一带一路"建设作出了应有的贡献。为了与"一带一路"相关参与国家实现建

---

① 《习近平谈治国理政》第二卷,外文出版社2017年版,第503页。

设总体目标、根本原则及体制机制相衔接,中国愿意同参与国积极协调,处理好各种关系。习近平总书记指出:"推进'一带一路'建设,要处理好我国利益和沿线国家利益的关系,政府、市场、社会的关系,经贸合作和人文交流的关系,对外开放和维护国家安全的关系,务实推进和舆论引导的关系,国家总体目标和地方具体目标的关系。"[1] 只有处理好各个方面的关系,"一带一路"的总体规划才能做到全面、科学、臻于完善,做到目标明确、重点突出、体制机制健全、政策措施有效,才能真正落到实处。

第三,要坚持统筹协调。除了上述发展规划的衔接与协调之外,还要着力推动陆上、海上、天上、网上四位一体的联通与协调,经济建设与社会建设的协调,经济建设内部各行业、各产业间的协调,中央中央政府与地方政府的统筹与协调,中央政府与地方政府同"一带一路"沿线国家之间在政府、法律法规方面的协调。总之,在全方位统筹协调基础上,鼓励中国企业到"一带一路"沿线国家投资兴业,也欢迎沿线国家的企业到中国投资兴业,尤其欢迎沿线国家投资到中国东北、中西部地区,推动中国东、中、西部地区联动发展。

第四,要切实推进关键项目落地。这是"一带一路"建设的关键环节,也是确保"四大重点"的根本环节。"一带一路"建设是通过各种具体项目来实现的。首先,要在重点地区与重点国家抓准重点项目,进行充分论证,拿出科学的综合实施方案;其次,要各方集中资金,组织力量实施,使项目落地;最后,项目建设要有序推进,科学管理,以最小的支出与消耗获取最大的绩效,使项目成果达到国际一流。以优异的示范效应,影响与带动其他项目建设。正如习近平总书记所说:"以基础设施互联互通、产能合作、经贸产业合作区为抓手,实施好一批示范性项目,多搞一点早期收获,让有关国家不断有实实在在的获得感。"[2] 例如,印尼的雅万高铁、

---

[1] 《习近平谈治国理政》第二卷,外文出版社2017年版,第501页。
[2] 《习近平谈治国理政》第二卷,外文出版社2017年版,第505页。

中老铁路、希腊比雷埃夫斯港建设，都让所有国有了实实在在的获得感，起到了巨大的示范效应。众多好的项目落地并取得成功，就会使"一带一路"建设大放异彩。

第五，要切实推进金融创新。创新是经济发展不竭的动力源泉。"一带一路"建设要靠雄厚的金融力量支持。金融是经济的血脉，金融血脉不充盈，"一带一路"建设是不可能获得成功的。由于"一带一路"建设涉及沿线众多国家，建设项目所需资金庞大，必须打破常规，依靠金融融资模式创新来实现。除了中国发起设立的亚投行及丝路基金外，还必须广筹资金，深化各参与国之间的资金融通与金融合作，创新国际化的金融合作模式，打造多层次融资平台，建立起专门为"一带一路"服务的金融支持与保险体系。

第六，要切实推进民心相通。国之交在于民相亲，民相亲在于心相通。习近平总书记指出："民心相通是'一带一路'建设的重要内容，也是'一带一路'建设的人文基础。"[①] 民心是大海，它能将一个国家浮在上面扬帆远航，也能将一个国家淹没，使其葬身海底。同样，要真正获得"一带一路"建设的伟大成功，必须有民心的支持，必须在沿线国家民众中形成一种相互欣赏、相互理解、相互尊重、相互支持的人文格局。为此，必须大力开展沿线国家人民之间的文化交流与合作，特别要注重民心工程的"深耕细作"，在尊重各国不同的宗教、历史、文化及习俗的基础上，充分开展人文的心灵沟通与建设工作，真正做到"人心相通"。

第七，要切实推进舆论宣传。一是中国与沿线各个国家充分运用舆论宣传工具，尤其要运用好网络媒体，积极宣传"一带一路"项目，让全世界的目光聚焦"一带一路"建设所取得的重大成果。二是要加大力度宣传沿线各国对"一带一路"的研究成果，包括理论研究及政策研究成果。三是加大力度推进"一带一路"的话语体系建设，包括机构设置、人员编制的增加等。舆论的力量是无穷

[①]《习近平谈治国理政》第二卷，外文出版社2017年版，第502页。

的。正确的舆论导向,可以胜过金钱的力量。它是"一带一路"建设能在一个良好的社会舆论环境下顺利进行的根本保障,切不可等闲视之。

第八,要切实推进安全保障建设。任何建设都需要在安全可靠的环境中进行,即所谓安全第一。"一带一路"建设,是一个跨国的大型综合项目建设,必须建立一个完善的安全保障体制机制,必须构筑一个多国合作的安全工作模式,制定细化的安全工作方案,"确保有关部署和举措落实到每个部门、每个项目执行单位和企业"①。

以上"八项要求"可以确保所有"一带一路"的大政方针、战略目标、体制机制建设、政策协调等全面落地,让中国及沿线每个国家对开展"一带一路"建设有具体抓手和具体工作方案,从而保障"一带一路"建设顺利展开、稳步推进,不断取得中期成果,以至夺取伟大胜利。

3. 一把"金钥匙"助"一带一路"各参与国打开所有难题之"锁"

"发展才是硬道理。"② 其之所以硬,就是因为它能解决所有经济社会问题。不管是天空污染的难题,还是地上百姓生活难题,它都能解决。正因如此,习近平总书记才将它提升为治国理政的第一要务,"发展是解决一切问题的总钥匙"③。习近平总书记用"发展"这把"金钥匙"帮助"一带一路"各参与国解决经济社会发展面临的难题。

怎么发展?

第一,要创新发展。习近平总书记讲:"创新是推动发展的重要力量。'一带一路'建设本身就是一种创举,搞好'一带一路'建设也要向创新要动力。"④ 坚持创新驱动发展,这是中国经济

---

① 《习近平谈治国理政》第二卷,外文出版社 2017 年版,第 505 页。
② 《邓小平文选》第三卷,人民出版社 1993 年版,第 377 页。
③ 《习近平谈治国理政》第二卷,外文出版社 2017 年版,第 457 页。
④ 《习近平谈治国理政》第二卷,外文出版社 2017 年版,第 513 页。

社会发展的成功经验。实践证明,它是非常好用的金钥匙。习近平总书记将它运用到"一带一路"建设上,目的就是把"一带一路"打造成创新之路、繁荣之路。为此,习近平总书记建议中国与广大"一带一路"参与国加强数字经济、大数据、云计算、量子计算机等重大科技前沿领域的合作,要让"一带一路"参与国的青年充分运用网络拓展创新创业空间,创立各种创新"梦工厂",成就其创新创业发家之梦想。同时还要推动智慧城市建设方面的合作,创造出一大批现代化的智慧城市群,让高科技与产业、金融深度融合,让高科技之花在"一带一路"上结出丰硕之果。

第二,要绿色发展。习近平总书记在"一带一路"国际合作高峰论坛上的演讲中,专门突出地讲了"绿色发展"问题,可见其对"一带一路"沿线国家是极其重要的。习近平总书记指出:"我们要践行绿色发展的新理念,倡导绿色、低碳、循环、可持续的生产生活方式,加强生态环保合作,建设生态文明,共同实现2030年可持续发展目标。"①

总之,发展的途径与手段很多,习近平总书记给出一把"金钥匙",让"一带一路"各参与国依据本国的实际,去用它开启各自的"锁头",解决各自的问题。用习近平总书记的话讲:"推进'一带一路'建设,要聚焦发展这个根本性问题,释放各国发展潜力,实现经济大融合、发展大联动、成果大共享。"②

二 "一带一路":国际政治经济学新范畴

(一)对"一带一路"的政治经济学分析

对"一带一路"进行理论考察与分析,可以有不同的视角与视域。从不同的视角与视域分析,当然就会有不同的观点、不同的看法,甚至会有不同的结论。

---

① 《习近平谈治国理政》第二卷,外文出版社2017年版,第513页。
② 《习近平谈治国理政》第二卷,外文出版社2017年版,第512页。

从经济地理学角度考察，"一带一路"可以认为属于经济地理学范畴。因为经济地理学所研究的对象是一个国家、若干个国家乃至世界范围内自然地理位置区划中经济资源的分布、变动及其对经济社会的影响。

与之相近的，还有生产力经济学。从生产力经济学的角度考察，"一带一路"更像是生产力经济学范畴。因为生产力经济学的研究对象是一个国家、若干个国家（区域）乃至世界生产力如何布局及各种资源的配置规律，主要揭示人们遵从、征服、驾驭自然的能力与水平。"一带一路"建设，扩大了中国生产力布局范围与空间，实现了生产力布局大区域化，向世界经济多极化、一体化迈出了更大的步伐。所以，将"一带一路"界定为生产力经济学范畴，似乎更接近科学。

笔者不否认上述界定的合理性，但认为将"一带一路"界定为政治经济学范畴，应该更具科学合理性。理由主要有四点。其一，"一带一路"上发生的所有活动，都是以产权关系明晰为基础与前提条件的。中国同"一带一路"沿线各国以及各参与国，都是主权独立的国家，项目主体都是具有法人资格的独立的产权主体。中国企业与其他参与国家企业，都是独立的市场主体，都拥有独立的产权；"一带一路"的参与者，也都是具有独立产权的法人或自然人。产权关系明晰、边界清晰，这是所有"一带一路"参与者合作的必要条件。任何合作协议的签署与执行，都必须以产权清晰为前提，必须执行权、责、利对等、平等的原则。其二，"一带一路"的所有活动均是在经济关系基础上发生的。修铁路、架桥梁、建港口，确实是发展生产力的活动，但实际上是中国与"一带一路"沿线国家建立经济纽带、构筑经济关系的方式。这些经济联系与经济关系是由客观经济规律所支配与决定的。其三，在"一带一路"上发生的所有经济关系，归根结底是由利益关系所决定的。共商、共建、共赢，最终是利益共享。没有利益共享，以上那几个"共"便不复存在。其四，"一带一路"上中国与其他各参与国进行商品贸易与流通，都是在地位平等基础上发生的等价交换关系，都要受到公平竞争与价值规律的支配与作用。基于上述认识，我认为，"一带一路"并不是一个简单的经济地理学范畴，也不是一个纯粹生产力经济学范畴，而应当提升到更高的学科层次，将它看作一个政治经济学新范畴。

"一带一路"在生产力发展上的进步、经济关系的国际化发展与上层建筑的相应变化，恰好都在政治经济学研究对象的范围与视野之内，与其高度相吻合、相一致，故此可称为"一带一路"政治经济学，亦可称为国际政治经济学。

(二)"一带一路"与国际价值规律

1. 基础设施互联互通，使商品生产与交换国际化，为国际价值规律发挥作用创造了条件

第一，产业合作，包括能源生产与产能合作，使商品生产国际化。在"一带一路"建设中，产业合作是重头戏。习近平总书记指出："产业是经济之本。我们要深入开展产业合作，推动各国产业发展规划相互兼容、相互促进，抓好大项目建设，加强国际产能和装备制造合作。"[①] 产业发展国际化，必然带来商品生产的国际化。在产业合作中，能源生产与产能合作及装备制造业合作至关重要。能源生产，如电力、煤炭、石油、天然气等为工农业生产提供动力，任何产业没有足够的动力保障都是难以发展的。能源产品供给不足一直是制约"一带一路"沿线国家经济社会发展的短板。开展能源生产与产能方面的合作，可以使能源商品国际化，使能源短缺的国家得到有效的能源产品供给。俄罗斯的天然气与石油供给，不仅保障了欧洲的商品生产，同时也给中国经济发展提供了可靠的能源支持；乌克兰的装备制造业也为中国和欧洲"一带一路"沿线国家提供了大量的装备制造业产品；德国精良的装备制造业产品，也满足了欧洲各国及中国发展装备制造业的需求，促进了有关国家装备制造业的升级换代，提高了装备制造

[①]《习近平谈治国理政》第二卷，外文出版社2017年版，第512页。

业的整体发展水平。

第二，交通等基础设施的互联互通，使区域商品流动拓展为商品流通国际化。习近平总书记讲："一带一路"建设，要"以交通基础设施为突破"，"丝绸之路首先要得有路。"①。各种设施的联通，尤其是交通基础设施的联通是合作发展的基础。道路通、渠道通，各行各业才能得以发展，可谓"道路通，百业兴"。中国有句老话："要致富，先修路。"路路通要求"四路通"，即天路通，要建设发达的航路和航空网络；地路通，要建设高速铁路网和发达的公路网；水路通，要建造优良港口，拥有先进航海设备；网路通，需要建设发达的4G、5G网络，让"一带一路"沿线各国的互联网相连相通。只有"四路通"才能"达八方"，即实现真正意义的"四通八达"。经过近年来的努力，我国已同相关国家共同推进了雅万高铁、中老铁路、亚吉铁路、匈塞铁路等项目建设，还建设了瓜达尔港、比雷埃夫斯港等港口项目，一大批互联互通建设项目全面展开。以中巴、中蒙俄、新亚欧大陆桥等经济走廊项目为引领，以陆海空通道和信息高速公路为骨架，以铁路、港口、管网等重大工程为依托，一个复合型的基础设施网络正在形成。这些互联互通的基础设施建设有力地促进了各国商品流通，繁荣了各国的市场与经济，方便与改善了当地人民的生活。

第三，"一带一路"经贸合作扩大，使中国及沿线各国市场联结成统一的国际大市场，使各国经贸关系日益区域化、国际化。"四路通"带来的直接结果，就是使中国市场与"一带一路"沿线各国市场一体化，使中国及"一带一路"沿线国家的经贸活动一体化、便利化、国际化。在中美贸易摩擦升级、经贸关系日益恶化的条件下，中国对美国的进出口贸易额均呈大幅度下降态势，但中国与"一带一路"沿线国家的进出口额却呈明显上升趋势。

---

① 《习近平谈治国理政》第二卷，外文出版社2017年版，第498页。

2. "一带一路"商品生产与商品交换的发展，为国际价值规律发挥作用奠定了坚实的基础

价值规律是商品经济的基本规律，也是市场经济的共有规律。凡是存在商品生产与商品交换的地方，凡是实行市场经济的场合，价值规律都存在并发生作用。在商品经济跨国化、大区域化的"一带一路"上，价值规律无疑起着十分重要的调节作用。我们要探讨国际商品价值形成、实现与国际价值规律的作用问题，这是所有"一带一路"参与者都不能回避的问题。中国要在"一带一路"建设中取得成果共享、利益共赢的好成绩，必须遵从价值规律要求，严格按价值规律办事；否则，即使作为主倡国也将受到价值规律的惩罚。

马克思在《资本论》第三卷第37章导论中明确地讲："只有当全部产品是按必要的比例进行生产时，它们才能卖出去。"[1] 价值规律不仅仅是生产领域的规律，还必须包括市场交换，即不仅仅包括价值决定问题，还包括通过市场交换的价值实现问题。其完整表述：价值规律是商品生产与商品交换的规律。其含义：商品的价值由其生产所耗费的社会必要劳动时间决定，商品交换要按等价原则进行。正是由于马克思关于商品价值及价值规律是从一般商品经济中抽象出来的，所以它的一般原理对"一带一路"是适用的。如前所述，"一带一路"沿线各国及各参与国均是市场经济国家，尽管其商品经济发展水平各不相同，市场发育状况大不一样，但价值规律发挥作用的基础是存在的。并且，由于价值规律发挥作用的基础状况不同，其作用的形式与特点可能会出现差异，对此必须有清醒认识。

（三）"一带一路"建设要按价值规律办事

"一带一路"建设，对于我国来说，必须充分尊重价值规律，学会熟练运用并驾驭价值规律，才会取得建设的主动权，取得最优

---

[1] 《马克思恩格斯选集》第二卷，人民出版社1995年版，第545页。

绩效与收益。"一带一路"是中国有史以来对外经济关系中最大的建设项目,绝不能得不偿失,更不能遭受价值规律的惩罚,使中国发展利益蒙受巨大损失。一定要秉持政治上平等互信、经济上互利共赢的理念,这就需要熟练掌握并运用价值规律,按价值规律要求办事。为此,在"一带一路"建设中,必须做到四点。其一,认真研究国际市场状况,尤其是要研究"一带一路"沿线国家及参与国家的市场供求关系状况及其变动趋势。因为市场的供求关系包括供给结构与需求结构,直接影响或决定商品价格变化,而商品价格又直接影响我们作为买方或卖方的实际利益。其二,认真研究市场竞争规律作用的状况及变动趋势。竞争作为一种强制力量,直接影响市场供求关系变化并影响商品价格,所以世界各国包括"一带一路"沿线各国均主张自由竞争,反对垄断。尽管如此,市场垄断行为屡屡发生,尤其是各大跨国公司,往往凭借自身生产经营上的优势,或与其他企业搞串谋,形成某种垄断,这是要坚决反对与禁止的。其三,认真提高本国产品质量,注重提高产品效用,这是打开市场销路、提升商品价值实现水平的关键所在。质量效用第一,这是产品在市场上夺取竞争优势地位的根本,所以产品的质量效用就是企业的生命,就是国家的品牌。一个国家的品牌、名牌产品越多,就会使国家在世界市场包括"一带一路"沿线各国市场上占有越多的优势,取得越多的比较利益。其四,要理性地对待世界市场包括"一带一路"沿线各国市场上的价格与价值(或生产价格)相背离的状况,作出科学的抉择。某种商品稀缺性很大,致使其效用放大,市场售卖价格会奇高,出现价格严重背离其价值(或生产价格)的情况;反之,某种商品具有大众一般性,且卖者众多,而对此种商品的需求者(即买者)又大幅减少,卖者就会以超低价格甩卖。一般说来,后面的情况较容易作出抉择;而前一种情况,就需要认真地进行费用与效用的对比与比较。尽管价格十分昂贵,但只要其效用真实可靠,亦可进行交易,作出购买的抉择。

(四)"一带一路":人民币国际化成功之路

习近平总书记指出:"金融是现代经济的血液。血脉通,增长才有力。"① 还指出:"要切实推进金融创新,创新国际化的融资模式。"② 开展"一带一路"建设,推进人民币国际化进程,是我国推动金融创新、创新国际化融资模式的必然要求。"一带一路"就是我国人民币从区域化走向国际化的成功之路。

经过40多年的改革开放,中国的经济实力迅速发展壮大,连续多年保持世界第二大经济体的地位。随着中国从贸易大国向贸易强国迈进,人民币的地位不断上升,大步走上国际舞台,开始了国际化的征程。

马克思主义政治经济学的基本知识告诉我们,货币有五种职能:其一,价值尺度;其二,流通手段;其三,支付手段;其四,储藏手段;其五,世界货币。货币的国际化,就是货币的前四种职能实现国际化,成为执行世界货币职能的过程。由于价值尺度职能一般在国内执行,所以人民币国际化,最终会成为被国际市场广泛使用和持有的国际交易货币、国际支付货币和国际储备货币。人民币国际化的内涵主要表现在上述三个职能在公共部门和私人部门的具体应用上。

人民币的国际化,对于公共部门来讲,就是指人民币能够真正成为其他国家干预与调节汇率市场的手段或工具,锁定本国货币的汇率目标,成为本国的储备货币。而对于私人部门来讲,人民币要发挥货物计价和金融交易的职能,发挥贸易媒介与支付的职能,还要承担起国际投资的计价货币职能,即在国际投资中执行货币置换的功能。

人民币要实现上述职能,需要具备足够的基础与条件。从公共部门来讲,既然人民币交易与支付的职能均体现在汇率上,那么,无论是作为干预和调节汇率市场的货币工具还是锁定本国汇率目标

---

① 《习近平谈治国理政》第二卷,外文出版社2017年版,第512页。
② 《习近平谈治国理政》第二卷,外文出版社2017年版,第505页。

的手段，客观上都要求人民币具有独立稳定的汇率制度安排。中国实行由国家管理的在一定限度内自由浮动的汇率制度。这种制度安排有效抵御了 20 世纪 90 年代亚洲金融危机和 2008 年国际金融危机，实践证明中国的汇率制度完全是独立稳定、坚实可靠的。它完全可以成为人民币国际化的可靠基础和必要条件。储藏职能的应用体现在国际资金储备上。这是需要以人民币的国家信用担保及国际信用认可为基础的。国家的经济实力则是这两个信用的根基。随着中国经济实力不断增强，这两个信用的根基日益牢固。它足以支撑起人民币执行货币储藏功能，成为世界储备货币。从私人部门的应用来看，交易与支付职能的发挥主要体现在贸易与金融交换过程中。若要实现人民币职能在贸易与金融交换中的国际化，则首先要实现人民币资本项目下的对外可自由兑换，这是人民币走向国际化的必要步骤与先决条件。中国通过汇率制度改革，已向人民币在资本项目下可自由兑换迈出了实质性的步伐。人民币储藏职能的发挥体现在人民币随时置换上，即自由兑换其他货币，也可以作为资产储存起来。这需要人民币有坚实的国力、雄厚的金融力量包括足够的黄金储备来支撑和保障。无论是从公共部门来看还是从私人部门来看，我国人民币国际化的基础与条件都是具备的，人民币国际化之路是可行的。

中国人民币国际化之路，怎么走？走哪条路？国内金融学界是存在不同意见的。大体上有两种主张：一是主张人民币国际化要走英镑或美元的独自国际化的道路；二是主张人民币要通过区域化的道路来实现国际化。笔者认为，人民币的国际化，要走先区域化再发展成为国际化的道路。任何一种货币的国际化，都是一个渐进的过程，不可能一蹴而就。即使英镑、美元这样强大的货币，其国际化也是经过较长时间才完成的。中国由于历史上长期处于闭关锁国状态，商品经济不发达，人民币主要被限制在国内发挥价值尺度、流通手段、支付手段、储藏货币的职能，还不能成为国际货币，不能承担世界货币职能。是改革开放使中国经济实力不断增大增强，成为世界第二大经济体，才使人民币走上世界舞台，把人民币国际化提上日程。要真正实现国际化，有很长的路要走，不可能在短时期内完成。并且，人民币国际化是一个十分艰巨而复杂的过程，可能遇到许多不可预期的困难与挑战。一些国家会由于社会经济制度不同、金融体制不同、汇率机制不同，尤其是意识形态的根本不同，以各种理由进行强力阻挠。倘若人民币国际化触犯了某个已经国际化的货币的实际利益，也会受到该国家的反对，所以，人民币的国际化不会是一帆风顺的，要做好长期艰苦努力的准备。

实际上，人民币的国际化也是从区域化起步的。2008年12月24日，国务院常务会议决定对广东和长三角地区、港澳地区、广西和云南与东盟的货物贸易进行人民币结算。时隔3个月，2009年4月8日，国务院常务会议又决定在上海、广州、深圳、珠海、东莞开设跨境贸易人民币结算试点。在此之前，中国人民银行已同6个国家的央行签署了总计6500亿元人民币的货币互换协议。从货币互换到用于国际贸易结算，人民币开始了具有实质性的国际化进程。从此，伴随中国对外贸易的扩大，越来越多的国家同中国进行货币互换，用人民币进行外贸结算。特别是2008年国际金融危机以后，美国大肆推行量化宽松的货币政策，大量超发货币，使美元不断贬值，迫使很多国家转向用人民币进行国际贸易结算，以规避美元贬值的风险。这给人民币大步实现国际化提供了契机。

2016年10月是人民币国际化的重要节点与转折点。国际货币基金组织IMF正式将人民币纳入特别提款权货币篮子。至此，人民币成为全球储备货币，意味着人民币国际化取得标志性成功。这种成功完全得益于2012年党的十八大提出的继续扩大改革开放政策，完全得益于2013年习近平总书记提出的"一带一路"倡议。正是改革开放的扩大与"一带一路"倡议，有力地推动了人民币国际化在"一带一路"沿线国家及参与国家大面积开花、结果。丝绸之路经济带总人口近30亿，市场规模与潜力独一无二，各国在贸易和投资领域潜力巨大。中国首先与俄罗斯、哈萨克斯坦、乌兹别克斯坦、白俄罗斯等国签署货币互换协议，开展了贸易用本币结算；然后在"一带一路"沿线国家加以推广，并大力开展资本项目下和经常项目下本币兑换与结算，大大降低了相互间的流通成本，增强了抵御金融风险的能力。

自"一带一路"建设开展以来，中国注入了上万亿的资金。首先投巨资建立了亚投行，出资400亿美元建立丝路基金，之后又向丝路基金注入资金1000亿元人民币，鼓励金融机构开展海外金融业务规模达2000亿元人民币。国家开发银行、进出口银行又分别提供2500亿元和1300亿元等值人民币专项借款，用于支持"一带一路"基础设施建设与金融、产能合作。截至2019年第三季度，人民币外汇储备资产达2196.2亿美元，超过了瑞士法郎、澳大利亚元和加拿大元。人民币国际化，有力地促进了中国对外贸易的发展，使中国从贸易大国向贸易强国迈进，成为世界第一大出口国和第二大进口国。[①] 实践证明，"一带一路"建设，带动并加速了人民币的国际化，它是人民币国际化的必由之路、成功之路。

三 "一带一路"：经济社会关系新变化

（一）探求利益交汇点，构筑新型国家利益关系

中国作为"一带一路"的倡导者和推动者，不仅要把中国的发展同"一带一路"沿线国家的发展结合起来，把中国梦同沿线各国人民的梦想结合起来，把"一带一路"建成和平之路、合作之路、贸易畅通之路、友谊之路、共同繁荣之路，而且要建成民心相通、民心相连、互利共赢的幸福之路。所有这些，必须建立在利益共享的基础上，没有利益共享这个经济学的核心问题，其他的东西均为"空中楼阁"，或是"纸上谈兵"。马克思主义政治经济学一般原理认为，一切经济关系，最终都归结为物质利益关系。国与国之间的合作关系亦是如此。正因如此，习近平总书记指出："推进'一带

[①] 《IMF最新数据显示——人民币占全球外储比例创新高》，《人民日报》2020年1月5日。

一路'建设,要处理好我国利益和沿线国家利益的关系。"① "一带一路"不仅是中国的事,而且是中国同"一带一路"沿线国家共同的事业,是大家携手共建的大事业,所以中国要积极主动地同"一带一路"沿线国家处理好物质利益及其他发展利益的关系,构筑一个新型的国与国的利益共享的新模式。其一,要坚持正确的义利观。孔子名言:"君子喻于义,小人喻于利。"这种把"义"与"利"专属于某一种人的说法与做法,显然是不对的。"君子"不能不喻于"利","小人"也不能不喻于"义",无论是"君子"还是"小人"都要以"义"为先,义利并举。处理国与国之间关系,也是如此。一定要照顾彼此的利益关切,但不能见利忘义。见利忘义,为"小人"之国;舍利取大义,为君子之国。中国作为发展中大国,作为"一带一路"主创国,绝不谋求侵害其他国家的利益。习近平总书记讲:"我们要在发展自身利益的同时,更多考虑和照顾其他国家利益。"② 其二,"一带一路"建设不能急功近利,搞短期行为。中国为"一带一路"建设制定了长远发展规划,确立了长远发展目标,并且与"一带一路"沿线国家的发展规划相互对接,实现优势互补。现已经同俄罗斯提出的欧亚经济联盟、东盟提出的互联互通总体规划、哈萨克斯坦提出的"光明之路"、土耳其提出的"中间走廊"、英国提出的"英格兰北方经济中心"、波兰提出的"琥珀之路"等规划完成了对接,同老挝、柬埔寨、缅甸、匈牙利等国的规划对接工作也已展开。中国同40多个国家和国际组织签署了合作协议,同30多个国家开展机制化产能合作,同60多个国家和国际组织共同推出"一带一路"贸易畅通合作倡议。上述规划与合作协议的对接,目的在于实现长远的利益互惠、共赢,避免只求眼前利益的短期行为。其三,寻找更多的利益交汇点,在追求更多共同利益的过程中,实现有差异的利益最大化。在"一带一路"建设中,由于承建项目的主体不同、投资方不同、项目所在

---

① 《习近平谈治国理政》第二卷,外文出版社2017年版,第501页。
② 《习近平谈治国理政》第二卷,外文出版社2017年版,第501页。

国不同，所以发展利益不可能绝对平均与均衡，必然这一方多一些，而那一方少一些，但总体上要实现利益分配公平，那就是利益要与投入相适应，投入大才应当收益大。中国作为"一带一路"建设的主倡国，绝不搞中国利益第一，也绝不搞利益优先，而是要像习近平总书记讲的那样："要统筹我国同沿线国家的共同利益和具有差异性的利益关切，寻找更多利益交汇点，调动沿线国家积极性。"① 其四，要让中国的发展利益惠及"一带一路"沿线各国人民。改革开放以来，中国的迅猛发展得益于世界。中国作为一个"君子之国"和"乐善好施"的文明大国，愿意让中国的发展惠及"一带一路"沿线各国人民，所以，中国愿以"一带一路"建设为契机，欢迎沿线各国搭上中国发展的"快车""便车"，在同中国发展利益的交汇中，实现自身发展利益最大化。

(二) 实现"三超越"，将"一带一路"建成文明之路

"一带一路"沿线各国发展利益的一致性与差异性，决定了我们可以实现"三超越"，将"一带一路"建成文明之路。

所谓"三超越"，即习近平总书记讲的"文明交流超越文明隔阂、文明互鉴超越文明冲突、文明共存超越文明优越"②。利益的差异性决定了不同文明的差异性和多样性，决定了不同文明互相交流的必要性、必然性；而利益的共同性则使各种不同文明通过交流超越文明隔阂，通过互鉴超越文明冲突，通过共存超越文明优越。"文明隔阂论""文明冲突论""文明优越论"，这是将"一带一路"建成文明之路的"三大敌人"或"三大障碍"，必须坚决反对、扫除。

世界文明，无论是物质文明还是精神文明，都是劳动人民共同创造的，是人类共同的宝贵遗产与财富。不同文明虽然有着不同特色与差异，但它们不是相互排斥、相互隔阂的，而是相互依存、相

---

① 《习近平谈治国理政》第二卷，外文出版社 2017 年版，第 501 页。
② 《习近平谈治国理政》第二卷，外文出版社 2017 年版，第 513 页。

互联系、相互交流的；它们也不是相互矛盾、相互冲突的，而是相互包容、相互学习、相互借鉴、相互交融的；它们之间根本不存在什么优越文明与劣等文明之分，更不存在什么优等文明民族与劣等文明民族之分。世界上任何一种文明都值得尊重，一切文明成果都应珍惜。自持文明优越感，居高临下地看待另一种文明是不对的。习近平指出："如果居高临下对待一种文明，不仅不能参透这种文明的奥妙，而且会与之格格不入。历史和现实都表明，傲慢和偏见是文明交流互鉴的最大障碍。"①

上述"三大敌人"的核心是"文明冲突论"。"文明隔阂论"是"文明冲突论"的基础，"文明优越论"是为了用某一种文明反对或消解其他文明。"文明冲突论"意在说明文明是对立的，甚至是对抗的。其实，任何文明都是平等的，每一种文明都有自己的特点和优势，也会有自己的不足，每一种文明都不是十全十美的，而是在交流互鉴中完善的。"文明冲突论"说穿了是挑动不同文明主体发动战争，为破坏世界文明、破坏世界和平安定制造理论借口和依据，是一种制造分裂、宣扬战争、合理化冲突的反动理论。

文明并不存在隔阂，文明并不相互冲突，文明更没有优越与劣等之分。古丝绸之路跨越尼罗河流域、底格里斯河和幼发拉底河流域、印度河和恒河流域、黄河流域和长江流域，跨越埃及文明、巴比伦文明、印度文明、中华文明的发祥地，跨越佛教、基督教、伊斯兰教信众的汇集地，跨越不同国度和肤色人民的聚居地。不同文明、宗教、种族求同存异，开放包容，并肩书写相互尊重的壮丽诗篇，携手绘就共同发展的美好画卷。酒泉、敦煌、吐鲁番、喀什、撒马尔罕、巴格达、君士坦丁堡等古城，宁波、泉州、广州、北海、科伦坡、吉达、亚历山大等地的古港，就是记载这段历史的"活化石"。习近平总书记在上述生动形象的描述之后，深刻地总结说："历史告诉我们：文明在开放中发展，民族在融合中共存。"②

---

① 《习近平谈治国理政》，外文出版社2014年版，第259页。
② 《习近平谈治国理政》第二卷，外文出版社2017年版，第507页。

历史文明之光照进了现实，现实文明之光正在交流中发扬光大。

2014年6月5日，习近平主席在中阿合作论坛第六届部长级会议开幕式上宣布："未来10年，我们将组织10000名中阿艺术家互访交流，推动并支持200家中阿文化机构开展对口合作，邀请并支持500名阿拉伯文化艺术人才来华研修。"[①] 中华儒家文明沿着古丝绸之路向世界传播扩展，全世界有众多孔子学院（堂）传播儒家文化；古印度宗教如今在东南亚各国十分兴旺，在中国也有众多信众。文明融合的力量势不可当，"文明冲突论"可以休矣！"一带一路"不仅会使物质文明越来越发达，也会使精神文明跨越不同国度、不同种族、不同社会制度，在共存、共融中大放异彩！

（三）注重"民心"工程建设，为"一带一路"建设夯实民意基础，筑牢社会根基

"一带一路"建设，要路通、港口通、空中航道通、互联网通，各种各样"联通"都十分重要，并且缺一不可，但归根结底还是要"人心相通"。因为只有民心相通了，上述各种"联通"才有可靠的基础，就像大厦一样，只有地基牢实，才能高耸入云。所以，习近平总书记才讲："在科学、教育、文化、卫生、民间交往等各领域广泛开展合作，为'一带一路'建设夯实民意基础，筑牢社会根基。"[②] 中国要通过"一带一路"建设，实现同沿线各国人民"心相通"，是一个跨国跨区域的大工程。它不仅需要在物质生产领域进行全面合作，而且要在科学、文化、教育、卫生、体育、民间交流等众多领域展开全面深入的合作。其一，在科学领域开展合作。这方面已广泛展开，科研人员相互交流，进行科研项目联合攻关，设立专项科研基金，建立联合实验室。2017年，习近平总书记宣布："我们在未来5年内安排2500人次青年科学家来华从事短期科研工作，培训5000人次科学技术和管理人员，投入运行50家联合

[①] 《习近平谈治国理政》，外文出版社2014年版，第318页。
[②] 《习近平谈治国理政》第二卷，外文出版社2017年版，第510页。

实验室。"① 中国已召开多场次"一带一路"沿线国家的科学研讨会，带动了相关国家科学研究的发展。其二，教育合作深入发展。中国已同"一带一路"沿线国家开展学历相互认证工作，每年向相关国家提供1万个政府奖学金名额，地方政府也设立了丝绸之路专项奖学金，鼓励相关国家青年来中国留学，学习中国科学文化知识，学习儒学；还同"一带一路"沿线国家开展联合办学，培训专业技能人才。习近平总书记提出："要推动教育合作，扩大互派留学生规模，提升合作办学水平。"② 教育既可以传播知识，又可以培育心灵与智慧，是促进民心相通的最有效的途径，所以，中国十分重视"一带一路"建设中的教育合作与交流。目前，中国已同沿线的绝大多数国家建立了互派留学生的长效机制，来华的留学生人数与赴"一带一路"沿线国家留学的人数出现了双增长。"一带一路"的教育交流与合作，将在筑牢"一带一路"民意根基方面发挥越来越大的作用。其三，文化交流与合作蓬勃发展。举办丝绸之路文化周、青年戏剧节、影视艺术展、旅游文化年、各种学术研讨会、智库对话论坛，各种人文、电影、戏剧及摄影展等交流活动异彩纷呈。人员往来频繁，文化语言各异，心灵相互沟通。其四，卫生医疗合作稳步推进。习近平总书记要求开展"健康丝绸之路"③建设。中国向沿线发展中国家派遣医疗队，在当地设立医疗机构，设立100个"康复助医"项目，培训当地医务人员，传授针灸、中草药等中医医疗技术，深受当地人民欢迎。

总之，要创新"民心互通"工程建设模式，实行全方位、多层次的，由政府主导、各方广泛参与的"民心工程"建设，把"一带一路"的社会根基夯实、打牢，让"一带一路"真正成为全面繁荣之路、人民生活幸福之路。

---

① 《习近平谈治国理政》第二卷，外文出版社2017年版，第515页。
② 《习近平谈治国理政》第二卷，外文出版社2017年版，第514页。
③ 《习近平谈治国理政》第二卷，外文出版社2017年版，第510页。

(四) 政治互信、政策协调、法律保护:"一带一路"全面繁荣的根本保障

中国同"一带一路"沿线各国的社会政治制度是各不相同的,但这并不妨碍各国建立政治互信。国与国在和平共处五项原则基础上,是可以建立互相尊重、互相理解、互相信任的伙伴关系或战略伙伴关系的。

政治互信是"一带一路"建设顺利开展的根本政治前提与保障。政治互信,就是要"各国应该尊重彼此主权、尊严、领土完整,尊重彼此发展道路和社会制度,尊重彼此核心利益和重大关切"[1]。相互之间建立诚实守信、对话不对抗、结伴不结盟的新型伙伴关系或新型战略合作伙伴关系。绝不搞互相拆台、互相猜忌、以邻为壑、以邻为敌、拉帮结伙的小圈子,而要互相理解、互相包容、互相信任、以邻为友、以邻为伴。只有政治互信,才能展开其他各方面合作。"一带一路"也应该建成政治互信之路。

政策协调是"一带一路"各项合作的客观要求,也是政治互信得以落实的具体行动。产业发展,需要各项产业政策互相协调,因为"一带一路"沿线各国的产业政策大不相同,只有互相衔接、优势互补、互学互鉴,才能形成政策合力,促进产业融合发展。科、教、文、卫、体等各项事业发展,更需要沿线各国进行政策协调。习近平总书记指出:"加强政策沟通。各国可以就经济发展战略和对策进行充分交流,本着求同存异原则,协商制定推进区域合作的规划和措施,在政策和法律上为区域经济融合'开绿灯。'"[2] 倘若各国在政策上不能协调一致,"一带一路"的合作建设将难以顺利开展。只有国与国之间政策协调一致,企业间的合作才有可靠的依据与保障。中国企业到"一带一路"沿线各国去投资或开展经贸活动,要充分了解并遵守所在国的政策。违反了,就会受到当地政府的制裁,遭受各种损失,所以,中国企业一定要在国家与"一带一

---

[1] 《习近平谈治国理政》第二卷,外文出版社2017年版,第511页。
[2] 《习近平谈治国理政》,外文出版社2014年版,第289页。

路"沿线各国协调好政策的前提下,再去开展投资、经贸及文化交流活动,切不可贸然行事。

中国的法律制度与"一带一路"沿线各国的法律制度是不同的。我们要研究沿线各国的法律制度,学习并尊重、遵守各国的法律制度,遇到各种麻烦与纠纷,要依法维护自身权利,切不可干出违法违规的事情。当然,"一带一路"也应当建成法治之路,这需要沿线各国开展法律领域的合作,建立长效的法律合作机制,为"一带一路"建设提供完善的法律保障。

(本文发表于《吉林大学社会科学学报》2021年第4期)

浅谈社会主义国民收入的
生产、分配与使用

马克思指出，国民收入"是总产品扣除了补偿预付的、并在生产中消费掉的不变资本的价值部分和由这个价值部分计量的产品部分以后，所余下的价值部分和由这个价值部分计量的产品部分"（《马克思恩格斯全集》第25卷第950页）。可见，国民收入是社会总产品扣除已消耗掉的生产资料后的剩余部分，是一个国家在一定时期内所创造的全部新价值。马克思在这里揭示的国民收入范畴，完全适用于社会主义社会，但它反映的经济关系与资本主义根本不同。社会主义制度消除了必要产品与剩余产品的对抗性，因此国民收入体现了全体人民根本利益一致的新型关系。

国民收入是反映国民经济发展状况的一项综合指标。一个国家每年生产多少国民收入，综合地反映这个国家的社会生产力发展水平，基本反映这个国家的经济实力。我国是一个发展中的社会主义国家，人口多、底子薄，按人口平均计算的国民收入相当低。为了逐步实现社会主义现代化，迅速发展和壮大我国的经济实力，以便满足全体人民日益增长的物质文化生活需要，我们不仅要努力增加国民收入的生产，而且还要特别重视国民收入的合理分配与使用。

国民收入是由物质生产部门创造的，是各物质生产部门生产的净产值的总和。这些物质生产部门主要是农业、工业、建筑业、货运业、直接为生产服务的科研部门与邮电业，以及物资供应业和商业中的保管、包装、运送等行业。除此之外的非物质生产部门，如科学、文化、教育、卫生、国家机关、军队等部门，虽然它们都是社会主义社会存在和发展所必需的,是为物质生产部门劳动者创造国民收入服务的,但由于它们不直接创造物质财富,没有给社会增加新价值,因而它们不创造国民收入。这些部门劳动者的劳务收入,只是物质生产部门劳动者所创造的价值的实现或再分配,不能列入国民收入范畴。

在社会主义社会,怎样才能实现国民收入的不断增长?主要有三条途径:第一,增加物质生产部门的劳动量。延长劳动者的劳动时间,提高劳动者的劳动强度,增加物质生产部门的劳动者人数,都会使物质生产部门的劳动量增加。但前两种办法在社会主义条件下一般不予采用,因为社会主义制度的本质及其优越性要求缩短劳动者的劳动时间,降低劳动者的劳动强度。因此,增加物质生产部门的劳动量,主要靠增加劳动者人数。我国劳动力资源很丰富,有计划地扩大就业,增加物质生产部门的劳动者人数,是增加国民收入的一个有效办法。例如,我国第一个五年计划期间国营工业新增加的产值,有三分之一是靠增加劳动者人数取得的。第二,提高劳动生产率。这是加速社会主义生产发展,实现国民收入不断增长的根本途径。劳动生产率提高了,以价值形式计算的国民收入量虽然不变,但国民收入的实物量却大大增长了,这就为生产继续发展和人民生活水平进一步提高提供了物质条件。正是由于劳动生产率的提高和全体人民物质文化生活水平的提高相一致,因而能保证社会主义国民收入持续增长。第三,生产资料的节约。它意味着用等量的机器、设备、原材料、燃料动力,可以生产出更多的产品。社会主义公有制使劳动者成为国家的主人,国民经济有计划按比例发展,消除了生产无政府状态和周期性经济危机,能够通过提高固定资产利用率,对原材料综合利用,降低燃料动力消耗等方式实现生产资料的全面节约,从而保证国民收入不断增长。

国民收入生产出来以后,首先要在企业内部进行初次分配。无论是全民所有制企业还是城镇集体所有制企业,劳动者所创造的总产值扣除生产中消耗的生产资料价值,剩下的净产值就是国民收入。它经过初次分配,形成职工工资和企业纯收入两大部分。工资部分是劳动者为企业劳动所创造的价值，根据按劳分配的原则发给职工，用以满足职工及其家属的生活需要；企业纯收入是劳动者为社会劳动所创造的价值，其绝大部分要以税金和利润的形式上缴给国家，一小部分留作企业基金。以大包干为主要形式的农业责任制实行后，广大农民创造的国民收入基本分成三大块，即交够国家的，留足集体的，剩下全是自己的。国民收入的初次分配，直接关系到国家、企业和劳动者个人三者的物质利益，一定要统筹兼顾，适当安排，切不可只顾一个方面。

国民收入经过初次分配之后，还要在全社会范围内进行再分配。这是由多种因素决定的。首先，社会上还存在着许多非物质生产部门，这些部门的消耗，以及职工工资的支付，都要通过国民收入的再分配来提供。其次，社会为劳动人民举办的救济事业所需要的费用以及扩大再生产基金等，都需要通过国民收入的再分配建立。社会主义国民收入的再分配，主要是通过国家预算实现的。此外，服务费用的支付、价格调整等，也都是再分配的途径。

国民收入经过初次分配和再分配后，形成积累基金和消费基金。积累基金主要用于扩大再生产，消费基金主要用于满足劳动人民的物质文化生活需要。要合理地使用国民收入，必须恰当地安排积累基金与消费基金的比例。在国民收入的量一定的条件下，积累基金总额的增长，不应该影响消费基金最低限度的增加；而消费基金的增加，也不应当影响积累基金最低限度的增加。由于国民收入的实物构成是生产资料和消费资料，因而积累基金的增长必须同生产资料的增长相适应，消费基金的增长必须同消费资料的增长相适应。

积累基金的绝大部分要用于基本建设，其中主要用于农业、工业、交通运输等生产部门的基本建设。这些生产建设资金不能平均地分配，更不能分散地使用，而要有计划、有重点地使用。目前，农业、能源和交通，是我国国民经济发展的战略重点，它们的发展状况如何，直接关系和决定着我国整个国民经济的发展速度。因此，对积累基金的使用，一定要重点保证农业生产和能源交通的迅速发展。积累基金还有一部分用于非生产性基本建设。其中，用于国家行政机构的部分将会逐步减少，而用于科学、文化、教育等方面的部分将会日益增加。目前，我国的生产技术和企业经营管理水平都很落后，大批职工缺乏必要的科学文化知识，熟练工人和各种科学技术人才严重不足，所以，应把教育、科学、文化作为经济建设的战略重点，增加这方面的投资。

在社会主义条件下，要在生产不断发展的基础上，努力提高按人口平均分配的个人消费基金。社会主义国家对消费基金的合理分配与使用，是提高全体人民消费水平的重要保证。消费基金包括个人消费基金与社会消费基金。只有保证二者都能有所提高，才能迅速提高全体社会成员的物质文化生活水平。

（本文发表于《新长征》1984 年 8 月）

生产资料生产优先增长原理的事实根据

生产资料生产优先增长的原理，是列宁在《论所谓市场问题》一书中明确提出来的。列宁明确地提出这个原理，是对马克思再生产理论的一个重要贡献。人所共知，马克思在考察资本主义再生产时所运用的方法，是科学的抽象法。为了从纯粹抽象的意义上揭示资本主义扩大再生产条件下两大部类的对比关系和社会总产品实现问题，马克思在《资本论》第二卷中所列的扩大再生产公式以及公式的推算，舍掉了技术进步因素，并把资本有机构成当作不变的。所以在那里两大部类是平行发展的，根本得不出生产资料生产优先增长的结论。列宁创造性地把马克思提出的资本有机构成提高的规律科学地运用到社会总生产的分析上，把技术进步、有机构成提高等因素纳入马克思的再生产公式，经过详细的推算和论证，得出了"增长最快的是制造生产资料的生产资料生产，其次是制造消费资料的生产资料生产，最慢的是消费资料生产"①的结论，并且紧接着说："即使没有马克思在《资本论》第二卷中所做的研究，根据不变资本有比可变资本增长得更快的趋势的规律也能得出上面的结论，因为所谓生产资料增长最快，不过是把这个规律运用于社会总生产时的另一种说法而已。"②

列宁提出生产资料生产优先增长的原理，并不是建立在不科学的假设和推算基础上的，而是以客观实际为依据的。这一点，列宁

---

① 《列宁全集》第一卷，人民出版社1955年版，第71页。
② 《列宁全集》第一卷，人民出版社1955年版，第71页。

说得十分明确。他说，生产资料生产优先增长"这个结论是直接根据这样一个尽人皆知的原理得出来的：资本主义生产创造了无可比拟地超过以往各个时代的高度发展的技术"①。这就清楚地告诉我们，生产资料生产优先增长的规律，是以资本主义社会技术进步这一客观事实为根据的。只要存在技术进步这一客观经济条件，不论是资本主义社会还是社会主义社会，生产资料生产优先增长的规律就存在并发生作用。生产资料生产的优先增长，是技术进步条件下扩大再生产的一般规律。

我认为否定生产资料生产优先增长的原理，不仅在理论上是站不住脚的，而且在事实上也是没有根据的。有些同志把个别国家在个别时期里消费资料生产的增长快于生产资料生产的情况作为事实根据，是不能说明问题的。这是因为，生产资料生产优先增长的规律并不排斥某些国家在某一时期内消费资料生产的增长快于生产资料生产的增长。大量的实际材料说明，生产资料生产优先增长的规律，在世界经济的发展过程中，不仅客观地存在着，而且其作用越来越明显。下面，仅据个人所掌握的实际材料详细加以说明。

一 一些主要资本主义国家生产资料生产优先增长的情况

（一）美国

据统计，1922—1929 年，美国生产资料生产年平均增长速度为 6.4%，而消费品生产年平均增长速度仅为 3.7%。经过 1929—1933 年大危机的打击，美国整个社会生产都大大下降。但危机过后，生产资料生产的增长速度又大大超过消费品生产的增长速度。到 1939 年，美国生产资料工业在整个工业中所占的比重由 1929 年的 52.22% 提高到 60.7%，消费资料工业所占的比重则由 1929 年的 47.78% 下降到 39.3%。第二次世界大战后，资本主义世界发生了

---

① 《列宁全集》第一卷，人民出版社 1955 年版，第 72 页。

规模空前的科技革命，科技进步日新月异。在科技革命的影响和推动下，战后美国工业有了迅速发展。其中，生产资料工业比消费资料工业发展得更快。这样就使得生产资料工业的比重不断上升，消费资料工业的比重日益下降。1947 年，美国生产资料工业在整个工业中所占的比重，由 1939 年的 60.7% 上升到 64.5%，消费资料工业的比重由 1939 年的 39.3% 下降到 35.5%。到 1958 年，生产资料工业的比重上升到 70.2%，消费资料工业的比重则下降到 29.8%。到 1967 年，生产资料工业的比重进一步上升到 71.5%，而消费资料工业的比重继续下降到 28.5%。在美国制造业的 20 个部门中，战后增长最快的是橡胶塑料工业，1954—1977 年，增长 5.7 倍；其次是化学工业，增长 4.3 倍；再次是电机工业和工具制造业，增长 3.1 倍；机器制造业也增长 2.2 倍；烟草、食品、饮料、纺织、家具、衣服等轻工业增长最慢，皮革及其制品工业还有所下降。

(二) 英国

1924—1929 年，英国生产资料生产年平均增长速度为 3.2%，而消费品生产平均增长速度只达 1.7%。在 1929—1933 年世界经济危机的打击下，英国生产严重下降。但在危机过后，英国新兴工业部门和重工业部门产量有较大的增长，而纺织、食品等传统的轻工业部门还沉溺在慢性危机之中，没有达到危机前的最高水平。第二次世界大战以后，英国经济虽然也有发展，但是呈停滞下降的趋势。造成这种状况有许多原因，其中英国技术进步缓慢是一个重要原因。这样，基于技术进步的生产资料优先增长规律的作用，表现不十分突出。尽管如此，我们仍然可以明显地看到英国生产资料生产优先增长的状况。1948—1974 年，英国工业总产值增长了 111%，其中同新的科学技术联系密切的生产资料工业部门增长比较迅速。这一时期，英国化学工业增长 402%，煤炭石油产品增长 396%，各项工程工业（机械、电机、土木等，包括电子、自动控制、电子计算机等工业在内）增长 218%。这些重工业部门的增长率都远远超过整个工业的平均增长率。而消费资料工业部门增长滞缓，甚至有所下降。比如，1948—1974年，食品、饮料、烟草等工业只增长了90%，纺织衣着工业只增长了41%，其中棉布产量还下降了78%。

（三）日本

在科技革命的推动下，生产资料生产优先增长规律的作用，在战后日本经济中表现得很明显。战后日本工业的现代化，是从发展电力、钢铁、机械、石油化学、造船等生产资料生产部门着手的，目标是大力改变战前轻纺工业在工业中占主导地位的状况，建立以重化工业为中心的工业体系。日本对电力、钢铁、机械等基础工业部门的投资始终占其设备投资的一半左右，并且从外国引进的先进技术也主要用于重化工业部门。所以，战后日本重化工业部门的增长速度高于轻工业部门。在整个工业中，重化工业的比重不断上升，轻工业比重逐步下降。包括石油、煤炭制品和土石、窑业在内的重化工业的比重，1955年仅为51%，1960年则增长为61%，1965年进一步增长到64%，1969年则达到73%，20世纪70年代接近75%，高于其他所有资本主义国家。战后日本消费资料工业也有较大发展，其中耐用消费品（小轿车、电视机、电冰箱、电动洗衣机等）生产增长迅速，但易耗消费品增长缓慢，纺织工业还有所下降。1955—1973年，日本纺织工业在整个工业中的比重由22.6%下降到7.8%。

（四）西德

西德是战后技术进步较快的国家之一。在技术不断进步的推动下，生产资料生产优先增长规律的作用，在西德经济发展中表现得十分明显。1952—1976年，西德整个工业的年平均增长率为5.7%；而在1951—1976年，化学工业的年平均增长率达9.3%，汽车和飞机制造业达9.8%。电子电气工业为11%，石油加工工业为11.1%，发电量在1950—1976年平均每年增长8.6%。而纺织、食品工业的年平均增长率则低于整个工业的年平均增长率。由于生产资料工业的增长速度快于消费资料工业的增长速度,因此生产资料工业的各个部门的比重不断上升,消费资料工业各个部门的比重日益下降。1950—1976年,西德建筑工业在整个工业中的比重由2.5%上升到4.15%,公共动力工业由4.52%上升到6.99%,工业原料和材料生产由23.4%提高到26.34%,设备和耐用品生产由23.18%上升到35.12%,汽车制造由3.47%上升到6.88%,电子技术工业由4.47%上升到10.5%。而同期消费品工业则由21.68%下降到15.31%,食品工业由16.57%下降到9.54%。由上可见,在战后西德,生产资料生产的增长快于消费资料生产的增长。

二 苏联的情况

生产资料生产优先增长的趋势,在苏联经济发展过程中表现得异常明显、突出。根据苏联官方统计,1917—1936年,苏联生产资料生产年平均增长速度为20.1%,而消费品生产年平均增长速度仅为12.9%。其中,1928—1932年,生产资料生产年平均增长速度为30.8%,消费品生产年平均增长速度为17.6%;1932—1936年,生产资料生产年平均增长速度为22.8%,消费品生产年平均增长速度只为16.9%。第二次世界大战以后,苏联生产资料生产的增长几乎是逐年快于消费资料生产的增长。这从苏联"甲"类工业和"乙"类工业在整个工业中所占的比重的变化上,就可以看得十分清楚(见表1)。

表1　苏联生产资料生产("甲"类)和消费资料生产("乙"类)
在工业总产值中所占的比重　　　　　　　　　　单位:%

年份	总计	其中	
		生产资料生产(甲类)	消费品生产(乙类)
1946	100	65.9	34.1
1950	100	68.1	31.9

续表

年份	总计	其中 生产资料生产（甲类）	消费品生产（乙类）
1951	100	68.8	31.2
1952	100	69.2	30.8
1953	100	69.2	30.8
1954	100	69.5	30.5
1955	100	70.5	29.5
1956	100	70.8	29.2
1957	100	71.2	28.8
1958	100	71.6	28.4
1960	100	72.5	27.5
1965	100	74.1	25.9
1970	100	73.4	26.6
1975	100	73.7	26.3
1976	100	74.0	26.0

从表1可以看出，苏联生产资料工业的比重除1965—1970年以外，几乎是逐年上升的。这就充分说明，生产资料生产优先增长的规律在苏联经济发展过程中的作用越来越加强。这里需要指出的是，苏联经济发展中确实存在着片面发展生产资料生产的倾向，但我们不能以此来否定生产资料生产优先增长规律的客观存在。

三 社会主义国家的情况

（一）南斯拉夫

南斯拉夫取得社会主义革命胜利以后，便开始了社会主义工业化建设。工业化建设的重点在于扩大能源和原料生产，发展机械工程和大型联合企业，旨在加强国家的物质技术基础。因此，工业发展的速度是很快的。1947—1977 年，全国工业产量增长近 14 倍。在此期间，能源、金属加工制造、化学工业等重工业增长较快，在整个工业中的比重上升较快。据现行价格计算，1952 年，南斯拉夫的能源、冶金、非金属矿物制品和建筑材料、金属加工制造、化学等五个重工业部门的生产在整个工业净物质产品中所占的比重为 53.7%，到 1977 年提高到 62%。轻工业也有很大发展，但由于没有重工业增长得快，因而它在整个工业中的比重逐步下降。纺织、皮革、鞋类等由 1952 年的 22.7% 下降到 1977 年的 14.2%。重工业比重上升，轻工业比重下降，这正是生产资料生产优先增长规律发生作用的结果。

（二）罗马尼亚

从 1950—1975 年，罗马尼亚工业年平均增长率高达 12.9%，是战后世界上经济发展最快的国家之一。罗马尼亚进行社会主义工业化建设，长期坚持优先发展重工业的方针。30 年来，罗马尼亚把国民经济投资的 50% 以上用于发展工业，而又把整个工业投资的 70% 用于发展机器制造、动力冶金和化学工业，努力使这四个工业部门的生产过程机械化、自动化。他们把机械工业和化学工业称为工业化工业，因此，这两个部门发展更快。据统计，这两个部门在整个工业中所占的比重，1938 年不足 13%，1965 年增长到 27.9%，到 1977 年则高达 45.1%。再加上冶金、动力、煤炭等其他重工业部门，重工业在工业中的比重大大超过轻工业的比重。目前，罗马尼亚根本改变了解放前那种 95% 的机器设备依赖从外国进口的状况，建立起自己的比较独立的工业体系，成为一个蓬勃发展的农业—工业国家。

以上不甚完全的实际材料说明，生产资料生产优先增长的规律，在各种类型的国家的经济发展中，不仅客观地存在着，而且它的作用也越来越明显。

我们看一种理论正确与否，不仅要看它在理论上能否成立，更要看实践，实践是检验真理的唯一标准。列宁于1893年提出生产资料生产优先增长的原理，至今将近九十年了。在这近九十年的时间里，科学技术的进步，无疑比列宁当时所看到的情况更为巨大，更为广泛和深刻。这近九十年的世界经济发展的实践证明，列宁根据马克思再生产理论提出的生产资料生产优先增长的原理，是科学的、正确的，因而是不可否定的。

我们承认生产资料生产优先增长是一条客观规律，但绝不是说要使我国的生产资料生产在任何时候或任何条件下都比消费资料生产增长得快。生产资料生产的优先增长，是技术进步条件下扩大再生产的一种长期发展趋势，并不排斥一定时期内消费资料生产的优先增长。在一定时期内，使消费资料生产的增长速度超过生产资料生产的增长速度，不仅是允许的，而且是必要的。在一个社会主义国家，当这两大部类发生比例失调时，哪个部类落后，哪个部类的发展速度就应快一些。当前，我国的消费资料生产落后了，为了使它赶上来，与生产资料生产协调发展，就必须使消费资料生产的增长速度超过生产资料生产的增长速度。我们切不可把生产资料生产优先增长的规律理解得太片面、太死板，更不能从此走向另一个极端：根本否定这个规律的存在。

（本文发表于《经济理论与实践》1981年第3期）

关于社会主义生产目的的传统观点的商榷

社会主义生产的目的是什么呢？长期以来我国经济学界流行的观点是：社会主义生产的目的，不是价值，而是使用价值；不是利润，而是满足社会和全体人民日益增长的物质和文化生活的需要。

这种观点的基本依据，是斯大林在《苏联社会主义经济问题》一书中所作的论断："社会主义生产的目的不是利润，而是人及其需要，即满足人的物质和文化的需要。"[①] 把是不是获取利润作为区别社会主义生产目的与资本主义生产目的本质不同的标准，把利润看作与社会主义生产目的根本对立的东西，这未免有些绝对化。实际上仍然是把利润看作资本主义所特有的范畴。

我认为，社会主义生产既然是在生产资料公有制基础上进行的商品生产，那么，它的目的必然就是使用价值与价值的统一。从实物形态上看，社会主义生产的目的是物质财富本身即使用价值；但从价值形式上看，社会主义生产的目的则是价值，当然也包括社会主义利润。二者统一起来看，就不能不是使用价值和价值。社会主义生产作为商品生产，是不能只生产使用价值而不生产价值的。否则，就不能称为商品生产。下面，仅据个人对马克思主义政治经济学原理的粗浅理解，谈谈自己的不成熟的看法，与持不同意见的同志商榷。

---

① 《斯大林选集》下卷，人民出版社 1979 年版，第 598 页。

人所共知，任何一个社会形态的生产目的，都是客观的，都是不以人们的主观意志为转移的。人们不能任意选择生产目的，也不能随意创造生产目的。一定的社会生产方式产生出它所固有的生产目的。社会生产方式由生产力和生产关系两方面所构成。社会生产的目的，并不决定生产力，而是取决于社会生产关系。社会生产关系性质不同，社会生产的目的便不同；社会生产关系的变更，便会引起社会生产目的的变更。

在资本主义社会，生产资料归资本家私人占有，而工人阶级无所有。这种以生产资料资本家私人占有为基础的资本主义生产关系，决定了资本主义社会生产的目的必然是获取剩余价值，而不是使用价值。虽然生产使用价值对资本家来说是必不可少的，但这不是他生产的目的。他的目的在于通过生产使用价值来实现价值，以不断地获取剩余价值。正如马克思所指出："绝不能把使用价值看作资本家的直接目的，他的目的也不是取得一次利润，而是谋取利润的无休止的运动。"

在社会主义社会，废除了生产资料的资本家所有制，建立了生产资料的社会主义公有制，这就使社会主义生产目的发生了根本的变化，与资本主义生产目的有了本质的不同。

社会主义生产目的较之资本主义生产目的发生了哪些变化呢？按照经济学界的传统观点，它由价值变成了使用价值，由利润变成了满足社会和全体人民日益增长的物质和文化的需要。我认为，只是用这样的变化来表示社会主义生产目的及其与资本主义生产目的的本质区别，是很不科学的。

第一，资本主义生产的目的是获取剩余价值，是剥削；而社会主义生产的目的不是获取剩余价值，不是剥削，是否为了剥削，这才是区别两种生产目的的根本标志。然而，运用"使用价值"和"价值"这两个范畴，或运用"利润"和"满足社会和全体人民日益增长的物质和文化需要"这两个范畴，都不能鲜明准确地揭示它们二者之间的根本区别。首先拿"使用价值"和"价值"来说。使用价值在任何社会形态中都是财富的物质内容，它本身不能作为区别社会生产目的的标志。就"价值"而言，它是一切商品经济共有的范畴。社会主义生产是商品生产，不能不存在价值范畴。但由于不同社会制度下商品生产的实质不同，因而商品价值的本质关系就不同。孙冶方同志说："以价值为目的也就是以剥削无偿劳动为目的，"① 若专指资本主义商品生产，这无疑是对的。因为，资本主义商品生产是建立在生产资料资本家所有制基础上的，商品价值体现着资本家剥削雇佣劳动者的关系。但是，能否说社会主义商品生产以价值为目的，就必定是"以剥削无偿劳动为目的"呢？我认为，绝对不可以的。这是因为，社会主义商品生产是建立在生产资料社会主义公有制基础上的，商品价值中根本消除了人剥削人的关系，它体现着劳动者之间的平等的、互换劳动的社会主义生产关系。所以，不区分社会主义商品价值与资本主义商品价值在本质关系上的区别，笼统地否定社会主义商品生产以价值为目的，是不能解决问题的。其次，我们再来看"利润"和"满足整个社会需要"。"利润"不是资本主义特有的范畴。社会主义利润与资本主义利润是有本质区别的。资本主义利润反映资本家对工人的剥削关系，而社会主义利润根本不体现剥削关系，只体现劳动人民根本利益一致的关系。既然如此，社会主义生产为了增加或多多获取社会主义利润，有什么不可以的呢？又有什么不好的呢？因此，也不能笼统地说社会主义生产的目的不是利润。至于"满足社会和全体人民日益增长的物质和文化的需要"，这确实是区别社会主义生产目的和资本主义生产目的的一个根本的标志。斯大林关于社会主义生产目的是"满足人们物质和文化的需要"的论断是科学的，而他绝对地断定社会主义生产的目的"不是利润"则是不科学的。

　　第二，把"社会和全体人民日益增长的物质和文化的需要"，只解释为对物质财富本身即使用价值的需要，是不全面的。以取得使用价值为目的，这是自给自足的自然经济占统治地位的社会生产

---

　　① 孙冶方：《要全面体会毛主席关于价值规律问题的论述》，《经济研究》1978年第11期。

的一个重要特征。在奴隶社会和封建社会中，商品生产很不发达，自给自足的自然经济占统治地位。奴隶主和封建主对剩余劳动的榨取是为了满足他们自身的寄生消费。获取使用价值是奴隶主和封建主迫使奴隶和农奴进行生产的直接目的。虽然他们对奴隶和农奴剩余劳动的榨取相当残酷，但这种榨取本身就受他们自身需要的限制。马克思指出："如果在一个社会经济形态中占优势的不是产品的交换价值，而是产品的使用价值，剩余劳动就受到或大或小的需求范围的限制，而生产本身的性质就不会造成对剩余劳动的无限制的需求。"① 社会主义社会，占统治地位的是商品生产，而不是自给自足的自然经济。如果说社会主义社会不是商品生产占优势，或者说"占优势的不是产品的交换价值"，而是以使用价值为目的的产品生产占优势，那么，生产本身的性质就会造成对剩余劳动的需求的限制。实际上，在社会主义社会，整个社会和全体人民对剩余劳动的客观需求是无止境的。就是说，不以一定量的剩余劳动的获得为满足，剩余劳动越多越好。当然，这与资本主义社会资本家对剩余劳动的无止境贪求是有本质不同的。社会主义制度下的剩余劳动，是"为社会的劳动"，它是劳动者提供的，为社会和全体劳动者占有，而不归任何剥削阶级占有。资本家阶级对工人的剩余劳动的无限制的需求，是由资本主义的商品生产本身的性质造成的。而社会主义社会和全体人民对剩余劳动的无限制的需求，是由社会主义的商品生产本身的性质所决定的。如果说社会主义制度下整个社会和全体人民对剩余劳动的需求是有限的，那么，就等于否定了社会主义生产是商品生产，就等于说社会主义经济是自给自足的自然经济。

剩余劳动及其产品的价值表现——社会主义利润，是社会主义社会发展的基础。恩格斯指出："劳动产品超出维持劳动的费用而形成的剩余，以及社会生产基金和后备基金从这种剩余中的形成和

---

① 《马克思恩格斯全集》第二十三卷，人民出版社1972年版，第263页。

关于社会主义生产目的的传统观点的商榷 ◈ 195

积累，过去和现在都是一切社会的、政治的和智力的继续发展的基础。"[①] 这就十分确定地告诉我们：剩余劳动或剩余产品，是一切社会继续发展的基础，社会主义社会也不例外。在社会主义社会，物质生产部门的劳动者如果不能提供剩余劳动或剩余产品，非物质生产部门的人们便无法生存，这些部门也不会继续存在和发展。没有积累产生，要扩大再生产也是不可能的。这样，社会生产力就不能发展，从而社会也就不能发展和前进。既然剩余劳动或剩余产品是社会主义社会发展的基础，那么，作为它们的价值表现——社会主义利润，也可以说是社会主义社会发展的基础。因此，社会主义生产的目的，就不能不是不断地获得剩余产品及其价值形式——社会主义利润，这是社会主义社会存在和继续发展的客观要求。

同时，我们也应该看到，在社会主义条件下，全体人民的物质和文化需要的满足状况，是受他们的实际支付能力或收入水平所制约的。假如生产出来的商品的使用价值非常好，人民也都很"需要"，可就是价值大，价格较高，多数人想买，但由于受到收入水平的限制而不能买。这样很好的使用价值滞留在流通领域，而没有进入实际消费，因而生产的目的便没有达到或实现。产生这种情况的原因，并不在使用价值上，而在价值上。如果生产这种商品的劳动生产率大大提高，物化劳动和活劳动的消耗大大降低，价值下降，从而价格降低，在人们收入水平一定的情况下，它是会很快进入消费领域被人们实际消费的，从而最终达到生产目的。这就告诉我们，只以使用价值为目的进行生产，还不能完全做到在实际上真正满足全体人民的物质和文化需要。

另外，只从使用价值上考虑社会和全体人民的物质和文化需要，还势必容易产生以下现象：反正能创造出满足"需要"的使用价值就行，价值问题不必担忧，物化劳动与活劳动的消耗不必计较，利润有没有也无关紧要，等等。不计劳动消耗，忽视价值的生

[①] 《马克思恩格斯全集》第二十卷，人民出版社1971年版，第211页。

产，忽视利润的创造，这不是对客观的价值规律的违背和否定吗？当然，在现实经济生活中，确实存在着另一种偏向：只追求价值和利润，而不顾使用价值，商品质量低劣、粗制滥造，甚至以次充好，等等。这种偏向也是极为有害的，应当坚决纠正。

从上述的分析中，我们可以看出，社会主义生产的目的，只是单一的使用价值，或者是单一的价值，都是不行的，而应该满足社会和全体人民对使用价值和价值的二重需要。

第三，把社会主义利润排斥于社会和全体人民"需要"之外，进而排斥于社会主义生产目的之外，是不符合经典作家的思想的，实际上正是布哈林宣扬的自然经济的观点，列宁对此早已进行了批判。布哈林在《过渡时期的经济》一书中说："在资本主义实行统治的条件下，生产是剩余价值的生产，是为利润进行的生产。在无产阶级实行统治的条件下，生产是为抵销社会需要进行的生产。"这段话说明：资本主义生产是"为利润"，社会主义生产是"为抵销社会需要"。布哈林用自然经济观点从现象上看问题，把"为抵销社会需要"还是"为利润"作为区别社会主义生产目的和资本主义生产目的的唯一标准，实际上是把利润看作资本主义特有的经济范畴，是与社会主义生产目的根本对立、水火不相容的东西。列宁在关键的地方画了横线，尖锐地评论说："没有功成，利润也是满足'社会'需要的，应该说：在这种条件下，剩余产品不归私有者阶级，而归全体劳动者，而且只归他们。"① 列宁是用历史唯物主义观点从本质上看问题的。我认为，为社会和全体人民的需要而生产，其中也就包括了为社会主义利润而生产。我们不能说为社会主义利润而生产不是为社会和全体人民的需要而生产，因为这二者是一致的。在资本主义社会，为获取利润和为满足全体人民需要，二者是根本对立的。资本家根本不可能也绝不会为满足全体人民的需要而生产，这是由生产资料的资本家所有制所决定的，也是由他

---

① 列宁：《对布哈林〈过渡时期的经济〉一书的评论》，人民出版社1976年版，第40页。

们的阶级本性所决定的。而在社会主义社会，为利润而生产和为全体人民的需要而生产二者虽然也存在一定矛盾，但并不是根本对立、绝对不相容的。从本质上说，二者已合而为一。社会主义生产目的与资本主义生产目的的本质区别，不在于是不是为了利润，而在于是为了什么样的利润，利润归谁占有和支配。

应当强调指出，我们说社会主义生产目的包括获取社会主义利润，绝不是说利润是社会主义生产的唯一目的和动机。如前所述，我们必须把使用价值和价值（包括利润）结合起来考虑社会主义生产目的，不能再搞单打一了，这就是我的根本观点和看法。

（本文发表于吉林日报社《理论宣传参考》1980年第26期）

试论我国生产结构的合理化

生产结构是国民经济结构的基本组成部分和基础。生产结构合理与否，直接影响国民经济的发展。生产结构越是合理，就越能促进国民经济的发展，加速社会主义的现代化；而生产结构不合理，则会严重地影响和阻碍国民经济的发展，不利于社会主义的现代化。

目前，我国生产结构仍处于严重不合理状态，即农业生产严重落后，轻工业太轻，重工业过重，农、轻、重三者比例严重失调。从根本上改变这种状况，是国民经济调整工作的一项十分重大而艰巨的任务。为了使我国整个国民经济进入良性循环，推进社会主义现代化建设，探索我国生产结构的合理化问题，是有重大现实意义的。

一　如何理解生产结构的合理化

我们这里所说的生产结构，主要是指物质生产结构。马克思指出，社会的总生产分成两大部类，"这两个部类中，每一部类拥有的所有不同生产部门，总合起来都形成一个单一的大的生产部门，一个是生产资料的生产部门，另一个是消费资料的生产部门"①。在现实经济生活中，生产资料的生产部门主要是重工业，消费资料的生产部门主要是农业、轻工业。农业、轻工业和重工业是社会生

---

① 《马克思恩格斯全集》第二十四卷，人民出版社1972年版，第439页。

产的最主要部分，它们基本上代表了马克思所讲的两大生产部门。所以，生产结构问题，实质上基本是指农业、轻工业和重工业三者的结构问题。

所谓农、轻、重三者的结构，主要是指它们三者在社会生产中所占的比重及其构成比例。它表明三者之间在合乎逻辑的本质联系的基础上的数量关系。任何社会的生产要正常顺利地向前发展，农、轻、重三者的结构必须不断地合理化。就是说，农、轻、重三者在社会生产中所占的比重必须适当，它们之间的构成比例必须协调，这是社会生产发展的内在要求，也是社会生产顺利发展的前提条件。

农、轻、重三者结构合理化，是一个相对概念。合理是相对于不合理而言的，绝对的合理是不存在的。农、轻、重三者在社会生产中所占比重及其构成比例，在某个时期是合理的，但到另一个时期就不一定合理；在某个国家是合理的，但在另一些国家就不一定合理。它不是凝固不变的，而是不断发展变化的，更不是各个国家、各个时期或各种条件下都绝对一律的。

社会生产结构，从不同的角度可以区分为种种不同的类型。有的同志根据农业、轻工业合计及重工业在社会生产中所占的比重，将生产结构区分为"轻型结构"和"重型结构"，还有的同志按社会生产各个部门之间的关系状况，将生产结构区分为"挤压型结构"和"舒展型结构"，等等。我觉得，无论什么类型的生产结构，都有一个合理与不合理的问题。

那么，衡量一种生产结构合理与否的客观标志是什么呢？我认为主要有以下三条。

第一，农、轻、重三者在社会生产中所占比重及其构成比例比较适当，是生产结构合理化的基础。一般来说，农、轻、重三者在社会生产中所占比重及其结构比较适当就表明社会生产各主要部门、主要环节之间基本能够协调发展，进行良性循环，扩大再生产能够顺利进行；同时也表明社会的人力、物力和财力基本上得到了合理利用，避免了社会劳动量的巨大浪费，使社会生产比较稳定地增长。如果农、轻、重三者在社会生产中所占比重不适当，它们的构成比例很不协调,那就表明社会生产各主要部门、主要环节之间的正常比例遭到破坏,脱离了良性循环的轨道,不仅扩大再生产遇到障碍,而且会不可避免地造成人力、物力和财力的巨大浪费。当然也就不可能使社会生产稳定地高速度发展。由此可见,没有农、轻、重三者在社会生产中所占比重及其构成比例适当这一条,社会生产结构的合理性便失去了客观基础。

然而,它并不是生产结构合理化的唯一标志。这是因为,农、轻、重三者在社会生产中所占比重及其构成比例,在任何时候和任何条件下,都只是相对的,它们在不同时期、不同条件下,可以代表不同的绝对水平。仅拿农业来说,目前,某些发达资本主义国家,它在国民生产总值中所占的比重已经很小(1977年,美国为2.9%,英国为3%,法国为5%,日本为5%,西德为3%),但其绝对水平却很高,农产品数量很多;而一些发展中国家农业在国民生产总值中所占的比重一般都很高,但其绝对水平却很低,农产品的数量不多。农业在国民生产总值中所占的比重高或低,并不能表明生产结构是否合理。同样,轻工业和重工业也是如此,因此,生产结构是否合理化不能完全以农、轻、重三者在社会生产中所占比重和构成比例大小为唯一依据。

第二,能否有利于实现社会主义生产。目的是社会主义生产结构合理化的根本标志,在社会主义制度下,农、轻、重三者在社会生产中所占比重及其构成比例是受社会主义生产目的制约的,必须从属于社会主义生产目的。社会主义生产的目的是保证最大限度地满足社会和全体人民日益增长的物质文化生活需要,离开了这个根本目的,不管农、轻、重三者在社会生产中占何种地位,它们之间保持何种比例,都只是盲目的,不合理的,因此,生产结构合理与否,从根本上说,必须以其能否保证最大限度地满足社会和全体人民日益增长的物质文化生活需要为依据,一般来说,最有利于实现社会主义生产目的的生产结构就是合理的,而不能很好地实现社会主义生产目的的生产结构理所当然不能被视为合理的。当然,我们这里也只是就相对而言的,不能绝对化了。

第三，经济效果高低是衡量生产结构合理与否的一个重要尺度。任何一种生产结构都会产生与之相应的经济效果。一种生产结构所产生的经济效果是高是低是以它合理与否为前提的；而经济效果的高低，又是检验和衡量生产结构合理与否的一个重要尺度。一般地说，生产结构合理，其经济效果必然高些；生产结构不合理，其经济效果自然要低些。反过来说，经济效果高，说明生产结构比较合理；经济效果低，就说明生产结构不那么合理。判断一种生产结构合理与否，不能仅仅局限于各个部门在社会生产中所占的比例及其构成比例，以及它们满足社会和全体人民需要的程度，还必须看其经济效果。这是因为社会生产各个部门在社会生产中所占比重及其构成比例，是各式各样的；同时，社会需要也千变万化，社会生产与社会需要之间必然会有各种不同的平衡。各种不同的平衡是用或大或小的劳动消耗量来实现和达到的，它们所带来的经济效果也必然不同。如果一种生产结构是用较大的劳动消耗量实现和达到的，而它所产生的经济效果又很小，那么尽管它与社会需要平衡，也不能把它视为合理的。只有用较小劳动消耗量来实现和达到的、所产生的经济效果又较大的生产结构，才是合理的。在一定意义上说，合理的生产结构，就是用最少劳动消耗所实现的、能够取得最大经济效果的生产结构。

总之，衡量生产结构是否合理，必须把以上三条综合考虑，不能偏废，否则便无法探寻合理的生产结构。

二 在社会主义制度下能够实现生产结构的合理化

生产结构的发展变化，是在社会生产内部展现的，属于社会生产力方面的问题。但是，无论在什么条件下，从来没有脱离生产关系影响、制约和作用的生产力。生产力和生产关系是社会生产不可分割的两个方面，并且它们是互相依存、互相影响、互相制约、互相作用的。所以，生产结构的变化，总是不可避免地受社会生产关系的影响和制约，脱离不了社会生产关系的作用。

在资本主义制度下,由于资本主义生产关系的作用,社会生产结构根本不可能实现合理化。资本主义生产是社会化大生产,生产的各个部门之间是互相依赖、互相制约的。社会化大生产要求各个生产部门按比例增长,在整个社会生产中占有适当的比重,它们之间保持协调的比例关系。即是说,社会化大生产要求生产结构合理化。但是,由于资本主义生产是建立在生产资料资本主义私有制基础上的,因而,社会化大生产所要求的生产结构合理化,是根本不可能得到实现的。这是因为,生产资料资本主义私有制把整个社会生产肢解为许多利益对立的独立生产部门,而这些独立生产部门分别为若干资本家或资本家集团所把持。追求最大限度的剩余价值或利润是他们从事生产和经营的根本目的和动机。这样,哪个生产部门利润率高、利润量大,他们就把资本投向哪个部门,从而使这类部门得到迅速发展;哪个生产部门利润率低、利润量小,他们就会把资本从这些部门中撤出来,从而使这类部门的发展速度放慢,或者下降。由于剩余价值规律和竞争无政府状态规律对资本主义生产的这种自发调节作用,造成了各个生产部门之间发展的严重不平衡,不可避免地使各个生产部门在社会生产中所占的比重不能适当和平衡,它们之间的比例关系必然经常遭到破坏,不可能保持协调,这就使社会生产结构的合理化丧失了客观的基础而成为根本不可能的事情。

我国是社会主义国家。社会主义制度的建立,使社会化大生产所要求的生产结构合理化,在我国是可以实现的。

第一,生产结构的合理化,是国民经济有计划按比例发展规律发生作用的结果。我国的社会主义生产是在生产资料公有制基础上进行的。生产资料公有制的建立,消除了生产社会化与资本主义私人占有之间的矛盾,消除了资本主义竞争和生产无政府状态,使国民经济有计划按比例发展规律产生了,并且对社会主义生产起着重要的调节作用。它调节着社会劳动量在社会生产各个部门之间进行合理分配。由于生产资料公有制把社会生产各个部门联结为根本利益一致的有机整体,消除了它们之间的根本利害冲突,这就使得社会主义国家能够依据国民经济有计划按比例发展规律的要求，通过统一的国家计划，将社会总劳动量按一定比例分配到各个生产部门，保证各个生产部门有计划按比例地发展，使它们在社会生产中保持适当的比重，使它们之间的比例关系经常保持协调，从而为生产结构的合理化奠定坚实可靠的基础。这样，只要我们能够很好地运用国民经济有计划按比例发展规律，就能够实现社会主义生产结构的合理化。

第二，生产结构的合理化，是社会主义基本经济规律的客观要求。社会主义基本经济规律是一条在社会主义生产中起支配和决定作用的规律，它的主要特点和要求是："用在高度技术基础上使社会主义生产不断增长和不断完善的办法，来保证最大限度地满足整个社会经常增长的物质和文化的需要。"[①] 社会主义生产在高度技术基础上不断完善，包括许多方面。它包括生产过程的完善、生产工艺的完善、生产资料的完善等。但其中很重要的一条是生产结构的完善。所谓生产结构的完善，主要就是指生产结构的合理化问题。生产结构只有在高度技术基础上不断完善，即不断合理化，才能保证社会主义生产持久地高速度地增长，才能不断地保证最大限度地满足整个社会经常增长的物质和文化的需要，否则，将是不可能的。可见，生产结构的合理化，乃是社会主义基本经济规律的一个客观要求。只要我们在实际生产活动中按照社会主义基本经济规律的要求办事，就一定能实现生产结构的合理化，这已为我国社会主义建设的实践所证明。在第一个五年计划期间，由于我国比较重视按社会主义基本经济规律办事，注意在高度技术基础上使社会主义生产结构不断完善，虽然进行了较大规模的基本建设，但社会生产结构仍然是比较合理的，因而取得了工农业总产值平均每年递增10.9%、国民收入平均每年递增8.9%、职工平均工资平均每年递增7.4%的巨大成就。

第三，价值规律对社会主义生产结构的合理化，起着重大的调

---

① 《斯大林选集》下卷，人民出版社1979年版，第569页。

节和促进作用。社会主义生产仍然是商品生产,价值规律还存在并发挥作用。由于社会主义的商品生产是在生产资料公有制基础上有计划进行的,因而价值规律不像资本主义社会那样盲目自发地起作用,而是在社会主义基本经济规律的制约下同国民经济有计划按比例发展规律结合在一起,共同对社会主义生产起调节作用。马克思指出,价值规律不仅要求"在每个商品上只使用必要的劳动时间,而且在社会总劳动时间中,也只把必要的比例量使用在不同类的商品上"①。还指出:"为了满足社会需要,只有这样多的劳动时间才是必要的。"② 为了使各个部门生产出满足社会需要的商品,社会必须按照各种商品的必要比例把社会总劳动时间(或总劳动量)分配到各个部门、各种商品生产上去。可见,价值规律调节着社会总劳动量在各个部门、各种商品生产上的分配。正是价值规律的这种调节作用,促使各个生产部门按比例发展,推动生产结构趋于合理化。我国有计划地调整一部分农副产品和工业品的价格,就是自觉运用价值规律对生产的调节作用,促进生产结构合理化的一个具体表现。例如,适当提高农副产品收购价格,刺激了农业生产的发展,对于改变我国生产结构中农业严重落后的状况,起了重大的促进作用。

新中国成立三十多年来,我国的生产结构经历了一个由很不合理到比较合理,又由比较合理变得严重不合理的曲折的发展过程。这一点,从农、轻、重三者在工农业生产总值中所占的比重变化上表现得很清楚(见表1)。

在工农业总产值中所占的比重　　　　　　　　单位:%

时期	农业	轻工业	重工业
1949 年	70.0	22.1	7.9
恢复时期	61.7	25.6	12.7

---

① 《马克思恩格斯全集》第二十五卷,人民出版社 1974 年版,第 716 页。
② 《马克思恩格斯全集》第二十五卷,人民出版社 1974 年版,第 717 页。

续表

时期	农业	轻工业	重工业
"一五"时期	47.9	29.6	22.5
"二五"时期	27.2	29.7	43.1
1963—1965 年	32.1	31.4	36.5
"三五"时期	27.2	34.8	38.0
"四五"时期	29.9	30.3	39.8
1976 年	26.8	73.2	
1977 年			
1978 年	25.6	31.8	42.6

由表1可见，新中国成立以前，重工业少得可怜，整个工业在工农业总产值中所占的比重也只达30%，社会生产结构是一个畸"轻型"结构。经过恢复时期和第一个五年计划的建设，大大改变了新中国成立前那种畸"轻型"结构，重工业所占比重逐步上升到22.5%，轻工业所占比重上升到29.6%，整个工业合计占到一半左右，农业所占比重由70%稳步下降到47.9%，社会生产结构趋于合理化。但到第二个五年计划，由于片面发展重工业，使重工业比重一下子由22.5%剧增到43.1%，农业比重骤然由47.9%下降到27.2%，这一大升大降，破坏了农、轻、重三者的合理化，形成了畸"重型"生产结构，迫使我们不得不花费三年时间进行调整。经过三年调整，到1963—1965年，三者在工农业总产值中所占比重逐渐适当，向合理化方向发展。但从第三个五年计划开始到1978年，又出现了第二个五年计划期间的状况：重工业比重上升到42.6%，农业比重下降到25.6%，再度出现畸"重型"生产结构。

经过近两年多时间的调整，我国的畸"重型"生产结构有所改变，但到目前为止，仍没有从根本上彻底改变过来，还处于农业严重落后、轻工业太轻、重工业过重的状态。这种畸"重型"生产结构，严重地阻碍了我国生产的发展和人民物质文化生活水平的提高，使国民经济陷入了非良性循环，极大地影响了四个现代化建设的进程。所以，非下决心改变畸"重型"生产结构，使之走上合理化的轨道不可。否则，我国生产的高速度发展和人民物质文化生活水平的极大提高，整个国民经济进入良性循环，加速四个现代化的步伐，是不可能实现的。

三 如何使我国的生产结构合理化

把我国长期形成的畸"重型"生产结构改变过来，建立起合理的生产结构，这是国民经济调整工作的一项重大任务。这个任务完成得好，不仅可以缩短国民经济调整的时间，而且能较好地为调整后国民经济的迅速发展奠定可靠的基础。

那么，究竟怎样才能把我国的畸"重型"生产结构改变过来，使之逐步合理化呢？由于造成我国畸"重型"生产结构的因素很多，因而改变这种状况，使之逐步合理化的途径也是多方面的。

第一，要破除对生产资料生产优先增长规律的绝对化，在整个国民经济调整时期把消费资料生产放在优先地位。长期以来，我国经济理论界把生产资料生产优先增长规律绝对化、片面化，认为无论在何种条件下扩大再生产都必须使生产资料生产优先增长。在这种理论指导下，实际经济工作中必然孤立片面地去发展重工业，严重忽视和削弱农业、轻工业，甚至用牺牲农业、轻工业的办法去保证重工业的优先增长。这样就不能不破坏农、轻、重三者之间的正常比例关系，造成畸"重型"生产结构。有的同志认为，畸"重型"结构是由生产资料生产优先增长规律造成的，要改变它必须否定生产资料生产优先增长规律，这是值得商榷的。生产资料生产优先增长是技术进步条件下扩大再生产的规律，它发生作用的结果，从长期的趋势来看，是会导致"重型"生产结构的，但不一定导致畸"重型"生产结构。运用好这个规律,完全可以产生一种合理的"重型"生产结构。这是因为生产结构由轻变重,先轻后重,"是农业国过渡到工业国的必然趋势"①。所以,我认为,我国畸"重型"生产结构的产生不是由生产资料生产优先增长规律造成的,也并不是我们按照这个规律办事的产物,而正是由于我们长期把这个规律绝对化、片面化的结果。生产资料生产优先增长是以消费资料生产相应增长、两大部类协调发展为前提的。畸"重型"生产结构完全是在消费资料生产没有相应增长、两大部类协调关系遭到破坏的情况下形成的。因而,要使畸"重型"生产结构变为合理的生产结构,必须使它变得"轻"一些,或者退到"轻型"结构(当然,是退到合理的"轻型",并且这种退是为了以后的进)。这就需要在整个国民经济调整时期必须把消费资料生产放在优先地位,大力发展农业和轻工业,并要使轻工业的增长速度超过重工业的增长速度。只有这样,两大部类的比例关系才能协调,而两大部类比例关系如果不协调,社会生产结构的合理化就无从谈起。

第二,调整重工业的发展方向与内部结构。重工业主要是生产资料的生产部门。从整个社会来看,生产资料不能为生产而生产,必须为发展消费资料生产服务。马克思指出:"不变资本和不变资本之间会发生不断的流通(甚至把加速的积累撇开不说也是这样)。这种流通就它从来不会加入个人的消费来说,首先不以个人消费为转移,但是它最终要受个人消费的限制,因为不变资本的生产,从来不是为了不变资本本身而进行的,而只是因为那些生产个人消费品的生产部门需要更多的不变资本。"② 首先,马克思在这里肯定了第一部类生产的生产资料会在本部类内部各个部门之间不断地流通,这就告诉我们,第一部类,乃至重工业,必须有一部分产品是

---

① 尹世杰:《关于在我国建立轻型产业结构的几个问题》,《湘潭大学社会科学学报》1981年第1期。

② 《马克思恩格斯》第二十五卷,人民出版社1974年版,第341页。

为自身服务的,否定这一点是不对的。其次,马克思认为,这部分为自身服务的产品,虽然它"从来不会加入个人的消费",但它"最终要受个人消费的限制",这就是说,它最终也必须为个人的消费服务。最后,马克思指明,生产资料生产不是为了本身而进行的,必须为发展消费资料生产服务,必须为人民的消费服务。在较长一段时期,我国重工业的发展偏离了马克思所指明的正确方向,自我服务部分过度膨胀,朝完全自我服务的方向发展,这是造成我国严重不合理的畸"重型"生产结构的重要原因之一。因此,要使我国生产结构合理化,必须调整重工业的发展方向,使重工业走上为发展消费资料生产、为发展农业和轻工业服务的轨道,同时也要改变重工业内部结构,大大削减其自我服务的部分,相应地扩大为生产个人消费品的那些生产部门服务的部分,以便更好地满足人民的物质文化生活需要。

第三,调整生产建设的投资结构,适当加大农业和轻工业的投资比重。生产建设的投资结构不合理,是造成我国生产结构严重不合理的一个重要因素。1952—1979 年,我国基本建设投资额累计达 6.4 亿元,其中投入重工业的占一半以上,投入轻工业的只占约 6%,农业也只占约 12%。我国对农业和轻工业的投资都低于苏联及东欧国家。苏联近二十年中农业投资平均占全国基本建设投资总额的 18%,罗马尼亚和匈牙利对农业的投资比重也高于我国。就每亩耕地的投资来说,1976 年,罗马尼亚为 20 元,匈牙利为 28 元,苏联约为 7 元,南斯拉夫约为 5 元,而我国还不到 3 元。苏联在 1918—1978 年,对轻工业的投资在整个工业投资中所占的比重为 13.6%,而我国在 1952—1978 年轻工业投资在整个工业投资中所占比重只约为 9%。这种片面重重工业、轻轻工业的投资结构,怎能不造成重工业太重、轻工业太轻的畸形?

生产结构呢?毛泽东同志早在 20 世纪 50 年代中期就敏锐地看出苏联及东欧国家忽视农业和轻工业以及由此产生的生产结构不合理的问题,明确提出:"要适当地调整重工业和农业、轻工业的投资比例,更多遍地发展农业、轻工业","农业、轻工业的比例要加重一点。"① 要使我国生产结构趋于合理化，必须遵循毛泽东同志的上述指导思想，调整农、轻、重的投资结构，适当提高农业和轻工业的投资比例，走用多发展一些农业和轻工业的办法来发展重工业的道路。这是适合我国国情的工业化道路，也是使我国生产结构合理化的正确道路。

第四，切实改变产需脱节的状况，使生产结构适应于需求结构。斯大林指出："跟满足社会需要脱节的生产是会衰退和灭亡的。"② 任何同社会需要相脱节的生产结构，都不能认为是合理的。合理的生产结构必须同社会需求结构相适应。新中国成立三十多年来，我国生产发展的速度并不算慢，甚至比其他许多国家还要快，但人民得到的实惠并不多，生活水平没有更大的提高，一个很重要的原因就在于畸"重型"生产结构使生产跟社会需求脱节。畸"重型"生产结构发挥作用的直接结果是：不能用于满足人民物质文化生活需要的中间产品过多，而能用于满足人民物质文化生活需要的最终产品（主要是消费品）太少。这在客观上就限制了人民物质文化生活需要的不断满足和提高。人民的消费需求是多方面的，但主要由对生活资料、发展资料、享受资料的需求所构成。目前，我国人民的消费需求构成的特点，是以生活资料为主，还不是以享受资料和发展资料为主。这在近期内不会有根本改变。所以，调整生产结构，使生产结构合理化，必须适应我国人民消费需求构成的这一特点。当然，随着我国生产的发展，人民的消费需求构成会不断发展变化和提高。要使我国生产结构保持合理化状态，也必须适应人民消费需求构成的发展变化而不断地调整。生产结构的合理化，绝非一劳永逸的事，而是一个不断调整生产结构，使之与社会需求结构相适应的过程。

最后，还应指出，要使我国生产结构合理化，还必须调整生产关系和改革经济管理体制。如前所述，生产的发展离不开生产关系

---

① 毛泽东：《论十大关系》，《人民日报》1976年12月26日。
② 《斯大林选集》下卷，人民出版社1979年版，第597页。

的影响和作用，并且一种生产结构又总是在一定生产关系和经济管理体制下形成的。因此，调整生产结构，使之合理化，不相应地调整生产关系，进行必要的经济管理体制改革，是不会收到良好效果的。

（本文发表于《吉林大学社会科学学报》1982年第3期）

论打好基础与经济振兴——学习党的十二大报告第二部分的体会

党的十二大报告明确提出："从一九八一年到本世纪末的二十年，我国经济建设总的奋斗目标是，在不断提高经济效益的前提下，力争使全国工农业的年总产值翻两番，即由一九八零年的七千一百亿元增加到二零零零年的二万八千亿元左右。"为了实现这个宏伟的战略目标，党中央决定在战略部署上分两步走：前十年打好基础，积蓄力量，创造条件，后十年要进入一个新的经济振兴时期。这是一个伟大的战略决策，它完全符合我国经济发展的现状及客观趋势。本文拟就实现新的经济振兴为什么必须打好基础以及怎样打好基础等问题，谈一些粗浅体会。

经济建设的振兴，需要有多方面的客观条件作基础。报告中所说的打好基础，我认为主要是指打好物质技术基础和经济基础，或者说准备好物质技术条件和经济条件。

物质技术条件是实现经济振兴的决定性条件。列宁指出："自然界中一切现象都有物质原因作基础，同样，人类社会的发展也是由物质力量即生产力的发展所决定的。"[1] 我国社会主义经济能否出现新的振兴，归根结底要受物质技术发展水平所制约，由物质技术力量的状况所决定。这是历史唯物主义的一条基本原理。

历史证明，无论是资本主义国家还是社会主义国家，实现经

---

[1] 《列宁选集》第一卷，人民出版社1972年版，第88页。

济振兴都不能在"空地"上进行,而必须以一定的客观物质技术条件为基础。在人类历史上,资本主义生产依靠机器大工业和先进的科学技术,战胜了封建主义,赢得了自己的经济振兴时期。对此,马克思和恩格斯在《共产党宣言》中评论说:"资产阶级在它的不到一百年的阶级统治中所创造的生产力,比过去一切时代创造的全部生产力还要多,还要大。自然力的征服,机器的采用,化学在工业和农业中的应用,轮船的行驶,铁路的通行,电报的使用,整个大陆的开垦,河川的通航,仿佛用法术从地下呼唤出来的大量人口——过去哪一个世纪能够料想到有这样的生产力潜伏在社会劳动里呢?"[①] 社会主义虽然与资本主义有本质的不同,但要实现经济振兴,同样离不开机器大工业和先进的科学技术这个物质技术基础。只有机器大工业和科学技术都达到足以使社会生产力发展产生飞跃的程度和水平时,经济振兴时期才会在全社会出现。

当然,社会主义国家和资本主义国家对经济振兴所需要的物质技术条件的准备方式及其实质,是根本不同的。资本主义国家是靠残酷剥削和掠夺无产阶级、广大劳动人民来准备经济振兴的物质技术条件,而社会主义国家则是全体人民当家作主,依靠自己的辛勤劳动来创造经济振兴的物质技术基础。

我国是一个社会主义国家。新中国成立三十多年来,我国依靠全体人民的辛勤劳动,进行了大规模的经济建设,已经逐步建立起独立的比较完整的工业体系和国民经济体系,有了相当的物质技术基础。这是我们继续前进,实现四个现代化的可靠阵地。但是,也要看到,目前我国的物质技术基础还比较薄弱。这不仅直接影响社会主义经济的发展,并且关系到社会主义制度能否巩固的问题。毛泽东同志指出,只有"社会生产力的比较充分的发展,我们的社会主义的经济制度和政治制度,才算获得了自己的比较充分的物质基础(现在,这个物质基础还很不充分),我们的国家(上层建筑)

[①] 《共产党宣言》,人民出版社1964年版,第28—29页。

才算充分巩固,社会主义社会才算从根本建成了"①。为促进我国社会主义经济全面高涨,巩固社会主义制度,我们必须从根本上改变我国物质技术基础薄弱落后的状况。为此,要从现在开始,下苦功夫,花大气力,用十年时间打好基础。

除了打好物质技术基础以外,还必须打好经济基础。这也是实现我国社会主义经济全面高涨的一个重要条件。马克思指出,生产关系的总和构成社会的经济基础。所谓打好经济基础,我认为实际上就是进一步巩固和完善社会主义生产关系,使之能够更好地适应和推动社会生产力的发展。为此,需要根据我国的国情,对现行经济管理体制进行改革。长期以来,我国经济管理体制存在着权力过分集中、统得过多过死的弊病,各方面的权、责、利结合得不好,并且存在着排斥市场机制的问题。这几年我们对经济管理体制实行了一些改革,调整了生产关系,扩大了企业在计划管理方面的权限,注意发挥市场调节的辅助作用,方向是正确的,收效也很明显。但是,由于有些改革措施不配套,相应的管理工作没有跟上,因而削弱和妨害国家统一计划的现象有所滋生。所以,从我国实际情况出发,按照社会主义原则,建立起能够在国家集中统一领导下充分调动各个方面积极性的经济体制,还必须进行许多重大的改革。不然势必影响社会生产力的发展,不利于打好物质技术基础;而物质技术基础打不好,社会主义经济的全面高涨也必然落空。

总之,要实现我国社会主义经济的新的振兴,必须把打好物质技术基础和打好经济基础二者有机地结合起来,统一起来,绝不能搞单打一。因为二者是相辅相成的,是互相联系、互相促进的。但这也并不是说它们二者无有主从,平起平坐。我认为,打好物质技术基础是第一位的,打好经济基础则是为了打好物质技术基础。

前十年打好基础,是为了实现后十年的国民经济全面高涨,达

---

① 毛泽东:《一九五七年夏季的形势》(一九五七年七月),载《建国以来重要文献选编》第十册,中央文献出版社1994年版,第491页。

到工农业年总产值翻两番的战略目标。

那么究竟怎样才算打好基础了呢？这里我们绝不能搞绝对化，而只能从相对意义上理解。就是说，打好基础，并不是绝对的，而只是相对的。但不能由此而否认打好基础要有一个客观标准和尺度。我认为，这个标准和尺度是：从现在到1990年，达到工农业年总产值翻两番所必需的主要物质技术条件基本准备就绪，相应地，我国经济管理体制和分配制度上的缺陷基本消除，能够促进物质生产力以较优的速度增长。不达到这种地步，就不能说打好了基础。这个标准是比较高的，然而只有坚持高标准，才能将基础打得牢实，才能实实在在地保证后十年国民经济的全面高涨。

至此，可能有人会问：打好基础为什么非要用十年时间？是不是太长了？我认为，用十年时间打基础，这是实事求是的科学态度，是党中央充分考虑到我国目前经济发展的基本状况而作出的英明决策。

第一，我国国民经济发展中长期积累的许多问题，不可能在短期内完全得到解决。由于过去企业盲目发展、经济结构不合理、经济管理体制和分配制度有缺陷、经营管理混乱和生产技术落后等原因，以及其他某些客观因素的影响，我国国民经济许多方面的经济效益还很差，生产、建设、流通领域的浪费现象还十分惊人，单位社会生产所消耗的物资、工业企业的资金利润率、大中型建设项目的建设周期、工商企业流动资金的周转速度等，都还没有达到历史上的最高纪录。要从根本上解决上述长期积累的许多问题，没有十年时间的努力是不行的。

第二，改变国民经济的比例失调，实现整个国民经济结构的合理化，需要较长的时间。国民经济一旦发生严重的比例失调，改变它就不是轻而易举的。我国在20世纪50年代末发生的国民经济比例失调，调整过来花费三年多时间。当时大批精减职工，下放了两千多万城镇人口。这次国民经济比例失调比50年代末那次持续的时期长，并且严重得多，复杂得多。但这次调整不仅不能像60年代初那样大批精减职工、下放城镇人口，而且每年还要安排上百万人口就业。这种客观状况决定了这次调整要比60年代初困难得多、艰巨得多，需要的时间自然要长些。如果对此想得过于简单或估计不足，那就要犯错误。

第三，搞好现有企业的整顿、改组和联合，实现对现有的企业的技术改造，也需要较长的时间。我国现有的近40万个工交企业的区域结构、组织结构、技术结构、产品结构等，还都不很合理，需要有计划有步骤分批地进行整顿、改组和联合。并且这近40万个企业中，有相当多的企业设备陈旧，生产技术落后，劳动效率低，需要进行技术改造。由于近期我国的财政状况尚未根本好转，存在着财政赤字，资金严重不足，因而受财力所限，对现有企业的技术改造只能有重点地进行。只有随着国家的财政状况根本好转，有了比较充裕的资金，企业的技术改造和设备更新才能广泛地大规模展开。

第四，经济管理体制的改革更是一项十分艰巨复杂的任务，需要长期努力才能完成。经济管理体制的改革，牵动社会再生产的各个环节，涉及各个部门、各个地区以及社会各个方面的经济利益，不仅问题多、难度大，而且还会遇到许多从未见过的新情况和意想不到的阻力。波兰、匈牙利等国家的体制改革进行了几十年，都未取得十分理想的效果，苏联自20世纪60年代开始推行体制改革，反反复复，搞了二十多年，至今也没有取得成功。南斯拉夫早在50年代初就放弃了苏联式的体制，进行体制改革，推行社会主义自治体制，取得了一定的经验，但至今仍存在不少问题。鉴于外国体制改革的经验教训，我国把实现体制改革的时间设想得长一些，是稳妥、主动的。

综上所述，可见党中央确定在20世纪80年代不去勉强追求很高的发展速度，而要致力于打好基础，积蓄力量，准备条件，是一个量力而行的正确决策。我们与其把事情看简单了，急于求成，实际上做不到，倒不如把困难估计够，稳扎稳打地逐步前进。毛泽东同志早在60年代初谈到我国要赶上和超过世界上最先进的资本主义国家时就告诫说："我劝同志们宁肯把困难想得多一点，因而把时间设想得长一点了。"① 党中央关于前十年打好基础,后十年实现经济振兴的战略步骤,很好地体现了毛泽东同志的上述指导思想,可以说,是对毛泽东思想的科学的具体运用。

今后二十年,前十年是关键。前十年基础打得好不好,直接决定着后十年我国经济能否出现新的振兴,关系到工农业年总产值翻两番的伟大战略目标能否实现。所以,我们一定要鼓足干劲,积极奋斗,扎扎实实地做好打基础的工作。

为了打好基础,促进我国社会主义经济的全面高涨,在我们的全部经济工作中,必须继续贯彻执行五届人大四次会议批准的十条经济建设方针,特别要注意坚持以下四个原则,那就是坚持"一要吃饭,二要建设",在发展生产的基础上逐步改善人民生活的原则;坚持在国营经济居主导地位的前提下发展多种经济形式的原则;坚持以计划经济为主,市场调节为辅的原则;坚持在自力更生基础上扩大对外经济技术交流的原则。以上四个原则,是指导我国经济工作的基本原则。只有始终不渝地坚持这四个原则,才能保证打基础工作沿着社会主义道路前进。

要打好基础,促进我国社会主义经济全面高涨,还必须做好以下一些工作。

第一,要厉行节约,反对浪费,把全部经济工作转到以提高经济效益为中心的轨道上来。厉行节约,反对浪费,是我国进行社会主义建设的一贯方针,也是提高经济效益的一个重要内容。提高经济效益,是实现工农业年总产值翻两番的前提,也是打好基础的迫切要求和有效途径。所谓经济效益,就是社会主义生产和再生产中劳动占用和劳动消耗量同劳动成果的比较。占用和消耗同样劳动,劳动成果多、质量好,经济效益就大;劳动成果少、质量差,经济效益就小。以尽可能少的劳动占用和劳动消耗量,生产出尽可能多和尽可能好的满足社会和劳动者个人需要的使用价值,就是最大的经济效益。经济效益提高,意味着劳动量的节约,或意味着劳动成

---

① 毛泽东:《在扩大的中央工作会议上的讲话》,人民出版社1978年版,第21页。

果的增大，实际上反映了经济建设速度加快。长期以来，我国经济建设有许多方面经济效益不仅没有提高，反而有所下降，这是一个十分严重的问题。据粗略计算，我国创造每百元国民收入所消耗的物资，1980年为129元，比1952年的72元和1957年的77元，分别提高了79%和72%。全民所有制工业企业每百元产值实现的利润和税金，"一五"时期为31.9元，1981年只有23.8元。每百元产值占用的流动资金，1957年为19.4元，1981年增加到30.2元。这里虽然有些不可比因素，但却清楚地说明我国的经济效益很差。1982年开始强调经济效益，情况有好转。但目前我国的许多经济工作仍处于消耗高、质量差、效益低的状态，如果不迅速从根本上改变，那就无法在前十年内打好基础，后十年的经济高涨也难以实现。因此，务必把打基础工作纳入提高经济效益的轨道，否则，就会打乱我们的整个战略部署，影响战略目标的实现。

第二，要集中主要力量进行各方面经济结构的调整，使之合理化。调整好经济结构需要有一个过程。报告中指出，在第六个五年计划期间，要集中主要力量进行；在第七个五年计划期间，要完成各个方面经济结构的合理化。我认为，集中主要力量调整经济结构，使之合理化，重点应放在生产结构上。因为，生产结构是整个国民经济结构的基础和最重要的组成部分，它决定和制约着其他各个方面的经济结构。生产结构调整好了，实现了合理化，整个国民经济结构才有可能实现合理化。目前，我国的农、轻、重等物质生产部门的比例仍没有摆脱失调状态，结构还很不合理。改变这种状况，是打好基础的一项重要任务。这项任务完成得好，就能够为后十年的经济振兴提供十分有利的条件。这是因为，合理的生产结构可以促进国民经济以较快的速度增长。

第三，有计划有重点地进行企业的技术改造。报告中指出：在第六个五年计划期间，要"有重点地开展企业的技术改造"。重点放在什么地方？我认为，应主要放在能源、交通运输等基础工业部门。当前能源和交通运输的紧张是制约我国经济发展的一个重要因素。这几年，我国能源生产的发展放慢了一些，而能源的浪费又十分严重。由于能源短缺,全国有20%—30%的生产能力闲置,有相当多的企业开工不足,直接影响国民经济的发展。交通运输也是国民经济发展中的一个薄弱环节。交通运输能力同运输量增长的需要很不适应,没有很好地发挥它作为国民经济发展的"先行官"的作用。其他一些基础工业部门,生产设备和技术老化的现象也相当严重,不能为其他工业的发展及时地提供更多更好的原材料,迫使一些企业停工待料。为了改变上述状况,使国民经济全盘活起来,并有一个较高的发展速度,必须集中主要力量对能源、交通运输等基础工业部门的企业重点进行技术改造。到第七个五年计划期间,对企业的技术改造工作要全面广泛地展开。

第四,集中资金,有计划地进行重点建设。陈云同志说过:"在贫困落后的经济的基础上前进,必须尽可能地集中物力财力,加以统一使用。""只要我们把力量集中起来,办成几件大事。决不应该把眼光放得很小,凌凌乱乱地去办若干无计划的事。"党的十二大报告,很好地体现了陈云同志关于进行重点建设的战略指导原则,明确提出:"要实现今后二十年的战略目标,必须由国家集中必要的资金,分清轻重缓急,进行重点建设","如果国家重点建设得不到保证,能源、交通等基础设施上不去,国民经济的全局活不了,各个局部的发展就必然受到很大的限制,即使一时一地有某些发展,也难以实现供产销的平衡,因而不能持久"。

要为20世纪90年代的经济振兴做准备,必须从现在起就由国家集中必要的资金,重点进行能源、交通运输等基础设施方面的基本建设。大家都知道,大型煤矿、油井和电站的建设,铁路和港口的建设,不仅耗资多,而且周期长。80年代能源开发和交通运输建设规模,在很大程度上将决定90年代能源生产和交通运输能力的增长速度。国家如果不及早地安排,那就会使后十年仍然出现能源短缺、交通运输紧张的状况,拖住国民经济的发展速度,从而无法实现新的经济振兴。可见,由国家集中资金,进行能源、交通等方面的基本建设,是具有重大战略意义的。它不仅可以减少和克服当前有些地方和企业在建设中的盲目性,实现国民经济有计划按比例发展，而且可以从根本上保证全国范围内的整体需要得到满足，保证全体人民的根本利益和长远利益得以实现。

第五，加强人才的培养，组织力量对一系列重大科技项目进行"攻关"。科学技术的进步和经营管理水平的提高，基础在于科技人才和管理人才的培养和提高。然而，科技人才和管理人才的培养和提高，并非一日之功，而需要有一个过程，要花费较长的时间。只有在80年代就抓紧人才的培养和提高，到90年代才有可能使劳动者的科学文化水平和生产技术水平普遍提高，各种专门人才队伍才可能有较大的发展，进而才会大大推动科学技术进步和国民经济迅速发展。目前，我们要充分利用好现有的科技力量，组织他们对重大的科技项目进行"攻关"。如果不下决心在前十年把一些关系国民经济发展的重大科技项目攻下来，那就将为后十年的经济振兴留下障碍。因此，这一工作必须从现在起就抓紧进行。

总之，要打好基础，需要做很多工作。无论哪一项工作，都要依靠广大人民群众。没有亿万人民群众的高昂劳动热忱和忘我的劳动态度，没有成千上万生产单位的首创精神，没有各地方、各部门的积极奋斗，社会主义建设事业的蓬勃发展是不可能的。所以，我们的全部经济工作必须立足于统筹安排，兼顾国家、集体、个人三者利益，把中央、地方、部门、企业和劳动者的积极性都充分调动起来，科学地组织起来，使之发挥出最大的效用。这是促进社会主义经济全面高涨的最重要的途径。

（本文发表于《吉林大学社会科学学报》1983年第1期）

论经济社会学的研究对象、方法及意义

一

经济社会学是经济学与社会学相互交叉、相互融合的产物。这种结合并不是简单地凑合，也不是机械地"合二为一"，而是有机地融合。它是随着社会分工的深入发展，学科分类日益细化而产生的一门新兴学科，也是介于经济学与社会学之间的一门边缘学科。那么，它到底属于哪一类性质的学科呢？在国外，有的学者主张它同会计核算、国民经济活动分析等学科一样，属于经济科学一类。① 我不同意这种看法。我认为，经济社会学并不是一门经济科学，尽管它涉及经济领域或经济问题。从本质上说，它属于社会学范畴，是社会学的一个重要分支学科。对这个问题的正确理解，直接涉及经济社会学的研究对象问题，下面我们就着重考察这个问题。

毛泽东同志曾经指出："科学研究的区分，就是根据科学对象所具有的特殊的矛盾性。因此，对于某一现象的领域所特有的某一种矛盾的研究，就构成某一门科学的对象。"② 根据上述论断，经济社会学的研究对象，就是经济领域里所特有的某一种矛盾，这种

---

① ［苏］A. 舍列梅特：《经济科学体系与科学专业分类》，师奇译，《国外社会科学》1986 年第 6 期。

② 《毛泽东选集》第一卷，人民出版社 1991 年版，第 309 页。

矛盾简单说来就是社会关系的矛盾。这一矛盾的特殊性，使经济社会学同那些经济科学区别开来。

政治经济学的研究对象是生产关系，亦即经济关系。它通过对社会经济机体的细胞形式的抽象分析，揭示经济机体内部的矛盾运动，进而揭示一种生产关系产生、发展以至被另一种新的生产关系所代替的客观规律性。

部门经济学（如工业经济学、农业经济学、商业经济学、劳动经济学、财政学、银行货币学等），都是属于经济管理科学一类，它们的研究对象是本部门的生产力和生产关系运动的经济形式，研究社会各种经济规律在本部门的具体作用条件、具体表现形式及特点，研究本部门内生产力的合理组织及生产关系的合理调整，以揭示本部门经济发展运动的规律。

生产力经济学的研究对象是社会生产力。它研究生产力的内涵、要素、结构、系统、网络及其相互关系，研究社会生产力的内部矛盾运动、发展机制、发展动力及发展规律。

与上述经济科学不同，经济社会学的研究对象是经济领域的社会关系。经济是这门科学研究的出发点，正如物质资料的生产是政治经济学研究的出发点一样。出发点并不等于研究对象。至此，有的同志可能要问：这里的社会关系包括不包括生产关系或经济关系？回答是肯定的。于是就产生了一个问题：既然这里的社会关系包括生产关系，并且生产关系又是社会关系中的基本关系，那么经济社会学与政治经济学岂不是基本一样了吗？这显然是一种误解。我认为，尽管经济社会学也研究经济领域的生产关系，但它与政治经济学的研究不同，它是把经济领域的生产关系作为一种社会关系，作为社会关系的一个重要组成部分来研究的；并且，是用社会学的研究方法，而不是用政治经济学的科学抽象法。再说，社会关系中除了生产关系之外，还包括其他许多关系，如政治关系、伦理关系、道德关系、行政从属关系、文化意识关系等。因此，经济社会学还是不同于政治经济学的一门科学，它具有同政治经济学不同的特殊的研究对象。

近几年，有的同志提出："经济社会学的主要任务是研究经济发展对社会生活各个方面所造成的影响。"① 这样理解似乎过于狭窄，过于简单化了。诚然，研究经济发展对社会生活各个方面所造成的影响，是经济社会学的主要任务之一，但我认为，除此之外，起码还有以下几条：第一，它要研究经济发展过程中各种社会关系、社会现象的产生、发展、变化以及它们之间的相互联系或相互关系。例如，人口与就业问题、人口与住宅问题、生活方式的改变与生活观念的更新、生活水平的提高与家庭关系的新变化，等等，都是经济社会学应当研究和必须研究的问题。第二，它要研究经济发展中各种社会关系、社会现象同各种经济关系的相互关系、相互作用，揭示经济社会一体化发展的客观规律。在马克思创立科学的历史唯物主义以前，资产阶级社会学家离开经济关系孤立地探究社会关系，结果都不能科学地揭示社会发展规律。对此，列宁曾经明确指出："社会学家不善于往下探究象生产关系这样简单和这样原始的关系，而径直着手探讨和研究政治法律形式，一碰到这些形式是由当时人类某种思想产生的事实就停留下来；结果似乎社会关系是由人们自觉地建立起来的。"② 列宁还认为，马克思和恩格斯的基本思想，"是把社会关系分成物质关系和思想关系"，"物质的社会关系"就是"不通过人们意识而形成的社会关系：人们在交换产品时彼此发生生产关系，他们甚至没有意识到这里存在着社会生产关系"；"思想的社会关系"就是"通过人们的意识而形成的关系"。简言之，"思想关系只是不以人们的意志和意识为转移而形成的物质关系的上层建筑，而物质关系是人们维持生存的活动的形式（结果）"③。可见，经济社会学必须把物质关系与思想关系、经济基础与上层建筑结合起来，在它们的矛盾统一中考察和研究社会关系的变动规律。如果离开生产关系——基本社会关系的考察分析，

---

① 孙金楼、柳林：《住宅社会学》，山东人民出版社1985版，第12—13页。
② 《列宁选集》第一卷，人民出版社1972年版，第7页。
③ 《列宁选集》第一卷，人民出版社1972年版，第18页。

那就必然步马克思主义历史唯物主义产生之前的那些资产阶级社会学家的后尘，或是在社会现象面前束手无策、停滞不前；或者陷入历史唯心主义泥潭，得出荒诞的反科学的结论。第三，它还要研究经济发展过程中各种社会关系、社会现象同社会物质生产力之间的相互关系、相互作用以及它们相互作用的中介和实现机制等。马克思曾明确指出："社会关系和生产力密切相联。随着新生产力的获得，人们改变自己的生产方式，随着生产方式即保证自己生活的方式的改变，人们也就会改变自己的一切社会关系。手推磨产生的是封建主为首的社会，蒸汽磨产生的是工业资本家为首的社会。"[①]物质生产力是人类社会存在和发展的物质原因和基础。人们的一切社会关系，归根结底是由社会物质生产力所决定的。因此，经济社会学研究经济领域的社会关系，还必须联系社会物质生产力，否则，就不能从根本上阐明各种社会关系、社会现象产生及发展变化的物质条件及物质原因，自然也就离开了历史唯物主义的立场，谈不上是马克思主义的经济社会学了。

二

不同科学的研究对象不同，其研究方法也必然会有所不同。正是由于经济社会学的研究对象同一般的经济科学的研究对象根本不同，所以它的研究方法既不能是政治经济学的抽象法，也不能一般地等同于部门经济学和生产力经济学的方法。经济社会学是社会学的一个重要分支，本质上属于社会学的范畴，因此社会学的研究方法一般来说是对经济社会学适用的。还因为经济社会学同其他一些社会学（如行政社会学、伦理社会学、法律社会学、人口社会学等）所涉及的具体研究范围不同，所以并不是所有的社会学研究方法都对它适用。笔者认为，经济社会学的研究方法主要有以下几种。

[①]《马克思恩格斯全集》第四卷，人民出版社 1958 年版，第 144 页。

第一，调查研究法。

这是了解社会，认识社会的基本方法，也是经济社会学的基本研究方法之一。毛泽东同志历来十分重视对经济社会状况做普遍深入的调查研究，他的许多著作如《中国社会各阶级的分析》《湖南农民运动考察报告》等，都是在对中国重大的经济社会问题进行认真调查研究基础上写成的。毛泽东同志还把调查研究同取得中国革命的胜利紧密联系起来，强调指出："社会经济调查，是为了得到正确的阶级估量，接着制定出正确的斗争策略。"[①] 进入社会主义革命和社会主义建设时期，毛泽东同志更是注重对经济社会问题的调查研究，经常深入城市、农村、厂矿、企业等进行调查，为我们运用调查研究方法研究中国经济社会问题树立了光辉的典范。

第二，社会统计法。

这是经济社会学领域已经广泛采用的对经济社会现象进行定量分析的一种方法。当代许多经济社会学家都用这种方法对失业率、经济犯罪率、离婚率等经济社会现象进行量的统计分析，论证这些经济社会现象所产生的社会根源、社会效应及社会影响。

社会统计法，是利用统计学中有关搜集、整理资料的方法，用公式、数字、图表来说明和表示人类社会中各种经济社会现象的方法。它一般要包括两个层次或步骤：一是统计调查，这是获取统计资料的决定性的一步。可根据统计题目、目标及内容的要求，分别采取全面调查、典型调查、抽样调查等不同的调查方式，来获取准确、可靠的统计资料，为进行科学的统计分析奠定基础。二是统计分析，这是综合统计资料，进行科学分析和理论概括阶段。通过采取指标分析法或相关分析法等，对统计资料进行理论分析，以便得出一般性原理或规律性的结论。

第三，社会测量法。

这是社会测量学的一种方法，也可作为经济社会学的一种研究方法。

[①] 《毛泽东著作选读（乙种本）》，中国青年出版社1964年版，第22页。

社会测量法，是通过测量社会团体（包括经济团体）中人与人、人与组织之间的关系及其趋避倾向、趋避程度等，以发现、描述和评价人们的社会地位、团体结构，预测团体发展趋势的一种方法。

当前，在我国，随着经济体制改革的深入和社会主义现代化建设的发展，合理调整经济社会发展过程中人与人之间的社会关系，发展人与人之间的平等、友爱、团结、互助等社会主义新型关系，已十分必要和迫切。运用社会测量法，绘制经济社会关系网络图，十分有利于了解和掌握各种经济社会团体中的错综复杂的人与人的关系。它是我们的基层领导者了解和掌握本单位中人与人之间相互关系状况的一个有力的手段。

第四，系统工程法。

这是在科学技术高度发展基础上产生的研究社会科学的现代的科学方法之一。它已广泛地应用于经济社会学的研究。

从根本上说，经济社会学的方法，就是对社会经济生活中各种社会现象进行系统综合的一种方法。比如，它在研究经济犯罪时，并不是单单研究犯罪本身及有关的法律问题，也不仅仅是研究经济问题，而是要把与经济犯罪有关的所有因素（如政治、经济、心理、生理、道德、伦理关系等）综合起来，作为一个系统来分析和研究。

运用系统工程的方法，可以实现对社会现象从总体上的定性和定量的结合。以往的经济社会学研究，对经济社会现象进行定量分析，主要局限在局部和具体现象上，对社会现象的总体数量缺乏认识，也缺少必要的手段。系统工程方法的产生和应用，有效地解决了这个问题。比如，在职工劳动积极性的研究中，单独定量分析工种对积极性的影响、工作环境对积极性的影响、职工心理状态对积极性的影响、职工家庭生活状况对积极性的影响、工厂贯彻按劳分配状况对积极性的影响等，并由此得出结论，都不可能是全面的，都不可能从总体上揭示事物的全部实质及发展规律。因为上述某一因素单独孤立地起作用是极为少见的，甚至是不可能的。运用系统工程的方法，把上述诸多相关因素综合起来，作为一个有机的系统来进行考察分析，就有可能全面地揭示事物的本质和发展规律。

第五，试验法。

这是我们党和国家在长期社会实践中总结出来的一个进行经济社会工作的好办法，也可作为经济社会学研究经济社会问题的一个重要方法。目前，这种方法在我国社会主义革命和社会主义建设中正在更加广泛地运用。如在经济体制改革过程中，进行扩大企业自主权、厂长（经理）负责制、开放金融市场和劳动力市场、推行职工代表大会制度等方面的试点，以及企业整顿试点、企业改造青少年犯罪试点等，这些都是试验法的具体应用和发展。

通过若干典型试验，可以摸清路子，找出问题，总结经验教训，以便探索出一般原则和规律性的东西，为某项工作的全面展开奠定基础和创造条件。例如，1982年上海12个主要工业局通过对所属近30个全民所有制企业实行职工代表大会制度和厂长负责制的试点，总结出一套民主管理企业和科学管理企业的经验，明确提出：改善和加强党对企业的领导，必须实行"党政领导班子分开，纠正和克服党政不分和党委包揽一切的状况"①。可以说，整个经济社会工作的试点过程，就是研究经济社会问题，进行理论概括、理论升华的过程。

总之，经济社会学的研究方法很多，这里限于篇幅不能一一详细介绍，只能是择其要者略加阐述和说明。

三

在我国经济体制改革日益深入，社会主义现代化建设迅速发展的今天，开展经济社会学研究，创建有中国特色的社会主义经济社会学，无疑具有重要的现实意义和深远的历史意义。

首先，开展经济社会学研究，可以为制定经济社会一体化发展

---

① 庄振华、周积泉：《民主管理促使工厂企业更有活力》，《社会科学》1982年第2期。

战略提供理论依据。经济和社会本来就是不可分的，经济生活是社会生活的一个方面。经济发展是社会进步的基础。许多社会问题如我国目前存在的待业问题、人口膨胀问题、环境污染问题、生态平衡遭到严重破坏问题、社会福利问题，归根结底都是由经济状况决定并产生的。因此，它们的解决从根本上说要取决于经济问题的解决。单纯地就待业问题来解决待业问题、就人口问题来解决人口膨胀问题、就环境污染问题来解决环境污染问题，就生态问题来解决生态平衡遭到破坏的问题、就福利问题来解决社会福利问题，都是不能根本解决问题的。因此，一般说来，经济发展状况对社会发展起着决定性作用。但是，绝不可由此认为，只要经济发展了，一切社会问题就都可以自然而然地解决了。社会问题的存在与发展，对经济的发展有很大的影响和反作用，它能阻碍或促进经济的发展。如果只注重经济发展而忽视社会发展，只注重经济效益而忽视社会效益，只注重经济目标的实现而忽视社会目标的实现，那么这样的经济社会发展是不完全的，或者说是片面的、畸形的。这在西方一些发达国家表现十分明显、突出。这些国家的经济比较发达，但就业、住房、医疗、道德堕落、酗酒、犯罪等社会问题十分尖锐。在我国，诸如前面所讲的就业问题、人口问题、环境污染问题、人民的住房问题以及职业教育问题，也都严重地制约和影响经济建设的健康发展。由此可见，要实现人类社会的不断进步，必须推行经济社会一体化发展战略。制定一个适合我国国情的社会主义的经济社会一体化发展战略，必须充分考虑以下因素：第一，社会人口状况，包括人口数量、质量及构成状况，这是经济社会发展的主体要素。第二，国土资源，包括土地、水面以及地上地下、水上水下的各种资源和地理环境，这不仅是人类生活的环境，而且是经济社会发展的自然条件。第三，历史传统，包括历史发展、民族特点、文化传统等，这也是制约经济社会发展的一个特殊因素。第四，现阶段的经济发展状况和水平，包括社会现有的生产能力、运输工具、市场容量、经济结构以及人民的消费水平。这是经济社会进一步发展的物质基础。第五，科技、教育、文化的发展水平，这是现代经济社会发展的决定性因素和重要推动力量。上述这些因素，正是经济社会学所要研究的内容。也只有经济社会学这样一个综合的学科，才能切实担负起这个复杂而又综合的任务，才能为经济社会的一体化发展提供科学的理论依据，指导我国经济社会向着高度民主、高度文明的社会主义现代化强国这样一个宏伟目标迈进。

其次，开展经济社会学研究，还可以为政治体制改革与经济体制改革同步进行，推行我国经济社会体制的全面改革奠定理论基础。党的十一届三中全会以来，我国由农村开始的经济体制改革，取得了极其重大的成果。目前，以城市经济体制改革为中心的整个经济体制改革已全面展开，深入发展。近年来，人们越来越认识到，如果不进行政治体制和其他社会关系方面的改革，那么经济体制改革就难以继续前进和深入，甚至可能半途而废。政治因素，社会因素，文化、道德、传统等因素，对经济的反作用是相当巨大的。目前我国经济体制改革所遇到的阻力，许多都来自官僚主义、封建特权思想、旧文化、旧传统和旧的习惯势力等，来自政治思想领域资产阶级自由化的干扰和破坏，来自政治体制的一些弊端与社会关系体系的不完善。要克服阻力，推进我国的经济体制改革，并取得重大成功，必须使政治体制改革和其他社会关系方面的根本改革与之配套，同步进行。为此，就需要从理论上探讨和论证政治体制改革与经济体制改革同步进行的必要性和可能性，暴露遇到的种种问题，提出解决问题的新措施和新建议，预测未来的发展趋势，总结经验教训，以便探索出规律性的东西，上升为理论。这些，正是经济社会学所要完成的重要研究任务。

最后，开展经济社会学研究，有利于防止人与人之间关系的庸俗化和蜕变，建立起社会主义的新型人际关系。整个人类社会，是一个网络状的人际关系系统。经济作为社会中的一大领域，其间也充满了人际关系。它主要包括阶级关系、阶层关系、亲戚关系、邻里关系、朋友关系、同事关系、上下级关系、往来关系、从属关系、依附关系、平等关系、互助关系等。这些关系错综复杂，互相交织、互相影响、互相渗透、互相作用，形成了一个庞大的人际关系的网络系统。任何一种关系都不能脱离这个网络系统而孤立地存在。但在不同的社会中，各种人际关系所处的地位不同，属于不同的层次，并按一定的规则组成一定的序列，形成不同的人际关系结构。并且，每一种人际关系及其结构，都具有不同的特殊性质与功能。在阶级社会中，人际关系不可避免地打上阶级的烙印，具有阶级的性质和特点。

资本主义社会的人际关系，一言以蔽之，就是纯粹的金钱关系。马克思和恩格斯指出："凡是资产阶级已经取得统治的地方，它就把所有封建的、宗法的和纯朴的关系都破坏了。它无情地斩断了那些使人依附于"天然的尊长"的形形色色的封建羁绊，它使人和人之间除了赤裸裸的利害关系，即冷酷无情的'现金交易'之处，再也找不到任何别的联系了。"[①]"资产阶级撕下了罩在家庭关系上的温情脉脉的面纱，把这种关系变成了纯粹的金钱关系。"[②]之所以如此，完全是由资本主义生产关系说到底是由生产资料资本主义私有制所决定的。

进入社会主义社会，情况发生了根本的变化。由于生产资料公有制的建立，消除了人与人之间的赤裸裸的根本利害关系，使人与人之间的关系变成了根本利益一致的平等互助关系。虽然人们之间在进行商品生产和商品交换时，还要保持和发展货币关系，但这种货币关系已根本不同于资本主义社会那种建立在赤裸裸利害关系基础上的纯粹金钱关系。在社会主义社会人际关系中，平等、友爱、团结、互助等关系是基本的、大量的，占优势的不是纯粹的金钱关系了。但社会主义并不是纯而又纯的，人际关系中还残留着许多资本主义因素，如货币拜物教者认为"钱能通神""有钱能使鬼推磨"，把人与人的关系仍看作赤裸裸的金钱关系。现实生活中请客送礼、行贿受贿、拉关系、走后门等不正之风，都是其典型表现。

---

① 《马克思恩格斯全集》第四卷，人民出版社1958年版，第468页。
② 《马克思恩格斯全集》第十八卷，人民出版社1964年版，第585页。

不仅如此，社会主义社会的人际关系中甚至还存在着许多陈腐的封建主义的东西。例如，以权谋私，搞个人迷信、个人崇拜，实行家长制，任人唯亲，等等，不一而足。上述资本主义因素和封建主义东西，像毒菌一样严重地危害着社会主义人际关系的正常肌体，只有把它们彻底清除掉，才能真正建立起社会主义的新型人际关系。为此，必须广泛深入地开展社会主义人际关系的探讨和研究，而这恰恰是经济社会学的一个重要任务。

（本文发表于《吉林大学社会科学学报》1987年第4期）

对"新经济"的新思考

一 新经济与技术革命

(一) 以往对"新经济"的界定

新经济一词最早出现于美国,主要是源于1991—2000年其经济的持续增长。很多人士认为新经济之新,第一是经济的全球化,第二是信息技术的普及化。"新经济"论的鼓吹者认为,经济的"全球化"和"信息化"使得今天的经济相对于传统的工业经济而言发生了深刻的变化。"全球化"和"信息革命"正改变着世界经济结构,使世界经济表现出许多"新的特征"。

(二) 信息化和全球化并非新经济

1. 新经济不是信息化

人类有史以来就生活在信息的海洋中,广义的信息过程比物质生产过程更为普遍。信息技术是一切能够扩展人的信息器官功能的技术,从语言、文字、印刷品到电报、电话、广播、互联网;从有线电到无线电、红外线、光缆、光纤,从文化传媒到计算机技术应用产业,都是人类发展信息的基础技术(新材料、新能源技术)、支撑技术(机械技术、电子与微电子技术、激光技术、生物技术)和应用技术(应用在经济、社会领域的各类具体技术)的进程。信息既不是物质,也不是能量,信息就是信息,人类对信息的需求来自对物质的需求,信息的功能就是为人类服务。电子计算机技术与光纤通信技术相结合,不过是人类信息技术的又一次飞跃,这一飞跃只有在物质生产生活中得以运用才有价值。况且电子计算机在生产、管理中的应用技术创新也绝不亚于信息技术创新。人类在昨天、今天乃至明天都生活在信息社会,信息化早就是人类的一个主题,此次信息技术革命仅是新经济的一部分。

2. 新经济只是加快事物的全球化速度而不是产生全球化

人类有着共同的利益,值得在全球传播的事物,无论时间长短,都会在全球得以传播。物质、文明始终都在全球范围内相互交流,相互渗透;还有许多事物尽管我们并不欢迎,比如战争、疾病、环境污染,虽有国界之分,但仍在全球范围内传播、蔓延。一件事物的全球化从几百年到现时传递,都是全球化的进程,只是速度在加快而已,而速度的增进正是来源于信息技术的进步,电子计算机技术正是这种使全球化加快的技术。

(三) 新经济来自电子计算机技术的发展

1. 第三次科技革命——电子计算机技术

技术革命的实质是不同时期起主导作用的技术以及以主导技术为核心的技术群的更迭过程。人类第三次科技革命的主导技术应当是在电子学基础上发展起来的计算机技术。从人类第一台电子计算机埃尼阿克于 1946 年 2 月 15 日在美国诞生开始,电子计算机技术的发展不仅迅速,而且随着计算机威力的增强,出现了一场"计算机化"革命。信息系统告别了模拟信号系统转向数字化、光学化系统,人类交流环境日新月异。研究、决策、管理由计算机辅助,吃穿住行乐的各种活动和设施都在实行计算机辅助和电子操作,社会产业活动电子化、计算机程序控制化、生产活动人工智能化,教育、文化、社会组织以至人类生命的自我控制、生命世界的再生都在电子计算机技术的影响下发生了不可思议的变化。

2. 新经济是电子计算机化

从人们以往对"新经济"的描述不难看出,它是由电子计算机技术带来的产业革命,体现了经济的高速增长和人类的巨大进步。

电子计算机，这一 20 世纪人类最重要的发明之一，以其独有的技术特性改进各个行业的生产技术、设备、工作方式，带来了自动化、智能化、集约化、精确化，使人类的劳动生产率又一次实现重大的飞跃，开辟了新市场、新产业、新产品。电子计算机技术的成熟成为促进产业结构变革、经济发展的新手段，引领了"新经济"时代。

3. 产业革命——新经济的开始

电子计算机虽然诞生在 20 世纪 40 年代，并不断地进行了技术上的更新，但还没有达到足以引起一次新的产业革命的程度。微处理器、网络技术及软件技术这些电子计算机史上的革命使电子计算机逐步得到广泛的应用，其技术渗透到人类生产和生活的各个领域。其真正得到认识和利用，实现产业的"计算机化"革命，应该是从 20 世纪 70 年代后期开始的。

二 "一高两低"特征并非新经济所特有

（一）"新经济"出现的"一高两低"现象与传统观点矛盾

传统上认为经济的快速增长必然伴随着高的通货膨胀率，通货膨胀又能刺激就业。大多数人认为新经济所表现出的高增长、低通胀、低失业的现象是由于新经济产生的。其实这一现象不足为奇，从 20 世纪 50 年代初到 70 年代初，工业市场经济国家大体上享受了一段增长的"黄金时代"，这个时期的通货膨胀率和失业率都是很低的。

（二）新经济时期低通胀的原因

在经历了多次严重通货膨胀的磨难后，经济学家和政府对这一问题有了一定的认识。战后联邦储备委员会曾六次有意地实行紧缩的货币政策，人为地制造经济衰退来降低通胀水平。最近 20 年美国和欧洲的中央银行在通货膨胀中日益谨慎并常作出低调的微调。同 OPEC 协调的加强使国际油价相对稳定，世界市场上原材料、初级产品价格始终处于总体下降水平,世界局势相对稳定,这些都使得通货膨胀维持在低水平上。

(三) 通货膨胀率和失业率、经济增长的关系

经济学家已经证明菲利普斯曲线在长期内是垂直的,通货膨胀率和失业率之间不存在长期替代关系。弗里德曼1970年就指出:"通货膨胀在任何时候都永远是一种货币现象,因为它只能由货币而不是产出的数量的急剧增加而产生。"一个稳定的宏观经济环境是经济增长的必要条件而不是充分条件。作为一个长期目标,把通货膨胀控制在稳定的低水平上,对于经济的真实面是最有利的,会产生一个更令人满意的产出水平和产出增长率。费希尔通过对80个国家实践资料的研究也可以证明:通货膨胀和经济增长呈负向关系。

由此可见,这种"一高两低"特征与传统经济不矛盾,也并非新经济产生的,但它对助推新经济将起到有力的协调作用。

三 新经济与经济周期

经济周期是随机冲击的结果,不是固定的经济活动的波动,并非具有绝对的规律。由于冲击的种类有许多,在不同的时期不同的国家产生的影响又会有很大的差别,我们不能以经济周期的长度和程度来作为主要的判定依据,而是要从一个经济周期的冲击因素来自哪里,它们如何相互作用,如何传导,如何影响经济增长来研究,因此说新经济弱化了经济周期毫无根据。

(一) 用实际经济周期理论理解"新经济"周期

1. 实际经济周期理论

20世纪80年代经济学家们提出的实际经济周期(Real Business Cycle)理论,认为经济波动主要是由持续的实际(来自供给方面)冲击造成的,实际冲击的核心部分包括在技术进步方面发生

的大的随机的波动，这些波动会导致相对价格的变动，而理性的经济部门是根据这些相对价格改变它们的劳动供给和消费水平来保证利益最优化的。实际经济周期理论应能解释新经济的前期的长期繁荣和近年来的衰退迹象。

2. 电子计算机技术创新的变化引发"新经济"周期

迅速发展的微电子技术、计算机网络技术及相关软件开发从20世纪70年代后期开始显现出其对产业结构调整、刺激就业和经济增长的巨大作用。然而正是在从兴建信息高速公路到个人电脑进入家庭、从平台软件的发明到因特网的全球发展、从网络公司的诞生到电子商务的崛起的过程中，IT产业的重大发明创造已基本完成。目前仍在继续的创新基本属于增量创新，比如在硅芯片的基础上开发出了单分子碳纳米管芯片，在CPU和Internet的基础上进一步开发出了网络储存业务等。提高芯片运算速度、扩展软件功能、加宽互联网宽带，这些都是在已有技术方向上的量的深化，难以开拓新的需求。IT产业垄断利润逐渐消失，对IT产业的投资迅速减退，厂商要缩减产出和就业以保证其利润。电子计算机技术创新供给的起落冲击了世界经济，带来了新经济的兴起与衰退。

(二) 长周期理论对"新经济"周期的测度

1. 电子计算机技术是引发经济长周期的技术创新活动

苏联经济学家康德拉耶夫认为，经济存在一种平均长度为50年的周期，重大的、基础的新技术发明都会拉动五六十年经济的发展。这一理论的继承者熊彼特指出，长达半个世纪左右的长波周期，是由那些影响深远、实现时间长的创新活动所引起的。确切地说，这种创新活动是指以产业革命为代表的重大基本创新活动（群集）。据此可见，电子计算机技术被认定为引起长周期的创新活动应是当之无愧的。

2. 对"新经济"长周期的时间估测

熊彼特认为，技术创新最初表现为个别企业的技术革新，当始于个别企业的创新活动演变为一场社会技术革命，进而引发社会的产业革命时，世界经济的一个新周期便开始了。康德拉耶夫指出，经济的长波是由主要固定资本品（如蒸汽机、发电机和电动机等）的更新换代引起的，它包含新一代的主要固定资本品取代旧的主要固定资本品，一个长周期中前25—30年为周期的繁荣期，后25—30年为周期的衰退期。在周期的繁荣阶段，创新占据主导地位，周期的主导产品供不应求；在周期的衰退阶段，重要的创新活动已经衰竭，周期的主导产品供过于求，成本竞争取代技术创新成为周期衰退的主要特征。所以有理由判定由计算机技术引领的这一个经济长周期应当开始于1973—1974年石油危机过后汽车经济时代结束时（依据是世界产业结构于这一时期发生变化，发达国家开始发展以微电子技术为主的较少消耗资源与能源的知识和技术密集型产业，汽车、钢铁、造船等资本密集型产业转移到新兴工业化国家、发展中国家），并且由于计算机技术从20世纪90年代末开始由创新高频阶段转入成本竞争阶段使新经济进入衰退期。

3. 对新经济的衰退期的分析和预测

（1）"新经济"衰退初期的程度

对近几年的新经济衰退，其实我们并不该感到愕然。早在1998年，世界经济已处于一种不稳定和对广泛的通货紧缩的恐慌之中了。1998年10月上旬，在英格兰银行货币政策委员会每月例行会议前夕，英国首相布莱尔和财政大臣布朗分别在中国和美国发表演说，强调存在经济衰退和失业增加的危险。经济体系积蓄着一种能量，并且会越来越强烈，越来越敏感，一有风吹草动，立时会释放出来，使经济从高涨转向低落。计算机技术创新衰退问题正是新经济进入衰退期的决定性因素，而1997—1998年的东南亚金融危机、2001年美国"9·11"事件，以及21世纪初频繁的自然灾难、病毒侵袭、中东问题带来的对世界性战争的恐慌，都会在一定程度上加深衰退的程度。

（2）衰退期仍将持续

IT产品在迅速地向全球扩散，IT产业的技术也在迅速地向全球扩散。虽然21世纪初世界经济开始下滑，增长速度开始放慢，但对 IT 产业领域的消费需求并未下降。不但计算机技术还在向其他传统产业渗透，不断地被投入企业，参与生产管理，通过计算机化改造这些产业，转化为现实生产力，带来这些产业新的劳动生产率飞跃，IT 产业与其他产业的并购趋势也在不断加强。既然当前 IT 产业以降低成本为方向的技术创新才开始不久并且在很好地进行，计算机技术还需在世界范围内的各产业中进行改进和广泛推广。而未来的创新技术究竟会出现在哪一领域仍不十分明朗，主导下一次产业革命的产业尚未出现，那么这个衰退期还要持续一段时间也就不足为奇了。

(三) "新经济" 长周期内的波动

由繁荣到衰退这样的"长波"交替出现，它又由许多"短波"构成，这样就形成一个完整的经济周期。引发"短波"的因素是来自多方面的，除技术外还有战争、疾病、自然环境、能源、政治、货币政策等因素，它们对经济周期的长度和程度都会产生很大的作用。就如普雷斯科特（1991）曾经估计的那样，"如果经济中的冲击只存在于技术进步方面的话，那么美国的经济波动性将只是过去时期的 70%。" 如果经济中的冲击只存在于技术进步方面，经济周期应表现为经济增长率上升阶段和下降阶段交替出现，而造成经济总量水平下降的因素来自其他方面。1980—1982 年的世界油价大幅上升和美、英在 20 世纪 80 年代初的紧缩性政策造成的深刻衰退使我们感受到的"新经济"的春天迟来了许多。但在此之后的经济上升期里基本上再无别的严重冲击，加上计算机网络、软件技术创新不断，更新了信息产业和其他产业的技术，才会表现出"新经济"的长期持续增长。

我们应该预想到，在美伊战争彻底结束后，如果 2003 年下半年能有一些利好消息，2004 年很可能就会出现衰退期中的一个经济小高涨。战争、疾病、自然灾害、政府政策、能源等一系列问题，都是决定衰退中更好一些或者更坏一些的诱因。可以肯定，在尚未出现一种技术创新引发产业革命之前，我们还走不出衰退期。

四 "新经济"的出路

经济周期波动对社会来讲并不是最重要的，最重要的事情应该是如何提高整个经济范围内的生产率的增长率。

(一)"新经济"东山再起必须依靠技术创新

即使是资本投资直接促成了增长，那也是技术引致了资本投资并且非直接地引致了所有的增长。没有可能发展技术创新的领域，刺激投资的增长就没有可能。"新经济"的出路也不可能是战争。"新经济"还未走到康德拉耶夫所说的"谷底"，即便是在"谷底"，"战争经济"刺激的价格回升、经济受益也仅仅是"黔驴技穷"，战争只能是灾难，别的什么都不是。世界经济的发动机只能是技术变革，没有技术的变化，增长将会停滞不前。"新经济"要想东山再起，只能选择技术创新。

(二) 技术创新可能发生在生命生物技术领域

1. 生命生物技术可能成为创新的原因

新经济陷入困境后，大多数人开始向生物技术寻求创新思路。人类社会面临着全球性生态环境日益恶化、人口与健康受到严重威胁、粮食生产滞后、能源耗竭和资源短缺的危机，人类的生存与发展受到严峻的挑战，这些需求为生物技术提供了广阔的发展空间。生物技术日益显示出强大、高效、经济与生态和谐的特点，体现和代表着可持续发展方向。当今世界，科学研究与开发的投入与产出比率最高并成正比的学科领域当属生物技术领域。生命生物技术及其产业化必将影响、改变传统产业和经济。

2. 生命生物技术目前的发展状况

20世纪90年代是生命科学的十年，开展了"人类基因组计划""脑科学的十年""干细胞研究"、克隆羊和人类基因组草图绘制等工作。生物科技在2002年的销售市场为138亿美元，据IDC

的市场预测 2004 年将带来 200 亿美元的销售市场。生命科学与生物技术受到各国政府与个人的极大关注，得到的研究与开发费用的比重远超出其他技术。但生命科学与生物技术目前的发展水平还是很低的，其领域内的创新远未达到产业化、商业化的程度，引发一次产业革命，刺激经济的飞跃尚需时日。

3. 技术创新根本上取决于产业发展的内在逻辑

我们现在还无法十分肯定地说下一次创新技术一定是生命生物技术，其他一些已经初见端倪的技术也有机会，譬如说纳米技术，虽然它受到的关注程度不及生命生物技术，但其无论是满足现代人类的需求还是满足工业生产的需求、其可应用的范围、对其他产业产生影响的广度和深度以及发展潜力都要高于前者。就如人类有史以来经历了农业、纺织工业、钢铁工业、石油和重化工业、汽车业和 IT 产业的变革一样，毕竟世界经济的周期变动还是要按照产业发展的内在逻辑而有序演进，人们的倾向虽有影响，但历史趋势并不能由意志决定。

（三）引领技术创新的国家

美国的技术领先自从美国于 1890 年左右在人均生产力方面取代英国成为世界第一到现在已有一个多世纪的时间。使美国在技术方面处于领先地位的主要因素是丰富的资源，加上一个大的国内市场带来的规模优势。一直到 20 世纪 50 年代中期，美国不断维持并加强了这种领先地位，在很大程度上是依赖于"在研究与开发、科学技术知识方面倾注了大量的私人和公共投资"。当主要的 OECD 国家模仿美国的先例，长期投资于人力资本的建设并发展它们自己的研究与产业时，美国的技术领先优势就因遭到这些具备必要的"社会能力"的 OECD 国家的冲击而被削弱了。但从绝对意义上讲，美国依然是世界上研究开发领域最大的投资者。美国目前的经济状况在发达国家中仍然是最好的。当大多数的发达国家、新兴工业国家还在将大部分的精力用于 IT 产业的成本技术创新、加快计算机化的进程时，美国政府从 20 世纪 90 年代开始就已经把基础性研究投入以压倒性的优势分配给了生命科学，国防（美国十分重视生物技术在国防中的研究和运用，就像第一台电子计算机是为战争中计算弹道的需要而研制的一样，生物技术很可能是在国防研究中取得突破）和健康两个科目新增预算额占全部新增预算额的90%，总投入占全部联邦科技投入的78%。这提高了美国在生命生物技术上获得重大创新的可能性。

然而我们知道，科学技术的重大突破有时也存在很大的偶然性，别国也不是没有赶超美国的可能，但就其他国家与美国现在的差距来讲，要想在科技水平上取得总体性的、决定性的领先，还有相当大的难度。

五　理智面对新经济

(一) 发展中国家该怎样面对技术创新问题

1. 发展中国家的任务

事实上，"新经济"的再生究竟会由什么技术引发，由哪一国家带领，都不是关键，关键在于发展。记得有一位诺贝尔奖获得者回顾说："人们的认知可以有先有后，这种先后丝毫不能改变那些代表新兴生产力的新事物发展的基本方向，但是，它却可以决定某些国家、某些民族兴衰强盛的步伐。"对于那些跟我们一样社会负担沉重，又正致力于生产力提高、经济发展的国家来说，目的不是争夺世界第一，而是加快走完发达国家已经走过的新经济路程。

2. 发展中国家如何处理技术创新问题

技术创新成本巨大，难度很高，利用产业结构的嬗递获得产业升级，也未见得有什么不好。我们要做的应该是认清自己的现状，懂得发挥自己的比较优势，通过分工获得规模经济效益，在国际市场上赚取更多的财富，才有条件生产资本密集型产品；技术上要有侧重点地搞创新，而不能盲目地投资于创新高新技术，造成本来就稀缺的资本的巨大浪费。新经济的衰退为我们创造了很好的契机，创造一个有利于经济有效运行的制度、法律环境，利用发达国家创造的先进技术，根据自己的特点着重实现技术研究成果的推广、应用，取得后发优势，努力缩小同发达国家间的差距，才是我们现在最应该做的。

（二）理智面对新经济进程

"新经济"是经济飞跃的动力，它不断地推动经济发展、跃升与创新进程。"新"与"传统"是相对的，"新经济"的实质从未远离过人类，不过是它的内容在不断变化罢了。经济的发展是一点一滴的积累，我们不能够说那些已经成为过去的"新经济"，今天这些即将过去的"新经济"，以及那些即将成为未来的"新经济"，谁的作用更大一些，谁的作用更小一些。它们都是人类走向文明、走向未来的一块块基石，抽去它们中的任何一块，我们都将跌进荒蛮的泥潭。

（本文与费之光合写，发表于
《当代经济研究》2003年第8期）

中国经济发展问题的理论述评

中国经济发展成就举世瞩目,改革开放 30 年间,中国年均 GDP 增长率超过 9.5%,以美元核算,中国资本贡献率的年平均增幅达到 8.1%。1978—2005 年,中国经济增长速度在 105 个国家中位列第一。① 依据国际贫困线标准,1981—2005 年中国减少了 6.24 亿贫困人口,占世界脱贫人口总数的 95.1%。② 在肯定中国经济发展成就的同时,学者对经济发展背后的诸多理论问题众说纷纭,因此有必要对其进行梳理和评析。

一 关于中国经济发展问题的几次思潮

纵观中国改革 30 年,关于中国经济发展问题,大体出现了四次思潮。

(一) 实现经济发展需要何种经济机制

在传统的社会主义经济发展机制被实践证伪之后,中国究竟需要何种机制来实现经济发展成为改革初期学界讨论的焦点。首先,学界对社会主义经济是产品经济产生了怀疑。卓炯早在 1979

---

① Bert Hofmanand, Jinglian Wu, "Explaining China's Development and Reforms, Washington: Commission Growth and Development", *Working Paper*, No. 50, 2008.

② 胡鞍钢:《中国减贫之路:从贫困大国到小康社会 (1949—2020)》,载潘维主编《中国模式:解读人民共和国的 60 年》,中央编译出版社 2009 年版,第 248 页。

年就提出"破除产品经济,发展商品经济",认为产品经济是对价值规律的忽视,不应将商品经济与计划经济对立起来。① 根据当时中国的现实,恢复和发展商品经济成为主流思想,但是一些学者没有突破以指令性计划为主体的思想,强调指令性计划的核心作用,提出把指令性计划建立在商品经济的基础上。针对这种思想,更多的学者认为计划与市场应处于平等的地位,强调计划与市场相结合,减少指令性计划,将市场机制扩大到全社会范围,当时薛暮桥、逢锦聚以及刘国光等学者都持有此类观点,在学界形成了"市场取向论"的思潮,推动了社会主义市场经济理论的形成。

(二) 如何构建社会主义市场经济

党的十四大明确了中国经济体制改革的目标是建立社会主义市场经济,如何构建起这种市场经济制度随之成为新的研究热点。首先,国有企业成为改革的主要对象。对此出现了两派观点:产权改革与市场改革。吴敬琏认为,国企改革的内容不应是以往的放权让利,而应是产权改革:一方面要将大中型国企改造为现代企业,另一方面要大力促进非国有经济发展。② 林毅夫对此持不同观点,他认为市场环境的建设应该优于国企的产权改革,"如果没有竞争性的市场以形成反映企业经营绩效的充分信息,经营者侵犯所有者的问题同样得不到解决"③。其次,在改革的速度和方式上,越来越多的学者借鉴西方经济学的新成果。盛洪从公共选择理论出发,认为改革应该减少对利益均衡的破坏,主张通过计划的权利与义务货币化,实现改革的稳定形式。④ 林毅夫等认为中国经济改革的方式是增量改革、试验推广以及非激励改革,有别于一些发展中国家选

---

① 卓炯:《破除产品经济,发展商品经济》,《学术研究》1979 年第 5 期。
② 吴敬琏:《中国改革的回顾与前瞻》,《经济社会体制比较》2000 年第 2 期。
③ 林毅夫:《发展战略与经济改革》,北京大学出版社 2004 年版,第 101 页。
④ 盛洪:《寻求改革的稳定形式》,《经济研究》1991 年第 1 期。

择的激进式改革。① 中国经济学在此阶段与西方经济学交融，产生了以渐进、稳定以及低交易成本为核心理念的改革理论，在这一理论指导下，国有企业、宏观调控、价格体制以及法律体制改革才得以稳定和顺畅地进行，中国经济体制的优势也逐步显现。

(三) 中国经济发展的模式研究

早在1984年，刘国光便提出创立具有中国特色的经济体制模式。② 但当时的中国模式还只是一种构想，而不是经验总结，中国经济发展的优势以及前景并不明显。国外学者中只有少数中国问题专家肯定中国改革，如 McMillan 和 Naughton 认为中国的改革十分成功，是一个演化式改革的典范，在改革的顺序排列和速度控制上较为出色。③ 此时经济学界的目光都投向了以日本为首的东亚新兴国家。但1997年的亚洲金融危机打破了"东亚奇迹"的神话，西方经济学者在指导拉美经济发展和树立东亚模范均告失败之后，开始注意中国的崛起。Joshua Cooper Ramo 阐述了中国经济发展的三个原理：利用创新减少改革中的摩擦；用混沌的管理手段来管理中国复杂的社会体系；运用杠杆，以较小的力量来制衡强大的对手。④ 而 Alain Gresh 进一步解释，"北京共识"的提出源于美国等发达国家在全球经济中的失信和控制力减弱，代表中国、印度、俄罗斯以及巴西等人类史上曾经的主角回归历史舞台，多极化成为发展的趋势。⑤ 中国经济模式已经不再只是一种理论构想，而逐步成为一种对中国经济发展的理论总结。

---

① 林毅夫等：《论中国经济改革的渐进式道路》，《经济研究》1993年第9期。
② 刘国光：《我国经济体制改革的模式问题》，《财经问题研究》1984年第6期。
③ John Mc Millan and Barry Naughton, "How to Reform a Planned Economy: Lessons from China", *Oxford Review of Economic Policy*, Vol. 8, No. 1, August 1992.
④ Joshua Cooper Ramo, *The Beijing Consensus*, London: The Foreign Policy Centre, 2004.
⑤ Alain Gresh, "Understanding the Beijing Consensus", *Le Mondediplomatique*, Vol. 90, No. 5, November 2008.

(四) 中国经济发展方式转变的探讨

中国经济发展方式虽然效果显著,但并不完善,早期学界主要探讨经济增长方式的转变,但由于经济增长方式转变的核心问题在于以技术创新为根本的生产力发展,因此经济学缺乏足够的解释能力。2007 年党的十七大报告中,将经济增长方式转变改为经济发展方式转变,研究范围由原来的生产领域扩大到了分配、交换和消费等其他经济领域。生产领域中的生产成本节约依靠技术进步,而其他领域交易成本的节约就需要经济学加以解决。因而新的提法拓宽了研究的思路,学者纷纷提出新的观点。简新华认为,中国经济发展方式转变的困难在于受到经济发展条件和阶段、制度缺陷以及发展观念的制约,顺利实现转变必须打破这些制约条件。[①] Ali Wyne 认为存在两大问题导致中国经济增长不可持续:不平等的加剧和创新能力的低下,二者又分别源于中国中产阶级所占比例过低以及大量外资涌入,如果这两个问题不解决,中国经济发展的趋势会被逆转。[②] 目前,学者都认识到转变中国经济发展方式的重要性,但对于具体的转变途径还不清楚,还没有达成共识。

二 中国经济的发展是否具有理论上的特殊性

学者对中国经济发展的争论焦点在于中国经济发展是否具有理论上的特殊性。这一问题关乎中国经济发展的理论价值,是所有研究中国经济的学者首先应考虑的问题,对此有正反两派观点。

(一) 否定中国经济发展的理论特殊性

首先,一些学者认为中国经济发展不可持续,或者发展的负面

[①] 简新华、李延东:《中国经济发展方式根本转变的目标模式:困难和途径》,《学术月刊》2010 年第 8 期。

[②] Ali Wyne, "Is China's Economic Growth Sustainable?", *MURJ*, Vol. 15, No. 4, 2007.

影响很大，是一种不可取的发展方式，没有必要进行理论总结。如赖斯用"权威资本主义"（Authoritarian Capitalism）概念来暗指没有实行美式民主的国家，认为这些国家在没有民主化的前提下，经济的发展不可能具有持久性，最终必然会回归"华盛顿共识"的经济发展道路。[①] 而章家敦作为鼓吹"中国崩溃论"的代表，断言入世后，中国对经济贸易的控制力将被大大削弱，国内市场将被国外企业所瓜分，经济将迅速走向崩溃。随着近期中国经济过热，新一轮的"中国崩溃论"再次兴起，如肯尼斯·罗格夫预言，在中国一个以债务为燃料吹起的泡沫在10年内将会引发地区性经济衰退。[②] 但这种预言大部分都是以点带面，缺乏足够的理论分析，在现实面前往往不攻自破，本质上体现了意识形态冲突中的一种焦虑和不安。

其次，另一种观点认为中国经济的发展只是源于对西方发达市场经济的模仿，中国成功的经验就是西方主流经济学论证的市场经济的优越性的体现。比较有代表性的观点来自陈志武，他认为中国的奇迹就是自由的奇迹，是对"自由促进发展"的验证，否认文化和宗教等传统对经济发展的影响。最后他给中国开的药方是学习美国，进行金融体制改革，发展金融技术——这一技术却是导致美国次贷危机的直接原因。Ross Gamaut 也持相同观点，认为只要具备了相关条件，持续、快速的经济发展就会出现，中国的发展不是什么奇迹。[③]

最后，还应该注意这样一种现象，西方一些学者虽然承认"中国模式"，但他们的研究目的并不是总结中国经济发展的成功经验，而只是将中国某一方面提取出来，作为自己理论的佐证。正如马

[①] Condolezza Rice, "Rethinking the National Interest – American Realism for a New World", *Foreign Affairs*, Vol. 87, No. 4, July/August 2008.

[②] 仁萨：《紫荆：新一轮"中国崩溃论"卷土重来》，http://www.chinanews.com/hb/2010/07 – 01/2375897.shtml。

[③] Ross Gamaut, "The Sustain Ability and Some Consequences of Chinese Economic Growth", *Australian Jounal of Intenational Affairs*, Vol. 59, No. 4, 2005.

丁·哈特论述："对资本主义发展矛盾性趋势所作的反应是树立了一个又一个示范国家，中国只是其中之一……他们对中国模式的讨论凸显了一个更加严肃的问题：进步主义共同体对马克思主义者的拒斥。"① 一些西方学者对中国的研究往往只关注与其理论呼应的方面，他们对中国的赞赏恰恰否定了中国最具特色的社会主义属性，将中国泛西方化，缺乏对中国全面和客观的认识，因此中国学者应该对这类观点采取谨慎的态度。

（二）强调中国经济的理论特殊性

与上述观点相对，一些学者强调中国经济发展理论上的特殊性。Gregory C. Chow 认为中国的经济体制是对传统经济理论的挑战，而现有的经济理论体系已经不能胜任。② 中国学者对中国经济发展感同身受，对中国发展特殊之处有更深刻和全面的认识。"中国实际上是进行了一场不同于世界上任何国家的改革，它是'扬弃性'的，对计划体制是既有变革又有保留；它是'务实性'的，以实践作为政策取舍的标准；它是'调适性'的，是一个不断学习、不断适应的过程；它是'积累性'的，是个不断上台阶的过程。"③ 如果说市场机制的引入是中国成功的原因，那么引入市场机制的方法就是中国成功的经验。市场机制固然重要，但即使在资本主义世界里，充分利用市场机制的国家也是少数。对于发展中国家来说，论证市场机制优越性的理论已经不再重要，重要的是如何在不同的初始条件下，实现市场机制的构建，使其核心的功能得以发挥，中国经济发展的理论价值恰恰体现在这一点上。

---

① ［美］马丁·哈特-兰兹伯格、保罗·伯克特：《解读中国模式》，庄俊举编译，《经济社会体制比较》2005 年第 2 期。

② Gregory C. Chow, "Challenge of China's Economic System for Economic Theory", *The American Economic Review*, Vol. 87, No. 2, 1997.

③ 胡鞍钢：《中国减贫之路：从贫困大国到小康社会（1949—2020）》，载潘维主编《中国模式：解读人民共和国的 60 年》，中央编译出版社 2009 年版，第 272 页。

(三) 对于否定中国经济发展特殊性的思考

首先，民主是不是经济发展的必要条件。这个问题本身并没有定论，一个国家民主与否也没有统一的判断标准，往往对某一个国家民主程度的断言反而成为其他国家独裁和霸权的体现，因此这种断言的可信程度也十分有限。"不好的民主可能是最坏的政体……在很多发展中国家，民主政治出现了问题主要是那里的激进民主化所致。"[1] 可见，民主更像是一个大的工程，需要较高建设成本以及沉没成本，一旦操之过急，就会形成"豆腐渣"工程，此时其负外部性与独裁制度一样庞大。其次，西方的发展模式本身分为很多种类，不同国家的发展道路各不相同，没有统一的范本。况且英美在历史上都没有真正遵循新自由主义，"自由贸易以及一般所讲的新自由主义只有在如下情况发生后才会开始被提倡。即在一个国家在经济上对其对手构成了极大优势的时候，因为此时是延长其经济领导作用的具有吸引力的手段"[2]。据此可以推断，自由市场不是经济发展的原因，而是经济发展的结果。最后，中国学者对中国经济发展问题的研究不应该采取感性而非理性的态度，用对现实的批判取代对现实的分析。只有采取正确的研究态度，才能真正认清中国经济发展的现实，得出客观准确的结论。

三 中国实现经济发展的主要动因

究竟是何种原因和动力机制实现了中国卓越的经济发展，这是中国经济发展理论的核心问题，其中最具代表性的为以下四种解释。

(一) 政府主导论

相当多的学者将中国经济发展归因于中国政府对经济的有效管

---

[1] 郑永年：《中国模式：经验与困局》，浙江人民出版社2010年版，第87页。
[2] [美] 大卫·M. 科茨：《国家在经济转型中的作用（上）——俄中经济转型经验比较》，陈晓译，《国外理论动态》2005年第1期。

理和指导。苏联问题专家大卫·科茨就是此类观点的代表,他认为中国在政府的引导下,改革之后经济从未出现停滞,因而他得出结论:"国家是社会中唯一能够指导从中央计划到市场经济转型的机构。"① 中国的发展证明了政府与市场的关系可以更加紧密,政府对经济运行的积极干预比消极应对更有效果。几经自由化的浪潮,政府在经济领域的积极作用依然不容忽视,但政府究竟应该怎样引导市场,其理论探讨还远远没有结束。

(二) 地方政府竞争论

通过对中国经济发展的观察,学者发现地方政府之间的竞争可以弥补转型国家市场机制的缺失,成为经济发展特殊的动力。而学者对此问题的分析角度却迥然不同。如钱颖一认为中国中央政府的权力下放使其与地方政府之间形成了"M"形的层级关系,这种关系中地方政府的讨价能力较弱,需要自力更生,二者之间的地位平等而充满竞争。"M"形机构使地方政府管辖的企业多处于预算硬约束的环境中,这种环境更适合非国有经济的进入②,可见政府竞争在他的理论中主要起辅助市场建立的作用。张五常则与其观点相左,他认为县级政府是中国最具竞争活力的行政单位,"今天的县无疑是一级的商业机构"③。县级政府在他的分析中俨然已成为基本的经济组织,政府竞争直接取代了市场竞争。各理论对地方竞争功能的解释虽有所不同,但都没有明确回答一个问题:随着市场的发展,这种政府体系又该如何演化,是应该加大地方政府的竞争力度,还是应该减弱地方政府直接参与经济的程度,为市场机制让出

---

① [美] 大卫·M. 科茨:《国家在经济转型中的作用(下)——俄中经济转型经验比较》,陈晓译,《国外理论动态》2005 年第 2 期。
② Yingyi Qian, Chenggang Xu, "Why China's Economic Rreforms Differ: The M - Form Hierarchy and Entry/Expansion of the Non - State Sector", *Economics of Transition*, Vol. 1, No. 2, 1993.
③ 张五常著·译:《中国的经济制度》(神州大地增订版),中信出版社 2009 年版,第 160 页。

空间？张五常在字里行间显示出对这种政府体系的极力支持，反对减弱县际竞争的政策。但是现实中，这种竞争造成了市场的地方分割，阻碍市场的一体化进程。因而地方政府竞争实际上有利有弊，还远远没有达到成熟的形态。

（三）优势论

优势论分为比较优势和后发优势。有学者认为中国经济发展就是源于对这两种优势的利用，例如发挥劳动力质优价廉的比较优势，接受了西方制造行业的转移，促进产业的劳动密集化；而中国对外资的吸引，引入发达国家先进的生产技术和管理技术，节省了相应的技术研发和制度创新成本，体现了发展中国家的后发优势。但学界对此仍存在观点的冲突。

首先，如何看待比较优势成为学者争论的焦点。一种观点认为，比较优势应该是中国长期发展的战略，现在的经济工作重心便是为发挥这种优势而构建良好的制度和政策环境，在技术上还是要以国外引进、国内消化为主；而与之相对的观点认为，比较优势只存在于过渡阶段，发展中国家最终还是要实现自主创新，培育绝对优势，中国现阶段的任务已经不再是发展劳动密集型产业，而是要自觉向高新技术产业倾注力量。这两种观点孰优孰劣，现在还很难评判，但是有一点可以肯定，比较优势终究是一种相对优势，经济关系中发达国家更具有控制力，所以很可能出现发达国家将发展中国家锁定在某个比较优势当中而阻止其进一步发展的情况，因而对比较优势的依赖程度不应过高。

其次，当学者普遍认为发展中国家具有后发优势之时，杨小凯却认为发展中国家模仿西方国家的技术实际是一种因为盲目学习而产生的后发劣势。他认为，中国学习发达国家学错了顺序，应该先学发达国家的宪政结构，后引进先进技术，所以中国的改革必然会出问题。对此，有学者给予了反驳，"从理论和经验的角度来看，一个后发国家并非要先实现英、美的宪政体制改革才可以避免后发劣势"①。但这种争论却再次显现出一个问题：经济发展是否必须依赖西方共和宪政式的民主？中国经济理论能否被西方所接受，必须对这个问题作出解释。

（四）制度论

制度变化是更深刻的变化。上述动因与中国某些具体的制度安排和制度体系密切相关，如政府主导论体现为中国的经济宏观调控体系以及国有企业运营和管理体系；地方竞争论则源于中国的中央与地方政府的体制结构；优势论则是对中国外贸政策以及产业组织结构的理论概括。因此从广义上讲，上述理论都可以看作对中国经济某方面的制度分析，是中国经济发展制度理论中的一个组成部分。

此外，学者对中国的经济体制作了直接的观察。如姚洋强调中国奇迹般的经济增长背后的制度变迁十分重要，地方分权、泛利性政府、实践的务实主义，加之制度之间的互补，这些因素成为中国改革成功的关键因素。② 可见，这些制度因素和资本、人力资本以及技术等传统的经济因素一样，都对经济发展有很强的促进作用。此外，学者认为社会主义市场经济制度是一次制度创新，认为中国模式的一条重要经验就是社会主义制度和市场经济制度的有机结合。这种结合恰好是一种"内生制度"和"移植制度"的融合，是中国制度模式的典型特征。而很多发展中国家为了移植外来制度，不惜将本国的制度清除掉，结果造成了整个制度体系的"水土不服"，本应是优势互补的"制度杂交"，最终酿成了一场制度灾难。

但是，目前对中国经济发展的制度分析还不完善，西方主流经济理论本身对社会主义的排斥，导致对中国经济制度与西方经济制

---

① 林毅夫：《后发优势与后发劣势——与杨小凯教授商榷》，《经济学》（季刊）2003年第7期。
② 姚洋：《作为制度创新过程的经济改革》，格致出版社、上海人民出版社2008年版，第4页。

度之间差异的忽视和误解，容易将这种差异理解为中国制度的落后之处或者是未来的改革之处，而其中可能蕴含着真正有助于中国经济发展的制度优势，不应一并否定。

结 论

新的经济现象孕育新的经济理论，中国经济的发展也推动着中国经济理论的发展。中国经济发展理论以对旧观念的批判为起点，吸纳不同学派的观点，理论体系由单一演变为多元，理论任务由破旧转变为立新，理论视角由经济起步转向发展持续，不断在实践中提出新的理论，并将新理论在实践中加以检验。同样，中国经济发展与主流理论存在太多的矛盾，是应该在新现象的基础上建立新的经济理论，还是用原有理论重新解释新现象，使新现象由特殊变为一般，重新将其纳入原有的理论体系，这成为研究中国经济问题的岔路口，不同的理论倾向最终将左右中国经济发展的道路。发展中国家经济赶超时会遇到很多问题，一旦遇到问题，学者便习惯性地从发达国家身上寻找答案。但此次国际金融危机已经迫使我们进行反思：对市场机制的运用是否只有一种方式，以往作为样本的经济发展模式是否真的完美无缺？也许只有从自身发展历程中总结出的理论经验，才能真正适合自身的经济发展，切实解决本国经济发展中的问题。因此，总结中国发展经验、认清中国经济的自身优势、明确中国经济发展的特殊性，应该成为中国经济理论研究的思路和方向。

（本文与赵岳阳合写，发表于
《社会科学战线》2011 年第 12 期）

社会主义再生产

任何一个社会，生产都必须不间断地进行。当然，社会主义社会也毫不例外。社会主义生产作为一个不断循环往复和不断更新的过程，就是社会主义再生产过程。

社会主义再生产同其他社会的再生产一样，也包括物质资料再生产、人类自身再生产和生产关系再生产三个方面，是这三个方面的有机统一；但由于它是在生产资料公有制基础上进行的，因而它具有自己独特的性质和特点。

一 社会主义的物质资料再生产

物质资料再生产是人类社会存在和发展的基础，也是社会主义社会存在和发展的基础。社会主义的物质资料再生产与资本主义不同，具有自己的特点，其目的是满足全体人民日益增长的物质文化生活需要。在其发展过程中消除了生产过剩的经济危机，它能够在社会主义国家的统一计划指导下，合理地利用各种资源，有计划按比例地分配社会劳动于各个地区和各个部门，实现有计划按比例高速度发展。

社会主义的物质资料再生产，必须持续不断地扩大。但是，扩大再生产任何时候也不能离开简单再生产而孤立地进行。在处理简单再生产与扩大再生产的关系时，必须坚持先简单再生产，后扩大再生产的原则。

在社会主义的实际经济活动中,简单再生产与扩大再生产的关系,具体表现为现有企业的生产与基本建设之间的关系。如果不顾现有企业简单再生产的物资补偿与设备更新,片面追求扩大再生产,搞基本建设,那就势必造成简单再生产基础不稳固,基本建设也难以搞好。正因如此,进行社会主义经济建设,必须坚持先生产后基建的原则。

社会主义的扩大再生产,就其进行的方式来讲,分为外延的扩大再生产和内含的扩大再生产两种类型。由于资金积累而发生的生产规模的扩大,是外延的扩大再生产;在没有资金积累的条件下实现的扩大再生产,就是内含的扩大再生产。进行外延的扩大再生产,必须追加投资,因此必须有积累。内含的扩大再生产是相对于外延的扩大再生产而言的,它是在没有积累、不追加投资的条件下,依靠提高定量资金使用效率来实现的扩大再生产。正如马克思所说:"一定量的资本,没有积累,还是能够在一定界限之内扩大它的生产规模。"[1]

在社会主义扩大再生产过程中,外延的扩大再生产与内含的扩大再生产并不是截然分开的,而是互相渗透、互相交错、互相结合的。两种扩大再生产各有所长、互为补充,对我国社会主义现代化建设都具有重要作用。至于不同经济时期以哪一种扩大再生产为主,要依据每个时期的具体条件来决定。现阶段,由于我国人口多、底子薄,经济文化比较落后,人民生活水平不高,这就决定了我国每年用于积累的资金不可能很多,进行外延扩大再生产的力量不可能很大;同时由于我国经过三十多年的建设,已经有了近四十万个工交企业,国民经济已有了相当的物质基础,这个基础的潜力还很大,生产能力尚没有充分发挥出来。在这种条件下,要加速现代化建设的步伐,必须立足于现有企业的改革,走以内含扩大再生产的路子,全面提高劳动生产率和社会经济效益。

---

[1] 《马克思恩格斯全集》第二十四卷,人民出版社1972年版,第565页。

二　社会主义的人口和劳动力再生产

社会主义再生产不仅是物质资料的再生产，同时也是人口的再生产。

社会主义的人口再生产具有自己的特点和发展规律。在社会主义社会，建立了生产资料公有制，并在此基础上实现了物质资料再生产的有计划发展，这就必然要求人口再生产也有计划地进行。同时，社会主义公有制的建立，又消除了社会生产无政府状态和使人片面发展的社会经济根源，所以，人口再生产的有计划进行，是完全可以实现的。有计划地调节人口数量，不断地提高人口质量，使人口再生产与物质资料再生产相适应，这就是社会主义的人口发展规律。由于我国过去较长一段时期没有很好地按社会主义人口规律办事，致使社会人口增加过快。党的十二大提出，到 21 世纪末，必须力争把我国人口控制在 12 亿以内。为此，我们必须进一步降低人口自然增长率，有计划地控制人口的增加。实行计划生育，这是我国的一项基本国策，必须坚持下去。

在社会人口中，劳动力是最重要的部分，它是社会生产过程的主要因素。任何社会生产过程，没有劳动力加入，都是不能进行的。

社会主义的劳动力再生产总是同物质资料再生产结合着的。物质资料再生产的有计划进行，要求并决定着劳动力再生产也必须有计划进行。

社会主义的劳动力再生产同资本主义的劳动力再生产具有本质的区别。在资本主义制度下，劳动者与生产资料相分离，劳动力是商品，是资本家剥削的对象，因此劳动力的再生产从属于资本家榨取剩余价值的需要。在社会主义制度下，劳动者是生产资料的所有者和主人，劳动力不是商品，更不是剥削的对象，所以劳动力的再生产按照有利于劳动者的原则来进行。它不仅使劳动者在生产中消耗的体力和脑力得到足够的恢复与补偿，而且还能使劳动者的智力、体力不断发展,生产技术水平不断提高,成为掌握现代科学文化知识的新型劳动者。社会主义劳动力的扩大再生产,不仅表现在劳动者量的增长上、就业的扩大上,更表现在劳动者的素质不断提高上。

三 社会主义生产关系的再生产

社会主义再生产归根结底是社会主义生产关系的再生产。社会主义生产关系再生产根本不同于资本主义生产关系的再生产。马克思在谈到资本主义生产关系再生产时指出:"它不仅生产商品,不仅生产剩余价值,而且还生产和再生产资本关系本身:一方面是资本家,另一方面是雇佣工人。"[1] 可见,资本主义扩大再生产实质上就是在更大的范围、更深的程度上把资本对雇佣劳动者的剥削关系再生产出来。社会主义生产关系本身消灭了一切剥削,它是生产中劳动者之间结成的新型的同志式的互助合作关系。社会主义再生产的扩大,只能把劳动者之间的这种新型关系不断再生产出来。

社会主义生产关系再生产过程,是社会主义生产关系自我扬弃、自我更新、自我完善的过程。随着社会主义生产过程的不断扩大,社会生产力逐步发展,社会主义生产关系的某些部分或环节就会不适应生产力发展的要求。变革社会主义生产关系中不适应生产力发展的部分,会使社会主义生产关系日臻完善。我国当前进行的经济体制改革,就是为了使社会主义生产关系不断地自我完善,以便促进生产力迅速发展。

(本文发表于《新长征》1984年11月)

---

[1] 《马克思恩格斯全集》第二十三卷,人民出版社1972年版,第634页。

中国服务经济发展水平的审视与政策思考

近几年国内许多学者认为中国目前服务经济的发展水平不仅低于发达国家，也落后于部分发展中国家。这种观点是否正确？笔者认为需要深入研究，才能客观、正确地认识中国服务经济发展问题，为科学决策提供可靠依据。

一 服务经济发展的动力

所谓服务经济时代，是人类社会经由农业经济时代向工业经济时代发展并进一步向前跃进的产物。目前欠发达国家还处在农业经济时代，发展中国家处在工业经济时代，而发达国家则已经处于服务经济时代。

一国服务经济的发展绝对不是孤立的，它与第一、第二产业的发展程度密切相关，与居民生活水平成正向关系。一般来说，随着实物供给的充裕，人们对实物的需求趋于满足，因而开始增加对服务的需求。这种需求具有无限性，从而不断地推动着服务经济的发展。可见，人们收入水平的提高，对社会生产和生活的服务性产品需求的增加是服务经济发展的内在动力。

服务经济是在第一、第二产业发展到一定水平之后才逐渐兴旺发达起来的；服务经济的迅速发展又能以其特有的优势为第一、第二产业的发展创造更加有利的条件，从而推动第一、第二产业的进一步发展。也就是说，服务经济的发展是以物质生产的发展为基础的，是社会生产力提高和社会进步的一种必然结果。服务经济的发展以社会生活和生产的需求为动力，与人均 GDP 水平紧密相关。所以抛开人均 GDP 水平去谈论服务经济比重的高低是没有什么现实意义的，抛开人均 GDP 水平去比较不同国家或地区的服务经济比重是难以说明问题的。

二 确定服务经济发展水平高低需注意的问题

笔者认为，判断一国服务经济发展水平超前与落后不应与先进国家现实水平相比，而主要应看其是否与本国经济发展的整体水平以及人均收入水平相适应。在具体比较时，应该在相同的经济发展水平基础上进行比较。在对比不同地区或国家的服务经济发展水平时一般要用服务经济产值占全部 GDP 的比重以及就业比重来衡量。这里需要注意两个问题，否则对比的结果就不准确，或者说没有可比性。

（一）数据的真实性

如果对比的对象所适用的是一个不真实的数据，那么得出的结果就不能反映客观经济发展的现实。在中国过去的服务经济统计中存在着严重的漏统情况，其原因有几个方面：一是核算制度不健全。对一些新兴的服务行业如房地产业中的物业管理和房地产中介机构、社会服务经济中的家庭保姆、家庭教师、党政机关以及部分行政事业单位的大量工资外收入等均未能列入核算制度。二是统计难度大。服务经济涉及面广，行业众多，情况比较复杂，要收集大量财务报表，难度极大。三是统计调查基础差。服务经济大部分是小、散、杂的单位，不少是民营企业，统计基础薄弱，配合统计调查的意识比较差。四是变化快。服务经济单位开业、歇业频繁，经营场地、经营活动性质等变化很快，容易造成漏统。五是财务报表数据失真。由于目前多数服务单位上交的各种税费与营业收入直接挂钩，故有不少单位用少报营业收入或多报劳动工资等办法来减少税费的支出，从而直接影响了服务经济增加值总量统计的真实性。以上漏统、少统情况对总量的影响程度较难估计，但从2005年8月公布的历时两年的第一次全国经济普查结果（服务经济少计算了8%）来看，按8%—10%的幅度来估算还是比较符合实际的。

（二）数据的可比性

对比不同国家的服务经济发展水平是否相当，要在相同的经济发展水平基础上进行，同时还应当考虑其他因素如国情等，切忌简单地对比。在现实中，由于各国国情不同，服务经济发展状况就必然有所区别。比如，世界上某些小国是以旅游、贸易和金融为国民经济的支柱，那些国家服务经济产值相对高是理所当然的；而作为一个拥有13亿人口的大国，我们不能没有自己的物质生产部门，因此我们不应当同那些国家进行简单的类比。又如有些国家的服务经济表面上看很发达，但是仔细研究就会发现，其中很大一部分是外国资本在该国的投资，不应当属于本国服务经济的组成部分，这类国家同我们也没有可比性。如拉美国家，早在第二次世界大战以前就存在着庞大的服务经济，这是殖民地、半殖民地经济必然产生的现象，是一种畸形的经济结构形式，我们也不能与之相比。战后这些国家由于移居城市的农村居民日益增多，而城市物质生产又不发达，无法吸收不断注入的劳动力，造成人口的三分之一都集中在服务行业。其结果是服务经济发展远远超过了物质生产所能承担的限度，导致城市畸形发展和城市人口过度集中、国民经济各部门之间的比例关系失调等恶果。还有发达资本主义国家，我们也不能同他们进行简单的类比，这些国家物质生产发达，而中国由于物质生产发展水平远远落后于这些国家，服务经济的发展水平无疑也相应地落后于他们。不同的经济发展水平对服务经济的需求量是不同的，如果要求我们的服务经济马上达到西方发达国家现在的水平，那是不现实的。

笔者在阅读相关文章时发现，有许多学者总是把中国当前服务经济增加值占 GDP 的比重、就业比重与美国、日本、德国等发达国家目前的服务经济比重进行比较，以此来说明中国服务经济发展落后，从而得出要大力发展服务经济的政策主张。这种比较方式和结果势必带来一系列不良后果：一是理论认识上的偏差。过分夸大了中国服务经济与国外服务经济发展的差距，使理论分析失去了现实基础，造成了理论上的偏差，从而不能正确地指导社会实践活动。二是经济政策上的失误。对服务经济发展的错误判断必然造成强化政府干预经济结构调整政策的出台，对本来较为合理的三大产业之间的结构人为地进行调整，有可能违背产业发展的规律，造成产业的真正失衡，对国民经济的发展造成巨大的不良影响。有鉴于此，我们必须清醒地认识到，服务经济的发展必须依托物质生产部门的充分发展，人为地发展服务经济，必将使它失去必要的支撑，最终会制约经济社会的平稳、健康发展。

三 中国服务经济发展水平的现状

（一）对比数据的选用

根据上述有关评价或比较一个国家或地区服务经济发展水平的标准问题的论述，本文对相关数据进行了筛选。

1. 对于中国服务经济产值比重的选用

国家统计局根据 2005 年公布的第一次全国经济普查的结果，利用趋势离差法，对中国 GDP 的历史数据进行了调整，调整的数据体现在《中国统计年鉴 2006》上。笔者计算了服务经济产出占 GDP 的比重调整前后的差额，发现距现在越远，其差额越小，这说明离现在越远漏统的比重就越小，这与现实不符。应该说，随着我们对服务经济的认识的深入和统计口径、指标的不断改进，统计应越来越准确才对。所以笔者不用 2006 年的统计数据，而是用前面提到的第一次全国经济普查的数据作为经验数据对改革开放以来的 GDP 及其结构进行调整，然后再对比分析。

为了论述的方便，笔者使用了服务经济的"名义结构"和

"实际结构"两个概念。"名义结构"特指《中国统计年鉴》上计算出的结构,相应地,统计年鉴上的三次产业的增加值也就叫作"名义增加值"。"实际结构"是指笔者根据第一次全国经济普查数据推算的结构,笔者认为它更能反映中国的服务经济的实际地位和作用,更能反映中国的产业结构,所以叫作"实际结构",相应地推算出的三大产业的增加值就叫作"实际增加值"。

中国过去对三大产业的结构统计都存在着名义结构替代实际结构的现象,这样所揭示出来的问题就不是真实可靠的,本文就是要把名义结构还原为实际结构进行分析,以求得出更接近事实的结论。还原办法就是根据 2004—2005 年经济普查得到的相关数据计算出名义结构与实际结构的调整系数,并根据这个系数对过去的统计数据进行调整和校正,然后再进行对比运算,揭示问题的本来面目。

2005 年 12 月 20 日中国官方公布的第一次全国经济普查数据显示,2004 年,第一产业增加值占 GDP 的比重由 15.2% 变为 13.1%,降低 2.1 个百分点;第二产业增加值占 GDP 的比重由 52.9% 降为 46.2%,降低 6.7 个百分点;第三产业增加值占 GDP 的比重由 31.9% 上升到 40.7%,提高 8.8 个百分点。

根据 2004 年的经济普查结果,我们可以计算出 2004 年的各产业的实际增加值(单位:亿元)和调整系数:

$$2004 \text{ 年第一产业实际增加值} = 2004 \text{ 年 GDP} \times 13.1\%$$
$$= 136875.9 \times 13.1\%$$
$$= 17930.7$$

$$2004 \text{ 年第一产业调整系数} = \frac{(\text{名义增加值} - \text{实际增加值})}{\text{名义增加值}}$$
$$= (20768.1 - 17930.7) \div 20768.1$$
$$= 0.137$$

$$2004 \text{ 年第二产业实际增加值} = 2004 \text{ 年 GDP} \times 46.2\%$$
$$= 136875.9 \times 46.2\%$$
$$= 63236.7$$

$$2004\text{ 年第二产业调整系数} = \frac{(\text{名义增加值} - \text{实际增加值})}{\text{名义增加值}}$$
$$= (72387.2 - 63236.7) \div 72387.2$$
$$= 0.126$$
$$2004\text{ 年第三产业实际增加值} = 2004\text{ 年 GDP} \times 40.7\%$$
$$= 136875.9 \times 40.7\%$$
$$= 55708.5$$
$$2004\text{ 年第三产业调整系数} = \frac{(\text{名义增加值} - \text{实际增加值})}{\text{名义增加值}}$$
$$= (43720.6 - 55708.5) \div 43720.6$$
$$= -0.274$$

根据2004年各产业的调整系数对过去各年的各产业统计数据进行调整和校正：

各年实际增加值 = 各年名义增加值 × (1 − 调整系数) （公式1）
三大产业实际结构 = 各年实际增加值/各年 GDP （公式2）

根据公式1和公式2所调整的各年各产业的实际结构，与《中国统计年鉴2006》中各年各产业的产业结构进行对比，结果如表1和图1所示。

表1　　　　　　　　三大产业名义和实际增加值结构

年份	人均GDP（元/人）	国内生产总值（亿元）	三大产业名义结构（%）第一产业	第二产业	第三产业	三大产业实际结构（%）第一产业	第二产业	第三产业	《中国统计年鉴2006》调整的三大产业结构（%）第一产业	第二产业	第三产业
1978	381	3642.1	28.1	48.2	23.7	25.3	43.4	31.3	27.9	47.9	24.2
1980	463	4517.8	30.1	48.5	21.4	28.4	44.4	27.2	29.9	48.2	21.9
1982	528	5294.7	33.3	45.0	21.7	27.7	41.6	30.7	33.1	44.8	22.1
1984	695	7171.0	32.0	43.3	24.7	27.6	40.9	31.5	31.8	43.1	25.1
1986	963	10202.2	27.1	44.0	28.9	24.7	39.5	35.8	26.9	43.7	29.4
1988	1366	14928.3	25.7	44.1	30.2	22.5	39.0	38.5	25.5	43.8	30.7

中国服务经济发展水平的审视与政策思考 263

续表

年份	人均GDP(元/人)	国内生产总值(亿元)	三大产业名义结构(%)			三大产业实际结构(%)			《中国统计年鉴2006》调整的三大产业结构(%)		
			第一产业	第二产业	第三产业	第一产业	第二产业	第三产业	第一产业	第二产业	第三产业
1990	1644	18547.9	27.1	41.6	31.3	23.3	36.8	39.9	26.9	41.3	31.8
1992	2311	26638.1	21.8	43.9	34.3	18.4	38.4	43.2	21.5	43.5	35.0
1994	4044	46759.4	20.2	47.9	31.9	17.5	41.8	40.7	19.6	46.6	33.8
1996	5846	67884.6	20.4	49.5	30.1	17.6	43.3	39.1	19.5	47.5	33.0
1998	6796	78345.2	18.6	49.3	32.1	16.0	43.1	40.9	17.3	46.2	36.5
2000	7858	89468.1	16.4	50.2	33.4	14.1	43.9	42.0	14.8	45.9	39.3
2001	8622	97314.8	15.8	50.1	34.1	13.6	43.3	43.1	14.1	45.2	40.7
2002	9398	105172.3	15.3	50.4	34.3	13.2	43.4	43.4	13.5	44.8	41.7
2003	10542	117390.2	14.4	52.2	33.4	12.3	45.4	42.3	12.6	46.0	41.4
2004	12336	136875.9	15.2	52.9	31.9	13.1	46.2	40.7	13.1	46.2	40.7
2005	14040	182321.0	12.6	47.5	39.9	12.6	47.5	39.9	12.6	47.5	39.9

说明：2005 年数据为《中国统计年鉴2006》数据，与折算数据一致。

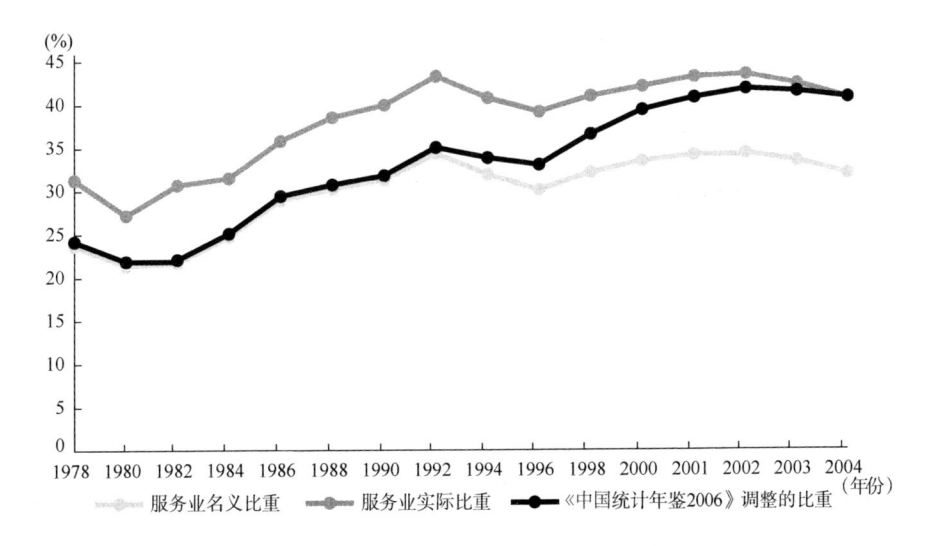

图 1 服务业占 GDP 的比重调整前后对比

由表 1 和图 1 可知，所调整的改革开放后历年各产业的实际结构与 2006 年统计年鉴中的产业结构相比，最近几年数据较为相近，其他大部分时间相差较大。

笔者认为，以实际结构中的服务经济产值比重作为同其他国家和地区进行比较的指标更符合科学的严肃性、严谨性的要求，也更符合经济发展的客观实际，更接近事务发展的本来面目。

2. 中国就业比重指标的选用

《中国统计年鉴 2006》显示，GDP 以及三大产业的比重都根据 2005 年第一次全国经济普查的数据进行了调整。说明中国过去的统计中确实存在着不实之处，尤其突出地表现在服务经济的漏统方面，高达 8.8 个百分点。同一个问题的另一个方面，即服务经济的就业情况又会如何？笔者认为，既然服务经济产值比重存在着重大的漏统现象，那么服务经济的就业比重也必然存在着重大的漏统现象，那么服务经济就业比重也必然存在着严重的漏统现象，其原因与服务经济就业与产值不是一个指标，但二者毕竟是紧密联系的同一个问题的两个方面，因此可以断定服务经济就业也必将存在着严重的漏统现象。然而，我们却没有看到相关的调查报告，也没有看到《中国统计年鉴 2006》上的任何调整。出于学术研究的严肃性，我们不能简单地套用服务经济产值漏统的比例来调整服务经济就业比重，但我们用普查的服务经济漏统比例的一半（即 8.8% × 1/2 = 4.4%）来简单地调整服务经济就业比例，恐怕不算冒进。调整前后的服务经济就业比重见表 2。

表 2　1978—2005 年中国人均 GDP 数据、服务经济产出比重和就业比重

年　份	1978	1980	1985	1990	1995	2000	2003	2004	2005
人均 GDP(元)	381	463	858	1644	5046	7858	10542	12336	14040
人均 GDP(美元)	150.11	169.67	259.26	350.93	572.12	930	1270	1500	1740
占 GDP(实际)的比重(%)	31.3	27.2	34.3	39.9	39.6	42.0	42.3	40.7	39.9

续表

年　份	1978	1980	1985	1990	1995	2000	2003	2004	2005
就业比重(%)	12.2	13.1	16.8	18.5	24.8	27.5	29.3	30.6	31.4
调整后服务经济就业比重(%)	16.6	17.5	21.2	22.9	29.2	31.9	33.7	35	35.8

说明：1. 1995 年以前人均 GDP 以 1995 年美元不变价格计算，资料来自世界银行《1999 年世界发展指标》，中国财政经济出版社 2000 年版，中经网数据中心 CEIdata99 - 6 - 24。2. 2000 年以后人均 GDP 来自《国际统计年鉴 2006/2007》，中国财政经济出版社 2007 年版，第 53 页。3. 人均 GDP 美元的计算虽然前后不一致，由于汇率的不同造成一定的偏差，但对于本文的分析产生的影响不大，故不予以考虑。4. 调整后服务经济就业比重，是在《中国统计年鉴 2006》每年的就业比重基础上简单向上调整 4.4 个百分点后的结果。

(二) 对比国家及对比时期的选择

1. 对比参照国的选择

为了全面、准确、合理地确定中国服务经济发展水平的高低，我们从不同类型的国家中挑选一些典型作为样本。我们尽可能挑选一些人口大国、国土大国、经济发展由综合因素共同作用的国家。这样的国家与中国具有较强的可比性，在一定程度上避免了以偏概全。为此，从发达国家中选择具有代表性的美国、英国、日本等；在发展中国家中，根据经济社会发展水平，选择了各具代表性的国家，如韩国、泰国、巴西等。

2. 对比时期的选择

对比时期的选择很重要，它决定了最终比较结果的适用性、可比性。笔者选择了不同国家与中国改革开放以来的发展水平相当的历史时期进行比较，以人均 GDP 水平为指标来确定对比的时期。这样的历史时期有的国家可能是很早以前，如美国等发达国家；有的也可能是较早的一个时间段，如韩国；也有的可能就是现阶段。

（三）对比分析

1. 与主要发达国家相比

截至 2005 年，中国人均 GDP 水平相当于发达国家工业化初期的阶段。据此，我们与美国、英国和日本进行比较分析。

与美国相比，目前中国人均 GDP 相当于美国 1850 年（人均 GDP 为 1819 美元）以前的水平，而美国 1799 年、1819 年、1839 年、1849 年、1859 年服务经济占 GDP 的比重分别为 48%、51%、50%、40%、43%，基本上在 40%—50% 之间波动，平均为 46.4%。中国与美国相比，2000 年以后的平均比重为 41.7%，较美国低 4.7 个百分点。而就业比重中国 2005 年统计数据为 31.4%，调整数据为 35.8%；美国在 1895 年时该比重仅为 24.9%，中国调整后的数据高于美国 10.9 个百分点，即使用统计年鉴的数据与之相比较，也高出了 6.5 个百分点。因此，就服务经济产值比重和就业比重进行综合分析，笔者认为中国的服务经济与当年的美国相比并不落后。

表3　　1799—1859 年美国人均 GDP 与服务经济产出比重、就业比重

年　份	1799	1800	1819	1820	1839	1840	1849	1850	1859
人均GDP(美元)				1287				1819	
服务经济比重(%)	48		51		50		40		43
服务经济就业比重(%)		10.8		16		20.9	22.7		24.9

说明：空格为数据短缺。以后各表的空格均属于此种情况，不再另行说明。

资料来源：1. 人均 GDP 来自【英】麦迪森：《世界经济二百年回顾》，李德伟、盖建玲译，改革出版社 1997 年版，第 134—144 页。2. 服务经济产值比重和就业比重来自邓于君《第三产业内部结构演变趋势研究》，华南师范大学，博士学位论文，2004 年。

与英国相比，目前中国人均 GDP 相当于英国 18 世纪末 19 世纪初的水平。英国 1801 年、1811 年、1821 年、1831 年和 1841 年服务经济占 GDP 的比重分别为 44%、43.5%、41.9%、42.2%、43.6%，平均为 43.0%；中国仅低于它 1.3 个百分点，应当说相差

无几;在就业方面,服务经济就业比重英国当时基本上在33%—37%,这与中国2005年调整后的就业比重也相当。

表4　1801—1841年英国人均GDP水平与服务经产出比重、就业比重

年　份	1801	1811	1820	1821	1831	1841	1850
人均GDP(美元)			1756				2362
服务经济比重(%)	44	43.5		41.9	42.2	43.6	
服务经济就业比重(%)	34.5	36.7		33.3	34.5	37.2	

资料来源:1.人均GDP来自【英】麦迪森:《世界经济二百年回顾》,李德伟、盖建玲译,改革出版社1997年版,第134—144页。2.服务经济产值比重和就业比重来自邓于君《第三产业内部结构演变趋势研究》,华南师范大学,博士学位论文,2004年。

与日本相比,目前中国人均GDP相当于日本19世纪末20世纪初的水平或者是战后初期的水平。从表5和表6可以看出,这两个时期日本服务经济产出比重大体上在40%左右,与中国目前服务经济产出比重基本一致;日本服务经济就业比重在第二次世界大战前人均GDP 1631美元时,为24.6%,低于中国2005年服务经济就业比重6.8个百分点;第二次世界大战后人均GDP 1873美元的1950年服务经济就业比重为29.8%,仍低于中国1.6个百分点。

表5　1885—1920年日本人均GDP水平与服务经济产出比重、就业比重

年　份	1885	1890	1895	1900	1906	1910	1915	1920
人均GDP(美元)		974	1081	1135		1254	1375	1631
服务经济产出比重(%)	41.6	38.1	40.5	40		41.1	41	39.5
服务经济就业比重(%)					18.7	19.9	22.4	24.6

资料来源:1.人均GDP来自【英】麦迪森:《世界经济二百年回顾》,李德伟、盖建玲译,改革出版社1997年版,第134—144页。2.服务经济产值比重和就业比重来自邓于君《第三产业内部结构演变趋势研究》,华中师范大学,博士学位论文,2004年。

表6　1945—1950年日本人均GDP水平与服务经济产出比重、就业比重

年　份	1945	1946	1947	1948	1949	1950
人均GDP(美元)	1295	1389	1482	1660	1731	1873
服务经济比重(%)	41.7	34.9				42.2
服务经济就业比重(%)			23.2			29.8

资料来源：1. 人均GDP来源同表3。2. 服务经济比重数据和1950年就业比重来自汪斌：《东亚工业化浪潮中的产业结构研究——兼论中国参与东亚国际分工和产业结构调整》，杭州大学出版社1997年版，第44、53页。3. 1947年就业比重来自洪英芳：《战后东北亚国家人口产业结构转换比较研究》，《东北亚论坛》2000年第2期。

2. 与主要发展中国家相比

许多学者进行中国与发展中国家经济比较分析时，往往把泰国、韩国、巴西等国家作为对比的对象，笔者也选择了这几个发展中国家进行比较分析，所搜集到的相关数据见表7、表8、表9。

表7　1960—1990年泰国人均GDP与服务经济产出比重、就业比重

年　份	1960	1965	1970	1975	1980	1985	1990
人均GDP(美元)	451	573	762	865	1115	1311	1976
服务经济产值比重(%)	45.0	45.2	48.8	47.4	48.4	52.3	50.3
服务经济就业比重(%)	13.5		15		20.1	22.4	22.3

资料来源：1. 人均GDP和服务经济产出比重，来自世界银行《1999年世界发展指标》，中国财政经济出版社2000年版，以1995年美元不变价格计算，中经网数据中心整理，CEIdata99-6-24。2. 就业比重来自汪斌：《东亚工业化浪潮中的产业结构研究——兼论中国参与东亚国际分工和产业结构调整》，杭州大学出版社1997年版，第173页。

表8　1960—1970年韩国人均GDP水平与服务经济产出比重、就业比重

年　份	1960	1961	1962	1963	1964	1965	1966	1967	1970
人均GDP(美元)	1226	1197	1193	1271	1333	1373	1518	1581	2015
服务经济比重(%)	41.3	42.2	43.5	37.5	33.6	38.6	41.0	44.4	44.2

续表

年 份	1960	1961	1962	1963	1964	1965	1966	1967	1970
服务经济就业比重(%)	25			25.6					32.3

资料来源：1. 人均GDP来源同表7。2. 1960年服务经济产出比重数据来自刘旭明编著：《韩国经济发展之路》，东方出版社1995年版，第43页。其他年份服务经济产出比重来源同表7。3. 1960年就业比重数据来自沈红芳：《东亚经济发展模式比较研究》，厦门大学出版社2002年版，第197页。4. 1963年、1970年就业比重数据来自汪斌：《东亚工业化浪潮中的产业结构研究——兼论中国参与东亚国际分工和产业结构调整》，杭州大学出版社1997年版，第86页。

表9　　　1900—1961年巴西人均GDP水平与服务经济产出比重

年 份	1900	1910	1920	1930	1940	1950	1960	1961
人均GDP(美元)	704	795	937	1061	1302	1673	1630	1745
服务经济产值比重(%)							42.3	38.7
服务经济就业比重(%)						26	33	

资料来源：1. 1900—1950年人均GDP来源同表3；1960年、1961年数据来源同表7。2. 服务经济产出比重来源同表7。3. 服务经济就业比重来自【美】斯蒂芬·罗博克：《巴西经济发展研究》，唐振彬、鑫懋昆、沈师光译，上海译文出版社1980年版，第131页。

在中国目前的人均GDP水平下与上述几个国家的相应时期进行比较，可以看到中国服务经济产值比重与韩国和巴西基本一致，服务经济就业比重与韩国基本一致，高于泰国和巴西。

四　结论及政策思考

通过上述分析，本文认为中国服务经济发展落后的观点是站不住脚的，是与没有可比性的数据进行了对比的结果，所以是错误的。笔者认为，中国的服务经济发展水平基本上符合社会发展的一般规律，并不像许多学者所说的那样落后。

目前理论界有些人只看到中国服务经济与现代发达国家相比或与较高人均GDP的发展中国家相比存在差距，忽视了服务经济发展必须依赖社会物质生产的发展这一基本规律,看不到服务经济发展如果超越了物质社会生产的承受能力所可能带来的严重后果。这种认识偏差在实践中可能造成盲目推动和鼓励发展服务经济的政策制定及实施现象出现。应当明确,盲目发展并不等于积极发展,盲目发展必然从一个极端跳到另一个极端,导致服务经济超过必要的限度,脱离第一、第二产业发展水平所能提供的基础而孤立、片面地发展,使国民经济各产业协调发展关系受到破坏,最终不利于整个国民经济的健康、稳定和有序发展。世界上很多国家都有这样的教训,如前面提到的拉美国家。我们应当引以为戒,不能重蹈覆辙,以保证中国服务经济走上健康发展的轨道。

当然,虽然我们强调服务经济的发展必须建立在物质生产发展基础上,但在服务经济基本正常的社会经济条件下,并不排除在一定时期内,服务经济发展速度可以快于生产部门的发展速度,更不排除部分服务行业特别是为生产服务的行业加快速度发展。

目前中国服务经济的主要特征与表现就是服务经济内部各行业的发展"宜长不长,宜短不短",服务经济发展与社会需求不协调,区域布点不合理,行业垄断与过度竞争同在,造成服务产品的过剩与短缺并存。因此,中国服务经济的发展问题并不是一般意义上的落后与缓慢,不是量的大力扩展问题,而是结构优化、调整、升级,是质的提高的问题。因此,本文主张在政策方面应该强调服务经济的结构优化与调整,以结构优化调整来促进服务经济的发展,而不是盲目、片面和笼统地强调加快服务经济的发展。

[本文与李相合合写,发表于《内蒙古大学学报》
(哲学社会科学版) 2008 年第 5 期]

我国高新技术产业发展的制度条件分析

一 高新技术产业及其特征

高新技术也叫高科技、高技术，兴起于1943年核能的利用和1946年电子计算机的问世。高新技术是一种知识密集、技术密集的最新技术，建立在现代自然科学理论和最新工艺技术的基础之上，是一个不断发展和变化的动态过程，体现着当代人类社会对自然的更高层次的改造和利用，是能为当今社会带来巨大经济效益与社会效益的各种高效手段和方法的总和。国际上对高新技术及其产品的认同有以下标准：第一，产品的销售额中R&D（研究与开发）支出所占的比重；第二，科学技术人员和研究人员占全部职工人数的比重；第三，产品的主导技术必须是所确定的高技术领域；第四，产品主要技术必须包括领域中处于技术前沿的工艺或技术突破。与传统技术和产业相比，它的显著特点是：智力密集型、知识密集型；需要高额投资，且伴随高风险和高收益；高新技术发展快，产品更新周期短，而且产业一般呈高速增长势态；学科带动性较强，多为交叉学科综合而成；具有高度的战略重要性，是国际军事竞争和经济竞争的焦点。高新技术产业的特征主要有以下几个。

（一）高投入

高技术产业的发展需要高投入，这主要表现在两个方面。第一，高科技成果从研究到商品化所需的资金不断增加，统计资料表明，实验室成果、中间放大实验、商品化三个阶段的资金需求比例为1∶10∶100。第二，随着高技术不断向着高、精、尖方向发展，所需投入越来越大，近几十年中，新的微电子企业所需的投资金额几乎每10年都要增加1个数量级。20世纪60年代建设1个半导体厂需100万美元，1973年需1000万美元，而到了1980年则增加到6000万美元。

(二) 资金需求的阶段性

在高技术产业发展的不同阶段，对资金需求量和所能承担的资金成本是不同的，可以分为种子期、初创期、扩展期和成熟期四个阶段。在种子期，企业活动基本上处于研究开发阶段，产生的是论文、专利和实验成果。这些开发成果可以是自创的，也可以是购入的。对于自创者而言，其投入就是全部的研究与发展费用；对于购入者而言，投入就是全部的购买费用。这一阶段对资金的需求量低，往往几十万元就已经相对充裕。但由于没有产品销售收入，现金流表现为净支出。在初创期，有关高技术及其产品的新设想开始投入商品化生产。为了创造生产及试验条件，也为了加快速度抢占市场，资金需求量呈持续上升的状态。进入扩展期后，企业已有了较好的经营业绩，技术风险已基本释放，市场和管理风险也大大降低。但为了达到预期的市场占有率和规模经济的目标，需要在生产和营销方面大量投入，所需的资金量较前面两个时期更大。这一时期，由于已经有了一定程度的盈利，企业承担融资成本的能力也得以提高。最后，在成熟期，企业已经越过了高速扩张的阶段，对资金的需求已不如前几期那样强烈，企业自身的资金积累和融资能力也达到成熟的水平。从产业发展的角度看，最关键的一步是初创期。

(三) 高风险

根据瑞典的一项调查，从技术发明到变成商品的过程，平均需要7年。在这段时间内存在着各种不确定的因素，特别是技术的不确定性。技术发展的不确定性使之表现出复杂和多元化的特点。此外，由于技术产品销售不出去或迅速被替代而产生的市场风险和由于高新技术项目投资预算和投资回收不确定而导致的财务风险，比其他行业都要高出好几倍。

（四）技术优势的相关性

技术相关性有两层含义。第一，指技术经验，即在一个特殊技术领域获得竞争优势之前，必须对此领域先前或较简单的技术有充分的掌握。技术优势具有渐进性，还有突变性。比如，半导体技术的发展经历了真空管、分立电子管到集成电路和超集成电路的过程，但是基于集成电路的计算机设计与基于真空管的设计是完全不同的。第二，相关产业的技术优势是相互联系的，发掘领先产业提供的技术机会的能力，需要在广泛的产业范围内具有强大的技术潜力，技术优势体现为产业配套。如没有相关基础产业的强大支撑，高技术产业只是空中楼阁。

（五）高成长

高技术企业的发展速度随着信息技术和网络技术的普及而加快。商务的成长因网络的联结而加速，因特网可以通过虚拟推销一种产品或服务使之在短时间内家喻户晓。一旦某个公司形成这种走势，其结果将是爆炸式成长。由于信息网络每天24小时都在运转，网络的经济活动很少受时间因素的制约，内部上级与下级，外部同商务伙伴及客户的商务管理体制和运作，都在一刻不停地交互进行。

（六）人力资本的核心地位

高技术产业要求将管物发展为管人，从"以人为本"进一步发展为"以人才为本"。人的智能是无法用财务报表来表现的。是人驱动了企业的发展，是人的智慧想出了好点子，创造了新技术，优化了商务模式。有了人才，没有资产可以创造，已有资产可以增值。而管理人才和使用人才的方式也发生了变化。像微软公司拥有一流的人才，从而迅速增长，因为它对人才配股，使员工本身也成了"知本家"。

以上这些特征对制度安排的各方面提出了基本要求。比如，高投入的特征要求制度安排必须能够集中大量的资金、资源并处理好资金的运作管理，分配到每个需要它的微观个体中去。分段性的特征要求制度安排能够协调投入与产出的时间差，减少失败的风险。高风险的特征要求制度安排能够使风险分散化，使企业能够承受或者转移、分散风险。高风险还要求制度能够区分经营不当和正常风险，分清当事人的责任。高收益和高成长的特征要求制度安排处理好利益的分配问题，尽量使每个个体投入的成本得到应有的回报。人力资本的核心地位要求制度安排能充分鼓励高科技人才的进入，促进人才的成长，实现个人的价值，激发人才的创造性潜力。总之，这些特征要求制度安排能够建立起一个有效的协调和激励机制，既使总体的产业发展目标得以实现，又使个体的利益要求得到满足。

二 高新技术产业发展中的制度因素分析

制度环境的优劣是决定一个产业成长快慢的首要因素。在高新技术产业发展中，技术创新需要适宜的制度作为支撑，制度重于技术、重于资金。任何技术创新都是在一个特定的制度化结构体系和相应的制度背景下进行的活动。在不同的制度安排下，技术创新的绩效存在明显差异：一个专制的政治制度和一个民主的政治制度，一个肯定个人物质利益的经济制度和一个否定个人物质利益的经济制度，一个保护私有产权的法律制度和一个否定私有产权的法律制度，一个崇尚创新的文化制度和一个贬斥创新的文化制度，对技术创新的影响是完全不同的。

在社会经济发展中，经济因素可以通过创造技术创新需求来推动创新，技术因素可以加强技术创新的技术基础，制度因素则为经济因素和制度因素提供了一个发挥作用的制度框架，可有效地激励技术创新活动的开展。制度激励是技术创新和产业革命永久的动力，是经济增长的不竭之源。新制度经济学的分析表明，制度是继天赋要素、技术、偏好之后经济理论的第四大柱石，制度短缺或制度供给滞后等制度缺陷同样会制约经济发展。制度具有"资产专用性"，制度短缺不能由其他要素替代。一种体制比另一种体制效率高的原因就在于制度不同，同样的生产要素在不同国家效率的差异实质上也就是一种制度的差异。对于发展中国家而言，新制度经济学更具有实用价值，因为发展中国家与发达国家的差距在很大程度上是制度的差异。

高新技术产业的发展并不是生产要素的简单叠加，土地、劳动力、资本和技术这些要素，有了制度才能发挥功能。制度是通过传统、习惯或法律的约束作用力来创造出持久的规范化行为的，因而为人们决策提供了预期———一种保护经济主体从其创造行为得到收益保障的制度环境。有效的制度安排能保证给技术创新主体带来预期收益，从而可以尽量减少技术变迁的外部性，避免创新利润溢出，从而形成引导和确定技术活动的激励机制。技术进步依赖于知识存量的积累、基础知识的增加以及人才的培养等，其预先的准备时间长，投资巨大，风险高且成功收益难以估计，单个的市场主体是无法承受如此巨额的创新成本的，这就需要一系列的制度安排来保证，它包括能产生创新的制度安排、确立产权和契约的制度（如公司法、合同法等）以及分担外部风险的制度。任何一种产业的发展，都是土地、劳动力、技术、管理等多种要素综合作用的结果。高新技术产业的特点在于，在诸种生产要素中，人力资本在该产业的发展中起决定作用，保证高新技术产业健康发展的关键是充分发挥人力资本的潜能。而要激发起拥有人力资本的专业技术人员的积极性和创造性，就必须设计出一种适当的制度安排，为人力资本所有者提供足够的激励。

我国高新技术产业发展实践证明：没有一种好的制度安排，即使有了高新技术也会束之高阁。从高新技术产业发展的角度看，有了一个能激励人们不断采用高新技术并不断激励人们进行技术创新的制度安排，新技术就会不断产生，技术水平就会不断提高；而在一种压抑创新精神和创新活动、只鼓励外延式扩大再生产而不鼓励内涵式扩大再生产的制度安排下，只能是低水平重复建设，技术创新的速度必然是缓慢的。制度安排是否为高新技术的产生和扩散提供良好的条件，是否建立有效的、能刺激人们创新并把风险降到最低限度的产权制度体系，包括私有产权制度、专利制度及知识产权保护制度，这是高新技术及相关产业能否得以持续发展的关键。因此，在高新技术产业发展中，一定要高度重视制度创新作用，摒弃传统的重技术轻制度倾向，注重同时进行技术创新和制度创新，尽快建立一套有利于创新活动开展，充分发挥技术所有者、资本所有者、管理者积极性和创造性的制度安排，营造有利于创新活动开展的社会环境和文化氛围。制度创新往往比技术创新更为重要，以制度创新为突破口，加快技术创新步伐，才是一条又好又快发展我国高新技术产业的最佳路径。

高新技术产业发展的快慢，不是取决于政府给了多少钱，调了多少人，研制出了多少技术，而是取决于是否有一套有利于创新活动开展和人的潜能充分发挥的制度安排、社会环境和文化氛围。制度是高新技术产业发展的"瓶颈"。在资金、技术、人才、制度四大要素中，制度是第一重要的。作为具有激励功能的制度可以充分调动人的积极性，发挥人的潜能；作为具有市场配置功能的制度可以充分调动包括资本在内的各种社会资源并实现这些资源的优化配置；制度具有整合功能，可以实现资金、技术、人才三大高科技要素的互动与集成。

三 高新技术产业的制度条件与制度安排

(一) 高新技术产业的制度条件与制度安排的具体内容

从广义上讲，高新技术产业的制度就是指适合于高新技术产业发展的制度环境或初始条件和制度安排。高新技术产业的制度初始条件即高新技术产业发展制度产生的政治、法律和伦理的基本原则，社会的经济发展水平，经济结构和经济发展阶段，社会风俗等。高新技术产业发展的制度安排通常是指约束高新技术产业发展的行为规则的总和。从狭义上看，高新技术产业发展的制度指高新技术产业发展的制度安排。按照新制度经济学的观点，制度包括由国家规定的正式制度安排（也称正式约束或正式规则）和社会认可的非正式制度安排（也称非正式约束或非正式规则）。正式制度是指人们在非正式制度的基础上有意识地设计和供给的一系列规则，包括政治规则、经济规则和契约，以及由这一系列的规则构成的等级结构，从宪法到成文法，到具体的细则，最后到个别契约，正式制度具有强制力。非正式制度是人们在长期交往中无意识形成的，由价值信念、伦理规范、道德观念、风俗习惯等因素构成。新制度学派将文化作为制度的载体，社会学中的新制度学派更加强调文化及文化限制等非正式制度对经济发展和社会进步的影响。

新制度经济学认为，正式制度只有在社会认可并与非正式制度相容的情况下，才能发挥作用。而非正式制度是正式制度的"先验"模式或萌芽形式，是正式制度形成的基础和前提，非正式制度通过对正式制度的补充、拓展、修正、说明和支持，成为得到社会认可的行为规范和内心行为标准。在实际社会经济生活中，很难将二者对经济发展的"共同影响"分割开，再好的正式制度，若远远偏离了土生土长的非正式制度，也是"中看不中用"。因此，合适、有效的制度安排必定是正式制度和非正式制度的有机统一。制度因素是在研究市场配置资源过程中引入的一个变量，从这个角度看，制度也是一种配置资源的手段，但它又不同于市场的基础性作用。与其他经济变量一样，制度在配置高新技术产业发展所需的各种资源时，也会受到相关因素的制约，比如高新技术产业发展规律、技术创新规律和市场规律等。高新技术产业的发展既表现为经济技术水平的飞跃，又表现为"游戏规则"即制度结构的变革。技术创新可以极大地提高人类认识和控制自然的能力，但技术也是把"双刃剑"。要想不断满足高新技术创新的要求，有效解决高新技术带来的负面效应，仅仅依靠政府或市场的正式制度安排是不够的，高新技术对非正式制度安排的要求越来越强烈。

在我国的制度供给与创新过程中，政府是关键的主体，政府对制度安排具有决定性的作用。因此，我国制度创新的路径应该是政府主导型。与高新技术产业发展相关的制度安排，既包括科技制度、教育制度、企业制度、投融资制度、产业布局制度等正式制度，又包括社会文化、意识形态等非正式制度。高新技术产业的发展离不开正式制度和非正式制度两方面的作用，只有两种制度安排能够相互协调，制度在促进高新技术产业发展中的作用才能真正发挥出来，技术创新才能真正实现。

(二) 世界各国在高新技术产业上不同的制度安排

一般而言，不同的经济体制对应着不同类型的产业结构。由于各国在政治制度、经济发展状况、民族文化传统、科技发展水平及社会发展等方面的情况千差万别，各国对高新技术产业的供给模式存在着一定的路径依赖，从而存在不同的制度安排模式。

1. 市场机制型

这种模式一般发生在市场经济体制高度发达及多元化政治体制的国家，尤以美国为典型。政府一般不设统一的科技活动管理机构，也不制定统一的科技发展、产业发展计划和规划，科技政策、产业政策由政府各部门分散制定，并由各联邦政府采取不同方式实施重大项目与科技发展战略。如美国的"曼哈顿计划"和"信息高速公路计划"等。政府通过各种经济政策及法律制度来引导高新技术产业的发展，而民间企业是科技开发的主要承担者。其主要特点是充分利用市场机制来推动高新技术产业的发展，各民间主体的研究开发具有很强的自主性。政府运用产业政策进行干预的手段比较隐蔽，或者说常常借用一些非行政干预手段，而且干预的作用点常常远离市场，不宜引起争议但确实影响产业发展的关键环节。

2. 协调体制型

以东亚的日本、韩国为代表，即政府主导型的市场经济模式，被称为"协调体制"。其产业结构是以政府、大型财团与市场经济混合作用为背景,内外协调机制同时起作用。政府通过制定统一的科技发展、产业发展计划和规划对高新技术产业发展起主导作用,同时吸引民间企业的参与。在这里市场经济制度是一种对科技活动进行协调作用的制度。但协调体制下政府干预高新技术产业发展具有无法避免的局限性。在探索高新技术未知领域方面,政府缺乏相应的足够的信息和灵活的适应力,而且政府运作效率也低于民间企业,因此,政府失灵是难以避免的。日本在数字技术发展上惨遭失败的典型事件说明,高新技术的不确定性,是政府干预高新技术产业失败的重要原因。

3. 计划控制型

以苏联和改革前的中国为代表的计划体制,其产业结构建立在中央集权的计划经济基础上,以外部协调机制为主。政府主要依靠行政命令统一调拨、配置科技资源。科技项目的决策、实施、开发、推广等均纳入政府管理的范畴,统一部署,下级部门没有决策自主权,从基础研究、技术开发到产品走向市场都纳入政府的管理和规划中。这种发展模式在一定时期内有其适用性。例如,在资源匮乏、技术落后且处于封闭状态下,依靠国家力量,采用高度集中制的资源配置方式,可以在较短的时期内建立起庞大的工业体系,如苏联以及新中国成立初期。但随着经济不断发展、技术不断进步,计划体制越来越不适应高新技术产业的发展。其原因在于两方面。第一,道德市场无法激励科研人员的创新性。计划经济不是依靠市场驱动,而是依靠道德市场来鼓励创新的,依靠良心来配置资源的道德市场不可能有效地激发科研人员的创新性,从而也不能实现资源的配置效率。第二,政府干预市场造成资源配置的扭曲。在计划体制下,政府掌握着很多科技资源,由于政府权力过大,企业代理人必须把很多的精力、物力消耗于同政府无休止的"讨价还价"中,"争政策""要资源",这就是所谓的寻租行为。

(本文与王艺瑾合写,发表于《工业技术经济》2008年第12期)

论中国人口制度跃升为基本经济——社会制度的若干理论与对策

迄今为止,只有"公有制为主体,多种所有制经济共同发展"的所有制制度、"按劳分配为主体,多种分配方式并存"的分配制度和社会主义市场经济体制被确立为我国社会主义初级阶段的基本经济制度。[①] 随着时代的发展,中国的改革开放进一步扩大,基本经济制度的内涵必然要进一步拓展与扩大。进入中国特色社会主义新时代,中国已消灭绝对贫困,走出了"越穷越生,越生越穷"的人口恶性循环的怪圈,进入了人口自然增长率下降、人口出生率与物质资料生产"双增长、两协调"的新阶段,这就为我们探讨社会主义新时代人口发展规律,繁荣与发展中国特色社会主义人口理论,构建中国特色人口制度提供了实践空间与客观条件。为顺应时代要求,拓展实践空间,促进我国基本经济—社会制度建设,本文拟对如何将人口制度跃升为中国基本经济—社会制度建设的若干重大理论与对策问题进行全方位思考与探讨,以期引起学界及政府部门的关注。

---

① 按劳分配为主体与多种分配方式相结合的收入分配制度,在党的十九届四中全会上正式确立为中国基本经济制度。以前理论界乃至国家官方文件法规均认为它是由公有制为主体、多种所有制经济共同发展的基本经济制度所决定的一项具体经济制度。党的十九届四中全会将其上升为社会主义基本经济制度,这不仅是我国制度经济学理论的一个重大提升与突破,更是我国基本经济制度建设的重大发展与巨大进步。

一 关于人口制度理论基础和客观依据的论争与探索

探讨我国人口制度向基本经济—社会制度跃升问题，首先必须搞清楚人口制度的理论基础与客观依据。倘若基础不牢，缺乏客观依据，即便是跃上去了，终究也会落下来。

任何制度都必须建立在科学理论基础之上，人口制度建设也不例外。人口理论决定并制约着人口制度建设。有什么样的人口理论，就必须建立起与之相适应、相吻合的人口制度。正所谓"基础不牢，地动山摇""基础不科学，制度建设必然七扭八歪"，所以，人口理论正确科学与否是决定人口制度建设好坏的基础与关键。

（一）马尔萨斯人口理论的科学考评

提到人口理论，不能不涉及英国著名人口学家托马斯·马尔萨斯，他是影响世界且最早研究人口与经济关系的学者之一，是英国高教会派的大牧师。他的人口理论最初是在早餐桌上与其父亲争论人种是否越多越好的问题时形成的，而后经过修饰加工于1798年发表《人口原理》一书。按照马克思的话说："'人口原理'是在十八世纪逐渐编造出来的。"[①] 该书提出了著名的"级数说"，即世界人口按几何级数 1、2、4、8、16、32、64、128、256、512……来增长，而粮食和食物的生产则按算术级数 1、2、3、4、5、6、7、8、9、10、11、12……来增长。这两个级数增长"规律"的提出，震惊了世界，使该书"顷刻之间就成了畅销书，从此，它在人口和经济增长问题上影响了世界各国的思想观点"[②]。

我们不能由于马克思的激烈批判就全面彻底否定马尔萨斯人

[①] 《资本论》第一卷，人民出版社1975年版，第676页。
[②] [美] 保罗·A·萨缪尔森、威廉·D·诺德豪斯：《经济学》（第12版）上，中国发展出版社1992年版。

口论的科学合理成分。马克思之所以激愤，是因为马尔萨斯将资本主义制度造成的"人口过剩"栽赃到工人阶级身上，认为"过剩人口"是工人阶级过度"生育"造成的。这种毫无根据的"甩锅"行为、栽赃行为，岂能不叫人愤恨与震怒？所以，马克思的义愤从阶级立场与道义的立场上说完全是正确的。但马克思的义愤与批判并不妨碍我们理性科学地看待马尔萨斯的《人口原理》。综观全书，还是道出了一些科学合理的因素：第一，阐明了人口与粮食等生活资料的依存关系，指出人口生产与生活资料生产要保持一定的比例，二者要相适应。第二，警示人口不能盲目过快增长，一旦人口增长超过了生活资料生产的增长，就会使二者严重失衡，发生人口过剩危机。第三，隐晦地指出人口增长与生活资料的增长都有各自的规律性。尽管生活资料的增长不一定按算术级数1、2、3、4、5、6……的规律来增长，人口的增长也未必按几何级数1、2、4、8、16……的规律来增长，却隐晦地道出了二者内在增长的必然性。第四，马尔萨斯的两个"级数"理论，并非凭空捏造的，而是以当时资本主义社会的实际及权威观察推定的。马尔萨斯首先采用了本杰明·富兰克林的观察：在资源充裕的美洲殖民地，人口大约每隔25年增长1倍。马尔萨斯因此推论，除非受食物供给的抑制，人口的普遍趋势是按指数（即几何级数）增长，人口每隔一代人时间增长一倍。尽管他的推定不一定科学，但科学研究是允许在事实基础上进行推定的，也应允许推定不是百分之百准确的。事实上，马克思在《资本论》研究中，大量地使用了类似的科学推定。符合逻辑与事实的科学推定，是揭示经济规律的重要方法。第五，马尔萨斯的人口原理是针对资本主义社会当时存在"人口过剩"的现实问题得出的，是力图找到与阐释人口过剩的原因，并找出解决对策而著书立说的。其主旨应该说还是积极的，是为资本主义国家寻求摆脱"人口过剩"危机的出路。但他有意无意地在维护资本主义制度，掩盖资本主义造成"人口过剩"的罪恶，掩盖资本主义社会基本矛盾，维护资产阶级统治利益。这种阶级局限性使之不可能真正科学地找到并阐释"过剩人口"的真正原因。他只是从自然、生育、技术及经济运行层面来找寻"人口过剩"发生的机理与原因。尽管当时"人口过剩"与此类因素有一定关系,但根本原因在于资本主义制度。任何人口研究都不可能脱离当时的社会现实。为国家出谋划策,想方设法走出"人口过剩"困境,从经济学家科学研究的社会责任角度来说,马尔萨斯的《人口原理》还是有积极意义的。只不过他主张用战争、瘟疫或灾害等办法来消除"过剩人口"则是缺乏人性与道德的,而主张用"节制生育"的办法来抑制人口过快增长则是可取的。

按照马尔萨斯的人口原理,人口按"几何级数"增长是一个绝对规律,"人口过剩"亦是绝对的,为人们提供食物与生活资料的生产永远按算术级数增长,这种规律与理论逻辑是错误的。原因在于两方面:一是当时资本主义社会出现的"人口过剩",根本不是绝对的,而是相对的。工人或雇佣劳动者之所以成为"过剩的人口",是相对于资本家而言的,是不为资本家生产剩余价值所必需的。资本家生产剩余价值对雇佣劳动者的需求是受资本积累的数量与规模制约的。资本积累的数量与规模一定的条件下,其对雇佣劳动者需求的数量便成为既定的数量,超过这个既定数量的雇佣劳动者供给便是过剩的,成为相对过剩人口,是资本家生产剩余价值所不需要的了,并非真正的"绝对过剩"。二是否定科学技术的进步与劳动生产率的提高。世界上根本不存在一个所谓"绝对人口过剩规律",尽管某个地区或某个国家曾发生过人口绝对过剩现象,但那不能称为"规律"。因为社会发展与科学技术进步是绝对的。随着科学技术的不断进步,资本积累日益增加,与此同时劳动生产率日益提高,食物及生活资料的生产会快速增长,将逐渐适应甚至超过人口的增长。

通过上述对马尔萨斯人口理论的客观考证与评说,得到一个基本认识,即对马尔萨斯的人口理论不能全盘彻底否定。那种认为马尔萨斯人口论政治上反动、理论上错误、方法上反科学、手段上残酷,必须全面彻底加以否定与抛弃的观点,不是客观严谨的,违背了辩证唯物主义与历史唯物主义的科学观与世界观。毋庸置疑,马尔萨斯作为资产阶级人口学家和经济学家,受阶级立场的制约,其必然要为资产阶级的利益服务,其政治倾向是鲜明的;其理论虽然具有相当大的反科学及伪科学的成分,存在马克思指出的那些剽窃[①]、编造的内容,但在经济学说史上,马尔萨斯较早地研究了人口生产与生活资料生产的关系,并认真地探讨了两种生产的增长规律及二者如何相互平衡的问题。其研究方法也还是面对现实突出问题,有那么一点实事求是的科学态度。尽管有些绝对化和形而上学,但还是有一些历史唯物主义的科学精神的,这对于一个资产阶级人口学者来讲是难能可贵的。其对人口过剩的对策主张,有些是残酷无情,甚至严重背离牧师道义的,但主张人类应主动自觉抑制"人口过快增长"还是具有科学适用价值的,可以作为我国人口制度建设的一个重要理论支点,更可以成为我国人口制度跃升为基本经济—社会制度的一个重要借鉴。

(二) 马克思人口理论的科学意蕴及当代价值

马克思人口理论的内容是十分丰富的,其科学意蕴及当代价值巨大,对新时代中国特色社会主义建设具有重大指导作用。它是当今中国人口制度跃升为基本经济—社会制度的理论基础与指南。如果对这个问题没有清醒的认识,就谈不上实现中国人口制度的跃升。

长期以来,我国经济界一直误以为马克思主义政治经济学是反对研究人口的。其实,这是对马克思有关论述的误读和误解。因此,研究马克思人口理论必须正确看待与认识马克思关于人口不是政治经济学研究对象的论述。马克思在《〈政治经济学批判〉导言》中阐明政治经济学的方法时指出:"当我们从政治经济学的角度考察某一国家的时候,我们从该国的人口,人口的阶级划分,人

---

① 如马克思说:"马尔萨斯对自己的成功大为惊奇,于是着手把一些表面地拼凑起来的材料塞进原来的模型中去,又添加了点新东西,不过这些东西不是马尔萨斯发现的,而只是被他据为己有的。"(参见《资本论》第一卷,人民出版社1975年版,第676页。)

口在城乡、海洋、在不同生产部门的分布，输出和输入，全年的生产和消费，商品价格等等开始。从实在和具体开始，从现实的前提开始，因而，例如在经济学上从作为全部社会生产行为的基础和主体的人口开始，似乎是正确的。但是，更仔细地考察起来，这是错误的。如果我，例如抛开构成人口的阶级，人口就是一个抽象。如果我不知道这些阶级所依据的因素，如雇佣劳动、资本等等，阶级又是一句空话。而这些因素是以交换、分工、价格等等为前提的。比如资本，如果没有雇佣劳动、价值、货币、价格等等，它就什么也不是。因此，如果我从人口着手，那么，这就是关于整体的一个混沌的表象，并且通过更切近的规定我就会在分析中达到越来越简单的概念；从表象中的具体达到越来越稀薄的抽象，直到我达到一些最简单的规定。于是行程又得从那里回过头来，直到我最后又回到人口，但是这回人口已不是关于整体的一个混沌的表象，而是一个具有许多规定和关系的丰富的总体了。"[1] 从上述论述可见，马克思并不反对政治经济学研究人口，而是反对从人口出发来展开政治经济学研究。因为人口是一个"混沌的表象"，只有对表象进行理论抽象，"得到越来越简单的概念"，"得到越来越稀薄的抽象"，才能概括出一般规律。他之所以没有直接把人口作为政治经济学研究对象，一个极其重要的原因是他把人口作为研究政治经济学的既定前提来看待。这样做是由政治经济学的特殊研究方法所决定的，那就是从抽象上升到具体的科学抽象法。马克思认为政治经济学研究有两条可供选择的道路："第一条道路是经济学在它产生的时期在历史上走过的道路。例如17世纪的经济学家总是从生动的整体，从人口、民族、国家、若干国家等等开始；但是他们最后总是从分析中找出一些有决定意义的抽象的一般关系，如分工、货币、价值等等。这些个别要素一旦确定下来和抽象出来，从劳动、分工、需要、交换价值等等这些简单的东西上升到国家、国际交换和世界市场的各种经济学体系就开始出现了。后一种方法显然是科学上正确

---

[1] 《马克思恩格斯选集》第二卷，人民出版社1995年版，第17—18页。

的方法。具体之所以具体，因为它是许多规定的综合，因而是多样性的统一。因此它在思维中表现为综合的过程，表现为结果，而不是表现为起点，虽然它是现实的起点，因而也是直观和表象的起点。在第一条道路上，完整的表象蒸发为抽象的规定；在第二条道路上，抽象的规定在思维行程中导致具体的再现。……其实，从抽象上升到具体的方法，只是思维用来掌握具体、把它当作一个精神上的具体再现出来的方式。但决不是具体本身的产生过程。举例来说，最简单的经济范畴，如交换价值，是以人口即在一定关系中进行生产的人口为前提的；也是以某种家庭、公社或国家等为前提的。"①这十分明晰地告诉我们：第二条道路即抽象上升到具体的方法，政治经济学研究要从简单的抽象的范畴开始，如交换价值、货币等，而不是直接从人口这个复杂混沌的整体开始。而人口这个复杂混沌的整体在马克思那里是"作为一个具体的、生动的既定整体的抽象单方面的关系而存在"②。

马克思主义政治经济学研究不从人口开始，绝不等于根本不研究人口问题。事实上，马克思在《资本论》中以相当多的笔墨及篇幅在众多章节中都研究了人口问题。由于其是主要研究物质资料的生产与再生产，因而主要是研究适龄劳动人口问题。道理十分简单，适龄劳动人口是社会物质资料生产与再生产的主体、主力军及主要力量。当然也包括一些非适龄劳动人口如童工等，因为在资本主义制度下，大量童工被当作廉价劳动力抛入雇佣劳动者队伍，为资本家生产更多的剩余价值。

马克思人口理论的第一个重要内容，就是揭示与阐述了资本主义制度下的人口规律。在论证资本主义积累一般规律时，马克思提出了资本主义生产方式特有的人口规律。他明确指出："工人人口本身在生产出资本积累的同时，也以日益扩大的规模生产出使他们自身成为相对过剩人口的手段。这就是资本主义生产方式所特有的

---

① 《马克思恩格斯选集》第二卷，人民出版社1995年版，第18—19页。
② 《马克思恩格斯选集》第二卷，人民出版社1995年版，第19页。

人口规律,事实上,每一种特殊的、历史的生产方式都有其特殊的、历史地起作用的人口规律。抽象的人口规律只存在于历史上还没有受过人干涉的动植物界。"① 他还强调指出:"过剩的工人人口是积累或资本主义基础上的财富发展的必然产物,但是这种过剩人口反过来又成为资本主义积累的杠杆,甚至成为资本主义生产方式存在的一个条件。过剩的工人人口形成一支可供支配的产业后备军,它绝对地从属于资本,就好像它是由资本出钱养大的一样。过剩的工人人口不受人口实际增长的限制,为不断变化的资本增殖需要创造出随时可供剥削的人身材料。"②

从上可见:第一,马克思这里讲的资本主义生产方式特有的人口规律是一个狭义的人口规律,只是讲劳动人口即工人人口,而非整个社会人口。如马克思所讲,这个过剩工人人口"不受人口实际增长的限制"。社会整个实际人口增长规律才是广义的人口规律。第二,人类社会根本不存在一个所谓共同的"抽象的人口规律"。为什么?根本原因在于,人是社会动物,不是自然动物;人是社会关系的总和,根本不同于自然界的动物。人要生存与发展,首先就要从事各种经济活动,并且在此基础上进行社会交往,从事社会活动。所以,人口规律是一个社会经济规律,而非动植物界规律。第三,这个狭义人口规律可以引申与扩大为资本主义社会规律。因为在资本主义社会,其性质是由占主导地位的生产方式所决定的。资本主义生产方式的特殊规律亦可认定为资本主义经济—社会的规律。但必须看到也必须承认,资本主义生产方式的人口规律,同资本主义经济—社会人口规律在所包括的人口规模与范围上是大有不同的。后者要包括1—16岁非适龄劳动人口及60岁以上退出劳动过程的老年人口。在资本主义社会这两部分人口为非生产性人口,即不为资本家生产剩余价值的人口,故研究资本主义生产方式的特殊人口规律时,马克思将其舍弃掉,是有其道理的。

---

① 《马克思恩格斯选集》第二卷,人民出版社 1995 年版,第 256 页。
② 《马克思恩格斯选集》第二卷,人民出版社 1995 年版,第 256 页。

马克思人口理论的第二个重要内容，就是揭示与阐述了物质资料生产与人自身的生产这两种生产及其相适应、相协调、相平衡的科学原理。物的生产即物质资料生产和人的生产即人身的生产，这两种生产之间存在相互区别，又相互依存、相互影响、相互制约的辩证统一关系。在整个社会生产与再生产过程中，上述两种生产不仅具有各自不同的特点与规律，而且它们所起的作用也有所不同。人的生产与再生产是物质资料生产与再生产的根本条件，物质资料的生产与再生产是人的生产与再生产的基础。没有人自身的生产与再生产，物质资料的生产与再生产便缺少主体，也无法进行；而如果没有物质资料的生产与再生产，人自身的生产与再生产便因缺少衣、食、住、行等物质资料而难以为继。二者都是必不可少的，且要相互适应，保持适当的比例关系，以免二者之间发生比例失衡，或发生物质资料生产过剩与不足，爆发生产危机；或发生人口过剩与不足，爆发人口危机。并且，二者都在运动发展中形成自身的规模与结构，如果一种生产规模与结构发生失衡，便会引起另一种生产规模与结构的失衡。二者只有保持恰当的比例关系，在规模和结构上保持相适应的关系，才会形成良性循环互动，健康可持续发展。

两种生产的结合与统一，对整个社会的历史起决定性作用。恩格斯指出："根据唯物主义观点，历史中的决定性因素，归根结蒂是直接生活的生产和再生产。但是，生产本身又有两种。一方面是生活资料即食物、衣服、住房以及为此所必需的工具的生产；另一方面是人自身的生产，即种的蕃衍。一定历史时代和一定地区内的人们生活于其下的社会制度，受着两种生产的制约：一方面受劳动的发展阶段的制约，另一方面受家庭的发展阶段的制约。劳动越不发展，劳动产品的数量、社会的财富越受限制，社会制度就越在较大程度上受血族关系的支配。然而，在以血族关系为基础的这种社会结构中，劳动生产率日益发展起来；与此同时，私有制和交换、财产差别、使用他人劳动力的可能性，从而阶级对立的基础等等新的社会成分，也日益发展起来；这些新的社会成分在几世代中竭力使旧的社会制度适应新的条件，直到两者的不相容性最后导致一个彻底的变革为止。"①可见，两种生产发展日益成为阶级与阶级对立的基础，决定着家庭与私有制的产生，决定着阶级斗争的产生，决定着新旧社会制度的更替。这就是恩格斯研究家庭、私有制和国家起源所得出的与马克思所发现的唯物主义历史观"相同的结果"。两种生产相互适应、相互协调、相互平衡的原理，我认为应该成为当今中国人口制度建设及其跃升为基本经济—社会制度的科学基础与理论指南。

马克思人口理论的第三个重要内容：人自身的生产与再生产要实现"有意识有计划的控制"，需长时期的历史发展，需要强大的"一系列物质生产条件"。马克思在分析商品拜物教时，讲到"自由人联合体"，"个人劳动力当作社会劳动力来使用"，其"总产品是社会的产品"；劳动时间是"社会的有计划分配"；同时，劳动时间又是"在共同产品的个人消费部分中所占份额的尺度"，即人们通常讲以劳动时间作为个人消费品分配的尺度，或叫按劳分配；商品生产者的相互关系消失，"只有当实际生活关系，在人们面前表现为人与人之间和人与自然之间极明白而合理的关系的时候，现实世界的宗教反映才会消失"，商品拜物教的"神秘的纱幕"才会被揭掉。②可见，马克思设想的"自由人联合体"是没有商品及商品拜物教的高级发达的社会主义社会。当今中国虽然只是不发达的社会主义，但是实现对人自身的生产与再生产有意识、有计划地控制的根本条件已经具备。

（三）社会主义人口规律：人口制度确立与跃升的客观依据

社会主义人口制度作为一项基本的经济—社会制度，必须建立在社会主义人口规律基础上，以社会主义人口规律为客观依据，从根本上符合社会主义人口规律的要求及运行规则。否则，就会

---

① 《马克思恩格斯选集》第四卷，人民出版社1995年版，第2页。
② 《马克思恩格斯选集》第一卷，人民出版社1995年版，第142页。

受到规律的惩罚,导致社会主义人口生产与再生产的损失与失败。在新中国成立初期,经济学界有同志依据马克思的上述论断认为,实现人口生产与再生产的有意识有计划自觉控制是社会主义人口规律。这样的表述同物质资料生产与再生产有计划自觉控制是相一致的、相适应的,可以使二者之间保持适当的比例关系。因为人口无论何时都不能作为商品,因而人口的生产与再生产不存在商品拜物教问题。所以,这个社会主义人口规律的表述是适用于中国社会主义社会的。也有学者概括说:"在使有劳动能力的人得到充分合理的利用的情况下,人民的物质和文化生活水平不断迅速提高,人口的患病率和死亡率迅速降低到接近生理条件所决定的最低限度,人口数量由迅速增长逐步达到稳定增长……这就是社会主义人口规律的实质。"① 综观这个时期学术界对人口问题的讨论,基本上限于对"新马尔萨斯反动人口论"的批判,还未能全面、科学地揭示与正确认识社会主义人口规律。

直到改革开放初期,在实事求是、解放思想的大背景下,面对中国"人口大爆炸"的现实,学术界才开始认真思考如何使人的生产与再生产实现马克思的"有意识有计划的控制",如何认识并科学表述社会主义人口规律问题。第一种意见认为,既然国民经济有计划按比例发展是社会主义特有的经济规律,那么与此相对应、相协调,人口生产有计划地增长就是社会主义人口规律。"在社会主义制度下,从无产阶级的根本利益出发,按照社会主义社会发展的需要,应当使人口做到有计划地增加。"② 第二种意见认为:"人口数量不断增长不是社会主义制度优越性的表现,……社会主义绝不意味着永远同人口增长相联系。"③ 人口数量、质量、比例应同国民经济发展相适应,"社会主义人口规律,就是在再生产条件不断

---

① 张培刚、毛钢、胡俊杰:《社会主义的人口规律与中国人口问题》,《经济研究》1957年第4期。
② 北京经济学院人口研究室:《人口理论》,商务印书馆1977年版,第128页。
③ 张纯元等:《社会主义人口规律初探》《北京大学学报》(哲学社会科学版)1979年第6期。

完善的基础上，人口数量、质量有计划按比例地与国民经济相适应的规律"[1]。第三种意见认为，"有计划不是社会主义的人口规律"，社会主义的人口规律应该表述为"社会主义的劳动人口，在不断生产出日益增长的物质财富和相适应的人类自身的同时，也不断生产出日益提高人的消费水平和人的自身素质水平的手段"[2]。综上可见，这一时期学术界对社会主义人口规律的研究比较集中，讨论也很深入，但基本停留在社会主义人口规律的表述上，众说纷纭，观点各异，但由于没有把焦点放在对马克思关于"处于人的有意识有计划的控制之下"论断的深入理解与研究方面，因而未能全面科学地揭示社会主义特有的人口规律。

考察人口规律，必须充分考虑到人与物的根本不同。人自身的生产与物质资料的生产是根本不同的，其内在的有机联系与必然性及发展趋势亦不同，所以人口规律与物质生产与再生产的规律必然不同。人是活物，是有意识的生命体；而物是死的，是无生命意识的物体，不区分这一点，极易将人口规律混同于物的生产与再生产规律。这可以说是我国学术界在讨论与研究社会主义人口规律时严重忽视或重视不够的一个重要问题。虽然人都是两种生产的主体，但从对象性质上看，人口的生产与再生产中的人还是客体，这就决定了有意识按计划进行人口生产与再生产具有客观性，所以进行有意识有计划的控制就成为人口生产与再生产过程中的一种必然要求，即要求国家和政府、家庭及生育者等对人口生产与再生产活动实现有自觉的、有意识的、有计划的控制，而绝不能像物的生产与再生产一样任凭市场自由调节。人口生产与再生产只能由国家运用人口政策、人口计划、人口制度来调节，保障其健康有序可持续发展。

毛泽东指出："人类在生育上完全是无政府状态，自己不能控

---

[1] 张纯元等：《社会主义人口规律初探》，《北京大学学报》（哲学社会科学版）1979年第6期。

[2] 李南寿：《全面准确地理解马克思主义的人口理论，为四个现代化服务》，《黑龙江大学学报》（哲学社会科学版）1979年第1期。

制自己。将来要做到完全有计划的生育,没有一个社会力量,不是大家都同意,不是大家一起来做,那是不行的。"① 毛泽东这里突出强调三点:一是"有计划",结束无政府状态;二是人类要自己有意识地控制自己;三是全体人民一起做。这就是对马克思关于"有意识有计划的控制"思想的创造性阐发,即社会主义社会人类自身的生产与再生产必须结束无政府状态;由于物质资料生产两大部类要按比例协调发展,与此相适应,人类自身的生产与再生产也必须有意识有计划地控制。因此,毛泽东主张,"计划生育,也来个十年规划"②,即顺应社会主义人口有意识有计划发展的客观要求,社会主义的国家和政府要用"规划"(它要求充分体现国家的意志、政策与制度要求)来自觉有意识有计划控制人口的发展,每个人口生育的主体都要服从国家"规划"的管控。按"规划"行事,就是按社会主义人口发展规律办事,这是主客观、知与行的有机统一。

二 马寅初"新人口论"和中国计划生育政策评估

(一) 马寅初"新人口论"及对马尔萨斯人口论的批判

马寅初作为我国著名的人口学家,早在1957年第一届全国人民代表大会第四次会议上的书面发言中就提出"新人口论",主张控制人口,以解决中国当时人口增长过快、建设资金积累不快的矛盾,并以大量事实资料为论据,建议党和国家实行计划生育政策。1953年,中国第一次人口普查表明,全国人口高达6.019亿人。从新中国成立前的4.5亿多人,几年时间就增长到6亿多人,可谓增长过多过快。当时的人口增长率在20‰以上,估计每年中国人口增加1200万—1300万人。人口基数与人口规模如此之大,增长率如此之高,必然严重影响国家建设资金积累。对此马寅初指出:"要改善

---

① 《毛泽东文集》第七卷,人民出版社1999年版,第308页。
② 《毛泽东文集》第七卷,人民出版社1999年版,第308页。

人民的生活，一定要扩大生产与再生产；要扩大生产与再生产，一定要增加积累；要增加积累，一定要增加国民收入。我国的国民收入在 1956 年将近 900 亿元，其中消费部分约为 79%，积累部分约为 21%。因人口多，所以消费大，积累小，而这点积累又要分摊在这许多生产部门之中，觉得更小了。我要研究的就是如何把人口控制起来，使消费的比例降低，同时就可以把资金多积累一些。"①马寅初控制人口的主张是符合当时中国国情的，有利于国家加速扩大生产与再生产和切实改善人民生活。对于当时有人将"新人口论"等同于马尔萨斯的人口论，马寅初严正声明，"我的人口理论在立场上和马尔萨斯是不同的"，"马尔萨斯从掩盖资产阶级政府的错误措施出发，我则从提高农民的劳动生产率，从而提高农民的文化和物质生活水平出发。"② 同时，马老先生还正确地指出马尔萨斯人口论的反动本质。他指出："马尔萨斯写人口论的本意，就在于从理论上维护资本主义制度及其政府，掩盖英国政府的错误措施。他的人口理论无异于告诉工人们说，工人们的普遍贫困，不是政府之过，主要是由于人口增长太快，而粮食增加太慢引起的。"③然而，由于新中国成立初期对马寅初人口理论的科学性和关于控制人口的主张认识不够，尤其是对马克思人口理论的指导作用贯彻不力，对社会主义人口规律的认识与运用缺乏积极自觉，导致了中国人口政策的种种偏误。更为直接的原因则是错误地批判了马寅初的"新人口论"，结果导致"人口大爆炸"，从 1956—1978 年，中国人口几乎翻了一番。

（二）我国 40 余年计划生育政策评估：人口政策难以替代基本经济—社会制度的功能

进入 20 世纪 70 年代末 80 年代初，中国人口规模过大、增长

---

① 马寅初：《新人口论》，广东经济出版社 1998 年版。
② 马寅初：《新人口论》，广东经济出版社 1998 年版。
③ 马寅初：《新人口论》，广东经济出版社 1998 年版。

速度过快，同发展社会生产力、提高人民的物质文化生活水平的矛盾逐渐凸显出来，与解决社会主要矛盾的要求严重不适应。及时调整人口政策，实行计划生育，控制人口增长速度与规模，以适应物质资料生产与再生产发展的需要，成为党和国家亟须解决的重要问题。所以，党和国家果断决定大力推行以节制生育为中心的"一对夫妻一对孩"乃至"一对夫妻一个孩"的人口政策。

计划生育政策伴随改革开放进程，至今已走过了40多个年头。回顾其演进历程，分析其政策效应，总体而言"得"很大。其一，最大的"得"是40余年少生了近6亿人口，人口增长率大幅下降，有效地控制了人口规模与人口的过快增长，使人口增长过快与物质资料生产与再生产日益发展与扩大的不平衡状况得到缓解，使"人口对生产力发展的压力"大大减轻，使全体人民日益增长的物质文化生活水平不断提高。这也是计划生育政策的最大效应与功绩。其二，缓解了适龄劳动人口就业的压力。少生的6亿多人，相当于七八个德国。平均下来，相当于每年都有上千万人口没有出生。如果生下来，其成长到适合劳动的年龄，必然给国家就业带来巨大压力。实行计划生育政策，大力控制人口出生率，延缓并大大减轻了就业的压力。其三，缓解了教育、公共卫生、医疗、养老等各方面的巨大压力。由于我国人口基数特别大，按改革开放初期10亿人口计算，每年多生1%就是1000万人。这1000万人，需要有相应的妇幼保健、幼儿园、医院、公共卫生设施、学校、就业、住房、交通及养老等一系列社会服务与公共设施建设等与之配套。这些方面的建设需要国家投入巨额资金。在国家积累资金水平十分有限的情况下，这些建设是难以实现或完成的。

评估40多年计划生育政策，可以肯定地说，它基本上是成功的，其正面效应很大，不应低估与否定。

实践已经证明：实现对人口自觉有意识有计划的管控，仅仅停留在政策层面是不够的，最根本的还是要靠科学合理的人口制度。人所共知，任何政策都有调整的随机性及易变性，然而，制度却不同，它要由国家依据客观实际要求并以雄厚理论为支撑，经过一定的程序（包括行政、立法等）而制定与确立，尤其是基本经济—社会制度，更要反复研讨、不断实践、不断完善，这就具有了可靠性、稳定性，去除了随意性与易变性。不仅如此，其本身还要求实现长期稳定性，修改与完善也要依照法定程序来进行，不能随意更改或废除。所以，为了保持国家的长治久安，保障经济社会的可持续发展，必须在完善人口政策的基础上，建设科学合理的人口制度，并将人口制度跃升为基本经济—社会制度的层级。这是党和国家依据社会主义人口规律管理人口，自觉调节与控制人口生产与再生产的最高层级。它比人口政策及一般人口制度更具战略性、长期性、稳定性及权威性，这个跃升是人口制度地位与作用的大跃升与扩展。

三　人口制度确立为基本经济—社会制度的必要性及对策

人口问题不仅是一个国家最基本的经济问题，更是一个重大的社会问题。第二次世界大战后，欧美一些发达国家由于人口下降、劳动力严重不足，不得不靠大量输入人口和劳动力来维持经济增长。而大量输入人口与劳动力又引发了一系列社会问题，如国内人民与外来人口的利益冲突、族群矛盾、失业、犯罪等。借鉴欧美国家的经验教训，促进我国经济社会一体化和谐可持续发展，有必要把中国人口制度跃升为基本经济—社会制度来建设。

（一）中国人口制度上升为基本经济—社会制度的必要性

首先，将中国人口制度跃升为基本经济—社会制度，是完善与加强中国特色社会主义基本制度体系的客观需要。一个国家的制度是一个完整的体系。最高层级是宏观制度，即基本制度；其次是中观制度，即行业（领域）制度；再次是微观制度，即企业（单位）制度。宏观制度是总的，覆盖全社会的，因而称基本制度；而其他制度则称为具体制度。基本制度是治国安邦的"定海神针""压舱石"。它不仅要起"导航"作用，统领、管辖具体制度，而且是具体制度制定与确立的依据。各项具体制度不得违背基本制度的根本原则、核心内容与基本精神，不能同基本制度相冲突，更不能否定基本制度。中国基本制度体系包括很广，有基本政治制度、基本法律制度、基本经济制度、基本科技制度、基本教育制度、基本文化制度及基本社会制度等。其中，基本经济制度是基础，是起决定性作用的制度体系。中国的基本经济制度原来就有一个，即是生产资料所有制，社会主义初级阶段的所有制是以公有制为主体、多种所有制形式共同发展，它是体现社会主义初级阶段本质特征的，由国家的根本大法——《中华人民共和国宪法》确认的。随着时代的发展，为适应社会主义市场经济发展的客观要求，党的十九届四中全会又将以按劳分配为主体、多种分配方式并存的分配制度和社会主义市场经济体制确立为我国社会主义初级阶段的基本经济制度。本文认为，将我国人口制度提升为基本经济—社会制度，是对我国基本经济制度体系的丰富与完善，将使社会制度体系更丰满、更充实、更完备，其意义重大。人口的增减、人口的迁徙与流动、人口的结构变化等对经济社会发展及对社会的长治久安，越来越起决定性作用。它甚至是比基本经济制度层级更高，规定范围更大的一种制度，要比所有制、收入分配制度的功能作用更具基础决定性，是一块更大更重的"压舱石"，所以将其升格为基本经济—社会制度，应是实至名归、顺理成章的。

其次，将我国人口制度提升为基本经济—社会制度，是完善国家治理体系，提升国家治理能力与水平，实现国家治理体系与治理能力现代化的迫切需要。国家治理体系与治理能力是一个国家的制度体系与制度体系执行能力的集中体现，二者相辅相成。制度体系是基础和关键，但同时必须提高制度执行者的执行力，才能有效提高治理能力与水平。习近平总书记指出："必须适应国家现代化总进程，提高党科学执政、民主执政、依法执政水平，提高国家机构履职能力，提高人民群众依法管理国家事务、经济社会文化事务、自身事务的能力,实现党、国家、社会各项事务治理制度化、规范化、程序化,不断提高运用中国特色社会主义制度有效治理国家的能力。"[1] 治理能力与水平的提高,关键在于执政党的执政能力与执政水平的提高。目前,我国的治理体系与治理能力总体上是好的,但还存在许多亟待改进与完善的地方。一是要大力"推动中国特色社会主义制度更加成熟更加定型,为党和国家事业发展、为人民幸福安康、为社会和谐稳定、为国家长治久安提供一整套更完备、更稳定、更管用的制度体系"[2];二是"以提高党的执政能力为重点,尽快把我们各级干部、各方面管理者的思想政治素质、科学文化素质、工作本领都提高起来,尽快把党和国家机关、企事业单位、人民团体、社会组织等的工作能力都提高起来,国家治理体系才能更加有效运转"[3]。一个是要把制度体系建设好;另一个是把执政党的执行能力提高起来,二者结合起来,以确保国家治理体系有效运转,整个国家治理水平得到切实提高。而要达到这一点,必须全面深化改革。其中,最重要的一条就是全面进行人口管理政策与体制机制的改革。通过这方面的改革,将科学合理的人口制度确立起来,使之规范化、成熟化、定型化,尤其是将其上升为国家的基本经济—社会制度,纳入国家制度体系,这样做必将大大促进党和国家的治理体系与治理能力的快速现代化。

再次,中国人口制度上升为基本经济—社会制度,是贯彻落实人民至上、生命至上,构筑人类健康命运共同体的实际战略需要。这是当今世界抗疫斗争发出的严正警示,也是中国抗疫成功的重要经验总结。本次新冠疫情在全世界蔓延流行,上亿人遭感染,上百万人失去生命,使人类自身的生产与再生产遭受前所未有的重创与损失。中国之所以能成功战胜这次突如其来的大疫情,最根本的一

---

[1] 《习近平谈治国理政》,外交出版社2014年版,第104页。
[2] 《习近平谈治国理政》,外交出版社2014年版,第104页。
[3] 《习近平谈治国理政》,外交出版社2014年版,第105页。

条就是在中国共产党的领导下，依靠社会主义政治、经济及社会制度的综合优势，全民动员，上下一心，团结协作，把保障人民的生命放在第一位，这实际上是中国基本经济—社会制度的伟大成功与胜利。它进一步向我们昭示：人类自身的生产与再生产必须奉行人民至上、生命至上的崇高理念，共建人类健康命运共同体，把我国人口制度跃升为基本经济—社会制度来建设，这是百年大计，是铸就中国千年伟业根基的战略需要。

最后，将人口制度确立为中国基本经济—社会制度，为实现中国第二个百年奋斗目标、国家长治久安和自立自强于世界民族之林提供可靠保障。治国不能靠人治，而要靠制治。人治不能长治，更无久安。只有靠制度治国，才会有江山永固、盛世百年。中国的第一个百年奋斗目标，即2021年中国共产党成立100周年时，中国摆脱绝对贫困，全面建成小康社会，这个目标已于2020年年底胜利达成了。现已开始冲击第二个百年奋斗目标，即到2049年新中国成立100周年时，将我国建成富强民主文明和谐美丽的社会主义现代化强国。这是一个极其伟大的工程和宏伟蓝图，鼓舞人心，催人奋进，它要求全国人民不仅在物质生产上大发展，使物质财富成倍增长，成为物质财富相当丰裕的经济强国；而且在人口数量与质量上都与物质生产相匹配、相适应，国家的文明进步与民主程度都有极大提高，成为一个社会安定、人与自然关系和谐、风景秀丽的现代化国家。欲达此目标，单靠现时的人口政策显然跟不上时代发展的要求，必须将人口制度提升为国家基本经济—社会制度，纳入新时代建设中国特色社会主义发展战略的新高度，作为实现中国第二个百年奋斗目标的有效途径来对待。当然，这绝非要取消人口政策，它还将存在，并且也要日益完善与规范化，只不过是作为人口制度下调控人口的一种工具或具体政策而已。新时代人口制度作为中国的基本经济—社会制度是确保中国特色社会主义顺利实现第二个百年奋斗目标，建成富强民主文明和谐美丽的社会主义现代化强国的一个根本保障。

(二) 将人口制度确立为中国基本经济制度—社会制度的对策建议

中国有 14 亿多人口，将来还有可能增多，如此庞大的人口数量，仅仅依靠一般的人口制度来进行调节与管理是难以奏效的。要真正达到充分依据与运用社会主义人口规律，对人口的规模与质量、发展趋势、存在问题及如何应对等一系列重大问题进行系统研究，实现有意识有计划的管控，必须从基本经济—社会制度层面来建立一套完整的科学的人口制度，这是建设中国特色社会主义的根本要求与迫切需要。目前我国的人口制度是相当薄弱的。人口普查制度、户籍管理制度、人口迁徙制度、妇幼保健制度等都已经建立，但体制机制还不健全，如户籍管理制度仍存在城乡分割问题，人口普查制度还存在漏查情况，有普而不查的现象，孕妇产前检查形同虚设，幼儿保护缺乏长效机制，等等。其功能作用并未很好地发挥，亟待充实完善、健全与提高，并进行大胆改革，尤其亟待将人口制度上升为中国的基本经济—社会制度来执行。

第一，大力推行户籍制度改革，废除旧的户籍制度。户籍制度可以说是中国历时最久的一种人口制度。历史上从秦汉王朝，到唐、宋、元、明、清，都曾是户籍制度比较健全发达的时代。无论是"农户"还是"城户"，都是经济活动及其他社会活动的基本单位。"农户"为农耕的基本单位，"城户"一般为工商业活动及各种服务、社交、文化、娱乐、休闲等活动的组织单位。古代每逢盛世，路不拾遗，夜不闭户；每逢战乱灾荒年代，"万户萧疏鬼唱歌"；就连官员管理上也有一种官阶称"万户侯"。这些都证实古代户籍制度的存在与发展情形。旧中国长时期处于封建社会，后又沦为半殖民地半封建社会，一家一户始终是基本的生产生活单位。可见，户籍制度是从古代中国因袭下来的一种人口制度。然而从本质上看，新中国的户籍制度是不同于旧中国历史上的各种户籍制度的，其最根本的区别在于新中国的户籍制度是人民当家作主，为人民的利益服务的，而旧中国的户籍制度是替封建地主阶级及官僚买办资产统治人民、盘剥广大人民群众服务的。

中国的改革开放，在实践上已经冲破了旧户籍制度的藩篱。大批农民进城打工，城镇居民赴农村发展各种种植业、养殖业及服务业，逐步突破了"农业户口"与"城镇户口"的约束，开启了我国户籍制度改革的进程。当今，为适应社会主义市场经济发展，建立社会主义统一大市场的需要，必须进一步深化户籍制度改革。深化户籍制度改革，就是打破城乡界限，推进城乡一体化，取消或废除所谓"农村户口"和"城镇户口"，实行全国统一、平等、自由、民主的以家庭为单位的"中国居民"户籍制度。除极少数特大城市（如北京、上海等）外，全国其他各地都应允许全国人民自主自由流动并居住。无论是在农村居住，还是在城市居住，只要取得合法的"中国居民"户籍，都享有公平平等的民主权利。这是实现第二个百年奋斗目标中的民主、文明、和谐的根本要求。当然，由于居住地经济文化发展水平不同，所享有的权利会有一定差异，这种差异的存在，会促进居民的进一步流动，这也是新的户籍制度所容许的。

第二，建立人口优生优育的长效激励与约束机制。优生优育是确保我国人口质量的重大方针。这里关键是"优生"，首先要确保生一个身心健康、素质较高的孩子；其次要"优育"，没有优良的培育过程，孩子也难以成材。"优生优育"的目标就是生育出一个合格的社会主义建设者，它包括各个方面、各个领域的杰出人物，也包括大量的普通劳动者。长期以来，我国尽管十分重视优生优育，但由于缺乏健全科学有效的激励与约束机制，因而成效甚微。孩子出生质量问题直接影响人口发展质量，所以必须采取强力措施把好人口生育关，在优生的基础上强化"优育"。优育是一个长时期（十几年乃至二十几年）的复杂过程，培育优生儿成为优秀的青年，不仅需要家庭的大力投入，更需要社会的大力帮助与支持；所谓"十年树木，百年树人"，生好儿难，育好儿更难。所以要真正做到人口的优生优育，不能搞什么权宜之计，也不能靠短期计划与措施，而必须建起一整套贯彻中国人口长期发展战略的激励机制与约束机制。其一，对优生优育的夫妻予以重奖，在婴幼儿教育、入托、上学等方面给予优惠待遇。这需要卫生健康专家对"优生"标准予以验证，应达到若干指标方可确认。其二，建立优生优育的激励机制与约束机制，在对优生优育夫妻实行补贴的同时，对那些损伤优生优育或劣生劣育者的不良行为予以约束规制乃至惩戒。这需要深化改革，建立灵活有效的优生优育政策，以保证激励与约束机制的有效运作。

第三，强力扭转人口结构失衡，使人口生产与再生产进入良性循环。新的人口制度新在它能从根本上扭转如今我国人口结构严重失衡的状态，确保今后我国人口生产与再生产进入良性循环，促进我国经济社会可持续健康发展。我国人口结构失衡主要表现为男女结构失衡、城乡结构失衡、区域结构失衡。这主要是由于长期以来实行一刀切的一孩政策所带来的负面后果。一是男女结构失衡。现有中国人口中，男性比女性多3000多万人，这种状况已持续好多年，它将带来一系列问题，如引发性犯罪、滋生与扩大"黄色产业""无婚生育"等，这些都给社会治安与稳定带来严重威胁。二是城乡结构失衡。这主要表现为农村"超生"现象泛滥和城镇生育控制过严、过死，这必然导致城乡生育结构失衡。这种生育结构失衡，又必然导致城乡人口比例失衡，即农村人口增长快，而城镇人口却被严控在较低水平。尽管近10年来农村劳动人口规模向城市转移，但农村人口仍有5亿多人，占全国人口的比重仍高达36.11%。三是区域结构失衡。2021年公布的第七次全国人口普查结果显示，东部地区人口占39.93%，中部地区占25.83%，西部地区占27.12%，东北地区占6.98%。与2010年相比，东部地区人口所占比重上升2.15个百分点，中部地区下降0.79个百分点，西部地区略升0.22个百分点，东北剧降1.20个百分点，区域人口结构失衡进一步加剧。这虽然与城乡人口生育结构失衡有关，但更主要是由经济发展水平所决定的。受物质利益规律支配与驱使，东南沿海地区，尤其是"珠三角""长三角"地区，各种类打工者及高科技人才过度密集，而东北地区、西部地区由于经济欠发达，尤其近10年来资源型城市由于资源枯竭，经济塌陷，生活水平骤然下滑，大量家庭举家南迁，人口显著下降，形成许多"空心城市""无人村镇"。

中国人口结构失衡形成的原因是多方面的：其一，缺乏必要有效的人口宏观调控，任由人口自发自由流动。人口迁徙与流动，如果任由市场调节，完全由物质利益驱使，必然会向发达地区、现代化大城市集聚。因为这些地区工资待遇、福利水平、公共设施与社会服务等都大大高于全国平均水平，所以"人往高处走"是客观趋势。一个国家要统筹各方面资源、协调均衡发展，一定要自觉运用社会主义人口规律，从宏观上对全国人口流动与迁徙自觉地进行计划调控，从政策上引导人口向不发达地区及边疆民族地区流动与迁徙，并建立有效的制度加以保证。这是加速欠发达地区及边疆民族地区经济社会发展与安定的需要，更是全国经济社会协调均衡发展的迫切要求。其二，我国的人口区域结构、城乡结构失衡的根本原因是我国经济结构失衡、经济发展水平差别过于悬殊。而人口结构的失衡又加剧了经济结构失衡，两种失衡相互促进，陷入非良性循环。所以，要从根本上改变我国人口区域结构失衡，必须推行强力倾斜政策，用大力度财政转移支付政策，让资金、技术、人才向欠发达地区倾斜性流动与迁徙，以求实现全国整体经济发展的协调与均衡。

第四，施行"抓两头带中间"产业振兴战略，使人口的生产与再生产的各种需求不断满足并日益升级，实现人的全面发展。人口产业是一个完整的全产业链条，应该包括妇幼产业、少儿产业、青壮年产业、老年产业。按年龄段划分，1—18岁应居于妇幼、少儿产业阶段，18—60岁应居于青年壮年产业阶段，60岁以上为老年产业阶段。这个划分是很有必要的，因为不同阶段产业发展的特点及需求是大不相同的。青壮年产业阶段即适龄劳动人口就业、发展生产、创造财富的黄金年龄阶段，也是本文所指的"中间"阶段。妇幼产业、少儿产业居"前头"，而老年产业居"后头"，所谓"抓两头"，就是指一手抓"前头"，另一手抓"后头"。这"两头"在人口产业发展历程中至今仍是薄弱环节。因此，本文着重谈

"抓两头"。

妇幼产业中，妇女健康保健产品良莠不齐，妇女医疗制度不健全；各种儿童食品中，垃圾饮料、垃圾饼干、辣条、奶棒等问题比较突出；网络游戏和手机玩家中充斥各种荒诞怪异的所谓"故事""恐怖枪战"等，犹如精神鸦片，毒害少年一代。这个产业之所以乱象丛生，就是因为缺乏一套行之有效的制度加以监管与规范。这是人口生产与再生产链条中的起始阶段，即打基础阶段，好比植树一样，小树苗培育不好，成年时难以成材。从一个国家来讲，搞好人口生产与再生产，必须全力抓好这一头。这个产业应是生机勃勃的朝阳产业，永不会衰败。

另一头，则是老年产业，即为老年人进行生产与服务，满足老年需要的产业。2021年，我国第七次人口普查显示60岁以上老人已达2.6亿人，人口老龄化已达18.7%，虽没有日本水平高，但已经进入标准的老龄化社会。不出10年，老龄化水平即将超过20%，平均每5个人中就有一个老年人，按14亿人口计算，老人总数将达2.8亿人。为这么一个庞大群体进行生产与服务的老年产业，不仅规模巨大，而且结构要齐全与合理。中国的老年产业首先是规模严重不足，养老院、福利院、托老机构等，与社会需求相比，缺口太大。家庭养老只能是权宜之计，社会化养老则是大趋势，也是必由之路。我国一定要加大力度，加快步伐，尽快推进养老社会化。为此，国家要加大投入，扩大社会养老机构规模，实现养老规模社会化。本文认为，可采取社区养老为主的模式，凡是新建一个社区，开发商必须建立一个适度规模的养老机构，国家可采取一定的扶持政策。国家民政部门亦可以建设一批现代化的养老院，当然这只能作为辅助形式。其次，尽快改变养老产业结构不合理状况。老年人按年龄段划分，不同的年龄段对产业的需求是不同的。比如60—70岁，刚从工作岗位退下来，身体状况尚佳，对文化娱乐、休闲度假、观光旅游兴趣浓厚，这要求上述相关产业有足够的发展，能提供价格适中的优质产品及服务。一般来说，70岁以后，身体需要以医疗保健为主的各种护理及托养照料，甚至包括临终关怀。这种养老人口的结构性需求，必须有结构性产品生产与服务与之相匹配、相适应，否则，社会化养老将难以实现，更不可持续。

第五，建立有效的人口迁徙调控机制，实现人口有序流动。计划经济体制下，旧的户籍制度严重阻碍城乡人口流动及各地区人口迁徙，旧的人口管理体制又严重阻碍了科技人员的横向交流。本文认为，若要建立科学的人口基本经济—社会制度，必须构建一套从上到下的有效人口迁徙机制，专门观测与监管人口的流向、流动规模、流动速度、流动人口构成、流动的目的地等，由国家专门的人口迁徙调控机制从宏观上加以调控与指导。只有这样，全国人口的迁徙才能井然有序。在这个问题上，必须做到市场机制与国家调控机制相结合，这是对习近平总书记关于中国特色社会主义新时代政府与市场关系的重要论述的正确指导与科学运用。

第六，要建立与完善城乡人口双向流动与迁徙、互相融合发展制度。对于城乡关系，马克思主义经典作家有许多论述。其一，马克思恩格斯认为，城乡关系是由工商业劳动和农业劳动相分离引起的。他指出："一个民族内部的分工，首先引起工商业劳动同农业劳动的分离，从而也引起城乡的分离和城乡利益的对立。"[①] 其二，马克思认为，城乡对立贯穿社会经济发展的全部过程。他在《资本论》中明确指出："一切发达的、以商品交换为中介的分工的基础，都是城乡的分离。可以说，社会的全部经济史，都概括为这种对立的运动。"[②] "城乡之间的对立是随着野蛮向文明的过渡、部落制度向国家的过渡、地域局限性向民族的过渡而开始的，它贯穿着文明的全部历史直至现在。"[③] 其三，马克思认为，资本主义创造了巨大的社会生产力，社会分工高度发展，使城乡对立加剧，造成乡村屈从于城市的统治。他指出："资产阶级使农村屈服于城市的统治。

---

① 《马克思恩格斯选集》第一卷，人民出版社1995年版，第68页。
② 《马克思恩格斯选集》第二卷，人民出版社2012年版，第215页。
③ 《马克思恩格斯选集》第一卷，人民出版社2012年版，第184页。

它创立了巨大的城市,使城市人口比农村人口大大增加起来,因而使很大一部分居民脱离了农村生活的愚昧状态。"① 其四,马克思认为,社会主义制度必然取代资本主义制度,因而必然消灭资本主义制度下的城乡对立。对此,斯大林在《苏联社会主义经济问题》一书中做了论述与说明:"关于消灭城市和乡村之间、工业和农业之间的对立的问题,是马克思和恩格斯早已提出的大家知道的问题。产生这种对立的经济基础,是城市对乡村的剥削,是资本主义制度下工业、商业、信用系统制度的整个发展进程所造成的对农民的剥夺和大多数农村居民的破产。因此,资本主义制度下的城市和乡村之间的对立,应该看作是利益上的对立。……无疑地,在我国,随着资本主义制度和剥削制度的消灭,随着社会主义制度的巩固,城市和乡村之间、工业和农业之间利益上的对立也必定消失。"② 其五,马克思和恩格斯认为,消灭城乡对立需要充足的物质条件,他们指出:"消灭城乡之间的对立,是共同体的首要条件之一,这个条件又取决于许多物质前提,而且任何人一看就知道,这个条件单靠意志是不能实现的。"③

马克思主义经典作家的上述思想,内涵深刻,意蕴高远,对我国新时代正确处理城乡关系具有重大指导意义。从中我们可以得出以下一些基本认识:其一,资本主义制度下的城乡关系是对立的,是城市剥削与掠夺乡村。社会主义制度的建立,消灭了城乡对立,但并没有消灭城乡差别。其二,城乡差别实质上是指城乡人口在利益上的矛盾,这种矛盾在社会主义条件下仍然存在。其三,要实现社会统一目标,必须消灭城乡对立,而消灭城乡对立需要社会生产力有较高程度的发展,要具备足够的物质条件。其四,社会主义新时代正确处理城乡关系的根本原则,是逐步发展社会生产力,促进城乡之间的利益融合。本文认为,这个融合一定是"双向融合"。

---

① 《马克思恩格斯文集》第二卷,人民出版社2009年版,第36页。
② 《斯大林文集》,人民出版社1985年版,第616页。
③ 《马克思恩格斯文集》第一卷,人民出版社2009年版,第557页。

一方面，让现代化的城市敞开胸怀，接纳农民工及其他农村人口为城市居民；另一方面，农村也应向城市开放，让城市人下乡从事农业生产经营，将工商业及金融服务业带下乡。这样，允许城市与乡村人口双向流动，让城乡的一二三产业都互相联结起来，使城乡的消费与市场都激活，并且融合起来，互相带动，互相促进，必将搞活国内经济的大循环。

然而，我国目前城乡关系发展的现状是单向过度融合。一方面，城市化进程的推进速度特别快，大批农村人口涌入城市，使城市的压力异常大，环境保护、基础设施建设、交通、住房、水电供应及有关服务都不堪重负；而另一方面，广大农村却没有完全向城市开放，城市居民下乡创业创造财富还受到诸多户籍方面的限制，如在农村落户建房，开展养殖业、种植业等。这就要解决涉及农村土地使用权及农村户籍管理改革的问题。为此，要适应社会主义新时代城乡关系双向融合发展，必须实现城乡统筹，深化人口管理体制改革，建立起一套完整的具有中国特色的社会主义人口制度。

第七，在对外人口管理上，建立"双扩"与"双严"并举的人口管控机制。对外搞好人口管理，是建立完善有中国特色社会主义人口制度的重要组成部分，也是搞好国内国际两个大循环的重要保证。把好国门，让国内国际人口安全、有序地流动，也是促进国内大循环顺畅运行不可或缺的条件。为此，本文认为，在对外人口管理上，我国必须建立"双扩"与"双严"并举的调控机制，这是建设有中国特色的社会主义人口制度的迫切要求，更是中国进一步扩大开放，加入世界经济大循环，维护新的国际秩序，充分展现中国发展中的大国形象，维护与发展世界和平的实际需要。

所谓"双扩"，主要就是包括两方面内容。首先，扩大劳务人口输出。由于我国人口众多，每年都有上千万适龄劳动人口需要就业，仅高校毕业生每年就达900多万人，加之以往的失业人员的累积，就业市场容量又具有有限性，所以整个国家的就业压力特别大。有计划地组织并扩大出国打工队伍，实施劳务人员输出计划，让他们到国外尤其是到周边一些国家从事个体或私营工商业、种植业、养殖业、建筑业及其他服务业，不仅能赚取外汇收入，还能缓解国内就业市场的压力。尤其应提倡这些人员在国外安家落户，取得长期合法居留权，这对帮助当地发展经济，促进国家与国家的友好合作，不失为明智之选择。其次，扩大外国科技人员与管理人才的引进。要加大力度，强化措施，提供优惠待遇，鼓励其安家落户或长期工作与居住。这是我国进一步扩大开放的重要实际步骤，也可以说是一项战略举措。科教兴国，实现科技现代化，关键是人才。我国的科技与管理水平迎头赶上或超过发达国家，必须加大这方面人才的引进力度，运用各种优惠政策，让他们长期工作在中国，甚至落户中国。这是新时代中国人口制度创新所必须做到的。

所谓"双严"，主要包括两方面内容。首先，严控国家高科技人员、高端管理人员、国家干部、涉及国家机密人员及关键岗位的工作人员外流。对这些人出国访问、项目考察、合作研究、探亲访友等，要严格审查，谨慎批放，应防止他们投资移民，借旅游之名滞留海外，或借看病、生子、探亲、访友之名，行海外移民之实。更要严加防范此类人员携款出逃，以免给国家建设造成危害与损失。任何一个国家对此类人员都是严控的，我国应做到严上加严。高科技人才及高级管理人员是国家的宝中之宝，任何外流都是重大损失。其次，严控外国移民大批流入。非法移民在一些地方已经给我国的就业市场带来冲击与干扰，并对社会治安形成较严重的安全隐患，甚至危害公共安全的案件也时有发生。因此，各种非法移民的"口子"，一定要千方百计堵住，一个小缝也不能开。

通过"双扩"与"双严"既能保障对外开放不断扩大，对外经济文化交流顺畅有序进行，又能促进国际国内两个大循环健康发展，可以说是建立与完善我国新时代社会主义人口制度的有效途径与正确抉择。

以上七项对策，是将我国人口制度建设为基本经济—社会制度的可行之策、有效之策，应从提高治国理政能力与水平的高度，加速推进，大力施行。只有把我国人口制度真正作为基本经济—社会制度建设好了，才能确保毛泽东倡导的人类能够"控制自己"，做到"完全有计划的生育"目标实现，进而使人类自身的生产与物质资料的生产相互协调、相互促进，保证社会健康和谐可持续发展。

（本文发表于《当代经济研究》2022年第2期）

中国社会主义初级阶段基本经济制度论析

党的十五大报告明确提出:"公有制为主体、多种所有制经济共同发展,是我国社会主义初级阶段的一项基本经济制度。"这个基本经济制度的确立,是新中国成立50年来我国经济制度演化与变迁的必然结果,是改革开放以来我国经济体制改革日益深化的必然产物。它是对马克思主义的所有制关系理论的一个重大创新与发展,是对邓小平理论的创造性运用和发挥,对中国今后的改革开放与现代化建设,乃至整个21世纪中国的发展走向,都具有重大的现实意义和深远的历史意义。

毫无疑问,巩固、完善和发展公有制为主体、多种经济成分共同发展这个基本经济制度,是整个社会主义初级阶段的根本任务和使命。为了完成这个根本任务和使命,就必须从理论与实践的结合上对这个基本经济制度进行深入的研究和探讨。基于此,本文对中国社会主义初级阶段基本经济制度的内容以及相关的若干问题做一些理论分析,以期引起学术界对这一问题的关注和重视。

一 对几个相关范畴的考察

(一)"社会主义"与"社会主义初级阶段"

对"社会主义"可以从广义和狭义上理解。从广义来讲,"社会主义"有三层含义:一是指社会主义理论、意识和信念;二是指社会主义运动；三是指社会主义制度。三者是依次的关系。就是说，只有在社会主义理论和意识的指引下开展社会主义运动，最终才能达到建立社会主义制度的目的。反过来讲，社会主义制度的建立又为社会主义理论与运动的发展开辟了广阔的道路与空间。狭义的"社会主义"，就是指社会主义制度。一般而言，经济学上讲的社会主义就是指社会主义经济制度。

本文所涉及的"社会主义"就是狭义的"社会主义"，是指社会主义制度，或称社会主义社会。本文所涉及的"社会主义初级阶段"，就是指社会主义制度（或社会）处在一个初级发展水平和阶段。由上可见，"社会主义"和"社会主义初级阶段"是两个不同的范畴和命题，二者有一定的联系，又有明显的区别。前者表明是何种性质的社会制度或社会形态，而后者则表明这种性质的社会制度或社会形态处于什么阶段。就本文论题而言，社会主义初级阶段的基本经济制度是不同于社会主义基本经济制度的。社会主义基本经济制度是指整个社会主义历史阶段的基本经济制度，它不仅要涵盖社会主义初级阶段，还要涵盖社会主义的中、高级阶段。不这样具体地界定，就十分容易混淆社会主义制度或社会形态的不同发展阶段，导致理论偏颇与政策失误。

（二）"基本经济制度"的内涵界定

任何一个社会形态都存在许许多多经济制度。并且，每一种经济制度都不是抽象的，而是具体存在和运作的。它们之间互相关联，互相制约，又互相作用，统一构成社会经济制度体系。在这个庞杂的社会经济制度体系中，必有一种经济制度是基本经济制度，它处在核心与支配地位，起至关重要的决定作用。

党的十五大报告从所有制角度确定社会基本经济制度是十分科学的。因为所有制关系是社会最基本的生产关系，而生产关系的总和又构成经济制度。甚至可以说，生产关系的全部内容也就是所有制形式或财产形式的全部内容。马克思在《哲学的贫困》中曾明确指出："给资产阶级的所有权下定义不外是把资产阶级生产的全部社会关系描述一番。"① 马克思这里讲的资产阶级生产的全部社会关系，就是指资本主义生产关系，即资本主义经济制度。同样道理，我们完全可以把社会主义生产的全部社会关系看作社会主义生产关系，即社会主义经济制度。

基本经济制度的决定作用，首先表现为它决定生产、交换、分配、消费诸领域的各种经济关系。因为所有制关系从来都不是孤立存在的，它始终贯穿在生产、交换、分配、消费诸环节或领域中发挥作用。具体来说，就是用谁所有的生产资料来进行生产，生产出来的产品就归谁所有；交换的产品是谁生产的，就为谁占有；被分配的产品是谁生产的，就归谁占有；生活消费又总是要消费归自己所有的产品。可见，所有制关系在生产、交换、分配、消费诸环节都起支配作用，决定上述四个领域中的具体经济关系的性质、地位与作用。因此说，所有制关系是基本的生产关系或经济制度。

基本经济制度的决定作用，还表现为它决定社会的性质与发展方向。一个社会形态的性质，并不取决它存在多少种所有制形式或经济制度，而主要取决于占主体地位、起支配和决定作用的所有制形式或经济制度。在资本主义社会，存在着国有制、个体所有制、劳动者的合作所有制等多种形式，但占主体地位、起支配与决定作用的所有制形式是资本主义私有制，因而其社会性质是资本主义的。而在社会主义社会，尽管也存在个体私营经济，存在三资企业，但占主体地位、起支配与决定作用的仍是社会主义公有制，因此社会的性质是社会主义的。基本经济制度不仅具有决定社会性质的功能，而且它的存在与发展，还在很大程度上决定着社会的发展方向。可见，基本经济制度非同一般，它乃是一个社会的"生命线"。正因如此，每一个社会或国家都千方百计地维护、巩固和发展其基本经济制度。

我们强调基本经济制度的支配与决定作用，并不排斥其他具体经济制度的重要地位与作用，而恰恰相反，不断地改革与完善其他

---

① 《马克思恩格斯选集》第一卷，人民出版社 1995 年版，第 177 页。

各种具体经济制度更有助于基本经济制度的巩固与发展。甚至在某种历史条件下，不改革与完善各种具体经济制度，其基本经济制度就不可能得到巩固与发展。这已被新中国成立50年来的实践所证明。

二 我国社会主义初级阶段基本经济制度的确立

(一) 制度变迁：中国基本经济制度的演进

新中国成立以来，我国的基本经济制度演进伴随社会主义改造和改革开放，大体经过了三个大的阶段。

1. 过渡时期(1949年10月—1956年12月) 的"综合经济基础"

由于新中国是在推翻半殖民地半封建社会基础上建立的，它要进入社会主义还必须经过一个过渡时期。这个时期的经济成分有五种：一是社会主义国有经济，二是私人资本主义工商业经济，三是个体小商品经济，四是国家资本主义经济，五是劳动者的合作经济。其中，社会主义国有经济、私人资本主义工商业经济和个体小商品经济是基本经济成分。因此说，我国过渡时期是社会主义经济制度、私人资本主义经济制度与个体小商品经济制度的矛盾与"综合"。这时，私人资本主义经济制度与个体小商品经济制度在国民经济中还占相当大比重，社会主义的基本经济制度还没有最终建立起来。

2. 单一公有制时期 (1956年12月—1978年12月) 对基本经济制度的误认

1956年年底，我国基本完成了所有制方面的社会主义改造，把资本主义工商业经济改造成为社会主义国有经济，把城乡个体小商品经济改造成为集体经济，建立起以单一公有制为基础的社会主义经济制度。此后十多年，这种经济制度不断得到巩固与强化，形成了"公有制的一统天下"。到1978年，国有经济在国民经济中的比重达56%，集体经济占43%，非公有制经济仅剩1%。对于这个小"尾巴"，"文化大革命"也要彻底"割掉"。

这个时期制度变迁的显著特征是追求"一大二公",追求社会主义"纯而又纯",力图搞"单一公有制"的社会主义,结果导致理论与实践上对社会主义基本经济制度的误认,即把"公有制＋计划经济＋按劳分配"误作为社会主义的基本经济制度。这里不仅存在超越历史发展阶段的"左"的错误,还明显存在把计划经济这个本是调节手段的东西纳入基本经济制度范畴的问题。至于按劳分配,它是公有制的实现与结果,是由公有制所决定和派生的,属于具体经济制度范畴的东西,完全可以不纳入社会主义基本经济制度范畴。正是由于这个时期从理论上把"公有制＋计划经济＋按劳分配"当作社会主义基本经济制度,所以在实践上必然存在三种情况。第一,在所有制上是"一消灭,二过渡",即对非公有制成分统统消灭;对集体所有制搞"升级"与"穷过渡"。第二,把计划当法律,搞无所不包的计划,强制推行"国民经济计划化",否定价值规律和市场机制,扼杀了企业的生机与活力,使整个国民经济处于死板、僵化和停滞不前的状态。第三,在全社会奉行一个统一的分配模式,即名义上是"按劳分配",实际上是平均主义的分配模式。其具体表现是"两个大锅饭",即"职工吃企业的大锅饭"和"企业吃国家的大锅饭"。这种分配模式严重束缚了职工和企业的积极性和创造性,限制了社会生产力的发展。

3. 改革开放以后（1979年至党的十五大召开）对我国基本经济制度的探索

党的十一届三中全会使党的工作重心转移到以经济建设为中心的轨道。发展社会生产力已成为社会主义国家的首要任务,迫切要求对原有经济体制进行根本改革与对外开放。改革开放一开始就在所有制结构上突破,发生了重大的制度变迁,广大城乡很快恢复与发展了个体所有制经济,并出现一大批三资企业,打破了单一公有制的格局,产生多种经济成分并存与发展的局面。这时,实践向传统理论提出了挑战。社会主义基本经济制度是什么？有的同志根据党的十三大报告和中共中央关于经济体制改革的决定提出：社会主义公有制＋有计划商品经济＋按劳分配＝社会主义基本经济制度。

还有些同志认为，有计划的商品经济与按劳分配在资本主义社会也存在，这两者不反映社会主义与资本主义的本质区别，因而不能成其社会主义基本经济制度的重要内容与组成部分。当然，也还有少数同志认为，资本主义国家也有公有制，公有制也不能成为与资本主义制度有本质区别的基本经济制度。理论界的探索可谓"百花齐放，百家争鸣"，不过有一点取得了共识，即自党的十三大确立了社会主义初级阶段理论以后，都认为应着重研究与确立中国社会主义初级阶段的基本经济制度问题。尤其是邓小平在南方谈话中提出计划经济与市场经济都是经济调节手段的著名论断以后，就把计划经济从基本经济制度范畴中排除掉，使人们对中国现阶段基本经济制度的认识开始廓清了。党的十四大将中国经济体制改革目标确定为建立社会主义市场经济体制，又使中国全面开始由计划经济向市场经济转轨，这就使党和国家对我国社会主义初级阶段基本经济制度的认识更清晰了，也更科学了。

（二）党的十五大对我国社会主义初级阶段基本经济制度的科学确立

党的十五大报告把公有制为主体，多种所有制经济共同发展确立为我国社会主义初级阶段的基本经济制度，绝不是随意作出的决定，而是有充分的实践基础与科学依据的。正如党的十五大报告所说，它是由社会主义性质和初级阶段国情决定的：第一，我国是社会主义国家，必须坚持公有制作为社会主义经济制度的基础；第二，我国处在社会主义初级阶段，需要在公有制为主体的条件下发展多种所有制经济；第三，一切符合"三个有利于"的所有制形式都可以而且应该用来为社会主义服务。这是全党全国人民经过40多年艰苦探索所取得的科学认识，尤其是对改革开放20年实践经验的科学总结。可以说，这三点论证以彻底的历史唯物主义和辩证唯物主义使党的十五大确立的中国社会主义初级阶段基本经济制度建立在科学基础之上，不容许有任何动摇与怀疑，而必须坚持、完善、巩固与发展之。

将公有制为主体，多种所有制经济共同发展由"方针"上升为"基本经济制度"，这是以江泽民同志为核心的党的第三代中央领导集体创造性运用邓小平建设有中国特色社会主义理论，对马克思主义所有制理论的重大创新与发展。改革开放以来，以公有制为主体，发展多种所有制经济，一直是我们党和国家坚持的基本方针。人所共知，任何方针都是由人们主观制定的，它往往要由一定的政党和国家来贯彻执行。它可以不断地修改，甚至废弃。而基本经济制度是一种客观的经济关系总和，人们在主观上不可随意修改，只能作出确认或否定的选择。并且，它具有相对的稳定性，不能像"方针"那样经常调整与改动。把坚持公有制为主体，多种所有制经济共同发展由"方针"上升为我国社会主义初级阶段的"基本经济制度"，极有利于我国经济社会的稳定发展和长治久安。这充分反映了以江泽民同志为核心的党的第三代中央领导集体开拓进取，大胆创新，敢于和善于运用邓小平理论，创造性地结合我国实际发展马克思列宁主义的所有制理论及社会经济制度学说。

党的十五大明确将公有制为主体，多种所有制经济共同发展确立为我国社会主义初级阶段的基本经济制度，具有重大的现实意义与深远的历史意义。从根本上说，它能够有效地保证我国克服来自"左"、右两方面的干扰，去掉盲目性与摇摆性，自觉地沿着中国特色社会主义道路前进。改革开放以来，尤其是在国有经济改革进入攻坚阶段而又迟迟不能取得明显绩效的情况下，否定社会主义公有制，取消国有制，主张"私有化"或"变相私有化"的倾向在滋长。在他们看来，公有制尤其是国有制是绝对不能同市场经济相容的，要搞市场经济就必须废弃公有制尤其是国有制。这样，中国只能搞"私有化"。而一旦"私有化"，社会主义便不复存在。党的十五大报告明确地将公有制为主体作为社会主义初级阶段的首要内容，不仅有很强的现实针对性，而且旗帜鲜明，它是对旨在取消社会主义基本经济制度的"私有化"论调的有力驳斥和根本否定。从另一个方面看，党的十五大报告将多种所有制经济从"制度外因素"纳入社会主义初级阶段基本经济制度，能够有效地防止超越社会主义初级阶段，追求"一大二公三纯"的"左"的倾向发生。而这种"左"的倾向，曾给中国的社会主义建设带来巨大的损害，它一直是中国改革开放与社会主义现代化建设的主要敌人。戴着"左"的眼镜来看社会主义基本经济制度，只有公有制一项才是其内容，多种所有制经济尤其是非公有制经济成分是不能构成社会主义基本经济制度重要内容的。党的十五大报告确立的我国社会主义初级阶段的基本经济制度既反右又反"左"，并且主要反"左"，这不仅符合邓小平理论，也适合中国基本国情，从而为使我国沿着中国特色社会主义道路胜利前进奠定了坚实的理论和实践基础，提供了切实可靠的保证。

三 中国社会主义初级阶段基本经济制度的内容分析

（一）我国社会主义初级阶段的基本经济制度为什么必须是"以公有制为主体"

我认为，党的十五大报告把"以公有制为主体"作为我国社会主义初级阶段基本经济制度的首要内容，是非常正确的。

第一，坚持以公有制为主体，就是坚持社会主义。邓小平讲："社会主义有两个非常重要的方面，一是以公有制为主体，二是不搞两极分化。"[1]"坚持公有制为主体，又注意不导致两极分化，……这就是坚持社会主义。"[2] 江泽民更是明确地指出："坚持公有制的主体地位，是社会主义的一条根本原则，也是我国社会主义市场经济的基本标志。"[3] 并特别强调说："任何动摇、放弃公有制主体地位的做法，都会脱离社会主义的方向。"[4]

第二，以公有制为主体，适应我国社会主义初级阶段社会生产

---

[1]《邓小平文选》第三卷，人民出版社1993年版，第138页。
[2]《邓小平文选》第三卷，人民出版社1993年版，第139页。
[3]《十四大以来重要文献选编》，人民出版社1997年版，第1469页。
[4]《十四大以来重要文献选编》，人民出版社1997年版，第1469页。

力发展的需要。在我国社会主义初级阶段，经过40多年的建设，已经建立一大批以机械化、自动化生产为基础的现代大工业。它拥有先进的技术装备，掌握着国民经济的重要领域和命脉，与社会化大生产紧密结合在一起，是中国社会生产力的主体与发展方向。以公有制为主体，不仅适应社会化生产的需要，而且能有力地促进社会化生产的发展。

第三，以公有制为主体还是我国实行人民民主专政的社会主义政治制度的根本保证。依据马克思主义的基本原理，生产资料所有制作为生产关系的基础，不仅决定社会经济制度的性质，还决定着国家政治制度的性质。毛泽东指出，上层建筑是建立在经济基础上的；所谓经济基础，就是生产关系，主要是所有制。[①] 正是由于建立了社会主义公有制，我国才有实行人民民主专政的社会主义政治制度的坚实基础。因为只有在公有制的条件下，劳动人民掌握了基本生产资料，拥有自己的经济基础，才能在政治上掌握国家政权，从而实现对少数人的专政。要使政权性质改变，就必须把主要所有制性质改变。因为主要所有制变化了，社会中的绝大部分生产资料和产品归少数人所有，那么国家政权就必然为少数人服务，其性质也就变了。这时即使挂着社会主义牌子，也是徒有虚名。可见，以公有制为主体，还决定和保障着我国政权的社会主义性质。

把以公有制为主体作为我国社会主义初级阶段基本经济制度的首要内容，并不是人们主观随意确定的，而是我国客观经济状况的真实反映与表现。在我国现实的多种经济成分的激烈竞争中，公有制经济无论是在数量上还是在质量上都占据着优势，尤其是具有强大的资源优势、科技优势、金融优势、交通优势、市场优势及通信优势等。尽管公有制经济中有些企业的手脚仍被旧体制束缚着，尚不能放开手脚完全自主经营，与非公有制经济展开平等竞争，存在竞争失利现象；但经过深化改革，构造成为独立的经济法人和独立

[①] 毛泽东：《关于正确处理人民内部矛盾的问题》，载《建国以来重要文献选编》第十册，中央文献出版社1994年版，第230页。

市场主体之后,其自主权得到有效运用及发挥,它所拥有的各种优势必将充分显现与发挥出来,产生更好的经济绩效,从而使其主体地位更进一步巩固和加强。以为公有制的主体地位会在激烈的多种经济成分竞争中丧失的观点,是错误的。有这种担心与忧虑,也是不必要的。

问题的关键在于我们如何更好地更有效地坚持公有制的主体地位。江泽民为我们指明了方向和道路,他说:"坚持公有制的主体地位,重要的是要把握好以下几个方面:一是在社会总资产中要保持国家所有和集体所有的资产占优势;二是国有经济在关系国民经济命脉的重要部门和关键领域占支配地位;三是国有经济对整个经济发展起主导作用;四是公有制经济特别是国有企业要适应社会主义市场经济发展的要求,不断发展和壮大自己。"① 这里讲的"优势""支配"地位也好,"主导作用"也好,首先都有一个数量问题,即必须有必要的数量或比例作保证,否则,不要说发挥"主导作用",就连"优势"和"支配地位"也会丧失掉。因此,主张把整个公有制经济从所有竞争性行业和领域撤出来,是不妥当的。因为这样做无法保证其优势和支配地位。其次应特别强调的是,公有制经济要保持在社会总资产中占优势,在国民经济关键领域和部门起支配作用,更重要的是提高自身的质量与效益。只有数量,而没有质量与效益,必然会在与其他经济成分的激烈竞争中败下阵来。那时,优势和支配地位是保也保不住的,客观规律的作用是无情的。因此,就目前来讲,在我国公有制经济在国民经济中仍占优势与支配地位的条件下,应下全力提高其质量与效益,千方百计遏制企业亏损增加、管理水平下降、经济效益下滑的不利局面,使公有制经济所拥有的物质力量不断壮大。归根结底,生产力是生产关系的物质基础,公有制的主体地位必须有强大的物质力量做保证。只有公有制经济所拥有的物质力量日益强大,其主体地位才会从根基上日益巩固和发展。

---

① 《十四大以来重要文献选编》,人民出版社1997年版,第1469页。

（二）我国社会主义初级阶段的基本经济制度为什么必须是"多种所有制经济共同发展"

我认为，这是由社会发展的一般规律及我国社会主义初级阶段的基本国情所决定的。具体来说，主要有以下几个原因。

第一，从社会发展的一般规律来看，任何社会主义社会都不可能一开始便实现单一所有制。马克思和恩格斯确实曾预见社会主义革命在发达资本主义国家同时取得胜利，这样建立起的社会主义社会可以将整个社会的生产资料直接收归社会所有，建立单一的社会所有制。这种预见被后来资本主义发展的不平衡所突破，使他们认识到，社会主义革命"不是到处同时到来，也不是到处在同一发展阶段上到来"[①]。这样，在经济政治发展不平衡规律的作用下，无产阶级革命胜利后建立的社会主义社会必然还会存在合作社的集体经济及残留的小农及手工业者的个体经济。这样一来，全民所有制（或社会所有制）、合作社的集体所有制及小农和手工业者的个体所有制等多种所有制经济共同存在与发展就是不可避免的了。

第二，我国社会主义社会是从半殖民地半封建社会脱胎而来的，它的初级阶段不是泛指或等同于其他任何国家进入社会主义都会经历的起始阶段，而是特指在生产力落后、商品经济不发达、封建主义影响较多条件下建设社会主义所必然要经历的特殊历史阶段。这个特殊历史阶段的基本特征就是生产力落后，呈现多层次且发展不平衡。适应这种生产力发展状况，只能是或必须是多种所有制经济共同发展。因为，只有多种所有制经济共同发展，才能适应和促进生产力的发展。

第三，在我国社会主义初级阶段，非公有制经济成分（个体私营经济与"三资"经济）是符合"三个有利于"的所有制形式，还有很强的生命力和较大的优越性，可以而且应该用来为社会主义服务。传统的经济理论单纯根据所有制将其定为姓"资"，确失之

[①] 《马克思恩格斯选集》第二卷，人民出版社1995年版，第627页。

偏颇。党的十五大报告从市场经济角度，将它定为姓"社"，认为它是"社会主义市场经济的重要组成部分"。既然如此，把它们划入社会主义初级阶段基本经济制度范畴之内就是题中应有之义了。

多种所有制经济共同发展与公有制为主体，二者有机结合与统一构成我国社会主义初级阶段的基本经济制度。二者是缺一不可的，少了哪一个内容，都是不完整的，不能成为我国社会主义初级阶段的基本经济制度。从根本上说，二者是辩证统一的关系，是相辅相成的关系。没有多种所有制经济的共同发展，公有制的主体地位就难以体现。"独此一家"，何谈主体？而不以公有制为主体，多种所有制经济的共同发展，便会失去正确的方向。"群龙无首"，势必乱闯。多种所有制经济的共同发展，不仅不会妨碍和削弱公有制主体地位，反而会促进公有制主体地位的巩固与加强。邓小平明确地讲："我们吸收外资，允许个体经济发展，不会影响以公有制经济为主体这一基本点。相反地，吸收外资也好，允许个体经济的存在和发展也好，归根到底，是要更有力地发展生产力，加强公有制经济。"[①]

（三）对我国社会主义初级阶段基本经济制度内部格局的完善与探索

在党的十五大之前，对于公有制为主体，多种所有制经济共同发展，经济学界是作为所有制结构问题进行研究和探讨的。起初是重点探讨其客观必然性、重要历史意义等问题，后来便将重点转移到在分析其质的规定性基础上着重探索公有制经济与其他经济成分的适度比例问题，即所有制结构优化问题。

早在1987年，何炼成教授在全国高校理论研讨会上就提出我国社会主义初级阶段生产资料所有制结构的"飞机头模式"，即"3∶4∶3"模式：国有经济占30%，在国民经济中起主导作用，好比"飞机头"；集体经济占40%，它在国民经济中占主体，好比

---

① 《邓小平文选》第三卷，人民出版社1993年版，第149页。

"机身";个体私营经济占30%,它促使社会主义经济起飞,好比"机翼。"① 何教授的"飞机头模式",是一项创造性的研究成果,它把所有制结构优化问题加以量化,并且从数量上反映出公有制为主体,多种所有制共同发展的格局。可以说,这对我国社会主义初级阶段基本经济制度内部格局的研究,是一个重大的推进和不小的贡献。对"飞机头模式"的"私有化"诘难,是没有根据的。当然,3∶4∶3这个比例是否真正科学,也还是值得进一步探讨的。

最近,程恩富教授又提出一个所谓"虎头、熊腰、蛇尾"模式,即"34111模式",他说:"从已显露的现实演变趋势来看,现阶段社会所有制结构以大体稳定34111的比例为宜,即国有经济占30%,集体经济占40%,个体经济占10%,私营经济占10%,外资经济占10%。"② 这与何炼成教授的"飞机头模式"别无二致,只不过将非公有制经济部分加以细化,补充了"外资经济"罢了。

1993年我国基本经济制度的内部构成比例:国有经济占42.9%,集体经济占44.8%,非公有制经济占12.3%。有的专家预测,如果各种经济成分的发展条件及国家有关政策基本保持"八五"时期的格局不变,到2000年,我国的基本经济制度内部格局即为国有经济占38.5%,集体经济占41.3%,非公有制经济占20.2%。即使如此,也未达到3∶4∶3的比例,公有制经济的比重仍然过大。

我个人认为,依据我国社会主义初级阶段的实际,考虑到今后一个时期非公有制经济会有一个较大发展,目前我国公有制经济比重仍然偏大的实际状况,我国的基本经济制度内部应实现和保持"三三制"的格局,即国有经济占1/3,集体经济占1/3,非公有制经济占1/3。当然,这是就全国范围而言的,各个地区可以实行不同的模式,不能强求一律。

---

① 何炼成:《深化国有企业改革的理论思考》,《当代经济研究》1995年第5期。
② 程恩富:《重构和完善社会主义初级阶段的基本经济形态》,《经济学家》1998年第5期。

我提出的"三三制",是我国社会主义初级阶段基本经济制度内部结构合理的目标模式。经过一个时期的结构调整,它是可以实现的。这个目标模式,既体现了公有制的主体地位,又反映了我国非公有制经济成分快速发展的实际,必将有力地促进 21 世纪我国经济的腾飞。

(本文发表于《长春市委党校学报》1999 年第 5 期,中国人民大学复印报刊资料《社会主义经济理论与实践》1999 年第 5 期全文转载)